Andrew Johnston
Talleyrand oder Die feine Kunst der Intrige

ANDREW JOHNSTON

Talleyrand
oder
Die feine Kunst der Intrige

ROMAN

Europa Verlag München · Wien

Die Deutsche Bibliothek CIP-Einheitsaufnahme

Johnston, Andrew:
Talleyrand oder Die feine Kunst der Intrige :
Roman / Andrew Johnston. –
München ; Wien : Europa-Verl., 1999
ISBN 3-203-78788-1

Lektorat: Edgar Bracht

Umschlaggestaltung: Wustmann und Ziegenfeuter, Dortmund
Titelgemälde: Gabriel Lemonnier 1743–1824,
»Eine Soiree bei Mme. Geoffrin«, Musée des Beaux-Arts, Rouen,
Foto: AKG Berlin

© Alle Rechte beim
Europa Verlag GmbH, München, Wien 1999
Herstellung: Wiener Verlag, Himberg bei Wien
Printed in Austria
ISBN 3-203-78788-1

MEINEN ERSTEN LESERN UND KRITIKERN:
IRENE, JIM, REGINA,
ULRIKE, MARCUS, CHRISTIAN, SEBASTIAN,
SUSANNE, UTE UND SAM.

Inhalt

KAPITEL I–XII

Paris 1838	9
Paris 1758	27
Blois 1637	57
Paris 1777	83
Versailles 1712	107
Paris 1797	143
Paris 1800	173
St. Petersburg 1808	221
Paris im Dezember 1812	259
Montgenèvre 1814	297
Wien 1815	318
Paris 1815	376

EPILOG

Paris im Juli 1830	437
Nachwort	445
Stammbaum des Hauses Bourbon	447

KAPITEL I

Paris 1838

Am Abend des 16. Mai 1838 drängten sich in der Rue St. Florentin Menschen aus allen gesellschaftlichen Schichten, um eines der aufregendsten Ereignisse mitzuerleben, das die an Sensationen und Zerstreuungen aller Art durchaus nicht arme Stadt Paris zu bieten hatte. Die Salons und Vorzimmer des Palais Talleyrand waren hell erleuchtet. Dort hatten sich die illustresten Persönlichkeiten des Landes, welches sich zu jener Zeit noch immer oder schon wieder Königreich nennen durfte, eingefunden. Die prachtvollen Equipagen, die unentwegt an- und abrollten, verursachten ein Verkehrschaos, wie man es nur bei den allergrößten Bällen zu erdulden gewohnt war. Republikanisch gesinnte Kritikaster verbargen sorgsam hinter spöttischen Mienen die Ehrfurcht, die sie beim Anblick der Wappen auf den Kutschen empfanden. Manche alte Revolutionäre verrieten ihre heimlichen Überzeugungen, indem sie verächtlich ausspuckten, wenn ein besonders prachtvoller Wagen nicht einem seit Hugo Capet bezeugten Geschlecht gehörte, sondern einem jener Bankiers, denen es unter dem Bürgerkönig so gut ging.

Die Nachricht, welche die Schaulustigen an den livrierten und gepuderten Lakaien vorbei in das Palais Talleyrand trieb, die Nachricht, die vor seinen Toren einen bunten Jahrmarkt inklusive Zuckerwerkverkäufern hatte entstehen lassen, war von fundamentaler Einfachheit: Charles-Maurice de Talleyrand-Périgord, ehemaliger Fürst von Benevent, Fürst von Talleyrand, Groß-Kämmerer des Königs, Pair von Frankreich, Vice-Grand Electeur eines untergegangenen Kaiserreichs, Nachkomme der Fürsten von Chalais, der Marquis von Grignols, der Marquis von Excideuil, der Grafen von Périgord etc.,etc., etc., lag im Sterben.

Diese Neuigkeit allein hätte schon genügt, ganz Paris auf die Beine zu bringen. Doch gleichzeitig stellte sich alle Welt die Frage, wie der Vierundachtzigjährige wohl aus dem Leben scheiden würde. Sollte es am Ende zu einer Aussöhnung zwischen den verhaßten Feinden kommen, dem abtrünnigen Bischof von Autun und der Kirche, von der er sich während der Revolution losgesagt hatte? Immerhin war er verheiratet gewesen und lebte seit mehr als einem Vierteljahrhundert unverhohlen mit der Ehefrau seines Neffen zusammen.

Abbé Dupanloup, der Beichtvater der Herzogin von Dino, Talleyrands inoffizieller Lebensgefährtin, wußte um die Bedeutung seiner Aufgabe. Schließlich hatte sich Seine Heiligkeit Gregor XVI. schon seit geraumer Zeit in einem geheimen Briefwechsel mit ihm und dem Erzbischof von Paris über mögliche Schritte in der Angelegenheit Talleyrands, der einst Bischof von Autun gewesen war, verständigt. In einer Zeit des allgemein um sich greifenden Atheismus wäre der Triumph, den größten Renegaten des Zeitalters zu Kreuze kriechen zu lassen, einfach unschätzbar. Allein das Objekt all dieser pastoralen Fürsorge hatte sich bislang ausweichend bis unerbittlich gezeigt.

Dupanloup stand in respektvoller Entfernung vor dem prachtvollen Bett mit straußenfederngeschmücktem Baldachin, in das sich Talleyrand zum Sterben zurückgezogen hatte. Nach der Sitte seiner Jugend hatte sich der Fürst am Morgen noch die Haare pudern lassen. Seine Züge waren leicht verzerrt von dem Herzanfall, den er tags zuvor erlitten hatte. Ansonsten aber strahlte er seine übliche grand-seigneurale Gelassenheit aus und ließ sich nicht anmerken, ob die vielen Besucher ihn störten oder nicht. Die vielen Falten verliehen seinem nunmehr wächsernen Gesichts sogar den Anschein eines leichten Lächelns. Dupanloup, der dieses Lächeln nun schon fast zwei Tage hintereinander ertragen hatte, mußte sich immer wieder abwenden. Es war zu heiß in diesem Raum, denn der Sterbende litt unter Schüttelfrost. Dupanloup hätte sich gern ausgeruht, aber es kam auf jede Minute an. In der letzten Nacht hatte es fast so ausgesehen, als würde Talleyrand sterben, ohne seinen Frieden mit der Kirche gemacht zu haben. Seitdem hatte Dupanloup vor Aufregung nicht mehr geschlafen und kaum gegessen.

Er hatte Talleyrand erst einige Stunden vor der Krise besucht. Der von einer schweren Operation erschöpfte Aristokrat hatte ihn mit großer Liebenswürdigkeit und im Vollbesitz seiner geistigen Kräfte empfangen.

Dupanloup war etwas verlegen gewesen. Die Zeit drängte, und man hatte sich nicht einigen können. Der Erzbischof von Paris, Monseigneur de Quélen, ein ebenso frommer wie übereifriger Mann, hatte ein Schuldbekenntnis verfassen lassen. Talleyrand mußte es nur noch unterschreiben. Doch Quélen verstand nichts vom Wesen des abtrünnigen und verwitweten Bischofs. Dupanloup hatte in den wenigen Wochen seiner Verhandlungen mit Talleyrand schnell erkannt, daß es keine Kapitulationsurkunde geben durfte. Dupanloup war erst sechsunddreißig Jahre alt, ein geistreicher und durchaus willensstarker Mann. Doch vor dem Charme des greisen Diplomaten war er rasch in die Knie gegangen.

Ein einziges Diner in der Rue Saint-Florentin hatte ausgereicht, um den Abbé vor der Ausstrahlung Talleyrands dahinschmelzen zu lassen. Die Konversationskunst des Fürsten, die in den Salons des Ancien Régime geschult worden war, hatte ihn in Verwirrung gestürzt und an seinen Vorurteilen zweifeln lassen. Seine romantische Gefühlswelt kam ihm plötzlich zweideutig vor; die Brillanz, mit der sein Gegenüber den Geist der Aufklärung vertreten hatte, beeindruckte ihn zutiefst. Der Abbé war klug genug gewesen, sich dies einzugestehen. Von nun an war er mehr der Unterhändler Talleyrands bei Quélen gewesen als umgekehrt.

Im Gegenzug hatte Talleyrand ihm ein »Schuldbekenntnis« überreicht, das der Erzbischof von Paris als »frivolen Scherz« bezeichnete. Dieses Schriftstück war lang und in den Formulierungen elegant, sein Verfasser räsonnierte über die Zeitläufte, bot sogar die eine oder andere ironische Wendung, nur in Bezug auf Talleyrands Reue war es merkwürdig unklar und verschwommen. Dupanloup wußte wohl, daß sich Talleyrand hiermit nur Verhandlungsspielraum verschaffen wollte, und bewunderte das Geschick des Fürsten. Andererseits aber verrann die Zeit. Talleyrand konnte jeden Moment sterben. Für komplizierte Verhandlungen war es eigentlich längst zu spät. Dies mußte auch dem Fürsten bewußt sein. Doch er wollte die Kirche zappeln lassen, ihr und aller Welt klarmachen, daß sie an seinem Schuldbekenntnis ein weitaus größeres Interesse hatte als er selbst.

Am 15. Mai, zwei Tage nach einer Operation in der Lendengegend, die für den Vierundachtzigjährigen schon hätte tödlich verlaufen können, hatte sich Dupanloup also beim Fürsten eingefunden.

»Eure Exzellenz wissen, warum ich komme. Für mich ist es schmerzhaft, Euch in diesem Zustand zu sehen und noch schmerzhafter, dieses Thema anzuschneiden. Aber jeder weitere Aufschub könnte unter diesen Bedingungen das Scheitern bedeuten.«

Dupanloup tupfte sich die Stirn. Die Hitze des Krankenzimmers und Talleyrands ironisches Lächeln verunsicherten ihn zusehends.

»Mein lieber Dupanloup, ich verstehe Sie voll und ganz. Machen Sie sich meinetwegen keine Sorgen. Sie haben mein Schreiben. Ich habe darin alles gesagt, was zu sagen ist. Akzeptieren Sie es, dann können Sie dem Heiligen Vater stolz von einer weiteren geretteten Seele berichten, von einer, über die er sich gewiß sehr freuen wird. Jeder, der mein Bekenntnis liest, wird meine Empfindungen verstehen.«

Genau das ist es ja, was wir befürchten, dachte Dupanloup und fuhr laut fort:

»Viele Feinde sowohl Eurer Exzellenz als auch der Kirche haben ein Interesse daran, diese Versöhnung zu hintertreiben. Sie würden versuchen, Dinge in Ihren Entwurf hineinzuinterpretieren, die nicht darin stehen. Wir dürfen keinen Raum für Zweideutigkeiten lassen.«

»Ich habe meinen Stil an Voltaire geschult. Seine Klassizität mag heutzutage altmodisch erscheinen, aber seine Klarheit ist nach wie vor bewunderungswürdig.«

Der Abbé spürte, daß Talleyrand ihn auf die Probe stellte. So würde er nicht weiterkommen.

»Vielleicht ist es gerade der an Voltaire orientierte Stil, der dem Schreiben den Charakter eines religiösen Bekenntnisses nimmt.«

Talleyrand lächelte, Dupanloup hatte den richtigen Ton angeschlagen: »Was schlagen Sie also vor, werter Abbé?«

»Ein paar kurze und klare Worte, Eure Exzellenz, die keinen Raum für Mißverständnisse lassen. Das Epigramm einer Konversion gewissermaßen!«

Talleyrand strahlte: »Nun denn, Dupanloup, dann zeigen Sie mal her. Ich nehme doch an, daß Sie ein entsprechendes Kleinod nur aus dem Ärmel zu ziehen brauchen!«

Dupanloup entfaltete einen Brief, den man mit seiner Hilfe beim Erzbischof aufgesetzt hatte, und reichte ihn Talleyrand: »Wir haben Geist und Inhalt Ihres Schriftstückes weitgehend bewahrt und bis in einzelne Formulierungen beibehalten. Wenn Eure Exzellenz erlauben, lese ich Euch diese Fassung vor.«

Talleyrand schüttelte den Kopf: »Geben Sie mir das Schriftstück. Ich möchte es selbst prüfen.«

Der Fürst ließ sich von seinen Dienern stützen, die ihm zahlreiche Kissen in den Rücken legten. Langsam ging er Blatt für Blatt durch. Dupanloup folgte seinem konzentrierten Blick, wie er von Zeile zu Zeile glitt. Kein einziges Mal stockte Talleyrand, doch ließ er auch nichts aus.

Talleyrand wandte sich wieder dem Abbé zu: »Meinen Glückwunsch, lieber Abbé, das haben Sie ganz ausgezeichnet gemacht. Allerdings ist es auch das erste Epigramm, das ich je gelesen habe, welches auf mehrere Seiten paßt.«

Der Geistliche errötete und atmete innerlich auf. Schon wollte er triumphieren, da fügte der Fürst hinzu: »Bitte lassen Sie mir Ihr Meisterstück noch hier, damit ich es ein zweites Mal würdigen kann. Ich habe so viel Vergnügen daran gefunden.«

Dupanloup konnte seinen Zorn nur mit Mühe unterdrücken. Der Fürst aber gestattete sich einige Minuten eleganter Konversation über Schmerz, Tod und göttliche Barmherzigkeit, ganz so, als beträfen ihn all diese Dinge nicht. Schließlich entließ er seinen Gast ohne die heißersehnte Unterschrift. Dupanloup war tief enttäuscht.

Um so schrecklicher war für ihn einige Stunden später die nächtliche Botschaft, der Fürst habe einen Herzanfall erlitten und ringe mit dem Tode. Dupanloup eilte sofort zum Palais. Dort hörte er vom Vorzimmer aus, wie Talleyrand seinen Leibarzt fragte, ob der entscheidende Moment gekommen sei. Dieser bejahte und fügte hinzu, für einen Christen werde es nun Zeit, seinen Frieden mit dem Herrgott zu machen. Dupanloup trat herein und erhaschte die flehentlichen Blicke der Herzogin von Dino und anderer Familienmitglieder. Wie er warteten sie auf die Unterschrift des alten Mannes, um den Skandal eines nicht-kirchlichen Begräbnisses zu verhindern. Ein Vertreter des Hauses Talleyrand-Périgord, verscharrt auf irgendeinem protestantischen Friedhof in der Vorstadt: Undenkbar!

Die Herzogin von Dino schickte ihre achtzehnjährige Tochter Pauline, den besonderen Liebling Talleyrands, ans Bett des Fürsten. Sie bat ihn liebevoll um die Unterschrift. Vergeblich. Jetzt näherte sich Dupanloup dem Bett des Fürsten.

Talleyrand erklärte mit matter Stimme: »Ich liebe das Kind sehr. Dennoch, lieber Abbé, sollten Sie ein so junges Wesen nicht mit der ganzen Verantwortung für mein Seelenheil belasten. Ich habe ihr deshalb gesagt, daß sie sich nicht grämen müsse, sondern daß die Frage der Unterschrift allein meine Entscheidung sei. Im übrigen werde ich zu gegebener Zeit unterschreiben.

Übertriebene Hast stünde der Würde dieser Handlung doch gewiß nicht an. Sind Sie nicht auch der Meinung, werter Abbé?«

Talleyrand bat die Herzogin ans Bett, damit sie ihm das Schreiben nochmals laut vorlas. Daraufhin erklärte er: »Ich werde auf jeden Fall unterschreiben, doch nicht jetzt, denn ich brauche erst noch etwas Ruhe.«

Dupanloup konnte sich kaum noch beherrschen: »Jetzt ist Ihre Hand dazu noch fähig, lassen Sie den günstigen Augenblick nicht ungenutzt verstreichen!«

Aber Talleyrand blieb hart. Die ganze Nacht und den ganzen folgenden Tag wich der Abbé nicht von seiner Seite. Er war entschlossen, dem Sterbenden noch in der Sekunde des Todes die Feder in die Hand zu pressen, um das letzte Zucken des Körpers für die Unterschrift auszunutzen, wenn es sein mußte.

Gegen acht Uhr abends begann der Greis immer schwächer zu werden. Er konnte jede Sekunde dahinscheiden. Ein Bote des Erzbischofs war soeben eingetroffen, um sich nach dem Stand der kirchlichen Sache zu erkundigen. Seine Heiligkeit selbst mahnte per Sonderkurier von Rom aus zur Eile.

Dupanloup ergriff erneut das Wort: »Eure Exzellenz, der Herr Erzbischof selbst spricht in diesem Augenblick Gebete für Sie. Wollen Sie nicht vielleicht jetzt die Unterschrift leisten?«

»Richten Sie dem Erzbischof, meinem Freund, meinen herzlichen Dank für seine pastorale Fürsorge aus, die mich außerordentlich rührt. Sollte er mit seinen Wünschen für mich auch die Frage nach ihrem bisherigen Fortschritt verbunden haben, so lassen Sie ihm ausrichten, daß an der fristgerechten Unterzeichnung seines im übrigen vorzüglichen Dokuments nicht der leiseste Zweifel besteht.«

Die Herzogin führte noch einmal ihre Tochter Pauline ans Krankenbett des Fürsten: »Lieber Onkel, ich bitte Sie flehentlich, unterschreiben Sie! Und wenn Sie es nur für meine Mutter täten. Sie wünscht es sich doch so sehr, auch um Ihretwillen.«

»Meine liebe Pauline, vertraust du mir denn nicht mehr? Ich habe doch bereits mehrfach gesagt, daß ich unterschreiben werde.«

»Nur wann, Onkel?«

»Eine zugegebenermaßen nicht ganz unberechtigte Frage. Morgen früh zwischen fünf und sechs Uhr.«

»Morgen erst?«

»Ja, morgen, genau zwischen fünf und sechs. Das ist schon viel, mein Kind. Normalerweise erhebe ich mich erst sechs Stunden später. Und meinen Geschäften widme ich mich gewöhnlich nicht vor dem Nachmittag. Für euch will ich diesmal eine Ausnahme machen. Schließlich hat sich der liebe Abbé in den letzten Tagen solche Mühe um mich gemacht.«

Talleyrands Zustand verschlechterte sich mit jeder Stunde. Um elf hatten die Ärzte ihn schon wieder aufgegeben.

Trotz seiner ungeheuren Schmerzen hielt Talleyrand die ganze Nacht über Hof. Selbst nach Mitternacht drängten sich die Gäste in der Rue Saint-Florentin, ihre Zahl nahm nur unmerklich ab, wenn auch nur den wenigsten die Ehre erwiesen wurde, ins Sterbezimmer gerufen zu werden. Das Gespräch mit dem Todgeweihten wurde zur höchsten gesellschaftlichen Auszeichnung, die Paris in jener Saison zu bieten hatte. Und obwohl nur etwa sechzehn Personen an das Bett des ehemaligen Bischofs gerufen worden waren, behaupteten später in ihren Memoiren nicht weniger als zweiundvierzig angesehene Persönlichkeiten, kurz vor dem

Ende noch zu einem letzten, vertraulichen Gespräch mit dem alten Diplomaten vorgelassen worden zu sein – drei von ihnen befanden sich zu jener Zeit auf Auslandsreise. Zu den tatsächlich Begünstigten zählte auch Bacourt, der Gesandtschaftssekretär aus Talleyrands Londoner Zeit.

Ihn fragte der kranke Greis deutlich vernehmbar: »Wir hatten zusammen eine gute Zeit in England, nicht wahr? Was meinen Sie, sollte ich mich zu Ehren meiner zweiten Heimat vielleicht auf dem englischen Friedhof von Paris beisetzen lassen?«

»Ihr meint, auf einem protestantischen Friedhof, Eure Exzellenz?«

Talleyrand erwiderte nichts mehr, doch Dupanloup, der dieses Gespräch hörte, erblaßte.

Um vier Uhr morgens kamen die Herzogin und Dupanloup überein, das Zeremoniell eigenmächtig zu beginnen, das man mit dem Erzbischof vereinbart hatte. Sie stellten sich an das Bett des Kranken. Vier Zeugen betraten den Raum, um der feierlichen Unterzeichnung beizuwohnen. Da waren der Fürst von Poix, der den Adel Frankreichs vertrat, Barante, der Botschafter in St. Petersburg, St. Aulaire, Botschafter in Wien, und schließlich kein Geringerer als der Ministerpräsident Louis Matthieu Molé selbst. Sie bildeten einen schwarzgekleideten Halbkreis um die Schlafstätte des Fürsten. Talleyrand winkte seinen ältesten Kammerdiener Hélie heran.

»Mein treuester Diener soll ebenfalls Zeuge sein.«

Talleyrand lag zurückgesunken in den Kissen. Er hatte die Augen geschlossen und atmete ruhig, regungslos, um nicht durch eine unnötige Bewegung die riesige, klaffende Wunde in der Lendengegend zu reizen. Schließlich fragte er nach der Zeit. Jemand, der das

Warten nicht mehr ertragen konnte, antwortete: »Es ist sechs Uhr.«

Das gepuderte Haupt drehte sich einige Millimeter in Richtung dieser Stimme. Talleyrand hob nur eine Braue. Dupanloup, der sich nichts sehnlicher wünschte, als die Sache zu Ende zu bringen, berichtigte fast gegen seinen Willen: »Es ist noch nicht einmal fünf.«

Talleyrand nickte und machte keine Anstalten, seine Haltung zu verändern. Nach einer halben Stunde trat Marie-Thérèse de Périgord, Talleyrands Adoptivenkelin und Großnichte, herein, um zu ihrer Erstkommunion den Segen des Sterbenden zu erbitten. Fast allen Anwesenden kamen Tränen der Rührung, während Talleyrand liebenswürdig auf das Kind einging. An die Zuschauer gewandt, erklärte er: »Kein Maler hätte ein schöneres Bild der Vergänglichkeit schaffen können. Hier der sterbende Greis, dort das Mädchen, das zur ersten Kommunion geht.«

Schließlich schlug es sechs. Mehrere Diener eilten herbei und setzten den Mechanismus aus Rollen, Winden und Seilen in Gang, mit dem man Talleyrand relativ schmerzlos aufrichten konnte. Die Herzogin las das Schuldbekenntnis noch einmal vor: »Im Rückblick auf viele Ereignisse meines Lebens, die sich heute anders darstellen als in jener Zeit, als mein Urteil stärker von den damaligen Wirrnissen und Mißständen geprägt war, erkenne ich, daß der Nutzen der Revolution nicht in allen Punkten den Schaden überwiegt, den sie angerichtet hat. Besonders auch die römisch-katholische Kirche, der ich noch immer angehöre, hat unter Entwicklungen, an denen ich nicht unbeteiligt war, zu leiden gehabt. Die Auswüchse, die ihre segensreichen Tätigkeiten störten, verdamme ich heute in Anbetracht meiner Erfahrungen offen.

Monseigneur, der Herr Erzbischof von Paris, hat mich in diesen Gedanken bestärkt. Das Angebot, Seiner Heiligkeit meine Bereitschaft, die Lehren und Disziplin der Heiligen Kirche in allen Teilen anzuerkennen, zu versichern, nehme ich angesichts des Wohlwollens, das mir der Heilige Stuhl in dieser und anderen Angelegenheiten bewiesen hat, dankbar und mit Freuden an. Ich bin um so mehr von Genugtuung erfüllt, als ich, seit mich Seine Heiligkeit Papst Pius VII. gnädigerweise von meinen pastoralen Pflichten entband, mit allen mir zu Gebote stehenden Mitteln für das Wohl und die Interessen jener Kirche eingetreten bin, deren Mitglied zu sein ich niemals aufgehört habe. Was immer die Kirche und ihr Oberhaupt betrübt hat, bedaure ich, besonders wenn ich daran Anteil genommen haben sollte. Voll treuer Dankbarkeit gedenke ich ein letztes Mal meiner Kirche und ihrem Heiligen Vater.«

Gelassen hatte sich der greise Talleyrand den verklausulierten Text angehört. Als die Herzogin geendigt hatte, reichte man ihm das Dokument auf einer Schreibunterlage.

Talleyrand nahm die Feder aus dem dargebotenen Tintenfaß, tauchte sie selbst noch einmal hinein, streifte sie sorgfältig ab und setzte ohne auch nur das leiseste Zittern seine offizielle Unterschrift unter den Vertrag: Charles-Maurice, Prince de Talleyrand. Anschließend wurde der Brief an den Papst, der etwa den gleichen Inhalt wie das oben zitierte Schreiben hatte, unterzeichnet.

Die Zeugen verließen den Raum, nachdem sie sich stumm vor Talleyrand verbeugt hatten. Als sie fort waren, ließ sich der alte Fürst noch einmal die Schreibutensilien reichen und unterschrieb ein drittes Dokument, welches sogleich versiegelt wurde. Inzwischen verbreitete sich die Nachricht von seiner Unterschrift wie ein Lauffeuer durch ganz Paris.

Als sei die Anstrengung zu viel gewesen, die ihn sein Widerstand gegen die Kirche bis zum letzten Moment gekostet hatte, erlitt Talleyrand um sieben Uhr einen Schwächeanfall, von dem er sich jedoch bald wieder ein wenig erholte.

Wie um sich für sein abermaliges Überleben zu entschuldigen, hauchte er: »Noch ist es nicht ganz so weit, eine Angelegenheit ist noch unerledigt. Er ist noch nicht gekommen.«

Die Verwandten sahen sich fragend an: Wen meinte der Fürst wohl?

Als es acht Uhr schlug, kam die Antwort. Ein Wagen mit Gardekavallerieeskorte fuhr in den Hof ein, begleitet von einer Mischung aus Applaus und Zischlauten. Aus Rücksicht auf den Sterbenden verzichteten sowohl Loyalisten als auch Bonapartisten und Republikaner auf das übliche Pfeifkonzert, mit dem sie König Louis-Philippe zu empfangen pflegten.

Nur die vertrautesten Kenner seines Mienenspiels konnten den Anflug von Genugtuung auf Talleyrands Zügen bemerken, bevor er diese noch einmal straffte, um den Monarchen mit der Würde zu empfangen, die ihm gebührte.

Louis-Philippe erschien in Begleitung seiner Schwester Adélaide, die zwei Schärpen königlicher Hausorden über ihrem schwarzen Kleid trug, wie Dupanloup bemerkte.

Der rundliche Monarch litt schon beim Eintreten unter der Hitze des Raums. Allzu fest ergriff er mit seiner feuchten Hand diejenige der Herzogin von Dino, als sie ihn an das Bett führte. Auch hatte er sich, als wollte er dem Besuch eine private, formlose Note geben, in enganliegende englische Beinkleider aus großkariertem Stoff gezwängt, die ihn sichtlich zwickten. Es war kein Wunder, daß er schwer atmete.

Die Herzogin beobachtete, wie er ständig die Handschuhe von einer Hand in die andere legte, was sie ihm im Unterschied zu den anderen Anwesenden jedoch nicht als Beweis der Ehrfurcht vor dem sterbenden Monument französischer Geschichte auslegte. Die Herzogin wußte, daß Louis-Philippes politisierende Schwester Adélaide echtes Mitgefühl empfand und dem Fürsten dankbar war für die Rolle, die er ihrer Meinung nach während der Juli-Revolution gespielt hatte. Louis-Philippe aber konnte das Ende des großen Diplomaten kaum erwarten. Seit vier Tagen hatte er sich Stunde um Stunde über den Gesundheitszustand Talleyrands unterrichten lassen, um ja nicht zu spät zu kommen, um aber auch nicht zu früh zu erscheinen und möglicherweise den entscheidenden Moment zu verpassen. Louis-Philippe war mißtrauisch genug, noch den schon halbtoten Talleyrand für eine Gefahr zu halten. Der Vierundachtzigjährige hatte Ludwig XVI., die Jakobiner, das Direktorium, die Schreckensherrschaft der Guillotine, Napoleon, Ludwig XVIII. und Karl X. überlebt. Erst wenn dieser Mann wirklich tot war, konnte Louis-Philippe sich sicher fühlen.

»Es betrübt mich, Sie in diesem Zustand zu erleben«, brachte der Bürgerkönig stockend heraus.

Ein zweites Mal setzten die Diener den Mechanismus der Seile und Rollen in Bewegung, damit Talleyrand sich aufrichten konnte. Kaum daß er halb aufrecht saß, zog der Greis aus den Bettlaken ein flaches Paket hervor. Louis-Philippe war in zwei schnellen Schritten bei ihm und wollte auch schon die Hand nach dem Bündel Papiere ausstrecken.

Da sprach Talleyrand, das Päckchen wieder zwischen die Falten des Bettzeugs schiebend: »Eure Majestät, es ist eine hohe Ehre für mich und mein Haus, Euch heute hier willkommen heißen zu dürfen.«

Louis-Philippe wollte antworten, doch Talleyrand fuhr fort: »Sire, lassen Sie mich noch einmal der Etikette Genüge tun, wie es mir als ehemaligem Großkämmerer geziemt. Das Protokoll verlangt, daß alle anwesenden Personen dem König vorgestellt werden: meine Nichte, die Herzogin von Dino, meine Großnichte, ihre Tochter, Pauline de Périgord, Abbé Dupanloup, Monsieur de Bacourt, mein treuer Kammerdiener Hélie.«

Nun gestattete Talleyrand dem Herrscher mit einem unmerklichen Wink, an sein Bett zu treten. Louis-Philippe beugte sich zu Talleyrand herab, und dieser flüsterte ihm zu: »Die Papiere, derentwillen Sie gekommen sind, befinden sich in diesem verschnürten Paket. Haben Sie keine Angst, niemand weiß davon.«

Louis-Philippe steckte das Päckchen schnell in seinen Rock und wandte sich eilig ab.

Als sei nun alles erledigt, verlor Talleyrands Gesicht augenblicklich seine Spannung. Während die Züge erschlafften, fiel er in einen Zustand der Bewußtlosigkeit. Als er erwachte, stand Abbé Dupanloup neben ihm. Der Fürst erkannte, daß es Zeit war. Zum ersten Mal seit über fünfzig Jahren legte Charles-Maurice de Talleyrand-Périgord die Beichte ab. Das vom Wachen fahle, überscharfe Gesicht Dupanloups vor sich, entglitt Talleyrand die Selbstkontrolle, mit der er seinen Tod inszeniert hatte, mit der er tagelang nicht nur sich selbst, seine Familie, Papst und König, sondern sogar das Sterben, das Abschiednehmen von der Welt beherrscht hatte. Seine Hände umfaßten mit aller noch verbliebenen Kraft diejenigen Dupanloups, dem er flehend in die Augen starrte. Er versuchte zu sprechen, doch es rann ihm nur Speichel aus den Mundwinkeln, und er brachte nichts außer einem heiseren Röcheln heraus. Dem übernächtigten, gedemütigten Dupanloup war das zu viel. Voller Ekel entwand er seine Hände dem Griff des Greises und stieß ihn von sich. Dennoch war der Abbé dem Sterbenden ausgeliefert, schließlich konnte auf die Beichte, den Höhepunkt des kirchlichen Triumphs, nicht verzichtet werden. Dupanloup mußte sich ihm wieder zuwenden, so daß Talleyrand von neuem seine Hand packen konnte. Der Geistliche mußte sein Ohr praktisch an den Mund des alten Mannes pressen, um dessen Flüstern verstehen zu können.

»Ich habe den Herzog von Enghien umgebracht«, brachte Talleyrand keuchend hervor.

Ohne sich um dieses Geständnis weiter zu kümmern, erteilte Dupanloup ihm mechanisch die Absolution.

Der Raum füllte sich. Die Angehörigen sahen dem Ende des Fürsten mit einer gewissen Erleichterung entgegen, denn auch ihre Kraft war erschöpft. Entsetzt nahmen sie die Veränderungen wahr, die sich an Talleyrand vollzogen hatten: Er murmelte unentwegt, die Augen waren verdreht, er streckte seine Hände starr von sich. Ein letzter Schweißausbruch hatte ihn triefend zurückgelassen, so daß der Puder in seinem Haar völlig verklebt war und einen schmutzig-gelben Ton angenommen hatte. Fast vierzig Personen hatten sich in dem Raum versammelt, um den früheren Großkämmerer und Außenminister zu sehen. Dupanloup wollte ihm die Sterbesakramente spenden. Doch der alte Mann war nicht mehr ansprechbar. Statt auf die Handflächen mußte der Abbé ihm das heilige Öl auf die

Handrücken schmieren, denn Talleyrand zuckte so sehr, daß ein elegantes Benetzen nicht mehr möglich war. Während dieser letzten Rituale wurden die Laute, die der Greis ausstieß, immer vernehmlicher: »Enghien, Enghien!«

Dupanloup sprach die Sterbegebete schnell und immer lauter, um Talleyrand zu übertönen. Die Herzogin von Dino, die ihrem Onkel und ehemaligem Geliebten sehr verbunden war, verstand Dupanloups Absicht und fiel in die Gebete ein. Pauline folgte ihr, bis schließlich der ganze Raum von der Sterbeliturgie erschüttert wurde, welche die Anwesenden in rasender Geschwindigkeit aufsagten.

Als die Namen der Heiligen Charles und Maurice, seiner Namenspatrone, ihm im Chor entgegengeschmettert wurden, verstummte Talleyrand und riß die Augen auf. Der Fürst versuchte, sich die Hände über die Ohren zu halten, doch konnte er seine Bewegungen nicht mehr richtig koordinieren. Schließlich fiel sein Kopf in blitzartigen Zuckungen von rechts nach links, während der ganze Leib zitterte. Bacourt, Dupanloup und Hélie sprangen auf den zappelnden Körper zu und hielten ihn fest. Während der Chor der Beter die letzen Worte herunterrasselte, tat Talleyrand seinen letzten Atemzug.

Dann herrschte Stille. Die Stille drang hinaus in die Salons und Flure, auf die Treppen, in den Hof und bis auf die Straße, wo Tausende von Franzosen warteten. Minutenlang herrschte erschöpftes Schweigen. Die Spannung schien sich dennoch nicht lösen zu wollen. Es war, als müsse noch irgend etwas geschehen. Aber es passierte nichts. Nach einigen weiteren Minuten der Unschlüssigkeit gingen die Menschen enttäuscht und wortlos davon. Das war es also.

Dupanloup aber unterrichtete die Anwesenden von den letzten Worten des Fürsten, wie sie in die Geschichte eingehen sollten: »Als ich das heilige Öl auftragen wollte, wendete der Fürst entrüstet die Hand um und erklärte in seiner würdigen Art: ›Mein lieber Dupanloup, nehmen Sie die Salbung vor, wie es sich gehört. Ich bin ein Bischof, folglich gehört das Öl auf den Handrücken.‹«

KAPITEL II

Paris 1758

Der Bailli von Périgord hielt sich das Taschentuch vor die Nase und zog seinen pelzbesetzten Umhang enger. Der Februar war entsetzlich kalt, und der Pariser Vorort Faubourg St.-Jacques stank wie die Pest. Zwei Jahre in tropischen Gewässern unter Admiral Suffren hatten den Marineoffizier sowohl der heimischen Temperaturen als auch der Gerüche entwöhnt. Dank eines Krankheitsurlaubs war er zurück in Frankreich, doch inzwischen genesen, würde er bald erneut aufbrechen, um sich zur See wieder am Kampf um Indien zu beteiligen. Er blickte gefaßt seinem Schicksal entgegen. Das Klima in Indien vertrug er nur bedingt, das Leben auf dem Meer war auch für Offiziere entbehrungsreich. Suffren war zwar ein guter Admiral, aber die Engländer besaßen mehr Schiffe und besser ausgebildete Kapitäne und Mannschaften. Außerdem hatten sie den Kampf auf dem indischen Festland bereits weitgehend für sich entschieden. Für ihn, den jüngeren Sohn einer ohnehin nicht reichen Adelsfamilie, würde es in den indischen Gewässern weder Ruhm noch Reichtum zu gewinnen geben. Darüber hinaus ruinierte er noch seine Gesundheit. Bevor er jedoch wieder abfuhr, wollte er wenigstens seinen Neffen Charles-Maurice kennenlernen, den er noch nie gesehen hatte.

Wie unter nicht sehr vermögenden Adelsfamilien üblich, hatte man das Kind einer armen Frau in einer der Vorstädte zur Pflege anvertraut. Der Bailli hatte die Adresse von seiner Schwägerin erhalten und war nun auf dem Weg, um Charles-Maurice, den Erben des Hauses Talleyrand-Périgord, in Augenschein zu nehmen. Ein wenig beunruhigend war die Tatsache gewesen, daß Victoire-Eléonore de Talleyrand-Périgord die Adresse offenbar erst nach längerem Suchen hatte ausfindig machen können. Immerhin hatte sie ihrem Schwager versichert, seinem bislang einzigen Neffen – der ältere Bruder war bereits verstorben – ginge es gut. Victoire-Eléonore hatte sich überrascht gezeigt, daß der Bailli den langen und unbequemen Weg in die Vorstädte wegen eines Kindes zu machen gedachte. Aber ihr Schwager liebte kleine Kinder. Sie waren etwas, daß es auf See und in den Marinestützpunkten kaum gab, etwas, das ihn von seinem ungeliebten Beruf ablenkte.

Plötzlich wurde er durch einen Ruck der Mietkutsche aus seinen Gedanken aufgeschreckt. Draußen wurde laut gestritten. Der Bailli steckte den Kopf aus dem kleinen Fenster. Der Kutscher war mit knapper Not einem Wasserträger ausgewichen, der mit scharfen Schritten aus einem Seitengäßchen gekommen war. Auf dem vereisten Pflaster war der Arbeiter gestürzt und hatte seine Wassertröge ausgeschüttet. Die Pfützen waren bereits gefroren, als der Bailli hinaussah. Einer der Bottiche war beschädigt. Der Kutscher forderte den Träger barsch auf, den Weg frei zu geben. Der Wasserträger klagte laut über sein Unglück und verlangte, angemessen entschädigt zu werden. Schnell hatte sich eine kleine Menschenmenge versammelt, die mit dem lokalpatriotischen Provinzialismus der Pariser Vorstädte sofort dem fremden Kutscher die Schuld an dem Unfall zuschob. Eine Schlägerei schien kurz bevorzustehen. Der Bailli, der schon oft meuternde und betrunkene Matrosen erlebt hatte, verließ seufzend die Kutsche. Sein Diener rief ihm zu, daß es gefährlich für einen Edelmann sei, sich mit solchem »Pack« einzulassen. Der Bailli hob die Hand und erklärte mit dem jovialen Ton eines Mannes, der gewohnt war, unter schwierigen Bedingungen Autorität auszuüben: »Dir soll kein Unrecht geschehen. Ich stehe für den Übereifer meines Kutschers gerade.«

Der Bailli überreichte dem Mann eine blank polierte Goldmünze von ansehnlicher Größe. Die Menge applaudierte. Die Wut in den Gesichtern war Anerkennung gewichen. Dies wußte der Bailli zu nutzen, indem er nach dem kürzesten Weg zum Haus der Amme fragte. Gleich mehrere Leute machten sich anheischig, dem Herrn zu Diensten zu sein. Der Bailli hatte nämlich den Eindruck gewonnen, daß der Mietkutscher in einer Mischung aus allzu vager Ortskenntnis und Mutwillen die Fahrt ungebührlich verlängert hatte, um so mehr Bezahlung herauszuschinden. Nun auf den rechten Weg gebracht, kam man auch in kürzester Zeit an.

Das Haus stand niedrig, zweistöckig und ein bißchen schief in einer engen, ungepflasterten Gasse. Der Schlamm am Boden war gefroren. Der Bailli klopfte an die Tür. Nach einiger Zeit öffnete ein etwa zwölfjähriges Mädchen, das auf den Aristokraten einen verwilderten Eindruck machte. Verlegen versuchte es, eine Strähne aus dem Gesicht zu wischen. Der Bailli fragte nach der Amme und Pflegemutter. Das Mädchen antwortete, ihre Mutter sei nicht da und werde bald kommen. Schließlich fragte der Bailli nach Charles-Maurice und wollte nun das Haus betreten, doch das Mädchen sagte: »Der spielt auf dem Feld am Ende der Gasse.«

»Bei dieser Kälte?«

»Das macht ihm nichts aus. Wir sind alle sehr abgehärtet hier.«

Gefolgt von seinem Diener ging der Bailli bis ans Ende der Gasse. Zwischen zahlreichen windschiefen Häusern erstreckte sich eine freie, verschneite Fläche. Hier und da ragten verkohlte Ruinenreste von einem früheren Brand aus dem Schnee. Périgord hielt nach einem etwa vierjährigen Kind Ausschau, konnte aber keines entdecken. Schneeflocken wirbelten durch die Luft. Die eigentümlich leeren Brandmauern der angrenzenden Häuser sahen aus wie die Rückseiten verwitterter Grabmonumente. Da machte sein Diener eine Handbewegung. Vor einem kleinen Mauerstumpf hüpften ein paar Spatzen und fraßen Körner, die ihnen jemand hingeworfen haben mußte. Plötzlich flog ein nur ungenau gezielter Stein mitten unter die Vögel, die sofort auseinanderstoben. Der Bailli machte hinter der Mauer zwei kleine Köpfe aus. Er rannte über das Feld und rief: »Charles-Maurice! Charles-Maurice!«

Die Köpfchen verschwanden wieder hinter der Mauer. Als der Bailli und sein Diener sie mit dampfendem Atem erreicht hatten, sahen sie zwei zerlumpte Gestalten durch eine Furche im Boden davonkriechen. Der Bailli sprang hinterher. Die Kinder richteten sich auf und wichen weiter zurück, den Bailli mit großen Augen anstarrend. Der eine von beiden, der besonders schmutzig war, zog auffällig das Bein nach. Der Bailli drehte sich dem anderen Jungen zu, der dunkle Augen hatte und nicht ganz so furchtsam wirkte. Trotz der schmutzigen Lumpen umarmte ihn der Bailli. »Charles-Maurice, ich bin dein Onkel, wir sind uns noch nicht begegnet.«

Der Bailli nahm den Jungen bei der Hand und ging schnell über das Feld. Der andere Junge hinkte hinterher. Als er das Haus erreichte, erwartete ihn die junge Witwe schon vor der Tür. »Seien Sie willkommen, Monsieur. Wenn Sie sich angekündigt hätten, könnten wir Ihnen jetzt einen besseren Empfang bereiten.«

Der Bailli blickte die Frau streng an. Sie war ihm viel zu unordentlich und hatte einen deutlich vulgären Zug – durchaus nicht das Bild der treusorgenden und liebevollen Amme. »Ich bin gekommen, den Sohn meines Bruders zu besuchen, und was finde ich vor: ein schmutziges Kind in Lumpen, das im Schnee herumkriecht.«

»Ah, Monsieur de Saint-Aulaire, die Kinder spielen doch nur. Soll man sie immerzu waschen, damit sie dann doch nur wieder schmutzig werden? Außerdem macht die Kälte sie hart. Sie kriegen dann im Sommer keinen Schnupfen.«

Der Diener unterbrach ihren Wortschwall: »Was redest du da? Weißt du nicht, wer das ist? Das ist der Monsieur de Talleyrand-Périgord, der Bailli von Périgord! Er ist gekommen, seinen Neffen Charles-Maurice zu sehen.«

Die Frau wurde verlegen. Sie zeigte nur mit der Hand auf den kleineren, schmutzigeren Jungen, der sich am Türrahmen abstützte: »Der, den sie da festhalten, ist Geoffroy de St. Aulaire, ein anderes Pflegekind.«

Abrupt ließ der Bailli die kleine Hand los, die er eben noch fest gedrückt hatte, und wandte sich prüfend dem anderen, viel schüchterneren Jungen zu. »Was ist mit seinem Fuß? Warum hinkt er?«

Die Frau wagte nicht, ihm in die Augen zu blicken, und antwortete schnell, als spräche sie widerwillig ein längeres Gebet: »Es wird schon in Ordnung kommen, Monsieur. Sie haben doch Geld für gute Ärzte.«

»Wie ist das passiert?«

»Ich hatte ihn auf die Kommode gesetzt, damit er mit dem Geschrei aufhörte. Er schreit oft, und dann ist er nicht zu bändigen. Er darf aber nicht so laut schreien, denn oben im Haus wohnt die Vermieterin, und wir sind mit den Zahlungen im Verzug. Von der Kommode kommt er nicht von selbst herunter, sie ist zu hoch für ihn. Ich habe ihm hundertmal gesagt, daß er stillsitzen soll. Aber er wollte nicht hören. Na ja, und dann ist er eben heruntergefallen und hat sich den Fuß gestoßen. Es sah nicht so schlimm aus. Ich hab' mir dabei nichts weiter gedacht. Außerdem ist der Fuß schon fast wieder in Ordnung, so wie der auf dem Feld herumspringt.«

»Wie lange liegt denn der Unfall zurück?«

Die Frau wand sich: »Noch nicht so lange, ich weiß nicht.«

»Wie lange?«

Die Stimme des Bailli klang bedrohlich.

»Fünf Monate.«

»Wann wurden die Eltern von dem Unfall unterrichtet?«

»Ich wollte sie doch nicht beunruhigen, es sah doch nicht so schlimm aus. Außerdem ist es der zweite Sohn, dachte ich, der wird doch sowieso Priester. Da stört doch so was gar nicht.«

»Der ältere Bruder ist vor einem halben Jahr gestorben. Sie sprechen vom Erben des Hauses Périgord. Haben die Eltern das Kind jemals besucht oder zu sich bestellt?«

»Hier kommt doch keiner von Stand her, Monsieur, wo denken Sie hin? Wir sind voriges Jahr einmal eingeladen worden und haben den kleinen Charles-Maurice im Hause Périgord vorgeführt. Das war im Winter, glaub' ich. Ja, das Wetter war wie heute.«

Wortlos hob der Bailli den Jungen in die Mietkutsche, die vor dem Haus wartete und gab Befehl, abzufahren. Er nannte dem Kutscher die Adresse seiner Schwägerin.

Victoire-Eléonore befand sich im Salon in der Rue Garancière direkt neben Saint-Sulpice, wo sie gerade einen feierlichen Empfang für die Tochter des Oberstallmeisters gab. Man trank heiße Schokolade aus Porzellantassen mit Deckel. Es handelte sich um Meissner Porzellan, das wegen der Einfuhrbestimmungen besonders teuer war. Diese Schokoladenempfänge waren die liebste Geselligkeit der Gräfin, denn sie konnte hierbei ihr Service vorführen, der teuerste Besitz, den die Familie Périgord im Moment besaß. Wegen kurzfristiger Geldnöte hatte man gerade einen Teil des besseren Silbers zum Pfandleiher bringen müssen. Deshalb konnte die Familie zur Zeit keine Diners geben.

Der Diener öffnete die Tür, um einen weiteren Gast anzukündigen, als sich der Bailli auch schon hereindrängte. Sein Gesicht war hochrot, und er trug ein Bündel unter dem Arm. Er stellte es sanft auf den Fußboden und zog daran. Der Mantel mit dem Pelzbesatz fiel zur Erde und ein kleiner schmutziger, in Lumpen gehüllter Junge, der sich nicht ganz gerade hielt, kam zum Vorschein. Victoire-Eléonore riß überrascht die Augen auf, fing sich aber und lächelte starr.

»Madame, Sie sehen hier den Erben des Hauses Périgord, das älter ist als das Haus Capet, dessen rotes Wappen drei aufrechte nach links schreitende goldene Löwen mit blauen Kronen und blauen Zungen zieren und das die Devise ›Nichts als Gott‹ hat. Er ist direkter Nachfahre der Fürsten von Chalais, der Marquis von Excideuil, der Grafen von Périgord, Grignols und

Montignac.« An das Kind gewandt, sagte er: »Bitte Monseigneur Charles-Maurice de Talleyrand-Périgord, umarmen Sie die Dame, die hier vor Ihnen steht. Es handelt sich um Ihre Mutter.«

Charles-Maurice blinzelte mit den Augen, die sich erst noch ans Licht gewöhnen mußten. Schüchtern humpelte er auf die große, schöne Frau mit dem jungen Gesicht und dem schlohweißen Haar zu. Die aber wich zurück und überantwortete ihn mit kurzen Worten einem Diener. Die öffentliche Peinlichkeit dieser Szene sollte Victoire-Eléonore ihrem Schwager niemals verzeihen.

Charles-Maurice wurde zu seiner Amme zurückgeschickt. Den eigenartigen Besuch bei den feinen Menschen, die seine Eltern sein sollten, hatte er bald vergessen. Aber eines Tages erschien eine freundliche Fremde, die sich als Mademoiselle Charlemagne vorstellte und Charles-Maurice behutsam in eine Kutsche lud. Siebzehn Tage wurden der kleine Junge und seine Begleiterin in einer unbequemen Postkutsche auf schlechten Landstraßen durchgeschüttelt, bis sie in Chalais angekommen waren. Wie die anderen Wunder nahm Charles-Maurice auch dieses scheinbar teilnahmslos hin.

Am Ende der Reise stand der Vierjährige vor einer Frau, die anders als die Dame, die man seine Mutter genannt hatte, nicht nur weißes Haar hatte, sondern deren Gesicht auch vom Alter gekennzeichnet war. Hinter ihr standen einige junge Frauen mit blütenweißen Schürzen und Hauben, die kicherten und freundlich auf Charles-Maurice zeigten. Links und rechts führten hohe Bäume auf ein riesiges Haus mit unzähligen Fenstern zu. Dort, wo bei normalen Häusern ein Dach hochragte, sah der staunende Junge eine

Reihe von Puppen aus Stein; zwei geschwungene Treppen, unter denen man hindurchgehen konnte, ohne sich bücken zu müssen, führten zur Tür. Vor dem Gebäude aber war ein riesiges Becken aus Stein in den Boden eingelassen, welches voll von anderen Puppen war, die alle nackt waren und aus deren Mündern Wasser spritzte. In der Mitte des Beckens schwang eine bärtige Figur mit zornigem Gesicht eine große Mistgabel mit goldenen Zinken.

Die zweiundsiebzigjährige Fürstin von Chalais, die, vom Bailli de Périgord alarmiert, nach dem Kind geschickt hatte, kniete nieder und drückte ihren Urenkel fest an sich.

Die Fürstin von Chalais hob ganz leicht den Kopf und blinzelte. Ihr Enkel hatte soeben das Schlafzimmer betreten und schlich nun auf ihr Himmelbett zu. Die Fürstin wagte kaum zu atmen, denn Charles-Maurice durfte nicht wissen, daß sie schon wach war. Während sie ihn heimlich beobachtete, zog er noch einmal vorsichtig an einer Schleife. Er hatte sie offenbar selbst gebunden. Zum ersten Mal. Und dies war das morgendliche Geschenk, das er ihr präsentieren wollte, nachdem er sie aus dem Schlaf gekitzelt hatte. Eigentlich war es die Aufgabe der Fürstin, diese Schleife zu binden: Alles andere erledigte Alexandrine, das Kindermädchen, nur diese letzte Schleife durfte sie nicht anrühren. Sie zu binden, das war das Privileg der Urgroßmutter.

Charles-Maurice stand inzwischen dicht vor dem Bett. Er schien bereits zu wissen, daß die Fürstin nur so tat, als schliefe sie. Dennoch ließ er sich nichts anmerken und versuchte wie immer, scheinbar unbemerkt auf das Bett zu klettern. Weil dieses sehr hoch war, brauchte Charles-Maurice gewöhnlich ziemlich lange, bis er es geschafft hatte. Niemals nahm er den Schemel zu Hilfe. Immer zog er sich mit seinen Armen hoch. Andere Kinder hätten sich mit dem Fuß auf dem Holzrahmen des Bettes abgestützt, aber Charles-Maurice konnte das nicht. Wenn er den deformierten Fuß zuerst auf das Gestell setzte, schmerzte er zu sehr unter dem momentanen Gewicht seines Körpers. Nahm Charles-Maurice den anderen, konnte er allein auf den kranken Fuß gestützt nicht stehen. In den vergangenen zwei Jahren war er oft mehrmals wieder hinuntergeplumpst, weil seine kleinen Arme nicht kräftig genug gewesen waren. Auch heute brauchte er wieder mehrere Anläufe, denn er war wegen der selbstgebundenen Schleife zu aufgeregt. Die Fürstin hörte mit geschlossenen Augen zu, wie der sechsjährige Junge schnaufte. Ganz leise und vorsichtig schob sie sich hinter ihren schweren Daunendecken hervor. Charles-Maurice war zu sehr in seinen Aufstieg vertieft, als daß er etwas wahrgenommen hätte. In seinem Bemühen, sich ihr zu präsentieren, machte er zu kurze Pausen zwischen den mißglückten Versuchen, so daß er nicht genügend Atem holen konnte. Während er sich abmühte, war sie ganz unter dem Federbett hervorgeschlüpft. Ich bin eigentlich schon etwas zu steif dafür, dachte sie, als sie sich langsam auf der anderen Seite des Bettes hinabgleiten ließ. Lautlos ordnete sie die Daunendecken so an, als ob ein menschlicher Körper darunter liege. Schließlich nahm sie ihre Spitzenhaube ab und steckte sie so zwischen Kissen und Decke, daß nur die Bänder noch ein bißchen hervorguckten. Sie hörte, daß es Charles-Maurice endlich gelungen war, sich auf das Bett zu wuchten. Er schielte zur linken Seite des Bettes hinüber. Er zupfte seine Kleider mit größter Vorsicht zurecht und strich ein letztes Mal über seine Schleife, die leicht zerdrückt worden war. Als er fertig war, seufzte er zufrieden und begann bedächtig, auf allen vieren auf die unbewegliche Form seiner Urgroßmutter zuzukriechen. Er drückte beide Hände behutsam in die Daunenmasse. Sie leistete keinen Widerstand. Er schob kräftiger, und sie gab noch mehr nach. Charles-Maurice kniete sich hin, um sich auf dem Körper seiner Urgroßmutter abzustützen. Doch da versank er unerwartet in den Fluten ihres Bettes. Noch bevor er erschrecken konnte, bedeckten ihn die Falten des Nachtgewandes der Fürstin, die ihn lachend umarmte. Charles-Maurice lachte vor Erleichterung mit, obwohl eine kleine Träne in seinem rechten Augenwinkel erschien. Die Fürstin kletterte zurück in das Bett, was sie mehr Mühe kostete, als ihr lieb war, und setzte sich auf. Charles-Maurice durfte die kleine Klingel bedienen, und die Zofe kam und brachte der Fürstin das morgendliche Glas Rotwein. Von Kaffee hielt sie nichts.

Die Fürstin von Chalais genoß diese Morgenstunde mit ihrem Enkel. Sie erzählte ihm von Versailles und ihrer Jugend am Hofe des Sonnenkönigs. Sie hatte das Kind einsam, verwahrlost und verschlossen gefunden. Es hatte lange gedauert, bis sie sich sein Herz und sein Vertrauen erobert hatte. Vieles von dem, was ihr in seinem Alter bereits selbstverständlich gewesen war, wußte der Kleine nicht. Daß es einen König gab, der in einem Schloß wohnte, hatte sie ihm erst erzählen müssen. Daß es Menschen gab, die von Adel waren, und solche, die es nicht waren, war ihm ebenso neu wie unverständlich gewesen. So hatte sie es sich zur Aufgabe gemacht, dem Kind die Liebe zur Welt der Aristokratie einzuimpfen. Vor allem aber gestattete ihr der immer aufmerksame, alles mit großen Augen einsaugende Junge, jederzeit in ihre Erinnerungen vorzustoßen und einzelne Schätze ohne Ordnung und Zusammenhang hervorzuholen. Charles-Maurice sah sie dabei immer aufmerksam und verständnisvoll an. Zuerst hatte er bei solchen Erzählungen nur zugehört, und für sie war es fast so, als würde sie mit einem ihrer Hunde reden. Doch eines Tages hatte er unvermittelt eine Frage gestellt. Eine belanglose zwar, die jedoch zeigte, daß er nicht nur alles, was sie erzählt hatte, behalten, sondern sogar verstanden hatte. Auf Anfrage wußte er alle Persönlichkeiten des Hofes zu nennen, die sie irgendwann erwähnt hatte, oft mit Verwandtschaftsgraden, Ämtern und sogar kleinen Charakteristiken. Spätestens seit jenem Ereignis liebte sie Charles-Maurice, für den sie zuvor nichts als Mitleid empfunden hatte. Heute aber war Sonntag, und sie mußten in die Kirche.

Charles-Maurice schritt an der Hand der Urgroßmutter auf die Dorfkirche zu, während links und rechts die Bauern Spalier standen und darauf warteten, nach der Fürstin eintreten zu dürfen. Zu Beginn seines Aufenthaltes hatte die alte Dame ihn auf der Treppe zum Kirchtor stützen wollen, doch heute war es, als führte er sie die Stufen hinauf. Voller Faszination hatte sie wahrgenommen, wie Charles-Maurice Stück für Stück gelernt hatte, die aristokratischen Manieren ihrer Umgebung in sich aufzunehmen. Trotz seiner sechs Jahre bewegte er sich an der Seite der Fürstin wie jene ländlichen Seigneurs und Chevaliers, die ihren Umgang bildeten und es ihr gestatteten, die Rolle der Ersten Dame wie an einem königlichen Hof zu spielen. Sie füllte diese Rolle mit so viel Geschick aus, daß sie sich und ihrem Kreis das Gefühl vermittelte, sie allein repräsentiere den wahren Adel. Die Herren der umliegenden Schlösser und Güter gingen vor und hinter ihr her wie ein Hofstaat und begleiteten sie vom Schloß bis in die

Kirche. Wie Monde um einen Planeten kreisten sie um die Fürstin und vergaßen dabei ihre gescheiterten Karrieren bei Hof und im Militär, die Schuldenberge, die auf ihren Gütern lasteten, und die bürgerlichen Steuerpächter und Notare, die sich viel schönere Schlösser leisten konnten als sie.

Wenn sich die Urgroßmutter auf ihrer Gebetbank niederließ, so stand daneben ein kleiner Stuhl, auf den sich Charles-Maurice mit einer weit über sein Alter hinausweisenden Würde setzte. Selbst der kranke Fuß fiel nicht mehr so auf, denn Charles-Maurice hatte sich einen leicht schwebenden Gang angewöhnt, der seine Mißbildung weitgehend kaschierte. Andächtig folgte der Junge dem Gottesdienst und blätterte die Seiten im Gebetbuch immer genau im richtigen Moment um.

Nach der Messe begleitete er die Urgroßmutter in ihren privaten Apothekenraum, in dem sie jeden Sonntag die Kranken und Bedürftigen ihrer Güter empfing. Von den einfachen Menschen, denen sie nicht nur Trost, sondern Medizin und manchmal auch Geld spendete, trennte die Fürstin ein langer schwarzer Lacktisch, hinter dem sie auf einem breiten Samtsessel saß. Viele der Leute, besonders die älteren, kamen nur, um ein paar Worte mit der Fürstin zu wechseln. Sie kannte ihre Namen, wußte um ihre Familien und sprach mit ihnen in einem Ton natürlicher Distanziertheit. Die Landleute aber sprachen mit der Fürstin oft in respektloser Unbefangenheit, denn sie betrachteten sie gleichsam als ihr Eigentum. Auch Charles-Maurice empfing die Zuneigung dieser Menschen. Oft sagten sie ihm, daß die Fürsten von Chalais immer gutherzig gewesen seien und er es folglich auch sein werde. Die Boshaften fügten Andeutungen hinzu, was vor vierhundert Jahren mit schlechten Seigneurs passiert war, als die Bauern sich bewaffneten und die sogenannte Jacquerie um sich griff. In solchen Momenten rückte Charles-Maurice näher an seine Urgroßmutter heran, die, schon ein bißchen schwerhörig, von den Einflüsterungen der frecheren Landleute nichts mitbekam. Auch von den ungenierten Blicken, mit denen die Kinder der Bauern den Fuß von Charles-Maurice anstarrten, bemerkte die Fürstin im Unterschied zu ihrem Urenkel nichts.

Die ganze Zeremonie verbrachte Charles-Maurice stehend an der Seite seiner Urgroßmutter, wobei er sich an ihrer Armlehne oder an der Tischplatte festhielt. Noch immer liebte Charles-Maurice den Anblick ihres seidenen, spitzenbesetzten Kleides, das er wie alle ihre Kleider auswendig hätte beschreiben können. Er kannte die Zahl der Schleifen an Brust und Ärmeln, die Farbe des Pelzkragens im Winter, die Form des Kopfputzes, die Duftigkeit ihres schwarzen Schleiers, den sie trug, weil sie in die Kirche gegangen war, und der unter dem Kinn zusammengebunden ihre Haube festhielt.

Auf der anderen Seite des Tisches standen zwei Nonnen, fragten die Kranken nach ihren Leiden und verordneten ihnen Medizin. Diese Mittel wurden nach alten, überlieferten Rezepten einmal im Jahr zusammen vom Dorfapotheker und dem Pfarrer hergestellt. Auch Charles-Maurice hatte eine eigene Aufgabe. Für die Leidenden, die Verbände brauchten, holte er das Leinen aus der Schublade des Lacktisches und überreichte es mit einer kleinen Verbeugung der Urgroßmutter, die dann das erforderliche Stück abschnitt.

Wenn diese Zeremonie abgeschlossen war, spazierte die Fürstin mit ihrem Enkel im Schloß von Chalais die Ahnengalerie entlang und erklärte ihm die Bilder. Auf den Gemälden waren die Hélies und Archambauds abgebildet, wie Jahrhunderte lang die Grafen von Périgord geheißen hatten. »Immer wieder wird man einen Grafen Archambaud in der Familie haben. Schon am Vornamen wird man seine hohe Stellung erkennen. Sie Monsieur«, sagte sie lächelnd, »werden Ihren Sohn vielleicht auch Archambaud nennen, denn durch Sie wird unser Geschlecht fortleben.«

Danach setzten sie sich nebeneinander auf eine steinerne Bank, und Charles-Maurice las ihr bis zum Mittagessen aus dem »Kabinett der Feen« vor, einem Märchenbuch, in dem selbst die bösen Feen miteinander so höflich umgingen wie die Fürstin von Chalais mit ihren Chevaliers. Der Dorfpfarrer hatte Charles-Maurice in kürzester Zeit das Lesen beigebracht.

Als sie so beieinander saßen, brachte ein Diener einen Brief, der soeben aus Paris eingetroffen war. Die Fürstin brach das Siegel auf: »Von Ihren Eltern, Monsieur.«

Diese Ankündigung erfüllte Charles-Maurice immer mit einem leichten Gefühl der Beklommenheit. Seine Urgroßmutter hatte ihm gesagt, daß man seine Eltern lieben müsse. Doch Charles-Maurice konnte, wenn ihre seltenen Briefe eintrafen, keine echte Freude empfinden, so sehr er sich bemühte. Dies schmerzte ihn, denn er haßte es, einen Wunsch seiner Urgroßmutter nicht erfüllen zu können.

Die Fürstin strahlte: »Monsieur Charles-Maurice, Ihre Eltern teilen uns eine besonders glückliche Nachricht mit: Sie haben ein kleines Brüderchen bekommen. Sie haben es auf den Namen … ›Archambaud‹ getauft … Archambaud.«

Die Fürstin las weiter. Plötzlich ließ sie das Blatt sinken. »Freuen Sie sich, Monsieur Charles-Maurice, Sie werden in Paris zur Schule gehen dürfen. Ihre Eltern haben das Collège d'Harcourt für Sie ausgewählt.«

Tränen traten in die Augen der Fürstin. Sie war sich selbst nicht bewußt gewesen, wie sehr sie an dem Jungen hing. Charles-Maurice saß wie versteinert da. Auch er hatte die Tragweite der Nachricht sofort erkannt. Er würde seine Urgroßmutter nie wiedersehen.

Der Bailli von Périgord lehnte auf dem Achterdeck an der Reling. Eine der riesigen Laternen, die das Heck zierten, spendete ihm Licht, während er in einem alten Quartoband las, einem Druck aus dem frühen 17. Jahrhundert. Das Buch trug den ebenso umständlichen wie zutreffenden Titel: »Eine vollständige Historie des hochedlen Hauses der Grafen von Périgord, nebst ausführlicher Darstellung der Geschichte der Fürsten von Chalais, der Marquis von Excideuil, der Grafen von Montignac und der Grafen von Grignols, enthaltend eine Erklärung aller dazugehörigen Wappen und Stammbäume, geschrieben im Jahre des Herrn 1624.«

Das Fieber hatte den Bailli in seiner Kabine geschüttelt, und er hatte zitternd das Deck aufgesucht, um sich die kühle Nachtluft zuzuführen. Hier hatte es ihn bald gelangweilt, den tropischen Sternenhimmel kannte er zur Genüge, und so hatte er in dem kleinen antiquarischen Büchlein gelesen, das einst ein Beichtvater der Grafen von Périgord in der Hoffnung auf eine größere Pfründe verfaßt hatte. Die Lektüre war für einen Mann mit literarischem Geschmack eine harte Prüfung: Der prunkend-gelehrsame Stil des Autors wurde nur von seiner gnadenlosen Naivität übertroffen. Der Bailli wollte schon fast aufgeben und sich einen anderen Band holen, als er auf eine wahrlich fesselnde Textstelle über das elfte Jahrhundert traf:

»Und in jenem Jahr wurde dem Grafen Archambaud de Périgord, nachdem er das Kloster von Montlusson eingeäschert und den Abt auf einem rostigen Spieß gebraten hatte, so daß, wie die Einwohner des Dorfes bezeugen, das Tal bei Vollmond noch heute von seinen Schreien hallt, ein Sohn geboren, und den nannte er Hélie, wie seinen Großvater. Doch Hélie hatte einen verwachsenen Fuß und hinkte sein Lebtag, weswegen die gotteslästerlichen Bauern des Périgord ihn ›den Bocksfüßigen‹ oder ›den Teufel‹ nannten, und sagten, es sei eine Strafe Gottes für die Zerstörung der Abtei.«

Aufmerksam blätterte der Bailli weiter und fand etwa vierzig Seiten oder achtzig Jahre später eine ähnliche Passage:

»Aber der Graf von Montignac erschauerte beim Anblick ihres Fußes in der Hochzeitsnacht und verstieß seine Gemahlin, Marie de Périgord, er behauptete, man hätte ihn nicht über ihren Klumpfuß aufgeklärt und obendrein hätte sie den bösen Blick. Da ergrimmte Graf Maurice de Périgord und überzog seinen Schwiegersohn mit der Fehde, um die Beleidigung seines Blutes zu rächen. Und in einer Nacht nahm er Schloß Montignac im Handstreich und schlug mit einem einzigen Axthieb dem Grafen von Montignac den Kopf ab. Der aber hatte keine Erben, und so ging sein Besitz rechtmäßig an den Grafen von Périgord, nachdem sich seine Tochter, die Gräfin von Montignac, aus Gram zu Tode gehungert hatte.«

Und so ging es bis ins sechzehnte Jahrhundert fort, die Chronik stellte mit kaum verhohlener Begeisterung einen Zusammenhang zwischen einem erblichen Gebrechen und offenbar fast ebenso erblichen Verbrechen her, die sich die Grafen in regelmäßigen Abständen zuschulden kommen ließen. Mit dem Jahr 1524 aber wandelte sich der Ton der Darstellung, wurde etwas devoter, schilderte die Grafen in einem günstigeren

Licht und verzichtete ganz auf die Erwähnung irgendwelcher Körpermerkmale. Die verspätete Anpassung an den Geschmack seines Zielpublikums hatte dem Kaplan nichts genutzt: Die Périgords hatten sein Werk damit quittiert, daß sie ihn hinauswarfen und überdies für einige Monate in einen Kerker sperren ließen.

Der Bailli war beeindruckt, nicht so sehr von den absurden Schauergeschichten, sondern davon, daß man offenbar von dem Klumpfuß des Hauses Périgord nicht mehr sprach. Er jedenfalls hörte zum ersten Mal davon. Sollte Charles-Maurice vielleicht gar nicht von der Kommode gefallen sein? Die Ausführungen der Pflegemutter waren plausibel gewesen. Aber sie waren abgespult worden wie auswendig gelernt. Rückblickend schien es, als habe sie jemand zum Stillschweigen verpflichtet.

Als Charles-Maurice in die Kutsche stieg, wieder von Mademoiselle Charlemagne begleitet, sagte ihm die Fürstin zum Abschied, daß er sich auf seine Eltern freuen sollte, die ihn in der Rue Garancière willkommen heißen würden. Siebzehn Tage später hielt die Postkutsche in Paris an; er stieg aus, und ein Diener trat auf ihn zu. Charles-Maurice fragte: »Welche Straße ist dies?« Denn er glaubte nicht in der Rue Garancière zu sein.

Mademoiselle Charlemagne antwortete: »Dies ist die Station in der Rue d'Enfer.«

Die Straße der Hölle.

Der Diener nahm sein Gepäck und führte ihn davon. Sie kamen rechtzeitig im Collège d'Harcourt an, so daß Talleyrand sich an die Mittagstafel setzen konnte. Seinen Eltern begegnete er erst eine Woche später, denn alle sieben Tage begleitete ihn sein Erzieher in die

Wohnung des Grafen, wo er am Essen der Familie teilnehmen und seinen Bruder Archambaud kennenlernen durfte, der nicht zu einer Pflegemutter in die Vororte gegeben wurde.

Charles-Maurice war noch etwas blaß, als er und sein Erzieher sich im Hause seiner Eltern zu Tisch setzten. Hier und da waren in seinem Gesicht leichte Narben zu sehen. Der Graf und die Gräfin de Périgord hingegen strotzten nur so vor Gesundheit und sprachen dem reichlichen Essen begeistert zu. König Ludwig XV. hatte ihnen damastene Tischwäsche geschenkt, die mit Lilienstickereien geschmückt war. Der Graf wies seinen ältesten Sohn stolz auf dieses Kleinod hin und strich mit seinen langen, wohlgeformten Händen andächtig über den kostbaren Stoff, während er sprach.

Seit geraumer Zeit ging es der Familie Talleyrand-Périgord finanziell deutlich besser. Der Graf und die Gräfin waren in der Gunst des Königs gestiegen, besonders seit dem Tode der Madame de Pompadour, welche die vielgerühmte Eleganz und Schönheit des gräflichen Paares gefürchtet hatte. Nun begannen sich jene materiellen Wohltaten einzustellen, die ein erfolgreicher Hofdienst unweigerlich mit sich brachte. Das Silber war vom Pfandleiher zurückgekehrt und durch einen prachtvollen Tafelaufsatz ergänzt worden, auf dem stilisierte Fischer und Schäfer ihrem Liebesspiel nachgingen, ihren Fang und ihre Herden auf leichtsinnigste Weise vernachlässigend. Charles-Daniel und Victoire-Eléonore genossen ihre neuen Triumphe und sprachen fast ausschließlich miteinander, ohne ihre Tischgenossen miteinzubeziehen. Mit den Kindern wechselten sie nur selten ein Wort, eher noch mit deren Betreuern.

An den Erzieher von Charles-Maurice gewandt, fragte seine Mutter: »Nun Monsieur l'Abbé, wie macht sich ihr Schützling, ist er wieder gänzlich genesen?«

Victoire-Eléonore hätte ihren Sohn niemals an ihrem Tisch sitzen lassen, wenn noch der leiseste Verdacht auf Blattern bestanden hätte. Sobald die Nachricht aus dem Collège d'Harcourt gekommen war, daß ihr Sohn an Blattern erkrankt sei, hatte sie ein Haus ausfindig gemacht, in dem man solche Krankheitsfälle pflegte. Alle Mitglieder der Familie hatten sich geflissentlich von diesem Orte ferngehalten. Die Ansteckungsgefahr war zu groß. Ohne auf eine Antwort zu warten, fuhr die Gräfin fort: »Ihre Narben scheinen sehr klein. Sie haben noch einmal Glück gehabt, Monsieur. Im Gesicht werden Sie jedenfalls nicht dauerhaft entstellt sein.«

Jetzt mischte sich der Graf in das Gespräch: »Monsieur l'Abbé, wie kommt unser Sohn im Unterricht voran. Werden ihm die Unterrichtstage, die er wegen seiner Krankheit versäumt hat, sehr fehlen?«

»O nein, Herr Graf! Wo denken Sie hin? Er ist wahrscheinlich der intelligenteste Zögling, den das Collège seit Jahren, vielleicht seit Jahrzehnten, gehabt hat. Seit er bei uns ist, ist Charles-Maurice der erste nicht nur seiner Klasse, sondern seines ganzen Jahrgangs. Er besitzt ein Verständnis für die alten Sprachen, wie kaum je ein Schüler. Das Lesen bereitet ihm ein wirkliches Vergnügen. Der Stoff ist ihm nicht Last, sondern Lust. Caesar, Cicero, Sallust, Terenz, Vergil und Ovid stellen für ihn keine Herausforderung mehr dar, selbst Horaz ist er völlig gewachsen. Sein Interesse hat sich auf Catull, Martial, Juvenal und Persius verlegt. Kürzlich hat er mir einige Epigramme vorgelegt, die ich beinahe für eine philologische Neuentdeckung gehalten hätte, bis ich in ihnen ein Akrostichon mit meinem eigenen Namen entdeckte. Noch nie hat mich ein Schüler …«

»Danke, Monsieur l'Abbé. Mein Sohn, Sie haben dem Abbé offenbar eine Freude gemacht. Bleiben Sie weiterhin so fleißig und gehorsam wie nötig und machen Sie uns keine Schande. Tun Sie sich aber um Himmels willen nicht so sehr hervor. Sie sind ein Mitglied des Hauses Périgord, kein Gelehrter. Es geziemt sich nicht für einen jungen Mann in Ihrer Stellung, zu viel Bücherstaub zu schlucken. Der vollendetste Aristokrat, den ich je kennengelernt habe, war der Marquis de Chateauneuf-d'Aubin. Er besaß das volle Vertrauen unseres Königs, einen messerscharfen Verstand und große Schlagfertigkeit. Trotzdem konnte er weder Cato und Catull noch Cicero und Catilina auseinanderhalten. Und es hat ihm nicht geschadet. Belasten Sie ihren Kopf also nicht zu sehr mit derlei Spielereien.«

Victoire-Éléonore warf ein: »Nehmen Sie sich ein Beispiel an Ihrem Bruder Archambaud. Er ist erst sechs, doch wenn man ihn ließe, würde er das ganze Haus kommandieren. Aber Lesen hat er in einem ganzen Jahr nicht gelernt. Ihr Bruder weiß, worauf es ankommt. Ich hoffe, Charles-Maurice, daß Sie den kleinen Archambaud auch tüchtig lieben und in Ihre Gebete miteinschließen, wie es sich gehört?«

»Jawohl, Madame.«

»Und Sie, Monsieur Archambaud, beten auch Sie für Ihren Bruder Charles-Maurice?«

Der Sechsjährige blickte vom Grafen zur Gräfin und wieder zurück: »Nein!« rief er und schüttelte heftig den Kopf. Die Gouvernante schimpfte mit ihm, doch Graf und Gräfin lachten: »Lassen Sie nur, Mademoiselle Brissac, er hat eben einen Kopf für sich.«

Der Abbé Saint-Hilaire lehnte sich behaglich in die weichen Polster zurück und lauschte den Geräuschen, dem Rufen und Schnalzen des übereifrigen Kutschers, dem Klirren des Geschirrs und dem Knirschen der Räder. Vor allem aber erfreute ihn die ausgezeichnete Federung, die das Reisen so viel angenehmer gestaltete. Saint-Hilaire war ein Experte auf diesem Gebiet: Da er sich keine eigene Kutsche leisten konnte, war er darauf angewiesen, sich von seinen Standesgenossen mitnehmen zu lassen – worin er große Meisterschaft entwickelt hatte. So kannte er die Wagen der guten Gesellschaft und wußte ihre Vor- und Nachteile zu beurteilen. Diesem hier verlieh er das Prädikat »mit Auszeichnung«. Saint-Hilaire konnte die Bequemlichkeit um so mehr schätzen, als er die halbe Nacht vor dem Aufbruch am Spieltisch verbracht und mehr Geld gewonnen hatte, als er vertrug. Der anschließende Champagnerkonsum war wohl doch ein bißchen übermäßig gewesen. Die Mietkutsche hatte ihn in aller Frühe abgeholt, der junge Talleyrand hatte schon im Fond gesessen. Der Abbé hätte den Eltern des Jünglings ein solches Gefährt gar nicht zugetraut; jedermann war bekannt, daß sie am Rande des finanziellen Ruins standen, und das, obwohl sie nach dem Tod der Pompadour stetig an Ansehen bei Hof gewonnen hatten – aber die Talleyrand-Périgords hielten auf sich. Sie wußten eben, was sich beim Erzbischof-Herzog von Reims gehörte.

Jetzt, da er sich ein wenig ausgeruht hatte, betrachtete Saint-Hilaire sein Gegenüber mit Wohlgefallen. Gerade sechzehn Jahre alt, frisch von der Schule und doch eine gewandte Erscheinung. Kein bißchen aufgeregt, völlig beherrscht. Saint-Hilaire seufzte. So blasiert war er selbst nicht gewesen, als er zum ersten Mal als beinahe Erwachsener in die Große Welt eingetreten war. Wie sehr war er sich seiner ungünstigen Voraussetzungen bewußt gewesen. Nicht besonders schön, ohne Geld und Erbe, der Bastard eines Kardinal-Erzbischofs, eines für seine Frömmigkeit berühmten Mannes, der sich im Alter von dreiundsechzig Jahren zum ersten Mal einen Fehltritt geleistet und seine Jungfräulichkeit abgestreift hatte. Die ganze Welt war entzückt gewesen. So hatte von Anfang an der schlimmste aller Makel auf ihm gelastet, der der Lächerlichkeit. Erst Bastard, dann Witzfigur, so hatte er in die Salons eintreten müssen, hatte in flehentlichen Briefen seinem zunehmend seniler werdenden Vater jenes Minimum an Protektion abringen müssen, ohne das er unweigerlich als armer Landpfarrer oder Hauskaplan geendet wäre. Aber er hatte sich emporgekämpft, hatte seine Schüchternheit überwunden, hatte gelernt, wie man Stillschweigen bewahrt, um zu verheimlichen, daß man nichts weiß, und dabei auch noch den Eindruck erweckt, als sei man selbst über die größten Geheimnisse im Bilde. Er hatte gelernt, stets zu lächeln, die Mächtigen von den Machtlosen zu unterscheiden, vor allem aber die zukünftig Mächtigen zu erkennen, noch bevor sie ihr Ziel erreicht hatten. Man hatte immer wieder versucht, ihn beiseite zu schieben, doch das hatte er sich nicht bieten lassen. Manchmal dankte er seinem Schicksal, daß er als Bastard zur Welt gekommen war, denn dies hatte ihn gezwungen, seine Umgebung schärfer zu beobachten, seine Vorteile genauer abzuwägen, entschiedener zuzuschlagen. Saint-Hilaire reckte sich und streckte die Unterlippe vor: Ja, er hatte es geschafft, er besaß das Ohr der einflußreichsten Männer, fuhr in den elegantesten Kutschen und speiste an den reichsten Tafeln. Doch das war längst nicht alles, was er sich vorgenommen hatte. Warum hier halt machen, wenn die große

Welt doch solche Möglichkeiten bot? Saint-Hilaire hatte sich geschworen, sich niemals mit dem Erreichten zufriedenzugeben.

Recht ungeniert studierte der Abbé die Züge seines Reisegenossen. Der junge Talleyrand-Périgord würde Eindruck machen am erzbischöflichen Hofe von Reims: die zarte Blässe, sein weiches blondes Haar, seine Schlankheit, vor allem die langen Wimpern – der sentimentale Typus, der jetzt langsam in Mode zu kommen schien. Saint-Hilaires Blick glitt ebenso langsam wie gründlich am Körper seines Gefährten hinab. Groß und breitschultrig würde er sein, er war es im Grunde schon, dabei aber kein bißchen ungeschlacht. Der Abbé seufzte bei der Vorstellung, wie viele durchaus ansprechende Männer an der Schwelle des Erwachsenenalters durch die Plumpheit ihres Auftretens, durch eine jugendliche Schlaksigkeit verdorben wurden.

Fast mit Entzücken betrachtete Saint-Hilaire die wohlgeformten, lässig übereinander geschlagenen Beine des Mitreisenden. Sein Blick blieb an Talleyrands Fuß hängen. Ein sehr eleganter Schuh, perfekte Verarbeitung und durch Talleyrands Sitzhaltung glänzend in Szene gesetzt. Was für eine Seltenheit, ein Sechzehnjähriger, der wußte, wie man ein Bein über das andere legte. Oder doch nicht ganz? Ein wenig würde er wohl noch üben müssen, denn der andere Fuß war etwas zu tief unter die Sitzbank zurückgezogen. Das verlieh der Pose auf die Dauer etwas Angestrengtes, Bemühtes. Unwillkürlich forschte der Abbé nach dem zweiten Fuß – und wandte den Blick blitzschnell aus dem Fenster, beinahe errötend. Hoffentlich war seine Taktlosigkeit dem Jungen nicht aufgefallen. Der andere Fuß war verwachsen. Folge eines Unfalls? Vielleicht ein Sturz vom Pferd, das aristokratische Leben hatte so seine Risiken.

Aber Mißgeschicke dieser Art waren weit verbreitet, zu weit verbreitet: Oft genug gab es andere Ursachen, die erblichen Gebrechen eines inzüchtigen Adels. Man kannte so viele berühmte Beispiele, etwa die habsburgische Unterlippe. König Karl II. von Spanien hatte praktisch nicht mehr richtig essen können! Richard III. von England war bucklig gewesen, hatte dafür aber ein paar Finger zu wenig besessen. Und in der Familie Richelieus war über Generationen hinweg der nackte Wahnsinn umgegangen. Vielleicht also doch ein Klumpfuß, ein Fehler im Blut gewissermaßen, der typische Makel eines der ersten Häuser Frankreichs.

Der Schuhmacher hatte immerhin ganze Arbeit geleistet, der Fuß wirkte nur ein klein wenig unförmig. Vielleicht fiel die Behinderung ja gar nicht so sehr auf, sie würde der Karriere des jungen Mannes gewiß nicht schaden. Wie Saint-Hilaire am Rande mitbekommen hatte, sollte Talleyrand der beste Schüler am Collège d'Harcourt gewesen sein. Und dabei hatte er nichts von einem Streber oder Pedanten an sich. Wieder konnte der Abbé nicht umhin, die Erscheinung seines Gegenübers zu bewundern. Durchaus zu beneiden, diese Souveränität. Saint-Hilaire seufzte abermals: Wie große Anstrengung hatte es ihn selbst gekostet, den Ruf eines geistreichen, vielseitig begabten Bonvivants zu erwerben. Welche Mühen und Kämpfe auf den Schlachtfeldern der feinen Salons. Wie viele auswendig gelernte und dann wie zufällig hingestreute Bonmots. Dieser junge Mann würde das alles gar nicht nötig haben. Seine Aura des Geheimnisvollen, Undurchdringlichen und Vollendeten würde ihm überall die Aufmerksamkeit der guten Gesellschaft sichern. Saint-Hilaires Augen wurden schmaler, während er seinen Mitreisenden musterte. Gern würde er ihn einmal in Momenten erleben, in denen er die Fassung verlor. Vielleicht könnte man diese frühe Reife doch noch als Frühreife enttarnen.

»Was haben Ihnen Ihre Eltern zum Abschied aufgetragen, Monsieur de Talleyrand? Grüße an Ihren Onkel?«

Die Frage war von wohlkalkulierter Frechheit. Was Talleyrand mit seinen Eltern besprach, ging Saint-Hilaire gar nichts an. Aber der junge Mann würde nicht die Gewandtheit besitzen, ihn für seine Vertraulichkeit zurechtzuweisen.

»Ich habe meine Eltern seit drei Monaten nicht mehr gesehen. Die Kutsche hat mich direkt vom Collège d'Harcourt abgeholt.«

Der Abbé war über die Erwiderung nicht wenig erstaunt. Vielleicht eine gewollt naive Antwort? Saint-Hilaire gab nicht so schnell auf: »Ihr Onkel wird sich über Ihren Besuch gewiß freuen. Seit er Koadjutor geworden ist, sieht man in Alexandre-Angélique nur noch den künftigen Erzbischof. Und das mit Recht, wenn Sie mich fragen, denn er ist unter uns Sündern wie ein Heiliger.«

In diesem Augenblick wurden sie durch das Geräusch einer Kavalkade abgelenkt, die aus einem Feldweg auf die Hauptstraße bog.

Eine in grüne, goldbetreßte Jagdkleidung gewandete Dame ritt auf einem Fuchs voran. Nicht eigentlich schön, strahlte sie Macht und Selbstsicherheit aus, als sie ihr Pferd neben der Kutsche zum Stehen brachte und sich hinunterbeugte.

»Saint-Hilaire, Sie sehen wieder einmal sehr übernächtigt aus. Wo haben Sie sich nur wieder herumgetrieben? Wenn Sie so weitermachen, werden Sie nie Bischof werden, geschweige denn Erzbischof.«

»Halb so schlimm, meine Liebe, denn die wahre Tragik meines Lebens liegt woanders. Das Leben als Kirchenfürst kann ich mir nur mit einer Nichte wie Ihnen an meiner Seite vorstellen. Da Sie aber schon einen Onkel haben, was soll ich da noch Bischof werden, Madame de Rothe?«

»Werden Sie lieber gleich Erzbischof, und wir werden sehen, wie wir Ihnen eine passende Nichte verschaffen! Aber stellen Sie mir jetzt besser den jungen Mann da vor, dem ihre Komplimente weit eher gelten sollten als mir!«

Talleyrand hielt dem herausfordernd-spöttischen Blick stand, mit dem sie ihn musterte, und deutete eine leichte Verbeugung an, während Saint-Hilaire nicht ohne Stolz verkündete: »Das ist Monsieur de Talleyrand-Périgord.«

Die Dame vorzustellen, hielt Saint-Hilaire in diesem Moment offenbar nicht für nötig, doch auch sie machte keine Anstalten, ihre Identität preiszugeben.

»Alle Achtung, unser Heiliger bekommt Besuch. Seien Sie uns willkommen, Monsieur de Talleyrand. Sie werden einen hübschen Abbé abgeben.«

Talleyrand wollte antworten, daß dies ein Mißverständnis sei, daß er gar keine kirchliche Karriere plante, daß er nur zu Besuch sei, doch da hatte die Dame ihrem Pferd auch schon die Sporen gegeben und sprengte davon, der Jagdgesellschaft hinterher, die unter Hundegebell und Hörnerklängen bereits in das Dickicht eingetaucht war. In bester Laune wandte sich Saint-Hilaire nun wieder dem jungen Mann zu, den er inzwischen fast als seinen Schützling betrachtete. »Madame de Rothe ist die Nichte des Erzbischofs. Allerdings ist sie eine eher weitläufige Verwandte des Hauses Roche-Aymon.« Saint-Hilaire lächelte vielsagend: »Sie ist übrigens, wie sie wohl schon bemerkt haben werden, eine höchst angenehme Erscheinung, mit viel Esprit. Sie macht es uns leichter, fern von Paris leben zu müssen. Sie und der Erzbischof selbst, natürlich. Ein wirklicher Edelmann: An seiner Tafel speisen täglich fünfzig Personen von Stand oder mehr. Der Aufwand seines Hofes wird Ihnen gefallen, er ist außerordentlich. Der Großalmosenier von Frankreich lebt nicht gerade von Almosen.«

Kaum waren ihm diese Worte entschlüpft, hätte sich Saint-Hilaire am liebsten die Zunge abgebissen. Der Witz war der Form nach vulgär, vom Inhalt her oberflächlich gewesen. Sein Gegenüber hatte die Bemerkung einfach überhört, eine deutliche Abfuhr. Damit war der letzte Zweifel an dessen Stilsicherheit ausgeräumt. Andererseits hatte Talleyrand den Fauxpas seines Gesprächspartners auch nicht ausgenutzt. Wie leicht hätte er ihn durch ein herablassendes Lächeln bloßstellen und ihn demütigen können. Der kleine Fehltritt dämpfte Saint-Hilaires Vergnügtheit, und er begann nachdenklich mit den Händen über die Seidenpolster zu streichen.

Inzwischen ratterte die Kutsche durch die engen Straßen von Reims und hielt bald im Hof des erzbischöflichen Palais, wo sich, wie es Talleyrand schien, eine ganze Hundertschaft livrierter und gepuderter Lakaien auf sie stürzte. Saint-Hilaire stieg aus, Talleyrand folgte ihm. Der Haushofmeister des Erzbischofs begrüßte sie, während Diener ihr Gepäck übernahmen. »Monsieur l'Abbé, wie schön, Sie wiederzusehen. Monsieur de Talleyrand, seien Sie herzlich willkommen. Ihr Onkel und der Erzbischof sind noch auf Jagd, werden aber bald zurückkehren. Wir haben Ihnen ein Zimmer vorbereitet, das ganz in der Nähe Ihres Onkels liegt.

Alle freuen sich darauf, Sie in unserer Mitte zu haben. Man spricht nur von Ihnen und Ihrer Zukunft. Ihr Onkel muß Ihnen herzlich zugetan sein und spricht nur in höchsten Tönen von Ihnen. Als Neffe des Koadjutors stehen Sie bereits jetzt hoch in der Gunst des Erzbischofs. Auf seine Veranlassung hin befindet sich in Ihrem Zimmer eine vollständige Garderobe und ein neuer Satz Toilettengegenstände. Sollte etwas Ihrem Geschmack nicht entsprechen, melden Sie sich bitte sofort. Ich habe Ihre Soutane für Sie bereitlegen lassen. Wir haben schon einen Termin beim Schneider vereinbart, damit sie perfekt sitzt. Ich soll es eigentlich nicht verraten, aber es heißt, Ihr Onkel werde Ihnen zu Ihrer Ankunft ein perlenbesetztes Brustkreuz schenken. Und Madame de Rothe hat einen Preis ausgesetzt: Gelingt es Ihnen, der jüngste Bischof Frankreichs zu werden, so wird sie Ihnen dazu den prachtvollsten Ring des Landes schenken … Aber Monsieur! Um Gottes willen, Monsieur de Talleyrand! Geht es Ihnen nicht gut, Monsieur?«

Saint-Hilaire hatte nur mit halbem Ohr hingehört; als er sich umdrehte, fand er den jungen Talleyrand aschfahl, gestützt auf den Arm des Haushofmeisters. Der Abbé ergriff den Arm seines Schützlings und wandte sich an den Haushofmeister: »Die lange Reise hat Monsieur de Talleyrand ein wenig mitgenommen. Er hat sich schon unterwegs nicht so wohlgefühlt. Vielleicht ist es auch die Aufregung.«

Talleyrand lächelte den bestürzten Diener tapfer an: »Es geht mir schon wieder besser.«

Saint-Hilaire staunte selbst über den Verdacht, der in ihm aufstieg. Wurde dem Jungen plötzlich übel, weil der Hofmeister die Soutane erwähnt hatte? Wußte Talleyrand tatsächlich nichts von seiner Bestimmung?

Wozu sollte er denn sonst an den Hof des Erzbischofs kommen, wenn nicht, um in die Welt seines neuen Standes eingeführt zu werden? Was hatte der Junge sich denn vorgestellt, was hatte man ihm erzählt? Hatten ihn seine Eltern denn überhaupt nicht auf die klerikale Laufbahn vorbereitet? Saint-Hilaire hatte aus den Erzählungen des Koadjutors den Eindruck gewonnen, Talleyrand sei ein jüngerer Sohn. Warum hätte man ihn auch sonst für die kirchliche Laufbahn vorgesehen? Sollte er etwa der älteste sein? Die Eltern hatten es offenbar fertiggebracht, ihrem Sohn das Erstgeburtsrecht zu nehmen, und es obendrein nicht einmal für nötig befunden, ihn davon in Kenntnis zu setzen. Und der heiligmäßige Onkel war in dieses Komplott verwickelt?

KAPITEL III

Blois 1637

Anna von Österreich blickte ungeduldig aus dem Fenster. Die Stunde der Audienz war fast gekommen, und noch immer hatte sich der angekündigte Besucher nicht im Schloßhof gezeigt. Würde er es wagen, der Demütigung noch die Verspätung hinzuzufügen? Hätte der König, ihr Ehemann, Anna nicht dazu gezwungen, wäre sie nie bereit gewesen, ihren Todfeind zu empfangen. Aber sie hatte keine andere Wahl, wenn sie die prekäre Versöhnung mit dem Monarchen nicht gefährden wollte.

Anna machte eine Handbewegung. Die Hofdame, die während der Audienz zugegen sein würde, brachte ihrer Herrin zum elften Mal innerhalb der letzten Dreiviertelstunde einen kleinen Handspiegel, damit sich Anna vom Zustand ihrer Toilette überzeugen konnte. Sie war sechsunddreißig, und man sah es ihr an, fand sie. Bitter betrachtete sie ihr Abbild. Sie fand ihre Haut fleckig, ihre Augen stumpf. Das habsburgische Kinn, der Fluch ihres Hauses, ragte energischer denn je hervor. Gerade jetzt, Auge in Auge mit dem, der ihr alles genommen hatte, wollte sie schön sein, unwiderstehlich. Anna wollte ihn blenden, den kränklichen Kleriker, dessen Mutter nur eine Bürgerliche gewesen war, zeigen, daß er ihr, einer Königin, nichts anhaben konnte.

Was wollte er überhaupt von ihr? Seinen Triumph krönen? Sie als die gescheiterte Intrigantin bloßstellen, die sie nun einmal war? Wollte er sich ihre Zustimmung dafür einholen, daß er ihre spanische Heimat mit Krieg überzog? Ihre Bestätigung dafür, daß ihr Gemahl seine ehelichen Pflichten nicht erfüllte? Sie starrte wieder zum Fenster hinaus. Da kam er heran. Groß und hager, in seinen Roben schwimmend, bewegte er sich nur langsam vorwärts, umgeben von einem kleinen Hofstaat, als sei er selbst der König. Hin und wieder nahm einer seiner Begleiter Richelieus Arm, um ihm die Last des Gehens etwas abzunehmen. Gott strafte ihn zurecht mit seinen Krankheiten, fand Anna. Hämorrhoiden, so der Hofklatsch. Beim Stuhl sollte er regelmäßig schreien und sich vor Schmerzen winden. Ging nicht auch der Wahnsinn durch seine Familie? Warum nahm er nicht auch von ihm Besitz? Warum wurden immer nur die Falschen verrückt?

Anna von Österreich wandte sich vom Fenster ab. Eine spanische Königstochter, die Königin von Frankreich, sollte nicht dabei ertappt werden, wie sie auf ihre Besucher wartete.

Richelieu brauchte nicht nach oben zu schauen. Ein Diener hatte ihm längst zugeflüstert, daß die Königin für den Bruchteil einer Sekunde am Fenster zu sehen gewesen war. Der Kardinal durfte keine ungebührliche Eile zeigen, nach oben zu gelangen, und dennoch wünschte er sich die Kraft, mit schnellen, elastischen Schritten hinaufspringen zu können, um Anna mit der gleichen athletischen Eleganz zu beeindrucken, mit der er einst ihre Schwiegermutter verführt hatte. Schwäche war unverzeihlich, denn Anna würde nur vor der totalen Übermacht kapitulieren. Es war die heikelste Mission seines Lebens. Wann schon war der Erste Minister eines Landes zu seiner Königin gekommen, um sie zum Hochverrat zu bewegen? Richelieu konnte aber nicht anders: Er mußte sich in die Hand einer Frau geben, die ihn tödlich haßte.

Die von Richelieu angeführte kleine Prozession war am Eingang des Flügels angekommen, in dem die Königin mit ihrem Gefolge logierte. Der Hof war der Zerstreuung halber nach Blois gewechselt, worüber der Kardinal fluchte, denn inzwischen war ihm jede noch so kurze Reise zu beschwerlich. Manchmal argwöhnte Richelieu, daß der König mit seinem Hofstaat nur deshalb so viel herumzog, um seinen kranken Minister zu ärgern. Der Weg nach Blois hatte den Kardinal bereits zu viel Kraft gekostet. Und die Schönheit der Loire konnte ihn nicht über die niederschmetternden Nachrichten von der Armee in Schwaben hinwegtrösten.

Richelieu betrat den Palast und steinerne Kühle umfing ihn. Er atmete auf, für einen Oktober war es viel zu heiß. Der Erste Minister gestattete sich nur eine kurze Pause. Schon der leiseste Hauch eines Affronts könnte all seine Pläne zunichte machen. Alles, was nach Beleidigung roch, würde die Königin so sehr erzürnen, daß sie ihm nicht mehr zuhören würde.

Richelieu schritt weiter. Die Begleiter hatten Anweisung, von nun an respektvollen Abstand zu halten. Die Treppe mußte der Kardinal allein schaffen. Es war zwar unwahrscheinlich, daß die Königin Richelieu die Ehre erweisen würde, ihm bis an die Stufen entgegenzukommen, aber das Schauspiel seiner Gebrechlichkeit wog für sie möglicherweise alle protokollarischen Verstöße auf. Mit einer leicht dramatischen Geste raffte er seine Gewänder und beschleunigte sein Tempo, Fuß um Fuß auf die aufsteigenden Marmorplatten setzend.

Anna ließ den Kardinal ein bißchen warten. Ursprünglich hatte sie geplant, ihn eine volle halbe Stunde vor der Tür stehen zu lassen, aber ihre eigene Ungeduld ließ diese Geste der Verachtung nicht mehr zu. Auch war da die Angst. Schließlich hatte sie auf Vermittlung des Königs ihre Feindschaft mit Richelieu offiziell beendet und ihm vor aller Welt und besonders vor den ausländischen Diplomaten ihr Wohlwollen bezeugt. Eine erneute Herausforderung seines Ministers könnte ihren Gemahl erzürnen. Richelieu würde Ludwigs XIII. Abneigung gegen seine Gemahlin vielleicht dazu nutzen, sie genauso ins Exil zu schicken wie ihre Schwiegermutter, Maria von Medici. Seitdem Frankreich mit Spanien im Krieg lag, war Annas diplomatischer Nutzen dahin. Durch ihre Kinderlosigkeit nach über zwanzig Ehejahren war nun auch ihre Weiblichkeit in Frage gestellt.

Der Kardinal wurde eingelassen. Ein Sessel für die Königin und ein Schemel für die in Handarbeit versunkene Hofdame waren alle Sitzgelegenheiten, die in dem riesigen Raum zur Verfügung standen. Richelieu sollte während der ganzen Audienz stehen müssen. In Spanien, dachte er, ist es das Vorrecht der Kardinäle, in Gegenwart des Monarchen zu sitzen.

Nach der frostigen Begrüßung der Königin eröffnete der Kardinal das Gespräch:

»Ich danke Eurer Majestät, daß Sie mir die besondere Gnade eines persönlichen Empfangs gewähren. Die unglücklichen Geschicke des Reiches in letzter Zeit haben Eure Majestät, wie ich fürchte, gegen mich aufgebracht. Die Gnade, mit der Sie ihren Zorn gegen mich für beendet erklärt haben, hat dennoch nicht alle Wunden zur Heilung gebracht. Deshalb komme ich, um noch einmal um Entschuldigung zu bitten für alle

Unbill, die ich Eurer Majestät unwissentlich bereitet haben mag.«

Anna von Österreich quittierte diese Ansprache mit einem säuerlichen Lächeln. Wie immer machte er seine Sache gut, zu gut. Nie gab er sich eine Blöße. Richelieu hingegen stöhnte innerlich. Nun kam der schwerste Teil; er mußte das Gespräch unauffällig auf das alles entscheidende Thema bringen.

»Sie sehen mich als einen früh gealterten Mann vor sich. Ich bin gerade zweiundfünfzig, doch schon bewege ich mich wie ein Greis, meine Kraft versiegt. So wie der Herbst uns gegenwärtig durch eine letzte Hitzewelle über seine wahren Absichten zu täuschen versucht, so habe auch ich ein letztes Mal meine ganze Willenskraft zusammengenommen. Doch lange wird es nicht mehr gehen. Dies wäre kein Grund zur Unruhe, wenn ich wüßte, daß es um Seine Majestät wesentlich besser stünde. Aber die Ärzte sorgen sich auch um seine Gesundheit. Noch besteht, wie sie versichern, kein Anlaß zu besonderer Furcht. Ein langes Leben jedoch sagt ihm niemand voraus. Für die Thronfolge ist glücklicherweise gesorgt, denn es gibt ja Monsieur, den Herzog von Orléans. Der Bruder des Königs erfreut sich bester Gesundheit, so daß ich um die Zukunft des Reiches eigentlich nicht zu fürchten brauche. Dennoch wäre es angenehmer zu wissen, daß sich die Krone direkt vom Vater auf den Sohn vererben wird. Wie es aussieht, wird sie statt dessen auf den Bruder übergehen.«

Das war es also. Richelieu wollte ihr drohen, wollte sie für das Ausbleiben der königlichen Nachkommenschaft verantwortlich machen. War es ihre Schuld, daß Ludwig an seinen Günstlingen wie Luynes und Cinq-Mars stets mehr Vergnügen gefunden hatte als an seiner angetrauten Ehefrau? Richelieu selbst hatte dem König doch immer die jungen Männer zugeführt, um ihn desto besser beherrschen zu können. Der König hatte seit Jahren ihre Gemächer nachts nicht mehr aufgesucht. Richelieu wußte das ebensogut wie jeder andere. Anna war nicht gewillt, diese Unterstellung hinzunehmen: »Eure Eminenz sollten sich um die Thronfolge nicht sorgen. Aber einen Kardinal Richelieu als Ersten Minister wird es nach einer Thronbesteigung des Herzogs von Orléans ganz gewiß nicht wieder geben. Ihr Kopf wäre dann wohl nicht mehr viel wert. Das wissen Sie selbst ganz gut.«

»Als Ihr treuer Diener spielt meine eigene Sicherheit für mich keine große Rolle. Ich bin ohnehin kein junger Mann mehr. Ich habe mit dem Leben fast abgeschlossen. Aber es betrübt mich, meine geliebte Königin allein und ihrer Ehren beraubt zu sehen, wenn der jüngere Bruder des Monarchen König wird.«

Dieser Pfeil Richelieus hatte getroffen. Anna von Österreich fürchtete sich maßlos davor, als kinderlose Königinwitwe mit kleiner Apanage irgendwo auf einem zweitklassigen Schloß in der Provinz vegetieren zu müssen. Im Umkreis des neuen Herrschers würde sie nicht bleiben können. Einst die Erste Dame des Königreichs wäre ihre neue protokollarische Stellung bedeutungslos, das Leben bei Hofe würde zur alltäglichen Demütigung werden.

Der Kardinal fuhr nach einer kurzen Pause fort: »Nachdem Seine Majestät, der König, so gnädig war, zwischen Eurer Majestät und mir eine Versöhnung herbeizuführen, will ich mich nach Maßgabe meiner bescheidenen Kräfte dankbar erweisen und einen kleinen Beitrag dazu leisten, auch die Beziehungen zwischen König und Königin wiederherzustellen.«

Anna horchte auf. Das persönliche Verhältnis zwischen dem Monarchen und seiner Ehefrau gehörte nicht unbedingt zu den Gegenständen, die sie mit Richelieu zu besprechen wünschte: »Muten Sie sich da nicht ein wenig zu viel zu, Eminenz?«

»Gewiß, diese Art der Unbescheidenheit ist für einen Untertan eigentlich nicht zulässig. Doch da ich ein Mann Gottes bin, ist der Friede das oberste Gebot, dem ich dienen muß. Vor allem jedoch der Friede zwischen Ehemann und Ehefrau. Aus diesem Grunde habe ich den König angefleht, seinen ungerechten Groll gegen Eure Majestät zu begraben, und sich wieder seinen ehelichen Pflichten zu widmen, die ja auch königliche Pflichten sind.«

Die Königin war verwirrt. Richelieu setzte sich für sie ein, obwohl sie kurz zuvor versucht hatte, ihn zu stürzen. Er konnte doch von ihrer Regentschaft auch nicht viel Besseres erwarten als von einer Thronfolge des Herzogs von Orléans. Es würde ihn so oder so den Kopf kosten. Allem Anschein nach schien er sie jedoch ihrem Schwager vorzuziehen. Vielleicht lohnte es sich ja, genauer hinzuhören.

Die Königin bedeutete ihrer Hofdame mit einer knappen Geste, sich außer Hörweite zurückzuziehen.

»Es ist mir eine große Freude, Eurer Majestät mitzuteilen, daß der König sich bereit erklärt hat, wieder das Ehebett mit Ihnen zu teilen.«

Dies war ein unverhoffter Triumph. Wohnte der Monarch ihr bei, wären viele Demütigungen beiseite gewischt. Sie wäre dann wieder Königin von Frankreich. Allerdings garantierte das nicht, daß sie auch mit Kindern gesegnet werden würde. Es war allgemein bekannt, daß es um die Manneskraft Ludwigs nicht zum Besten bestellt sei. Nur als Mutter von Prinzen jedoch würde sie vor Anfeindungen völlig sicher sein. Aber offenbar schien Richelieu solche Befürchtungen nicht zu teilen. Vielleicht besaß er Beweise dafür, daß Ludwig XIII. doch nicht impotent war.

Richelieu senkte seine Stimme: »Es gibt da allerdings ein Problem. Die Ärzte, auf deren Rat zwar, Gott sei Dank, nicht immer Verlaß ist, haben mir mitgeteilt, daß die Zeugungsfähigkeit des Monarchen aufgrund der Unruhen und Schwierigkeiten in den langen Jahren seiner Herrschaft gelitten hat. Man möchte zwar nicht ganz ausschließen, daß der König noch eigene Kinder wird zeugen können, wahrscheinlich ist es jedoch nicht.«

Anna von Österreich fühlte sich plötzlich sehr, sehr müde. Hier stand ihr Erzfeind vor ihr, überbrachte ihr die größte Glücksbotschaft seit Jahren und einen Augenblick später zerstörte er auch schon wieder den unerwarteten Hoffnungsschimmer. Sie blickte ihn mit unverhohlenem Haß an.

»Wenn Sie all das wissen, warum bemühen Sie sich dann so? Wozu all diese Anstrengungen im Dienste des Friedens, wenn sie doch fruchtlos bleiben müssen?«

»Weil niemand dem König die Wahrheit zu sagen wagt. Niemals wird der König von seiner eingeschränkten Manneskraft erfahren. Gleichzeitig aber argwöhnt er natürlich, das Ausbleiben des Nachwuchses könnte nicht nur an der Seltenheit des königlichen Geschlechtsverkehrs liegen, sondern auch an seinen eigenen beschränkten Möglichkeiten. Er hat diese Frage bereits im Kreise seiner Vertrauten angesprochen. Diese haben ihn natürlich beruhigt, wiewohl sie es besser wissen. Um ihm den letzten Zweifel an seiner Potenz zu nehmen, redet man ihm ein, Eure Majestät sei unfruchtbar.«

Die Königin fuhr auf: »Wie können es diese kleinen Schmeichler wagen! Das ist alles Ihre Schuld. Sie haben die jungen Galane ausgesucht. Sie haben dem König seine Mignons zugeführt, wie ein Kuppler, wie ein ...«

Richelieu hob gebieterisch die Hand, und die Königin verstummte. Sie gewann ihre Fassung zurück, atmete aber schwer. Fast war sie dem Kardinal für seine anmaßend autoritäre Geste dankbar, mit der er sie zur Beherrschung zwang.

»Eure Majestät haben ganz recht, sich aufzuregen. Doch ich bin völlig schuldlos. Ich habe Ihre ehelichen Qualitäten dem König gegenüber stets verteidigt. Das Problem ist aber, daß die Angelegenheit schon zu weit gediehen ist. Man will den König davon überzeugen, daß es besser wäre, die Ehe mit Ihnen annullieren zu lassen und zum Wohle Frankreichs eine neue Verbindung einzugehen. Der König schwankt noch. Eure Majestät wissen, daß nur wenig Sympathie zwischen Ihnen und ihm besteht. Zudem sind wir im Krieg mit Spanien, ihrem Heimatland. Die Kurie würde keine Einwände erheben, denn der Papst ist mit uns verbündet. Außerdem haben wir in Italien ein strategisches Übergewicht. Wir könnten leicht den Kirchenstaat besetzen und den Heiligen Vater zwingen, die Ehe für gegenstandslos zu erklären. Seine Heiligkeit ist ein skrupelloser Mann und tut buchstäblich alles für den politischen Vorteil. Es ist daher Eile geboten. Der Plan muß schnell durchkreuzt werden.«

»Warum sind Sie denn eigentlich gegen diese Idee? Es klingt fast so, als hätten Sie sie höchstpersönlich entwickelt! Sie waren doch immer mein Feind.«

»Erstens bin ich immer Ihr treuester Untertan gewesen, und zweitens habe ich mich zu früh und zu stark gegen diesen Plan, der mir wenig nutzen würde, gewandt. Er würde schließlich weder die Zeugungsfähigkeit des Königs erhöhen noch seine Lebensdauer verlängern. Eine neue Ehe liegt daher nicht in meinem Interesse. Unter den gegebenen Umständen wäre zwar eine protestantische Prinzessin für unsere Außenpolitik günstig. Aber die Widerstände dagegen sind unüberwindlich. Daher bin ich gegen eine Neuverheiratung des Königs. Käme der Plan zur Durchführung, würde ich eine schwere Niederlage erleiden und den größten Teil meines Einflusses an des Königs hübsche junge Männer verlieren. Mein Sturz wäre dann nur noch eine Frage der Zeit.«

»Und wie können wir diese Intrige aufhalten?« fragte Anna von Österreich.

»Indem Sie das Bett mit dem König teilen! Er ist damit auch einverstanden, denn er will Eurer Majestät, bevor er sich zu einem so wichtigen Schritt wie der Trennung entschließt, noch eine letzte Chance zum Beweis Ihrer Fruchtbarkeit geben.«

»Na und? Sie haben doch gerade gesagt, daß der König impotent ist. Woher sollen dann die Samen kommen, die meine Fruchtbarkeit beweisen müßten? Nichts wird passieren. Die kleinen Günstlinge werden es auf mich schieben und meine Ehre in den Schmutz ziehen. Sie werden erst recht darauf drängen, mich zu verstoßen. Es gibt keinen Ausweg.«

Die Königin bebte vor Verzweiflung. Schluchzend saß sie in ihrem Sessel. Richelieu beobachtete sie ungerührt einige Minuten lang. Endlich brach er sein Schweigen. »Eure Majestät, da es um die Ehre Frankreichs und seiner Königin geht, sind hier außergewöhnliche Mittel gefordert. Es gibt eine Lösung, allerdings auch nur die eine. Es bedarf wahrlich königlichen Mutes, sie zu wählen.«

Anna von Österreich warf ihm einen flehenden Blick zu. Richelieu näherte sich ihrem Sessel und beuge sich über sie. Er blickte ihr direkt in die Augen. »Eure Majestät müssen das Bett mit dem König teilen. Zur gleichen Zeit müssen wir einen Ersatzmann finden, der sich ebenfalls zu Ihnen begibt. Dieser Ersatzmann wird dann den Erben zeugen, den Frankreich so dringend braucht, und er wird Ihre Ehre wiederherstellen.«

Anna starrte in Richelieus nur zehn Zentimeter entfernte Augen. Das konnte nicht sein Ernst sein. Ehebruch! Das war Hochverrat, das würde sie den Kopf kosten. »Sie sind wahnsinnig.«

»Keineswegs. Dies ist Ihre letzte Chance. Ergreifen Sie diese, und Sie werden über ihre Feinde triumphieren. Lassen Sie sie verstreichen, und Ihr Schicksal ist besiegelt.«

Für einen Moment überlegte Anna, ob sie Richelieu nicht einfach als Hochverräter verhaften lassen sollte. Aber er konnte schließlich alles abstreiten. Sie selbst hatte ihre Hofdame außer Hörweite geschickt und daher keine Zeugen. Mochte sie auch Königin sein, gegenwärtig galt im Zweifelsfall sein Wort mehr als ihres. Meinte er den Vorschlag denn überhaupt ernst? Wollte er ihr vielleicht eine Falle stellen?

So sehr sie jedoch in seinen Zügen forschte, sie entdeckte nichts als die übliche, hinter einer Maske der Demut versteckte Arroganz. Sie konnte kaum glauben, was hier geschah. Doch um sie zu prüfen, war das Mittel eigentlich zu plump, das Ansinnen zu verrückt. Offenbar war er entschlossen, diesen tollkühnen Plan in die Tat umzusetzen.

Richelieu stand dicht vor Anna von Österreich und versuchte krampfhaft, seine Spannung zu verbergen. Die erste Runde war immerhin gewonnen. Sie hatte sich auf das Gespräch eingelassen. Jetzt mußte sie dem Plan allerdings noch zustimmen. Er hörte Anna flüstern: »Die Anullierung der Ehe könnte man gar nicht mit meiner Unfruchtbarkeit begründen. Die Kurie würde dafür keinen Dispens geben. Außerdem kann ich nachweisen, daß die Ehe vollzogen worden ist. Ich war doch sogar schon einmal schwanger.«

»Die Ärzte würden Ihre damalige Schwangerschaft als Scheinschwangerschaft deklarieren. Man könnte sie auch auf Ehebruch im Verein mit übersinnlichen Mitteln zurückführen. Im Umkreis Ihrer Schwiegermutter wurde Schwarze Magie praktiziert, warum sollte man das gleiche nicht auch Ihnen anhängen können? Im Grunde geht es hier nicht mehr um Logik oder Recht, so sehr sich der König auch bemüht, sich mit reinem Gewissen aus der Affäre zu ziehen. Es dreht sich nur noch darum, wie man Sie am schnellsten loswerden kann.«

»Ehebruch? Aber wann und mit wem?«

»Mit dem Herzog von Buckingham zum Beispiel. Seine – verzeiht den Ausdruck – absurde Liebe zu Ihnen war hinlänglich bekannt.«

»Woher weiß ich, daß ich Ihnen trauen kann?«

»Glauben Eure Majestät wirklich, ich käme mit einem so ungewöhnlichen Vorschlag zu Ihnen, wenn ich einen anderen Ausweg sähe? Das Projekt selbst ist Beweis meiner Aufrichtigkeit.«

In diesem Moment spürte Anna, daß sie bereits eine Entscheidung getroffen hatte. Richelieus Antwort bestätigte nur ihre eigenen Überlegungen. »Wo nehmen wir den Ersatzmann her?«

»Die Wahl liegt selbstverständlich bei Eurer Majestät.« Richelieu atmete auf, er hatte gewonnen. Von diesem Zeitpunkt an gab es für Anna von Österreich kein Zurück mehr. Sie waren nun Komplizen, mehr noch, sie war Richelieu auf Gedeih und Verderb ausgeliefert. Wie zur Bestätigung seiner Überlegungen wies die Königin dem Kardinal den Schemel, auf dem die Hofdame vorher gesessen hatte. Ohne sich für die Ehre zu bedanken, nahm der Kardinal Platz. Nicht aus Unhöflichkeit, sondern weil er alle Energie einsetzen mußte, um zu verbergen, wie sehr ihn das Sitzen erleichterte. »Allerdings müssen Eure Majestät auf gewisse Vorsichtsmaßregeln achten. Es darf niemand sein, der durch einen Treueid an den König gebunden ist oder der aus der Angelegenheit irgendwelche Erbansprüche ableiten könnte. Damit scheiden praktisch alle Franzosen sowie der gesamte europäische Hochadel aus. Es müßte jemand sein, der mit dem hiesigen Hof vertraut ist und Erfahrung in Geheimdiplomatie hat. Er müßte natürlich auch unsere politischen Interessen teilen.«

»Könnten wir nicht irgend jemanden nehmen, den wir hinterher einfach beseitigen lassen?«

»Das ist leider ganz ausgeschlossen. Es wäre zwar die eleganteste Lösung. Allein, sie ist nicht durchführbar. Die ganze Intrige wird so kompliziert sein, daß nur ein intelligenter und charakterfester Kandidat in Frage kommt. Ein Mann von diesem Format wird damit rechnen, daß man ihn hinterher am liebsten umbringen will. Daher wird er Sicherheiten fordern. Und die werden wir ihm geben müssen.«

»Könnte er uns damit nicht anschließend erpressen?«

»Ja, das könnte er wohl. Gerade deshalb müssen wir jemanden finden, dessen Ziele mit unseren so weit wie möglich übereinstimmen. Je ähnlicher unsere Ziele, desto geringer ist die Gefahr, daß er sein Wissen zu unserem Schaden verwendet. Im übrigen wäre das natürlich auch für ihn nicht ungefährlich. Ein Liebhaber der Königin von Frankreich kann mit keinem langen Leben rechnen. Er könnte das Ganze ja nur dann verraten, wenn er auch seine eigene Rolle preisgäbe.«

So sehr sie die Richtigkeit seiner Überlegungen einsah, so sehr ekelte sie auch die Vorstellung, daß der Kardinal im Begriff war, ihr fast in der gleichen Weise einen Geliebten zuzuführen, wie er es schon bei ihrem Mann getan hatte. Denn nach seinen letzten Erläuterungen blieb ihr praktisch keine Wahlfreiheit mehr. Für einen Moment hatte sich ihr die Phantasie eröffnet, unter dem Schutz des allmächtigen Kardinals mit dem seltenen Luxus der frei gewählten Liebe für die Qualen ihrer bisherigen Königinnenexistenz entschädigt zu werden. Aber nach diesen Worten war klar, daß der Erste Minister nicht einen Augenblick daran dachte, die Identität des Ersatzmannes dem Zufall zu überlassen. Wahrscheinlich hatte er bereits einen Kandidaten auf Lager. Ihr würde nichts anderes übrigbleiben, als der Wahl des Kardinals zuzustimmen. Anna von Österreich schwindelte. War die Demütigung, auf die Kuppelei eines Klerikers angewiesen zu sein, nicht fast ebenso groß wie die, in Schimpf und Schande davongejagt zu werden? Ganz zu schweigen von dem Risiko, das diese Intrige barg.

Richelieu war klar, daß er wieder an einem schwierigen Punkt angekommen war. Lange Zeit hatte er es für unmöglich gehalten, einen geeigneten Mann zu finden. Aber er hatte es doch geschafft. Jetzt mußte die Königin den Kandidaten auch noch akzeptieren. Welche Zumutung die ganze Situation für sie darstellte, war dem Kardinal wohl bewußt. Innerhalb von Minuten hatte er sie zu einer geradezu revolutionären Entscheidung gezwungen, und in den nächsten Minuten mußte er sie zu einer weiteren Entscheidung dieser Art bewegen. Denn die Zeit lief ab. Es gab am Hofe für zwei so exponierte Persönlichkeiten wie den Premierminister-Kardinal und die Königin kaum je Gelegenheit zu privaten Treffen. Jedes vertrauliche Gespräch erforderte gewöhnlich eine Reihe ergebener Zwischenträger, deren bloße Zahl jede wirklich geheime Aktion nahezu unmöglich machten. Wollte er Erfolg haben, mußte er in der verbleibenden Zeit – die Audienz überschritt schon die übliche Länge – alle entscheidenden Fragen geklärt haben.

»Ich glaube, ich kenne einen Mann, der in jeder Hinsicht geeignet wäre, das Unerhörte zu vollbringen. Es ist jemand, den Eure Majestät kennen und schätzen. Er spricht unter anderem die Sprache Ihrer Heimat, ist erfahrener Diplomat von ausgezeichneten Manieren und hoher Intelligenz, charmant und elegant, wie ich wohl sagen darf. Dabei auch noch absolut verschwiegen und ein treuer Diener Frankreichs. Jedenfalls hat er sein Interesse bekundet, Frankreich zu dienen.« Mit einem Blick auf die Hofdame fügte er hinzu: »Wenn Eure Majestät die Güte hätten, sich wieder ein wenig aufzurichten und eine gesetztere Haltung einzunehmen. Der optische Eindruck unserer Unterhaltung ist nur bedingt vorteilhaft.«

Die Königin fragte zögernd: »Wer ist es?«

»Es ist der ehemalige Sondernuntius Giulio Mazarini.«

Anna war geschlagen. Richelieu hatte einen Mann ausgesucht, auf dem ihr Auge stets mit Wohlgefallen geruht hatte. So sehr sogar, daß es zum Thema des Hofklatsches geworden war. Für zwei Jahre war Mazarini als außerordentlicher Vertreter des Heiligen Stuhls in Paris gewesen und erst im vergangenen Frühling wieder nach Rom zurückgekehrt. Er war sehr gebildet. Vor allem aber bestach sein Äußeres. Er war nicht eigentlich schön, ja nicht einmal aristokratisch wie etwa der Kardinal, der vor ihr stand. Mazarini war nur mittelgroß, sein Haar lichtete sich bereits, aber eine freundliche und einnehmende Ausstrahlung gestattete es ihm, selbst die steifesten Rituale des höfischen Zeremoniells mit einer geschmeidigen Selbstverständlichkeit zu befolgen, als hätte er sie selbst erfunden. Konventionelle Floskeln führte er im Mund, als seien sie Zeilen selbstverfaßter Liebesgedichte, und alle Äußerungen begleitete er mit einem schalkhaften Augenzwinkern, das selbst Spott und Bosheit in Liebenswürdigkeit verwandelte. Seine schwarzen Augen und Locken, seine vollen Lippen, sein ganzer Habitus hatten ihm in Paris einen Schwarm von Verehrerinnen zugeführt. Ohne je die Grenzen der Etikette auch nur zu streifen, war es ihm gelungen, der Königin gegenüber ein Verhalten an den Tag zu legen, als sei er allein ihretwegen nach Paris gekommen. Anna versuchte mit aller Macht ihre Freude und Erleichterung über diese Auswahl zu verbergen. Richelieu sollte nicht merken, wie sehr sie beeinflußbar war. »Warum glauben Sie, daß Mazarini die gleichen Ziele verfolgt wie Sie?«

»Wie *wir*, Eure Majestät, wie *wir*. Mazarini wollte ursprünglich in spanische Dienste treten. Zwei Jahre seiner Studien führten ihn auch dorthin. Doch dann entschied er sich in Anbetracht des sinkenden Sterns Spaniens, abzuwarten und vorläufig in die Dienste der Kurie zu treten. Bei all seiner zur Schau gestellten Sorglosigkeit interessiert sich Mazarini aber in Wirklichkeit nur für die ganz große Politik. Die Ränkespiele der Kurienkardinäle mögen eine gute Ausbildungsstätte für einen Diplomaten abgeben, einen wirklich ehrgeizigen Mann können sie auf Dauer nicht befriedigen. Spätestens seit seiner Nuntiatur bei uns ist Mazarini von der Reichweite und den Möglichkeiten der französischen Politik fasziniert. Im Dienste Frankreichs könnte ein Mann von seinem Talent sehr weit kommen. Er hat jedoch die Mitte Dreißig schon überschritten. Der Dienst beim Heiligen Stuhl wird sich letzten Endes als Sackgasse erweisen. Der Moment ist also günstig, wir können ihn an seinem eigenen Ehrgeiz packen.«

»Aber was können Sie ihm bieten, damit er das Risiko eingeht? Selbst sein Ehrgeiz wird sich an der Aussicht aufs Schafott brechen.«

»Mazarini wird mein Nachfolger als Erster Minister! Ich habe nicht mehr lange zu leben. In zehn Jahren allerspätestens wird ein anderer an meine Stelle treten müssen. LaValette ist zu wenig konzeptioneller Denker, und Père Josèphe ist noch kränker als ich. Dem gebe ich nicht einmal ein Jahr. Mazarini ist der geeignetste Kandidat, den ich mir vorstellen kann. Ich hätte ihn sowieso angeworben. Nun ist er für uns doppelt nützlich.«

»Wird er zusagen?«

»Wenn ihm dafür die Herrschaft über die größte Nation Europas winkt, dann ja!«

Richelieu erhob sich und verneigte sich tief. Die Audienz war beendet. Anna von Österreich sah dem Kardinal zu, wie er sich mit seinem Gefolge wieder von ihrem Flügel des Schlosses entfernte. Diesmal störte es sie nicht, gesehen zu werden. Niemand als Richelieu hätte die Fäden der großen Politik mit ihrer heimlichen Liebe so geschickt verbinden können. Wer wußte schon, ob der Kardinal nicht bereits vor Jahren Mazarini dazu angestiftet hatte, ihr schöne Augen zu machen.

Richelieu hatte sich früher selbst einmal vergeblich bemüht, das politische Wohlwollen Annas auf dem Umweg über ihr Herz zu erlangen, eine Methode, die er mit Erfolg auch bei ihrer Schwiegermutter Maria von Medici praktiziert hatte. Ganz Frankreich spekulierte noch heute, ob er mit dieser ekelhaft eitlen und alten Frau ins Bett gegangen war.

Anna schauderte und ließ sich von ihrer Hofdame erneut den Spiegel bringen. Was würde man von ihren sechsunddreißig Jahren sagen? Nutzte sie nicht ebenso wie Maria ihre königliche Stellung aus, sich einen Liebhaber zu angeln, der sich ihr ansonsten niemals zuwenden würde?

Unsinn, Mazarini war kein Liebhaber, mochte er ihr nun gefallen oder nicht. Er war ein Ersatzmann, der sich zur Verfügung stellte, um die Würde der Königin zu retten, ein Instrument in ihren Fingern. Daß dieses Instrument auch seine angenehmen Seiten hatte, war nicht ihre Schuld.

Bald darauf wurde es kälter, und der Hof kehrte nach Paris zurück. Der venezianische Gesandte, stets einer der am besten unterrichteten Diplomaten, berichtete nach Hause, daß Richelieu das Zerwürfnis zwischen Ludwig XIII. und Anna von Österreich beendet hatte, daß dem königlichen Paar nach mehr als zwanzig Jahren Ehe so etwas wie ein zweiter Frühling im Herbst bevorstehe. In chiffrierter Form fügte er hinzu, daß Richelieu die Königin bedroht und erpreßt haben müsse, denn sie sei im Anschluß an die Audienz mit ihm leicht erkrankt. Auch trete sie ihm jetzt nicht mehr mit unverhohlener Abneigung gegenüber, sondern mit einer eigentümlichen Miene, als fürchte sie sich vor ihm und wage es nicht, ihren Haß offen zu zeigen.

Kurz nach der Rückkehr nach Paris fand eine große abendliche Zeremonie statt, bei der sich Ludwig XIII. mit seinem Gefolge in die Suite der Königin begab. Der König trug das Gewand Jupiters, seine Begleiter hatten sich sinnigerweise allesamt als Ganymed verkleidet.

Anna, als Juno ausstaffiert, empfing ihn im Kreise lauter kleiner Amorgestalten, die eine für diesen Zweck von Corneille verfaßte Ode über das Glück ehelicher Eintracht rezitierten. Einer der Liebesgötter stach sich mit seinem Pfeil in den Fuß und machte lautstark weinend einen anderen dafür verantwortlich. Seine Kollegen kamen ihm zu Hilfe, und es entspann sich eine Rauferei vor den Gemächern der Königin, die mit dem beherzten Eingreifen einiger Hofdamen endete, die die Kinder auseinanderzerrten. Der peinliche Zwischenfall geriet schnell in Vergessenheit, als Kardinal Richelieu in der Rolle des Hermes – zwei goldene Flügelchen klebten an seinem Kardinalshut – mit einer kurzen Rede die Liebe der Nation zu ihrem nun wieder vereinten Herrscherpaar zum Ausdruck brachte, um dann die Hand des Königs in die der Königin zu legen. Anschließend zogen sich die Höflinge zurück.

Etwa zur gleichen Zeit lief das Gerücht in Rom um, daß Giulio Mazarini erkrankt sei und vom Papst einige Monate Urlaub erhalten habe. Ein paar Monate Abwesenheit von der Kurie konnten das Ende einer Karriere bedeuten, und so atmeten nicht wenige Rivalen und Neider auf. Statt aber die erfrischende Kälte in den Albanerbergen zu genießen, galoppierte Mazarini inkognito und mit kleinem Gefolge nach Norden. Je mehr er sich Frankreich näherte, desto mehr wich er auf Schleichwege aus; schließlich reiste er nur noch nachts, zum Teil in Frauenkleidern. Es dauerte daher recht lange, bis er in Paris eintraf.

Schon mehr als zwei Monate hatte sich der König mit großem Eifer bis zu dreimal wöchentlich seinen ehelichen Pflichten gestellt, ohne daß merkliche Erfolge zu verzeichnen waren. Mehr und mehr versuchte der König der Anstrengung des ehelichen Nachtlagers auszuweichen. Bei Anna selbst wuchsen Bitterkeit und Unruhe. Wo blieb der angekündigte Mazarini? Man verlor wertvolle Zeit. Ludwig ekelte sich ganz offensichtlich davor, sein *membrum virile* in diese unersättliche dunkle Höhle zu stoßen. Er sehnte sich nach den Spielen mit den Gefährten und nahm es seiner Frau übel, daß sie und alle Welt diese Umstände von ihm forderten. Schon bezichtigte er sie während ihrer krampfhaften Umarmungen übermäßiger Körperfülle: »Sie sind wieder sehr schwer, Madame«, hauchte er Anna während eines mißglückten Versuchs, sie in eine für ihn bequemere Position zu bringen, ins Ohr. Mit dem ungerechtfertigten Korpulenzvorwurf rückte er sie in die Nähe seiner Mutter, die er tödlich haßte.

Schließlich schlug Ludwig vor, Anna durch mehrere Ärzte und Hebammen untersuchen zu lassen, um Wege zur Steigerung ihrer Fruchtbarkeit zu finden. In den Tagen danach schwärmten Ärzte und Hebammen in die Gemächer der Königin, um diese mit einer Vielzahl mehr oder weniger skurriler Vorschläge zu belästigen. Gleichzeitig redete der Beichtvater dem König ins Gewissen, daß er seine ihm angetraute Gemahlin auch wirklich lieben müsse. So wurde der schwankende Monarch ein letztes Mal an seine Pflichten erinnert und erklärte sich bereit, Anna noch eine Chance zu geben und alles in seiner Macht stehende zu tun, den ersehnten Erfolg herbeizuführen. Insgeheim schwor er sich aber, daß er sich später für seine Lächerlichkeit an ihr rächen würde.

Eines Abends, als die Königin bereits zu Bett war und nur noch die vertrauteste ihrer Hofdamen bei ihr war, erschien eine Hebamme, die man aus der Bretagne geholt hatte und deren Kenntnisse schon in schier aussichtslosen Fällen zu Nachwuchs geführt hatten. Ja, man erzählte sich, daß sie sogar schon einer Vierundfünfzigjährigen zu einem Kind verholfen hatte. Die Königin fühlte sich müde und erschöpft, die Untersuchungen waren lächerlich und unwürdig. Besonders das Ansinnen der stark vermummten, recht großen und ungeschlachten Frau, sich der Monarchin unter vier Augen zu widmen, lehnte Anna entschieden ab. Schließlich gab sie aber dem Flehen ihrer vertrautesten Hofdame nach, als diese vor ihr in Tränen ausbrach und auf die Knie fiel. Allein mit der Hebamme, erschrak Anna zutiefst über die dunkle Stimme mit dem leichten Akzent, der nicht bretonisch, sondern italienisch klang. Die Besucherin entpuppte sich als niemand anderes als Mazarini. In ihrer Erleichterung über sein Erscheinen sank Anna in seine Arme und überließ sich ihm völlig. Der Italiener blieb ganze zwei Stunden bei ihr, bis die Hofdame völlig aufgelöst dem Liebesspiel ein Ende machte. Der Zeitplan hatte nur eine halbe Stunde vorgesehen.

Die Besuche jener ›Hebamme‹ wiederholten sich in den folgenden Nächten und dauerten jeweils länger als eine Stunde. Als Richelieu von der Hofdame die Länge der ›Visiten‹ geschildert wurde, konnte er sich ein ärgerliches Lächeln nicht verkneifen. Offenbar wollte sich Mazarini schon jetzt unentbehrlich machen und baute zielstrebig seine Sonderbeziehung zur Königin aus.

Am vierten Abend, an dem sich Mazarini zur Königin begeben hatte, ertönte vor ihrem Fenster Lautenmusik.

Da das Fenster wegen der Winterkälte geschlossen war, vernahm man zunächst nur ein ganz leises Geräusch. Mazarini legte eilig seine Hand auf den Mund der Königin und bedeutete ihr zu schweigen. Die Königin und ihr Geliebter horchten gemeinsam. »Jemand spielt und singt«, flüsterte Mazarini. »Es ist spanisch, ein spanisches Madrigal.«

»Mein Gott, das ist der König.«

»Bitte?«

»Der König steht unter meinem Fenster und singt ein spanisches Liebeslied.«

In diesem Moment platzte die Hofdame herein. »Seine Majestät steht unter Eurer Majestäts Fenster und singt. Einige Herren aus seinem Gefolge warten im Schatten der Arkaden mit einer Leiter. Es scheint, als hätte Seine Majestät die romantische Idee, trotz der Kälte bei Eurer Majestät einzusteigen.«

Tatsächlich hatte sich Ludwig XIII. die Worte seines Beichtvaters zu Herzen genommen. Wie kaum ein Monarch seiner Zeit war er von dem Gedanken besessen, sich moralisch einwandfrei zu verhalten, ein gütiger und gerechter König zu sein. Ausgerechnet seiner Frau gegenüber zu wenig Liebe und Verständnis gezeigt zu haben, erschien ihm unverzeihlich. Die letzte Gelegenheit, ihre angezweifelte Fruchtbarkeit zu beweisen, inszenierte er deshalb ganz nach den Konventionen des eleganten Liebesspiels. Niemand sollte später sagen können, Ludwig habe seiner Königin nicht jeden Liebesdienst erwiesen.

Die Gemächer der Königin befanden sich in einem alten Teil des Louvre, der noch keine modernen Annehmlichkeiten wie Hintertreppen und Tapetentüren kannte. Die Domestiken gingen die gleichen Wege wie die Herrschaft, so daß es für Mazarini keinen Ausweg gab, zumal sich die Hofdamen in den Vorzimmern drängten, um das Spiel des Königs mitzuerleben. Es war schon schwer genug gewesen, den ehemaligen Nuntius als Hebamme verkleidet hereinzuschleusen. Unter diesen Bedingungen, war es unmöglich, ihn wieder herauszubringen. Wie in einer Farce mußte er daher unter dem riesigen Himmelbett Zuflucht suchen, während draußen schon die Leiter in Anschlag gebracht wurde und die Königin das zerwühlte Bett und ihr Nachtgewand in Ordnung brachte. Begeistert über seinen eigenen Einfall kletterte Ludwig XIII. von Frankreich schließlich durchs Fenster, vom Applaus der versammelten Hofdamen im Vorzimmer begleitet. Seine Frau empfing ihn ganz offensichtlich nicht mit der gleichgültigen Haltung, die sie sonst an den Tag legte, ihr Körper war eigentümlich erhitzt und ihre Wangen gerötet. Zufrieden, daß sein kleines Schauspiel so überraschende Wirkung zeigte, nahm er die Gemahlin in die Arme.

Anna bewegte sich wie in Trance. Noch ganz von Schrecken erfüllt, war sie kaum in der Lage, die ansonsten so stark gefühlten Unterschiede zwischen ihren Partnern zu empfinden. Der erfahrene Liebhaber Mazarini hatte der Königin, die bis dahin außer mit Ludwig mit keinem anderen Mann das Bett geteilt hatte, ganz neue Dimensionen körperlichen Genusses eröffnet. Mazarinis Umarmungen zeigten eine erregende Mischung aus Entschiedenheit und Sanftheit, während Ludwig zweifelnd und heftig zugleich auftrat. So auch in dieser Nacht. Kurz bevor er zum Höhepunkt gelangte, glitt er aus dem Körper der Königin heraus, ohne dies in seinen Anstrengungen selbst zu bemerken, so daß sich sein Samen auf die Innenseite ihres Schenkels ergoß.

Nach vollbrachter Arbeit verließ Ludwig das Zimmer der Königin. Er hatte nun wirklich seine Pflicht getan und würde erst einmal abwarten. Zurück blieb eine vor Peinlichkeit und Scham schluchzende Anna. Nachdem er aus seinem Versteck hervorgekrochen war, tröstete Mazarini die Königin so gut es ging. Mit seiner verständnisvollen Art sicherte er sich endgültig seinen Erfolg bei der Königin. Als er sie wieder einigermaßen beruhigt hatte, wollte er sie verlassen, doch wie zu ihrer Reinwaschung forderte Anna ihn auf, sie ein weiteres Mal zu umarmen. Erst im Morgengrauen entfernte sich Mazarini und zog es vor, sich für einige Zeit zu verstecken. Auch ihn hatten die grotesken Ereignisse jenes Abends nicht unberührt gelassen.

In Windeseile verbreitete sich die Nachricht, daß die Königin in gesegneten Umständen sei. Mazarini kehrte erleichtert nach Italien zurück und beendete schleunigst seinen Krankheitsurlaub. Der König aber war überglücklich. Die Mühen hatten sich ausgezahlt, und er war nun nicht mehr das Gespött der europäischen Höfe. Die Annullierungspläne wurden vorläufig nicht mehr erwähnt, und Ludwig widmete sich der Königin mit einer bislang nie gezeigten zärtlichen Aufmerksamkeit. Am 20. Januar 1638 teilte die *Gazette de France* der beglückten Bevölkerung mit, daß die Königin ein Kind erwarte. Bei Hofe liefen eigentümliche Gerüchte um, die Liebesnacht habe vor allem deswegen zum Erfolg geführt, weil die ganze Zeit eine geheimnisvolle Hebamme mit magischen Kräften versteckt dabeigewesen sei.

Am 5. September war es schließlich soweit: Louis-Dieudonné wurde geboren. Richelieu erfuhr die Nachricht bei einem Besuch an der Front in St. Quentin. Die Niederkunft in Saint-Germain war ohne Schwierigkeiten verlaufen. Nur Monsieur, der Herzog von Orléans, erwies sich als enttäuscht. Die königliche Hebamme, Madame Péronne, mußte ihm ausdrücklich die körperlichen Merkmale vorführen, bis er zu glauben bereit war, daß es sich um ein männliches Kind handelte. Ludwig XIII. aber zeigte sich hochbeglückt über den kleinen Dauphin und suchte seine Gemächer mehrmals am Tag auf, um zuzusehen, wie er gestillt oder gewickelt wurde, wobei er den Ammen und Hofdamen ständig Ratschläge gab und sie zu größter Behutsamkeit anhielt.

Für Anna von Österreich bedeutete die Geburt einen nie für möglich gehaltenen Umschwung. Sie besaß nun, wenn nicht die Liebe, so doch zumindest die Freundschaft ihres Gemahls. Ihre Stellung als Königin war unerschütterlich geworden. Die Ängste, die sie über zwanzig Jahre lang ertragen hatte, fielen von ihr ab, und sie begann mit Geschick ins politische Spiel einzugreifen. Nachdem sie und Richelieu nun eine Thronbesteigung Gaston d'Orléans' verhindert hatten, mußten sie auch sicher gehen, daß Anna beim Tode Ludwigs Regentin werden würde, damit sie Mazarini zum Ersten Minister ernennen konnte. Als Bundesgenossin Richelieus erlebte die Königin Politik zum ersten Mal nicht mehr nur in der Rolle des Opfers.

Selbst Anna war jedoch von den weiteren Ereignissen überrascht. Am Weihnachtsabend 1639 beobachtete sie mit gemischten Gefühlen, wie Ludwig XIII. in einer kleinen Prozession sein Bettzeug in ihre Gemächer tragen ließ. Noch erschütternder war jedoch das Ergebnis dieser Nacht: der angeblich seiner Zeugungskraft verlustige Monarch hatte die Königin erneut geschwängert. Nun würde Frankreich möglicherweise sogar noch einen zweiten Erben besitzen, falls der erste ausfiel. Nur elf Tage später traf Giulio Mazarini am französischen Hof ein, um sich fortan nur noch Jules Mazarin zu nennen. Sobald er in Paris angekommen war, beantragte Richelieu für ihn den Kardinalspurpur in Rom.

Unter Mazarins Papieren befand sich ein eigenartiges Dokument in Geheimschrift, das von ihm selbst, Richelieu, und Anna unterschrieben, die wahre Herkunft des Dauphins darstellte. Dieses Schriftstück war Mazarins Lebensversicherung.

KAPITEL IV

Paris 1777

Der graue Stein von Saint-Sulpice wirkte durch das schlechte Licht fast schwarz. Draußen war es stark bewölkt, und als die Messe beginnen sollte und der Organist beherzt in die Tasten griff, brach sich mit krachendem Donner der Regen die Bahn. In der riesigen, steinernen Basilika war es kalt und feucht. Ihre Düsternis erinnerte mehr an eine gotische denn an eine barocke Kirche.

Der achtzehnjährige Seminarist Talleyrand-Périgord zitterte leicht in seiner Soutane. Einer seiner Lehrer, Abbé de Cussac, beobachtete ihn scharf durch das Halbdunkel. Von allen Angehörigen des Priesterseminars von Saint-Sulpice verabscheute er diesen am meisten.

Cussac war ein kleiner dunkelhaariger Mann, untersetzt, rundlich, übereifrig. Aus einer verarmten und bedeutungslosen Adelsfamilie aus der Gascogne stammend, hatte er ohne Protektion als jüngerer Sohn nur von seinem Talent leben müssen. Es wäre auch anders gegangen, wenn sein Vater nicht just zum Zeitpunkt seiner Priesterweihe mit dem benachbarten Kloster einen erbitterten Rechtsstreit wegen dreihundert Jahre alter Weiderechte vom Zaun gebrochen hätte. Der ganze Klerus der Region hatte sich bald gegen die

Cussacs verschworen, während die Gerichtskosten den starrsinnigen alten Chevalier in den Ruin trieben. Unter Bruch des Ehekontrakts steckte er auch noch den für die Versorgung des jüngeren Sohnes vorgesehenen Anteil der Mitgift seiner Ehefrau in seine aussichtslose Klage, die er von Instanz zu Instanz schleppte. Der jüngere Sohn Cussac hatte sich nach Paris abgesetzt und hier als unbekannter, mittelloser Priester bei Saint-Sulpice ein Auskommen gefunden. Die erhoffte Pfründe jedoch lag in weiter Ferne.

Voller Mißgunst beäugte er daher die Söhne der Hocharistokratie, die sich faul und unbeteiligt im Priesterseminar von Saint-Sulpice drängten, sich nicht um die Lehrer scherten, sondern ihren Vergnügungen hingaben, weil sie wußten, daß sie sowieso versorgt werden würden als mehrfache Äbte, Bischöfe oder Erzbischöfe. Talleyrand-Périgord aber war der schlimmste. Arrogant und verschlossen sprach er mit niemandem, hielt sich von allem fern und ließ in seinen wenigen einsilbigen Antworten bisweilen durchscheinen, daß im ganzen Seminar kein geeigneter Umgang für ihn zu finden sei. Im Unterschied zu den übrigen Aristokraten und zum großen Ärger Cussacs war er leider auch wirklich brillant.

Cussac registrierte auch jetzt voller Ingrimm die unbeteiligte Miene Talleyrands, seine kaum verhohlene Verachtung. Mit hochgezogenen Schultern stand er da und blickte starr in die Ferne. Cussac litt unter der Kälte nicht weniger als Talleyrand, aber er hätte es nie gewagt, seinen Unmut darüber so offen zu zeigen. Er studierte genau die Züge des Jünglings, der zu seinem Ärger selbst im Hochmut noch engelsgleich war, mit seinem weichen blonden Haar und den langen Wimpern vor den Augen und jenem leicht spitzbübischen

Lächeln, das man sogar dann noch vermutete, wenn das Gesicht äußerlich starr war.

Als Cussac nach einigen Minuten zu Talleyrand hinübersah, schien dieser viel heiterer geworden zu sein. Der Abbé folgte dem Blick Talleyrands. Eine Frau! Ein junges Mädchen, etwa neunzehn oder vielleicht schon zwanzig. Klein, zart, aber mit großen dunkelblauen Augen, einem überraschend vollen Busen und einem perfekt geformten Hinterkopf. Cussac gestattete sich den Anflug eines maliziösen Lächelns, bevor er sich wieder dem Geschehen des Gottesdienstes zuwandte. Möglicherweise ließ sich Talleyrand ja mit ihr ein. Dann könnte man ihn vielleicht aus dem Seminar werfen. Für einen Moment schwelgte Cussac in diesen Phantasien, dachte dann aber, daß niemand den Neffen des Koadjutors der Erzdiözese Reims wegen eines solchen Vergehens bloßstellen würde. Zu viele große Kirchenfürsten befanden sich schließlich in der gleichen Lage.

Als der Gottesdienst vorüber war, regnete es draußen noch immer in Strömen. Die Menschen eilten über den Platz vor der Kirche, sofern sie keine Regenschirme hatten. Auch Cussac hatte vergessen, seinen mitzunehmen, und sah sich nach Bekannten um, die ihm aushelfen konnten. Der einzige, den er erspähte, war Talleyrand, der keine Eile zu haben schien, die Kirche zu verlassen. Cussac veranstaltete nun ein kleines Theater vor der Kirchentür. Immer wieder steckte er seinen Kopf nach draußen, zog sich zurück und blickte mit einem verdrießlichen Gesicht um sich. Die junge Dame, ebenso schirmlos wie Cussac, stand ruhig abwartend neben dem Ausgang und hing ihren Gedanken nach. Talleyrand näherte sich, sah durch Cussac hindurch und schritt geradewegs auf das Mädchen zu.

»Sie scheinen keinen Schirm dabei zu haben, Mademoiselle«, sagte er mit ruhiger Stimme. »Wenn Sie nicht zu weit weg wohnen, wäre es mir eine Freude, Ihnen für den Heimweg einen Platz unter dem meinen anzubieten.«

Die junge Dame dankte dem schlanken Seminaristen mit dem leicht schwebenden Gang, und nahm den ihr angebotenen Arm. Erst als sie gingen, merkte sie, daß ihr Begleiter hinkte. Der Abbé de Cussac aber traf völlig durchnäßt zu Hause ein.

Abbé Couturier seufzte innerlich. Cussac hatte sich anmelden lassen. Cussac war ein Streber, eine Petze. Er wollte einfach nicht begreifen, daß das wichtigste Talent in der großen Welt die Kunst des Wegschauens und Übersehens war. Couturier lehnte sich in seinen Sessel und schob das silberne Kaffeeservice zurecht, das er vor sich aufgebaut hatte: ein Geschenk des Herzogs von Luynes. Die Sèvres-Tassen stammten vom Herzog von Montmorency-Laval, das Schachtischchen mit Einlegearbeiten und vergoldetem Schnitzwerk vom Herzog von Richelieu, die Cognac-Flasche aus einer Sendung des Herzogs von Fitz-James. Die Vertreter der wichtigsten Häuser machten dem Leiter des Priesterseminars von Saint-Sulpice gewöhnlich großzügige Geschenke, wenn ihre Söhne es erfolgreich verließen. Diesen Reichtum breitete Couturier mit voller Absicht vor Cussac aus. Dieser klopfte auch schon, ein bißchen zu heftig, wie immer. »Mein lieber Cussac, wir hatten schon so lange nicht mehr das Vergnügen einer privaten Aussprache, nehmen Sie doch Platz!«

Cussac sah den Kaffee, das teure Geschirr und die staubige Cognac-Flasche und wußte, daß er bestochen werden sollte; er wußte auch, daß er sich bestechen lassen würde. Aber wenigstens teuer würde er sich verkaufen. Cussac bemühte sich erst gar nicht, die demonstrative Liebenswürdigkeit seines Vorgesetzten zu imitieren: »Es geht um Talleyrand-Périgord.«

»Ah, in der Tat.«

Couturier schloß die Augen zu einem schmalen Spalt und lächelte freundlich, so daß untere und obere Gesichtshälfte in einem merkwürdigen Gegensatz zueinander standen.

Cussac tat so, als bemerkte er dies nicht: »Es ist Ihnen gewiß aufgefallen, daß sich seine ganze Art in den letzten Wochen schlagartig verändert hat. Er ist heiter, ja fröhlich, fast ausgelassen, charmant und hilfsbereit. All seine Härte und Distanz sind verschwunden und geben den Blick auf eine ungemein angenehme Persönlichkeit frei.«

»Das ist ganz bestimmt Ihr Werk, mein lieber Cussac. Keiner hier kommt Ihnen an Takt und Einfühlungsvermögen gleich. Viele unserer Zöglinge sehen dem Priesterschicksal am Anfang mit Beklommenheit entgegen. So auch Talleyrand-Périgord. Es ist Ihr Verdienst, ihn mit seiner Mutter, der Kirche, versöhnt zu haben. Meinen Glückwunsch, lieber Cussac.«

»Ihr Vertrauen ehrt mich, aber ich fürchte, diesen Triumph kann ich nicht völlig für mich allein in Anspruch nehmen.«

»So?«

»Eine junge Dame aus bürgerlichem Hause, eine Schauspielerin, die ganz in der Nähe wohnt, ist an dieser wunderbaren Verwandlung nicht ganz unbeteiligt.«

»Eine Dame von der Bühne! Talleyrand hat die Künste entdeckt. Nicht schlecht! Ich selbst habe das Theater immer als eine bedeutende moralische Anstalt begriffen. Denken Sie nur an Racine: Diese edlen Gefühle. Nichts wäscht uns so schnell und vollkommen rein wie eine gute Tragödie. Das sagt schon Aristoteles. Wollte Gott, alle Predigten hätten diese Qualität!«

»Talleyrands Interesse an der Künstlerin ist nicht unbedingt literarischer, durchaus aber hochdramatischer Natur.«

Auch diese Mitteilung konnte Couturier zu keiner Reaktion hinreißen. Huldvoll lächelte sein Mund weiter, während seine Augen fast geschlossen waren.

»Talleyrand hat ein Verhältnis mit ihr«, insistierte Cussac.

»Ah.«

»Das scheint Sie überhaupt nicht zu überraschen?«

»Nein, eigentlich nicht sonderlich. Um ehrlich zu sein: Ich weiß seit geraumer Zeit davon.«

»Und was gedenken Sie dagegen zu tun? Der Ruf von Saint-Sulpice steht auf dem Spiel.«

»Der Ruf von Saint-Sulpice wird nicht sonderlich leiden, sofern niemand das Problem an die große Glocke hängt. Seminaristen sammeln oft Erfahrungen auf dem Gebiet der Fleischeslust. Früher hätte man gesagt, daß es klug sei, die Sünde kennenzulernen, bevor man sie bekämpfen will. Alles in allem kein schlechter Standpunkt.«

Cussac hatte diesen Verlauf des Gesprächs vorhergesehen und sich entsprechend gewappnet. »Ich gebe Ihnen natürlich völlig recht, Abbé Couturier. Nur glaube ich, daß der Fall bei Talleyrand anders gelagert ist. Niemandem ist daran gelegen, läßliche Sünden über Gebühr aufzubauschen. Solange Anstand und Schicklichkeit gewahrt bleiben, besteht überhaupt kein Grund zum Einschreiten. Talleyrand aber spaziert in aller Öffentlichkeit Arm in Arm mit dieser Dame herum.

Alle Seminaristen wissen davon. Er gibt sich ganz eindeutig als Liebhaber der Schauspielerin zu erkennen. Das geht meiner Ansicht nach zu weit. Gerade dadurch gefährdet er die Toleranz, die wir sonst zu üben gewohnt sind. Er macht auf etwas aufmerksam, über das man eigentlich nicht sprechen sollte. Daran dürfte niemand interessiert sein. Wir müssen auch an die Rechte der anderen Seminaristen denken.«

Der Abbé war verblüfft. Cussac hatte offenbar dazugelernt. Statt des erwarteten theatralischen Moralismus ging er mit Takt und Schläue vor.

Couturier entgegnete gleichmütig: »Diese Affäre wird bald ein Ende haben, und auch Talleyrand wird nicht mehr ewig bei uns bleiben. Alles löst sich von selbst, Sie werden sehen.«

»Das glaube ich nicht. Meinen Beobachtungen zufolge verbringt Talleyrand enorm viel Zeit mit dieser Person. Sein Engagement ist ganz außerordentlich stark. Dazu ist sie auch noch eine Schauspielerin. Das scheint mir nicht ungefährlich.«

»Die Dame, mein lieber Cussac, ist keine schlechte Schauspielerin und tritt in einem sehr angesehenen Theater auf. Sie ist übrigens gegen ihren Willen zur Bühne gekommen. Ihre Eltern haben sie dazu gezwungen. Sie scheint mir nicht nur eine außerordentliche Bildung, sondern auch einen noblen Charakter zu besitzen.«

»Woher wissen Sie das?«

»Die Dame bat mich um eine Unterredung und hat mir den Fall mit sehr viel Intelligenz unterbreitet. Ich war sowohl von der Vernunft als auch von der Kühnheit und Konsequenz dieses Schrittes sehr beeindruckt. So etwas ist mir in meiner ganzen Karriere noch nicht untergekommen.«

»Was hat sie Ihnen gesagt?«

»Da ihre Ausführungen nicht dem Beichtgeheimnis unterliegen, Cussac, will ich Ihnen gern davon berichten. Trotz allem erwarte ich absolute Diskretion von Ihnen. Mademoiselle Dorothée kam vor einer Woche zu mir und erklärte mir, daß sie eine Affäre mit Talleyrand hätte, daß sie fürchtete, es könnte ihm schaden, sie wollte dafür sorgen, daß die Angelegenheit in Zukunft weniger auffällig gestaltet sein würde. Sie können sich vorstellen, wie überrascht ich von diesen Eröffnungen war. Ich habe glücklicherweise nicht umsonst Jahre im Beichtstuhl verbracht. So fiel es mir nicht schwer, ihr Vertrauen zu gewinnen. Sie ist in ihrer Beziehung zu Talleyrand sehr unglücklich, kann aber nicht auf ihn verzichten, obwohl sie weiß, daß das klüger wäre. Talleyrand liebt sie nicht halb so sehr, wie er sich das selbst einbildet. Viel wichtiger ist ihm das Gefühl, von ihr geliebt zu werden. Davon kann er nie genug bekommen. Er verschlingt sie geradezu mit seinem Hunger nach Tröstung und Zärtlichkeit. Immer wieder will er hören, daß sie ihn liebt. Sobald er von ihrer Zuneigung überzeugt ist, verliert er das Interesse an ihr. Er zweifelt ständig daran, daß er es überhaupt wert sei, geliebt zu werden. Immer, wenn sie ihn halbwegs von ihrer Liebe überzeugt hat, verliert er schon ein bißchen mehr das Interesse an ihr, ja er verachtet sie dann. Er verachtet sie, weil sie ihn liebt und er sich im tiefsten Innern für ein wertloses Geschöpf hält.«

»Diese Frau muß von bemerkenswerter Klugheit sein.«

»Das ist sie, ganz ohne Zweifel. Sie kennt die Schwächen ihres Liebhabers ganz genau, und trotzdem liebt sie ihn. Das ist eigentlich nicht sehr gesund, wenn Sie mich fragen. Sie hat es mir fast ohne Emotionen geschildert: Talleyrand haßt sich selbst und die Welt um sich herum. Ganz besonders haßt er uns, denn wir sind der Schorf auf seiner schwersten Wunde. Nur, um uns zu demütigen, ist er mit Dorothée vor dem Seminar auf- und abmarschiert. Talleyrand kann sich nur schwer damit abfinden, daß man ihn für die Priesterlaufbahn bestimmt hat.«

»Aber ich bitte Sie, Abbé Couturier, dieses Schicksal haben wir alle durchgemacht. So schlimm ist die Kirche nicht.«

»Das sagen Sie, weil Sie ein jüngerer Sohn sind und aus der Provinz stammen. Ihnen, wie auch mir, stand gar kein anderer Weg offen. Talleyrand aber ist der älteste Sohn. Aus welchen Gründen auch immer hat ihn seine Familie enterbt und in die Kirche abgeschoben. Seine Familie hat ihn mit einer unverfrorenen Lieblosigkeit behandelt, die ihresgleichen sucht. Sie wissen, ich bin kein Anhänger modischer Theorien. Seit alle diesen Rousseau lesen, ist es ja populär geworden, daß die großen Damen aus sogenannter ›Natürlichkeit‹ ihre Babys in der Opernloge stillen. Ganz ohne Liebe geht es aber auch nicht. Talleyrand ist sein Leben lang nur bestraft worden, ohne zu wissen, wofür. Und dann denken Sie an den Klumpfuß, wie geschickt er mit seinem schwebenden Gang darüber hinwegtäuscht. Gleichzeitig hat ihn die Natur mit hohen Gaben ausgestattet, zum Beispiel mit der Fähigkeit, sich die Liebe anderer zu erwerben. Ein Talent, das ihm überhaupt nichts nützt, da er ja an die Zuneigung der anderen sowieso nicht glauben kann. Wenn sie ihm bewiesen worden ist, wird sie für ihn wertlos. Dann geht die Jagd nach Liebe weiter.«

Cussac fühlte sich von der Wendung des Gesprächs unangenehm berührt, es gab aber kein Entrinnen für ihn. Couturier, dem das Thema sichtlich Spaß machte, fuhr fort:

»Immer wieder werden sich die Menschen in Talleyrand verlieben, so wie Dorothée oder so wie Sie, mein lieber Cussac, auch wenn Sie das nie zugeben würden. Doch immer wird er sie enttäuschen, wenn sie nicht vorher ihn enttäuschen. Mademoiselle Dorothée hat das ganz klar durchschaut, kann sich aber trotzdem nicht von ihm trennen. Es ist eine geradezu tragische Verstrickung. Ich nehme an, diese Erfahrung wird ihre Ausdruckskraft auf der Bühne noch um einiges erhöhen.«

Cussac war der Schweiß auf die Stirn getreten. Sein Gegenüber lächelte und beugte sich väterlich über ihn: »Machen Sie sich keine Sorgen, Cussac, ich werde Ihr Geheimnis hüten. Es ist keine Schande, besonders in Klerikerkreisen nicht. Sie verfügen über große Fähigkeiten, Cussac, und könnten es noch sehr weit bringen, vorausgesetzt, Sie können sich zu der Erkenntnis durchringen, daß man sich manchmal über Regeln hinwegsetzen muß. Kümmern Sie sich nicht weiter um Talleyrand und Sie werden sehen, daß der Stein des Anstoßes von selbst verschwindet. Schon bald gehört Mademoiselle Dorothée der Vergangenheit an. Glauben Sie mir!«

Couturier trank mit seinem Gast, der schweigsam geworden war, noch ein Glas Cognac und entließ ihn dann mit einer milden Geste.

Einige Wochen später erblickte Cussac den aufsässigen Seminaristen wieder in der Kirche Saint-Sulpice beim Gottesdienst. Leicht verspätet erschien auch Dorothée und zwängte sich in ihre Kirchenbank. Talleyrand verhielt sich wie immer, seit er Dorothée kennengelernt hatte, leicht hochmütig, aber nicht mehr so verbittert und abweisend. Dorothée blickte während der Messe immer wieder zu ihm hinüber, um seine Aufmerksamkeit auf sich zu lenken. Der junge Mann schien jedoch nichts zu bemerken. Als der Gottesdienst vorüber war, strebte Talleyrand zielsicher dem Ausgang zu. Dorothée folgte ihm. Kurz vor der Kirchentür holte sie ihn ein. Der junge Mann blickte durch den Türspalt und sah den starken Regen, der während der Messe begonnen hatte. Auch Dorothée blickte hinaus. Nach einer Weile sprach sie Talleyrand an. Dieser antwortete kurz, aber offenbar höflich und reichte ihr seinen Schirm. Sie verbeugte sich, ging hinaus und trotzte mit seinem Schirm dem Wetter. Talleyrand blieb wartend an der Tür stehen. Da schob sich Cussac, der diesmal seinen Schirm nicht vergessen hatte, an ihm vorbei. Der junge Mann wandte sich an ihn, und freundlich lud Cussac ihn ein, unter seinem Regenschirm den Heimweg anzutreten. Als sie hinaustraten, hatte Dorothée den Platz schon überquert und verschwand in einer Seitenstraße.

Die eleganten Schlitten fuhren querfeldein, einer neben dem anderen und mit hoher Geschwindigkeit. In jedem Schlitten saßen fünf junge Herren in dicken Pelzen, die übermütig die Pferde anfeuerten. Wie in Rußland hatte man drei Pferde nebeneinander angespannt. Ihrem Geschrei nach zu urteilen, waren die Insassen nicht mehr ganz nüchtern. Einer schwang ganz offensichtlich eine Champagnerflasche.

Die drei Schlitten rasten auf die Uferböschung zu. Anscheinend wollten die jungen Leute ihr Rennen auf der zugefrorenen Loire fortsetzen. Es geschah nicht oft, daß die Loire bei Saumur zufror. Das Klima war normalerweise zu mild, der Atlantik brachte zwar scharfe

Winde, doch nie wirkliche Kälte. Jetzt aber lagen Stadt und Schloß Saumur unter einer dicken Schneedecke. Die weiße Burg glänzte fast wie in alter Pracht, als vergoldete Wetterfahnen ihre vielen Türme geschmückt hatten. Nun diente das Schloß als Kavallerieschule. Wie die meisten Bewohner von Saumur hatten sich auch die Kavallerieschüler gemeinsam mit den Zöglingen der fünf anderen Bildungsanstalten, die die Stadt stolz ihr eigen nannte, auf den zugefrorenen Fluß gewagt, um sich den ungewohnten Freuden des Wintersports hinzugeben. Besonders für die Schüler aus den diversen höheren Schulen war der Winter eine harte Prüfung, denn die Schulgebäude waren sämtlich nur schwer beheizbar. Außerdem waren wegen der großen Kälte die Wölfe aus den Wäldern bis in die Nähe der Stadt vorgedrungen und heulten nachts. Alle Kinder von Saumur zitterten, wenn sie daran dachten. Der von der Natur so unverhofft bereitgestellte Spielplatz wurde deshalb als willkommene Abwechslung aufgenommen.

Der hochaufgeschossene, schlanke Mann im Oratorianerhabit, von den ihn umgebenden Knaben ›Monsieur le Professeur‹ gerufen, beobachtete das Treiben der schlittenfahrenden Aristokraten. Die Jungen, die er eigentlich beaufsichtigte, hatten einen Teil der Eisfläche vom Schnee befreit und schlitterten kreischend darauf herum. Der Lehrer im Priestergewand stand etwas abseits. Einzugreifen brauchte er nicht. Seine bloße Anwesenheit reichte aus, um die Schar zu disziplinieren, denn die Schüler fürchteten seine kalte Undurchdringlichkeit. So konnte er mit dem geschulten Auge des Physikers die heranjagenden Schlitten verfolgen, ohne sich sonderlich um seine Kindermeute kümmern zu müssen.

Die ersten beiden Fahrzeuge erreichten sicher die Eisfläche, sie waren an einer flachen Stelle die Böschung hinuntergefahren. Der dritte Schlitten war jedoch etwas zurückgefallen. Um die verlorenen Meter wieder gutzumachen, wählte der Fahrer eine Abkürzung. Dort aber war die Böschung steiler. Mit kurzem Blick nahm der Oratorianer Maß. Er schätzte die Bahn ab, die der Schlitten nehmen würde, und setzte sich langsam in Bewegung, dem herannahenden Fahrzeug entgegen. Die vielen Menschen, die sich auf dem Eis der Loire vergnügten, nahmen von alledem nichts wahr. Inzwischen hatte der dritte Schlitten die Böschung erreicht, flog mit einem großen Satz hinüber und kippte um. Ein Schrei ging durch die Menge auf dem Eis, und alle stürmten auf den Unfallort zu.

Der Lehrer erreichte ihn dank seines Vorsprungs als erster. Vier der fünf Mitfahrer waren unverletzt aus dem Schlitten gefallen und rieben sich jetzt Knie oder Ellenbogen. Nur der fünfte war mit einem Fuß unter dem Schlitten eingeklemmt. Warum schob er den Schlitten nicht einfach beiseite? Mochte er auch schwer sein, so mußte es einem erwachsenen Mann doch möglich sein, seinen Fuß unter der Schlittenwand hervorzuziehen, insbesondere, da der andere Fuß frei war und zum Abstoßen hätte gebraucht werden können. Der Mann war auch nicht bewußtlos. Vielleicht hatte er sich etwas gebrochen. Der Lehrer erreichte den am Boden Liegenden und erkannte, warum sich dieser mit dem anderen Bein nicht abstoßen konnte. Er hatte einen Klumpfuß. »Einen Moment, Monseigneur, ich helfe Ihnen.«

Mit dem Rücken lehnte er sich gegen den Schlitten und stieß mit aller Kraft. Die Seitenwand des Schlittens hob sich einen Spalt, so daß der Fremde seinen Fuß herausziehen konnte. Von Schock und Anstrengung noch nicht ganz wiederhergestellt, versuchte er aufzustehen, taumelte aber leicht. Der Lehrer faßte ihn unter dem Arm. Inzwischen waren auch die anderen Passagiere so weit wiederhergestellt, daß sie sich ihres Gefährten annehmen konnten. Man umringte ihn und flößte ihm ein wenig Branntwein ein.

Selbst jetzt, da er von den Folgen des Unfalls mitgenommen war, strahlte der Fremde eine natürliche Überlegenheit aus, die von dem zugleich verschmitzten und tiefsinnigen Blick ausging. Während er ihn bewundernd betrachtete, bemerkte der Lehrer, daß unter dem geöffneten Pelzmantel Spitzen und ein kleines Kreuz hervorschauten. Ein Kleriker offenbar. Einer von diesen modischen jungen Abbés, bei denen man oft erst auf den zweiten Blick erkannte, daß sie zum priesterlichen Stand zählten.

Als der junge Abbé wieder aufrecht stehen konnte, wandte er sich an den Herrn im Oratorianerhabit: »Ich danke Ihnen sehr, Monsieur l'Abbé. Ihre Hilfe kam gerade zur rechten Zeit. Bitte nennen Sie mir Ihren Namen, damit ich mich erkenntlich zeigen kann.«

Seine Stimme war tief und angenehm. Aber obwohl er auf eine extrem distanzierte Art durchaus freundlich gesprochen hatte, war der Lehrer unangenehm berührt. Hier stand vor ihm ein nutzloses Aristokratensöhnchen, das noch nicht einmal richtig gehen konnte und hielt es nicht für nötig, sich seinem Helfer vorzustellen.

Der Fremde fuhr fort: »Ich bin Charles-Maurice de Talleyrand-Périgord. Wann immer Sie sich an mich wenden, werde ich mich bemühen, Ihnen mit Rat und Tat beizustehen, Monsieur l'Abbé.«

Der Angesprochene wurde auch durch diese Worte nicht befriedigt. Plötzlich lehnte er die guten Manieren seines Gegenüber, die er eben noch vermißt und eingefordert hatte, um so mehr ab. Sie schienen in ihrer vornehmen Großzügigkeit den Graben noch zu vertiefen. »Ich heiße Joseph Fouché, Monseigneur. Ich bin allerdings kein Abbé. Ich trage zwar den Habit der Oratorianer, aber gewissermaßen nur dienstlich. Ich arbeite an der Höheren Schule als Physik- und Mathematiklehrer. Ich habe mich jedoch dagegen entschieden, die Gelübde abzulegen oder Weihen anzunehmen.«

Fouché hatte langsam und deutlich gesprochen. Seine äußere Selbstsicherheit war beeindruckend. Man merkte nicht, wie sorgsam er bemüht war, den Dialekt seiner westlichen Heimat zu unterdrücken.

»So, so, Sie haben sich dagegen entschieden«, sagte Talleyrand und schwieg eine Weile nachdenklich. »Wie dem auch sei. Ich werde es mir nicht nehmen lassen, Ihnen in angemessener Form meinen Dank auszusprechen. Im übrigen gilt mein Angebot. Sollte ich mich irgendwann irgendwie für Sie verwenden können, lassen Sie es mich wissen.«

Talleyrand hatte das Gespräch ebenfalls als unbefriedigend empfunden. Die eigentümliche Mischung aus Stolz und Unterwürfigkeit beim Dritten Stand war ihm nichts Neues, obwohl in diesem Fall der Stolz eindeutig zu überwiegen schien, so daß dieser Mann schon ein wenig aus dem Rahmen fiel. Talleyrand war immerhin trotz seiner Jugend Generalbevollmächtigter des Klerus. Er hatte zwar kein Amt wie Bischof oder Erzbischof inne, war aber für die gesamten Finanzen und den ganzen Besitz der Kirche in Frankreich verantwortlich. Sein Name war in Kirchenkreisen daher nicht unbekannt. Wenn dieser Fouché nur ein bißchen Ehrgeiz und Intelligenz besaß, hätte er wissen müssen, daß Talleyrands Protektion außerordentlich nützlich sein konnte. Ein wenig mehr Verbindlichkeit wäre also nicht unangemessen gewesen.

Da war aber noch ein anderer Punkt, der Talleyrand zu schaffen machte: »Ich habe mich jedoch dagegen entschieden …« Der Mann war frei und hatte sich dem Joch der Kirche verweigert. Er hatte vielleicht sogar gespürt, daß ihn der scheinbar so überlegene Talleyrand gerade in dieser Frage beneidete.

Das Gespräch endete, als die beiden anderen Schlitten ankamen. Die Insassen des dritten prahlten mit ihrem Mißgeschick, und in allgemeinem Entzücken über diese unverhoffte Abwechslung wurde die Fahrt wieder aufgenommen, nachdem sich der offenkundige Anführer der Gruppe nach Talleyrands Wohlbefinden erkundigt hatte. Dieser war bemüht, den Vorfall herunterzuspielen: »Es geht mir schon wieder ausgezeichnet, mein lieber Orléans.«

Fouché blickte den davoneilenden Schlitten nach. Hier war eine verpaßte Chance. Dennoch war er froh, sie nicht ergriffen zu haben. Dieses eine Mal hatte er seine Würde über seine Berechnung siegen lassen. Es war ein Luxus, für den er dankbar war, doch den er, wie er wußte, kein zweites Mal genießen würde, selbst wenn sich die Gelegenheit dazu böte. Man begegnete dem Generalbevollmächtigten des Klerus schließlich nicht alle Tage und erst recht nicht dem Herzog von Orléans.

Talleyrand mußte verwundert feststellen, daß ihn der Anblick des blassen, dünnen Physiklehrers mit den kalten Augen in den nächsten Tagen immer wieder heimsuchte. Nach zwei Wochen schrieb er schließlich einen wohlformulierten Brief an den Ordensgeneral der Oratorianer, in dem er Fouchés Handeln leicht aufbauschte und seine Person um ein gutes Stück angenehmer schilderte, als sie ihm vorgekommen war. Er schlug vor, den jungen Physik- und Mathematiklehrer zu befördern. Über eine Folge kurzer Zwischenstationen in Vendôme und Paris gelangte Fouché als Schulaufseher mit weit höherem Gehalt nach Arras, wo er sich bald einem kleinen kulturell-literarischen Zirkel anschloß, in dem der Hauptmann der Pioniertruppe, Lazare Carnot, seine mathematisch-naturwissenschaftlichen Interessen und der Rechtsanwalt Maximilien de Robespierre seine politisch-philosophischen teilte. Arras war zwar Provinz, doch längst nicht so schlimm wie Saumur. In diesem Kreis fand Fouché zum ersten Mal eine Stätte, an der seine Talente gewürdigt wurden. Doch war ihm die Ursache für diese günstige Fügung nicht verborgen geblieben. Der Prior von Saumur hatte ihn nämlich zu sich bestellt und ihm seinen unverhofften Karrieresprung mitgeteilt. »Wissen Sie, wem Sie das zu verdanken haben? Talleyrand-Périgord, dem Generalbevollmächtigten des Klerus. Er ist der kommende Mann in der Kirche. Wenn er nicht allzu offensichtlich ein freigeistiges Lotterleben führen würde, Liebschaften über Liebschaften, wäre er trotz seiner jungen Jahre schon Erzbischof. Man erzählt sich Sagenhaftes von der Brillanz seines Geistes. Er spekuliert heimlich an der Börse mit Summen, die Sie sich kaum vorstellen können. Der wird in wenigen Jahren Minister sein. Wer weiß, vielleicht ein zweiter Richelieu, Mazarin oder Fleury?« Säuerlich fügte er hinzu: »Sie haben wirklich wieder einmal mehr Glück als Verstand gehabt, Fouché. Wie oft geschieht es schon, daß die Loire zufriert? Alle zwanzig Jahre, wenn es hoch kommt. Ich wette, daß sich diese Gelegenheit nie wieder geboten hätte. Man muß eben die richtigen Füße unter dem Schlitten hervorziehen. Vielleicht wird sich Talleyrand ja auch in

Zukunft noch an Sie erinnern. Es heißt, er habe ein blendendes Gedächtnis für Namen und Gesichter – selbst solche aus dem Dritten Stand.«

Talleyrand betrachtete den Herzog von Orléans mit einer gewissen Abneigung. Es schickte sich nicht für einen Mann seines Standes, sich sinnlos zu betrinken und in den Armen eines gewöhnlichen Ballettmädchens zu liegen. Schon gar nicht aber, dabei in Tränen auszubrechen, und ständig die Frage, ob sie ihn auch wirklich liebe, zu wiederholen. Orléans fehlte es an Geschmack und Maß. Man vergnügte sich mit solchen jungen Dingern, aber man wurde dabei nicht sentimental. Aus welchen Gründen auch immer schien der Herzog stets die Bewunderung und Liebe von Menschen zu suchen, die weit unter ihm standen. Diesen Hang zur Distanzlosigkeit konnte Talleyrand nur mißbilligen. Er führte sein Glas mit Champagner an die Lippen, nahm aber nur einen kleinen Schluck. Jetzt gestand Orléans dem Mädchen, daß er verheiratet sei. Er erklärte der jungen Tänzerin, daß er seine Frau verstoßen und statt dessen sie zu sich nehmen würde. Die Angesprochene war realistisch genug, darauf nicht weiter achtzugeben. Sie flößte ihm noch mehr Champagner direkt aus der Flasche ein. Der Herzog aber wollte ernstgenommen werden. Er schob die Flasche unsanft beiseite, so daß sie seine bestickte Seidenweste begoß, und betonte indigniert, daß er immer nur das Ballettmädchen geliebt hätte. Sogar schon, als er sie noch gar nicht kannte. Talleyrand schüttelte ob der Wirkung des Alkohols den Kopf. Bei der Verlosung der Tänzerinnen hatte Orléans zuerst geschmollt, weil ihm nicht diejenige zugefallen war, auf die er sein Auge geworfen hatte. Seine anfänglichen Vorbehalte schienen sich inzwischen aber aufgelöst zu haben. Nun nahm er die Hand vom Busen der Balletteuse und wandte sich mit ausladender Geste Talleyrand zu. »Wo ist denn Ihre Gefährtin, Talleyrand, hat sie Sie versetzt?«

»Sie hat den Champagner nicht vertragen und ist eingeschlafen.«

»Unsinn, Talleyrand, wir wissen alle, daß Ihre Fleischeslust nicht sehr ausgeprägt ist. Ihnen ist mehr nach Streicheln und Zärtlichkeit. Warum kommen Sie überhaupt mit auf solche Veranstaltungen, wenn Ihnen Ihre Männlichkeit zu schade ist, um sie in diese entzückenden kleinen Wesen hier hineinzustecken? Bei Ihnen muß es immer gleich die Prinzessin von Vaudémont oder die Gräfin Brionne sein. Und natürlich die Gräfin Flahaut, man könnte fast meinen, sie sei Ihre Ehefrau. Geben Sie doch zu, Talleyrand, daß Sie sich hier nicht zu Hause fühlen!«

Orléans tat einen großen Zug aus der Flasche. Talleyrand wollte etwas erwidern, doch der Herzog sprach unbekümmert weiter: »Ich weiß, warum Sie hier sind. Sie sind ein Intrigant, nichts anderes sind Sie. Sie wollen hoch hinaus und glauben, ich könnte Ihnen dabei helfen ...«

Wie naiv doch die Menschen unter Alkoholeinfluß wurden. Talleyrand wollte einfach nur ins Bett. Trunkenheit ödete ihn an, sie verhinderte jede sinnvolle Konversation.

»Aber wissen Sie was, Talleyrand, Sie ahnen ja gar nicht, wie richtig Sie liegen. Ich werde noch einmal sehr wichtig für Sie werden. Viel wichtiger, als Sie sich das jetzt ausmalen können.«

Hier machte Orléans eine dramatische Pause, doch sein Gegenüber tat ihm nicht den Gefallen, Interesse zu heucheln, so daß der Herzog ohne weitere Ermutigung fortfahren mußte: »Eines Tages besteige ich nämlich den Thron Frankreichs. Es wird eine Revolution geben, wie vor einem Jahrhundert in England, und dann werde ich König. Und das ist auch gut so. Keiner weiß so genau wie ich darüber Bescheid. Aber bald werden es alle wissen. Alle werden wissen, daß nur einer in diesem Lande für den Thron geeignet ist, daß nur einer überhaupt ein Anrecht darauf hat.«

So charmant Orléans in nüchternem Zustand auch sein mochte, wenn er betrunken war, offenbarte er die Schalheit und Maßlosigkeit seines Wesens. Er hielt sich für einen Helden, weil Ludwig XV. ihn früher einmal vom Hof verbannt hatte. Im Grunde aber waren seine politischen Vorstellungen vage, und er lebte recht vergnüglich mit seinen unbestimmten Hoffnungen auf eine Revolution. Sollten sie sich nie erfüllen, würde er sein Leben gewiß nicht als verschwendet erachten.

»Sie glauben mir nicht, Talleyrand? Sehen Sie doch bloß mal hin: Das Land geht den Bach 'runter. Nichts ist, wie es einmal war. Überall weht frischer Wind in Europa, nur in Frankreich will sich nichts ändern. Das kann auf Dauer nicht gut gehen. Der Dritte Stand fordert sein Recht und wird uns hinwegfegen. Hinwegfegen wird man uns in einer großen Katastrophe. Aber wir verdienen es nicht, davongejagt zu werden. Jedenfalls nicht alle. Ich sehe das Unheil kommen, soll ich etwa einfach abwarten und das Schicksal meines dämlichen Vetters in Versailles teilen? Wir müssen uns zusammentun! Vertreter von Aristokratie und Kirche müssen sich an die Spitze des kommenden Sturms stellen, um ihn zu lenken. Helfen Sie mir dabei, eine Gruppe geeigneter Männer zusammenzustellen. Wenn es schon eine Revolution geben soll, dann wollen wir sie führen.«

Talleyrand schwieg. Das alles war nur leeres Geschwätz. Wenn der Herzog nicht der Herzog wäre, würde er für solche Reden in der Bastille landen.

»Ich weiß, daß Sie das Treiben hier ebenso verachten wie ich, Talleyrand. Wo ist das Bistum, das man Ihnen versprochen hat? Ihr Onkel Alexandre-Angélique war mit achtundzwanzig schon Erzbischof. Sie sind jetzt zweiunddreißig, und es soll nicht einmal ein kleines, ein klitzekleines Bistum für Sie herausspringen? Sie brauchen mir nichts vorzumachen, Talleyrand. Man sieht in Ihnen immer nur den eleganten Abbé, der die Salons mit seinem Witz bereichert und sich unter der Soutane so frei bewegt, wie nur irgend jemand. Aber das stimmt gar nicht. Sie hassen die Kirche, Sie lehnen diese Verkleidung zutiefst ab. Für Sie ist das Ganze ein wirkliches Opfer, denn man hat Ihnen dafür das Erstgeburtsrecht geraubt. Sie haben nur mit Mühe die Komödie mitgespielt, in der Hoffnung, angemessen entlohnt zu werden. Doch nun soll die Belohnung ausbleiben. Das macht Sie rasend. Sie sind schon so weit, daß Sie, um frei zu werden, Frankreich lächelnd dem Protestantismus ausliefern würden.«

Talleyrand antwortete nicht. Aus Erfahrung ließ er Betrunkene immer reden, es konnte dabei Wichtiges ans Tageslicht kommen. Das Ballettmädchen war inzwischen sowieso eingeschlafen.

»Sie nehmen mein Revolutionsgerede nicht ernst, Talleyrand. Sie halten mich für einen eitlen Schwätzer, einen Säufer, der nur angibt. Aber so betrunken bin ich nicht.« Er verzog verächtlich das Gesicht, bevor er fort fuhr: »Wenn sich die Chance auf eine Revolution böte, wären Sie auf jeden Fall dabei. Nur glauben Sie nicht an die Chance, Sie überschätzen das Regime. Sie überschätzen die Legitimität der Krone, des Hauses Bourbon. Bei all ihrem Atheismus fürchten Sie sich noch immer vor der Monarchie des Heiligen Ludwig. Was aber, wenn das alles Hirngespinste sind? Alles Lug und Trug? Auf Sand gebaut?«

Diesmal brachte Orléans' dramatische Pause eine größere Wirkung hervor: Talleyrand lächelte spöttisch, um ihn zu provozieren, noch mehr preiszugeben. Obwohl Talleyrand dem Betrunkenen nicht ein Wort abnahm, konnte er sich der suggestiven Kraft seiner Rede nicht entziehen.

»Mein Vater hat mir im letzten Jahr auf dem Totenbett erzählt, daß in unserem Hause vom Vater zum Sohn ein schreckliches Geheimnis weitergereicht wird. Nun war ich an der Reihe, es zu erfahren. Das Geheimnis lautet folgendermaßen: Ludwig XIV. war illegitim. Damit ist die ganze Hauptlinie des Hauses Bourbon unrechtmäßig auf dem Thron!«

Talleyrand erblaßte, und Orléans nahm noch einen kräftigen Schluck zu sich. »Da staunen Sie nicht schlecht, nicht wahr? Sie sind ja der schlimmste Aristokrat, den ich kenne. Äußerlich zynisch und aufgeklärt, der Feind allen Aberglaubens, der kein Gesetz und keine Tradition anerkennt, es sei denn, er hat sie für vernünftig befunden. Aber in Wirklichkeit ist keiner so vernarrt in das eigene Blut wie Sie. Ihr neunhundertjähriger Stammbaum ist ja auch alles, was Ihnen geblieben ist: Keine Erbschaft, kein Bistum, nicht einmal ein gesunder Körper: Nichts als das blaue Blut! Und Sie wollen ein Schüler Voltaires sein? Mich schert das Blut kein bißchen. Nichts als Aberglaube. Die Geburt ist ein Zufall, weiter nichts. Meine Mutter hätte ebenso ein Pariser Waschweib statt die Fürstin von Conti sein können. Das Schicksal ist blind und hat keine Bedeutung!«

Orléans beendete seine Rede mit einem Rülpser. Er schien noch etwas sagen zu wollen, lallte aber nur noch und gab es schließlich auf. Talleyrand dämlich anlächelnd, rann ihm der Speichel aus dem Mund. Schließlich kippte sein Kopf nach hinten auf die Sofalehne, und ein lautes Schnarchen kündete davon, daß das Gespräch beendet war. Voller Ekel betrachtete der schlanke Abbé den kräftigen, wohlgenährten Körper, der sich in unwürdigster Haltung vor ihm hingestreckt hatte.

Nun konnte er seine Erschütterung nicht mehr verbergen und legte den Kopf in seine Hände. Fieberhaft rekonstruierte er ein ums andere Mal die Worte des Herzogs. Er hatte Orléans immer für einen intelligenten Schwachkopf gehalten, der letztlich nichts zustande bringen würde. Aber Menschenkenntnis schien er doch zu besitzen.

Eine völlige Leere erfaßte Talleyrand, eine Verachtung seiner selbst. Woher kannte Orléans ihn nur so genau? Vor allem aber, was wäre, wenn die Geschichte stimmte? Es war oft genug gemunkelt worden, Ludwig XIV. sei Mazarins Sohn gewesen. Eine typische Klatschgeschichte, doch eine, über die immer wieder spekuliert worden war. Der Herzog schien daran zu glauben. Verwirrt erhob sich Talleyrand und verließ leise den Raum.

Kaum hatte Talleyrand die Tür hinter sich geschlossen, stieß Orléans einen kräftigen Seufzer aus, streckte seine Glieder und setzte sich auf.

Er hatte schon geglaubt, der Abbé würde sich nie zurückziehen. Seine unnatürliche Haltung war ihm bereits sehr unbequem geworden. Talleyrand schien angebissen zu haben. Nun würde er sich völlig in den Dienst der geplanten Revolution stellen. Wie naiv dieser ansonsten brillante Abbé doch sein konnte. Wie bei den meisten Menschen war seine verwundbarste Stelle seine Verachtung für andere. Die mußte man nur ausnutzen, und schon war er nach Bedarf manipulierbar. Darauf, daß Orléans ihm den zweiten Teil der Geschichte verheimlicht hatte, würde Talleyrand nie kommen. Zufrieden mit dem vollbrachten Tagwerk ging auch Orléans zu Bett.

KAPITEL V

Versailles 1712

»Es müssen die unreifen Früchte gewesen sein,« flüsterte die eine Dame der anderen zu, während beide ihre Augen nicht von dem Kinderbett abwenden konnten, in dem der fünfjährige Dauphin vom Fieber geschüttelt in einen unruhigen Schlummer verfallen war. Der kleine Louis hatte sich offenbar den Magen verdorben oder gar Schlimmeres? Seit gestern nachmittag ging es ihm schlecht. Man hatte die üblichen Vorkehrungen getroffen, sich aber nicht ernsthaft Sorgen gemacht. Seit dem Tod seines Vaters, durch den er selbst zum Thronfolger geworden war, hatte der Dauphin Louis häufiger über Unwohlsein geklagt, ohne daß dies jemals wirklich begründet gewesen war.

Die Damen beugten sich noch einmal über das Bettchen des kleinen Prinzen und hielten die Kerze dicht an sein Gesicht. Der Junge erwachte nicht.

Das Nachtgewand des Dauphin war völlig durchgeschwitzt, doch die Damen wagten nicht, ihn zu wecken, um ihm ein neues anzuziehen. Die Haare waren um das Köpfchen festgeklebt. Die Lider waren violett, die Augen dunkelumrandet. Durch die Blässe seiner fast gläsernen Stirn wanden sich an den Schläfen blaue Adern, die heftig pulsierten und von Stunde zu Stunde dunkler wurden. Der kleine Dauphin sprach undeutliche Worte und strampelte. Verzweifelt versuchte er die schwere Decke beiseite zu schieben. Gern hätte die Vicomtesse d'Erlons ihn von seiner Last befreit, doch das hatten die Ärzte strengstens verboten.

Den beiden Frauen wurde die Sorge um den Prinzen inzwischen fast unerträglich. Beide wagten kaum zu atmen, als könnte selbst dieser winzige Lufthauch für den Jungen tödlich sein. Auch sich gegenseitig anzublicken wagten sie nicht mehr. Sie fürchteten, man würde sie zur Verantwortung ziehen, und beide wußten, daß sie versuchen würden, die Schuld auf die jeweils andere zu schieben. Die Marquise de Deauville strich sich ihre schwarze Spitzenmantilla vom Arm. Sie hatte diese aus Spanien importierte Mode nie geliebt. Mehr denn je schien ihr der Schleier ein Trauersymbol, ein böses Omen. Sie schickte ein kurzes Gebet zum Himmel, ohne recht an seine Wirksamkeit zu glauben. Sie liebte Kinder nicht einmal sonderlich. Für sie war die Ehre wichtig, im Haushalt des Dauphins dienen zu dürfen. Mehr noch aber die damit wiederaufgenommene Verbindung zum Königshaus, das Zeichen, daß der Herrscher ihrer Familie vergeben hatte, daß die Jahrzehnte der Ungnade vorüber waren. Wenn das Kind jetzt starb, würde sie eine andere Stelle bei Hof bekommen? Wohl kaum. Sie würde wieder im Sumpf der Provinz versinken, wo sie den größten Teil ihres Lebens hatte zubringen müssen.

Der Körper des Jungen zuckte. Da war selbst die Marquise de Deauville vom Anblick des kranken Louis gerührt und strich ihm verzweifelt übers Gesicht. In diesem Moment verzogen sich die Züge des Kindes in grauenhafter Weise. Er riß die Augen auf. Der ganze Körper krümmte sich. Mit einem Mal war nur noch das Weiß der Augen zu sehen. »Er stirbt«, rief die Vicomtesse d'Erlons in plötzlicher Einsicht und stürzte davon, um die Ärzte zu alarmieren, die sich nur zu einer kurzen Beratung zurückgezogen hatten. Die andere betrachtete die Hand, mit der sie soeben das Köpfchen berührt hatte. Hatte sie das etwa ausgelöst? Als sie wieder das Kind ansah, lag es ganz ruhig. Sein Kopf war ein bißchen zur Seite gefallen, der Mund stand offen. Der Dauphin, der Erbe des Königreiches, war tot. Als die Ärzte einen Augenblick später hereintraten, konnten sie nur noch das Unausweichliche feststellen.

Im gleichen Jahr wie sein Vater war der Dauphin dahingerafft worden. Nur für ganz kurze Zeit hatte er jenen Titel tragen dürfen, der die Thronfolger kennzeichnete. Da im Jahr zuvor auch sein Großvater, der Grand Dauphin gestorben war, ruhte die Hoffnung der Nation von nun an auf seinem zweijährigen Bruder, ebenfalls Louis genannt. Innerhalb kürzester Zeit waren drei Generationen vernichtet worden: Wenn der greise Sonnenkönig starb, würde ein Kleinkind ihn beerben. »Und was, wenn das auch noch stirbt?« dachte die Hofdame, während sie dem toten Gesicht die Augen schloß.

Trianon war kaum erleuchtet. Fast nichts sprach dafür, daß sich Ludwig XIV. wie so oft hierher zurückgezogen hatte, um dem Hofleben zu entkommen. Jetzt, im Alter von vierundsiebzig Jahren, überkam ihn dieses Bedürfnis immer häufiger. Während er sich in dem halbdunklen Zimmer in den Sessel zurücklehnte, spürte er die Kraft aus seinen Gliedern schwinden. Es war jetzt eine Frage des Durchhaltens. In Utrecht hatte der Friedenskongreß begonnen, wenn nicht zu langsam verhandelt wurde, könnte innerhalb eines Jahres alles beendet sein. Das Land würde nicht ein einziges weiteres Kriegsjahr vertragen. Doch wenn die Feinde merkten, daß es dem

König schlecht ging, würden sie versuchen, die Verhandlungen hinauszuzögern. Vielleicht würde Ludwig XIV. ja sterben. Sie erwarteten, daß Philippe, der künftige Regent und Ludwigs leichtlebiger Neffe, größere Zugeständnisse machen würde. Wer weiß, was man alles aus dem Neffen des Sonnenkönigs würde herausholen können.

Ludwig XIV. begann jene eiserne Selbstdisziplin zu entgleiten, mit der er seine Stimmungen ein Leben lang im Zaum gehalten hatte. Immer wieder hatte er dunkle Gedanken abwehren müssen. Die Etikette hatte er wie Korsettstangen in seine Seele eingezogen, um nie auf sich selbst zurückgeworfen zu sein. Der Hofstaat schützte den König nicht nur vor seinem Volk, sondern auch vor seiner eigenen Schwermut. Doch selbst das half nicht immer. Trianon hatte Ludwig schließlich errichten lassen, weil der äußere Panzer des höfischen Lebens sein inneres Chaos nicht mehr zu bändigen vermocht hatte. Statt der erotischen Ausschweifungen, die man allgemein vermutete, verbarg das Lustschloß nur die Depressionen eines alten Mannes. Nun aber, angesichts der letzten Schicksalsschläge, war selbst das Schlößchen Trianon zu einem Gefängnis geworden, das Bedrückungen und Ängste geradezu einzuladen schien. Ob Gott ihn durch den Tod von Sohn, Enkel und Urenkel hatte strafen wollen? Er hatte allzu viele Sünden auf sich geladen, da gab es keinen Zweifel. Aber wurden diese einem Herrscher nicht aufgezwungen? Den letzten Krieg hatte er zu verhindern versucht. Nein, wenn er ehrlich war, dann nicht wirklich, nicht mit aller Gewalt. Der Ehrgeiz hatte ihn ein weiteres Mal gepackt. Ganz Spanien, ganz Neapel, Mailand, die spanischen Niederlande: Die Verlockung war zu groß gewesen. Es war die letzte Gelegenheit gewesen, er hatte ihr nicht widerstehen können. Der große Wurf aber war nicht gelungen. Gewiß, Frankreich war mächtiger als je zuvor, aber waren die anderen Länder nicht auch alle größer und mächtiger geworden? Das Erbe, das Richelieu ihm hinterlassen hatte, war kaum gewachsen. Nichts, was der Kardinal nicht schon geplant und vorbereitet hatte, war in Erfüllung gegangen. Die ehrgeizigsten Pläne hatten sich zerschlagen, und jetzt schien sogar der alte Besitzstand bedroht. Ludwig wollte den Frieden, um Frankreich zu sichern. Lohnte es sich aber, etwas zu sichern, um es dann doch in die Hände eines Regenten oder gar Königs wie Philippe d'Orléans fallen zu lassen, jenes leichtsinnigen Verschwenders?

Eigenartig, daß er nie dachte: »Was mein Vater mir hinterlassen hatte«. Stets war es der Kardinal. Immer häufiger begann Ludwig über seine eigenen Gedanken zu grübeln. Einmal war ihm sogar die Idee gekommen, ob er eigentlich immer wüßte, was er dachte. Könnte es sein, daß man sich manchmal in seinen eigenen Vorstellungen und Ideen täuschte? Er hatte die Frage einem Höfling gestellt, doch der war nur entgeistert gewesen. Inzwischen tuschelte man schon, daß der König anfange, philosophisch zu werden. Der Schritt von ›philosophisch‹ zu ›ein bißchen wirr im Kopf‹ war nicht weit. Ludwig hatte deshalb schnell wieder aufgegeben, andere an seinen Zweifeln teilhaben zu lassen. Hatte er denn in neunundsechzig Jahren Herrschaft nichts gelernt? Was im Herzen des Königs vorging, durfte niemals nach außen dringen.

Ludwig hörte Schritte. Das Halbdunkel zu durchdringen, verlangte seinen Augen mehr Anstrengung ab, als ihm lieb war. Der Diener kündigte den Besuch an. Ludwig empfing den Chef seiner Geheimpolizei, einen Mann, dessen sonst so geschätzter devoter Eifer ihm nun ausgesprochen auf die Nerven ging. »Haben Sie etwas herausgefunden?«

»Leider ja, Sire.«

»Ist es so schlimm?«

Sein Gegenüber ließ den Kopf sinken. Als er ihn wieder hob, war Angst in seinem Gesicht zu erkennen. Er wollte antworten, doch Ludwig brachte ihn mit einer Geste zum Schweigen. »Noch nicht, wir erwarten noch jemanden.«

Gleich darauf wurde der zweite nächtliche Gast angekündigt, André Hercule de Fleury, der Bischof von Fréjus. Der Geheimdienstchef war überrascht: Hier ging es um die Zukunft des Reiches, und der König lud einen Bischof der zweiten Garnitur ein. Offensichtlich begann das Urteilsvermögen des alten Mannes zu schwinden.

Ludwig hatte Fleury jedoch gerade deshalb ausgesucht, weil er nicht nur über eine außerordentliche Intelligenz und umfassende Bildung verfügte, sondern auch, weil er kein Mann der vordersten Reihe war, niemand, von dem man erwarten konnte, daß der König ihn ins Vertrauen ziehen würde, wenn es ums Überleben ging. Denn ums Überleben ging es.

Fleury betrat den halbdunklen Raum, ohne recht erkennen zu können, wer anwesend war. Nur an der Stimme erkannte er den König. Der Bischof war von der unheimlichen Szenerie mäßig beeindruckt. Fast sechzigjährig, rechnete der Kirchenmann nicht mehr mit einer großen Karriere. Bei aller Ehrfurcht vor dem König gestattete ihm dies eine gewisse geistige Unabhängigkeit, so daß er allen höfischen Inszenierungen abgeklärter begegnen konnte als die meisten Höflinge. Was immer heute abend auch passierte, Fleury würde auch ein wenig darauf achten, daß er sich amüsierte.

»Nehmen Sie bitte Platz, Fleury, und vergessen Sie für heute Abend, daß Sie den König vor sich haben. Es könnte sein, daß dieses Treffen nie stattgefunden haben wird. Mein zweiter Gast, dessen Identität Sie vielleicht erraten werden, wird nun schildern, worum es geht. Sie werden sich keine Notizen machen. Merken Sie sich gut, was er sagt. Daß davon kein Wort je nach außen gelangen darf, versteht sich von selbst.«

Fleury setzte sich gehorsam hin. Was immer vorgefallen war, es mußte ungeheuerlich sein. Aber warum zog der König gerade ihn ins Vertrauen? Wie oft, wenn er angespannt war, strich sich Fleury über seine scharfen Züge und rieb sich die Flügel seiner geschwungenen Nase.

An den anderen Gast gewandt, sagte der König: »Beginnen Sie, Monsieur! Stellen Sie alles von Anfang an dar; machen Sie es aber kurz. Enthalten Sie sich jedweder Kommentare oder Beurteilungen moralischer Natur!«

»Der tollwütige Hund vor drei Tagen war ein Anschlag auf das Leben Eurer Majestät! Es war ein verrückter, aber ebenso genialer Versuch. Der Hundeführer zahlte mit seinem Leben. Die Summe, für die er dieses Risiko einging, ist astronomisch. Er hatte fast …«

»Das Geld interessiert hier nicht. Jeder Betrag ist zu niedrig, wenn es um das Leben des Königs von Frankreich geht.«

»Jawohl, Sire. Es war der letzte in einer ganzen Serie wohlgeplanter Anschläge. Das Gerüst, das eine halbe Stunde vor dem Besuch Eurer Majestät im Invalidendom einstürzte, war ein anderer Versuch. Wir prüfen noch weitere Möglichkeiten. Grundsätzlich gilt, daß alle gescheiterten Attentate extrem gut getarnt waren. Keines sollte aussehen wie ein Mordversuch. Die unmittelbaren Täter waren in keinem Fall darüber unterrichtet, wer ihr Opfer sein würde. Auch der Auftraggeber war ihnen unbekannt. Wo das Geld als Köder nicht ausreiche, haben sich die Mittelsmänner als Geheimpolizisten ausgegeben und mit der Bastille gedroht.«

Fleury, der mit wachsender Spannung zugehört hatte, bemerkte, wie der Geheimdienstchef für einen Sekundenbruchteil ins Stocken kam, dann aber fortfuhr: »Wir wissen jetzt auch mit Sicherheit, daß der jüngst verstorbene Dauphin Louis, sein Vater und sein Großvater allesamt ermordet wurden. Die Mörder waren jeweils Persönlichkeiten ihrer näheren Umgebung, die als über alle Zweifel erhaben galten. Sie sind mit Hilfe gefälschter Dokumente und aufgrund abstruser Theorien im Glauben gewesen, sie handelten im Auftrag Eurer Majestät.«

»Besteht darüber kein Zweifel?«

»Keiner, zwei Personen haben wir unter der Folter verloren, ohne daß sie von ihrer Auffassung abgewichen wären!«

»Gut!«

Trotz seiner anfänglichen Entschlossenheit, sich zu amüsieren und dem Ganzen mit der Gelassenheit eines Theaterbesuchers zu begegnen, verschlug es Fleury den Atem. Diese Neuigkeiten waren einfach unfaßbar.

»Gibt es eine Spur zum Zentrum dieser Intrige?«

»Ja, Sire, die gibt es. Es ist der von Eurer Majestät geäußerte Anfangsverdacht. Wir wissen, wer zu den Morden angestiftet hat.«

Fleury konnte hier nicht ganz folgen, wagte aber keine Fragen zu stellen.

»Wie sind Sie auf die Wahrheit gestoßen? Vor allem aber: Warum liegt der Schuldige nicht längst in Ketten zu meinen Füßen?«

»Die Gründe dafür hängen sehr eng miteinander zusammen.«

Der Geheimdienstchef wurde sichtlich verlegen. Bislang hatte Fleury in seiner Stimme nur Furcht wahrgenommen, jetzt aber schienen sich andere Gefühle mit ihr zu mischen. Es war, als hielte der andere irgend etwas zurück, als sagte er nicht die ganze Wahrheit. Sein Ton nahm eine ostentative Natürlichkeit an, die gegenüber dem gesalbten Herrscher als Unaufrichtigkeit erscheinen mußte. Fleury blickte zum König hinüber, der aufrecht in seinem Sessel saß. Er war nur schemenhaft zu erkennen. Einzig das gestärkte Spitzenjabot, die Allongeperücke und der Ordensstern auf der Brust hinterließen noch einen halbwegs klaren optischen Eindruck. Ob Ludwig XIV. merkte, daß irgend etwas nicht stimmte?

»Wir verdanken den Fahndungserfolg weniger unseren Bemühungen als vielmehr der Tatsache, daß sich der Täter selbst gestellt hat.«

»Warum ist er dann nicht in Haft? Er könnte längst enthauptet sein.«

»Das schien mir nicht ratsam, Sire. Der Herzog von Orléans verfügt über geheimes Material, das an sicheren Orten verborgen ist. Sobald wir Hand an ihn legen, wird es veröffentlicht. Es handelt sich dabei um Enthüllungen, die der Krone Frankreichs unermeßlichen Schaden zufügen könnten.«

»Das ist ein Trick, ein Täuschungsmanöver. Seit wann fallen Sie auf so etwas herein?«

»Leider, Sire, sind die mir als Beweis vorgelegten Dokumente echt. Der Herzog von Orléans hat eine Waffe in der Hand, die den Bürgerkrieg auslösen und das Ende des Hauses Bourbon bedeuten könnte.«

»Was ist das für eine Geheimwaffe?«

Der Polizeichef wollte auf den König zutreten und ihm ins Ohr flüstern, doch der gereizte Monarch lehnte diese Vertraulichkeit ab. »Ich habe Fleury herbestellt und will, daß er alles erfährt. Sagen Sie laut, was immer Sie zu sagen haben.«

»Der Herzog von Orléans besitzt untrügliche Beweise für die Illegitimität Eurer Majestät. Nach seinen Unterlagen wäre Kardinal Mazarin Ihr Vater.«

Fleury erkannte im Tonfall des Geheimdienstchefs jetzt endgültig das eigenartige Selbstbewußtsein, einen nur schlecht verhohlenen Trotz. Offenbar hatte der Mann sich bereits auf Orléans' Seite ziehen lassen. Fleury blickte zum König hinüber, der völlig regungslos dasaß. Der Schock mußte furchtbar sein. Aber der Monarch hatte sich nicht gerührt.

»Ich bin der gesalbte und gekrönte Herrscher Frankreichs. Mein Vorgänger hat meine Legitimität in keinster Weise in Zweifel gezogen.«

Eigenartigerweise stritt der König den Kern des Vorwurfes nicht ab und klammerte sich nur an die juristischen Formalien der Thronbesteigung, nicht jedoch an ihre Legitimation. Was waren schließlich Salbung und Krönung wert, wenn in den Adern des Herrschers statt des Blutes Ludwigs des Heiligen nur das eines römischen Karrieremachers rann?

Ohne gefragt zu sein, hob der Geheimdienstchef nun von selbst an: »Unter diesen Umständen schien es mir besser, nicht gegen den Herzog vorzugehen, der ja immerhin legitimer Anwärter auf den französischen Thron ist.«

Fleury verachtete den Heuchler. Ein kleiner bourgeoiser Intrigant, einer von jenen Beamten, die Ludwig XIV. alles verdankten. Einer von jenen, die mit aller Kraft geholfen hatten, die französische Aristokratie von der Macht zu verdrängen. Als bürgerlicher Aufsteiger vor dem König von legitimen Thronanwärtern zu schwafeln, war eine kaum zu überbietende Impertinenz. Aristokratische Solidarität trieb den ansonsten illusionslosen Kleriker an die Seite seines Königs. »Welchen Vorteil verspricht sich der Herzog von seinen Verbrechen? Wenn der König illegitim ist, dann wird er es ja wohl auch sein!«

Der König antwortete selbst: »Mein Bruder Philippe war der einzige Sohn Ludwigs XIII. Er war nur mein Halbbruder.«

Dies also war der Grund, warum Ludwig XIV. seinen jüngeren Bruder immer subtil der Lächerlichkeit preisgegeben hatte, dachte Fleury. Nicht nur wegen seiner moralischen Verfehlungen, sondern auch aus Rache dafür, daß Philippe gerade das besaß, was Louis immer vorenthalten bleiben würde. War Philippe in allen Bereichen zum Regieren völlig untauglich gewesen, so fehlte Ludwig zum echten Königtum nur der Zufall der Geburt. So unterschieden sich auch die persönlichen Vorlieben der beiden Brüder: Während Ludwig XIV. noch weit mehr als die Sinnlichkeit von Mazarin geerbt hatte, war sein Bruder Philippe wie Ludwig XIII. eher dem eigenen Geschlecht zugetan gewesen. Fleury hatte immer gedacht, daß Ludwigs XIV. ungezügelte Fleischeslust nur überspielen sollte, daß auch er seines Vaters Vorlieben geerbt hatte. Aber Ludwig XIII. war ja gar nicht sein Vater. Und der längst verstorbene Philippe von Orléans, der ewige jüngere Bruder, war ein echter Bourbone und damit homosexuell gewesen. Die ungleichen Brüder waren deshalb so ungleich gewesen, überlegte Fleury, weil sie nicht die gleichen Väter gehabt hatten. Aber Philippes gleichnamiger Sohn, der jetzige Herzog, hatte seines Vaters Neigung nicht geerbt. Er liebte die Frauen fast so sehr wie sein Onkel, der König. Trotz seiner nach außen zur Schau gestellten Leichtlebigkeit hatte der Herzog auch nicht die Unentschlossenheit seines Vater übernommen. Die Mordserie des jüngeren Herzogs an den Nachkommen seines Onkels und Königs sprach von einem Ehrgeiz, einer Kaltblütigkeit und einem Machtwillen, wie sie auch Ludwig XIV. auszeichneten.

Der Chef der königlichen Geheimpolizei nahm das Gespräch wieder auf: »Der Herzog erhebt Anspruch auf den Thron, der ja eigentlich seinem Vater und nicht Ihnen zugestanden hätte. Natürlich geht das nicht so einfach. Aber ich fühle mich doch verpflichtet, um Skandal und Bürgerkrieg zu verhindern, einen Ausgleich herbeizuführen, der den Grundsatz der Legitimität nicht verletzt.«

Fleury wollte zornig dazwischenfahren, besann sich aber eines Besseren.

Der König fragte ungläubig: »Sie sind also offenbar bereit, mit dem Herzog gemeinsame Sache zu machen? Sie wollen im Ernst drei Morde und ein Vielfaches an Mordversuchen decken? Vergessen Sie den Eid, den Sie mir geschworen haben?«

»Ich habe meinen Eid dem allerchristlichsten König geschworen, dem rechtmäßigen Nachfolger des Heiligen Ludwig. Verstehen Sie doch, ich war immer Ihr treuester Diener. Aber jetzt geht es um das Wohl der Nation. Einen König ohne Legitimität zu stützen wäre Wahnsinn! Verzeihen Sie mir, Sire, aber ich muß an meine Pflicht gegenüber dem Königreich denken.«

Ludwig überhörte diese Worte einfach. »Ist der Herzog zu Verhandlungen bereit?«

»Orléans möchte mit Ihnen zusammentreffen und über alles sprechen. Er ist zu weitgehenden Zugeständnissen bereit. Er beharrt aber auf seinem rechtmäßigen Thronanspruch.«

»Das liefe darauf hinaus, daß wir den kleinen, erst zwei Jahre alten Louis auch noch ermorden müßten. So lange er lebt, steht er unverrückbar zwischen der Krone und dem Herzog. Ich weigere mich, den Kindsmörder zu spielen!«

»Daran ist schon gedacht, Sire, man könnte ihn für illegitim erklären. Da seine Mutter auch schon tot ist, träfe die Schande außer dem Prinzen keine Lebenden.«

Obwohl Ludwig vor Zorn, Scham und Entsetzen kaum atmen konnte, war ihm die Logik dieser Vorschläge bewußt. Orléans hatte sehr geschickt kalkuliert. Für einen Moment schwankte Ludwig. Seine Herkunft hatte den König eingeholt. Ein ganzes Leben lang hatte er die Wahrheit weggeschoben, hatte er sich und der Welt tagtäglich bewiesen, daß er der beste und größte König war, den Frankreich je gehabt hatte. Nun war das Spiel seiner Mutter mit Richelieu und Mazarin aufgeflogen. Zumindest nach außen hin konnte Ludwig seinen Ruf noch retten. Schon wollte er einwilligen, da packte ihn plötzlich der Ekel. Sein Vater war immerhin ein Kardinal gewesen und seine Mutter Habsburgerin. Reichte das nicht aus für jede Art von König? Ludwigs XIII. Mutter war schließlich eine Medici gewesen – aus einer italienischen Bankiersfamilie. Die waren auch nicht besser als Mazarin, dessen Familie seit Generationen in päpstlichen Diensten gestanden hatte. Auch als falscher Bourbone, fand Ludwig, hatte er ebenso kostbares Blut wie die echten.

Der König erklärte mit fester Stimme: »Mir scheint, daß mir gar kein Ausweg bleibt, als mit dem Herzog über diese Angelegenheit zu sprechen. Ist er mit einer persönlichen Begegnung einverstanden?«

»Selbstverständlich, Sire. In einer Woche zur gleichen Stunde hier in Trianon?«

»Gut.«

»Sire, es darf keinerlei Verrat geben. Der Herzog hat alle Vorkehrungen getroffen: Sollte ihm etwas zustoßen, dann wäre das der Untergang Eures Hauses.«

Ludwig ließ sich davon nicht einschüchtern, seine Stimme klang noch bedrohlicher als die des Geheimdienstchefs: »Das gleiche gilt auch umgekehrt: Wenn mir oder meinem Urenkel Louis auch nur ein Haar gekrümmt wird, ist das das Ende des Zweiges Orléans.«

Selbstgefällig erwiderte der Geheimdienstchef: »Ihre Geheimpolizei wird dafür sorgen, daß in den nächsten sieben Tagen niemandem ein Leid geschieht.«

Damit verbeugte er sich und ging.

Fleury wandte sich an den König, der noch immer starr in seinem Sessel saß: »Eure Majestät hätten sich auch eine Garantie für mein Leben geben lassen sollen. Als Mitwisser dieser Affäre ist meine weitere Existenz keinen Sou mehr wert.«

Ludwig XIV. seufzte: »Es tut mir leid, Fleury. Ich habe Sie einfach vergessen. Ich konnte nicht ahnen, was hier aufgedeckt werden würde. Ich kann jetzt nichts mehr für Sie tun. Noch eine Woche bin ich König von Frankreich. Was danach kommt, liegt allein bei Gott.«

»Sire, dann muß ich mich wohl selbst um mein Überleben kümmern. Bitte stellen Sie mir für die kommende Woche eine Leibgarde zur Verfügung und lassen Sie mich an dem Treffen mit Orléans teilhaben.«

Ludwig blickte Fleury forschend in die Augen: »Fleury, ich hatte Sie als Zeugen und Berater hierherbestellt, weil ich Ihr Urteil immer geschätzt habe. Nur ihre ironische Art und Ihr Mangel an Ehrgeiz haben Sie von höheren Ehren abgehalten, während Ihre Fähigkeiten Sie ganz an die Spitze hätten führen können. Sagen Sie offen, gibt es noch eine Möglichkeit, die Krone für den kleinen Louis zu retten?«

»Ja, Sire, die gibt es, doch wage ich noch nicht mehr dazu zu sagen. Eigentlich müßten Eure Majestät die Antwort ebensogut kennen wie ich.«

Der Herzog von Orléans ließ sich von seinem neugewonnenen Bundesgenossen Bericht erstatten. Als der Geheimdienstchef geendet hatte, nickte Philippe zufrieden. »Bleibt noch Fleury. Wir können hier keine Zeugen gebrauchen. Die Garantieforderung des angeblichen Königs erstreckte sich ja wohl nicht auf ihn. Ich nehme an, Sie wissen, was Sie zu tun haben.«

In der folgenden Woche bewegte sich der Bischof von Fréjus kaum aus dem kleinen Pariser Palais fort, das er normalerweise bewohnte, wenn er sich nicht in Versailles aufhielt oder den jährlichen, verhaßten Pflichtaufenthalt in Fréjus verlebte. Nur im Morgengrauen fuhr die Kutsche des Bischofs im Eiltempo aus dem Tor, um Fleury dick vermummt zur Kirche zu bringen. Er beichtete täglich.

An diesem Morgen jedoch war eine rasante Fahrt nicht möglich. Schon sehr früh war die Straße von gewaltigen Menschenmassen gesäumt. Männer, Frauen und Kinder, Junge und Alte drängten sich, schoben sich auf den Gehwegen, während die Fenster vieler Häuser bereits von Neugierigen besetzt waren. Heute war das Fest des Schutzheiligen dieses Stadtteils, und die Schaulustigen warteten auf die Prozession, die zu seinen Ehren stattfinden sollte. Am meisten aber drängten sie sich auf der Seine-Brücke, denn den Höhepunkt des Festes bildete das traditionelle Fischerstechen, bei dem sich die kräftigsten Seine-Schiffer mit langen Lanzen wie bei einem mittelalterlichen Turnier von ihren Booten ins Wasser zu stoßen versuchten. Dieses Ereignis, bei dem es noch dazu einen Preis zu gewinnen gab, zog die Menschen an. Die Brücke war bereits völlig verstopft, so daß Fleurys Kutsche nur im Schrittempo vorankam. Mochte der Mann auf dem Kutschbock auch noch so sehr fluchen, es gab kein schnelleres Fortkommen. Besonders schlimm war das Gedränge, weil ein Teil der Brücke gerade ausgebessert wurde und man an einer Stelle nur über eine provisorische Holzkonstruktion hinübergelangen konnte. Die langsame Fahrt der Kutsche wurde von Straßenkindern ausgenutzt, sich hinten auf die Kutsche aufzuschwingen und unerlaubt mitzufahren. An der Stelle mit dem hölzernen Brückenersatz angekommen, mußte der Wagen wieder anhalten. Der Holzübergang war hoffnungslos verstopft. Erst das Eingreifen zweier königlicher Gendarmen bahnte Fleurys Kutsche den Weg. Als nun die Pferde auf die Bretter treten sollten, schnaubten und wieherten sie, scharrten sie nervös mit den Hufen. Sie weigerten sich, weiterzugehen. Der Kutscher schnalzte, drohte und redete mit Engelszungen auf sie ein, doch es half nichts: Die Tiere blieben stur. Erst als der Kutscher die Pferde mit der Peitsche traktierte und ungeduldige Fußgänger ihnen ins Geschirr griffen und zogen, rührten sie sich widerwillig vom Fleck. Die Pferde hatten die hölzerne Konstruktion, die etwa zwölf Meter lang war, fast überquert, da wurde das Gerüst von einer ersten unmerklichen Erschütterung erfaßt. Die Pferde bäumten sich auf, ein Schrei ging durch die Menge und ein Krachen ertönte. Unter den Rädern auf der linken Seite waren die Balken weggebrochen, die Kutsche kippte langsam um und drohte abwärts zu rutschen. Auf der Brücke brach Panik aus, nur wenige Mutige versuchten, den

Wagen festzuhalten. Doch zu spät, es gab eine zweite Erschütterung, und die ganze Holzkonstruktion brach zusammen. Der Wagen stürzte mitsamt den Pferden in die Tiefe, wo er mit einem gewaltigen Spritzer im Wasser der Seine versank. Die steinernen Bögen, die noch nicht ausgebessert waren und nur durch die Holzkonstruktion gestützt wurden, brachen sofort auseinander und fielen ebenfalls in die Tiefe, so daß ein Regen von Balken und Steinen auf die untergegangene Kutsche niederprasselte. Zahlreiche Menschen wurden mit in die Fluten gerissen. Später sprach man von achtzehn Toten. In ganz Paris verbreitete sich die Nachricht von Fleurys Tod.

Madame, die sechzigjährige Erste Dame des Königreichs, lag bereits um fünf Uhr früh wach in ihren Spitzenkissen und betrachtete den Baldachin ihres Bettes: chinesische Seide, ein Geschenk ihres Sohnes. Das Chinesische wurde jetzt immer populärer, es war auf jeden Fall sehr teuer. Von ihrer eigenen Apanage hätte sie sich das nicht leisten können. Ihr selbst wäre ein bißchen Goldbrokat lieber gewesen. Aber ihr Sohn hatte ihr eine Freude bereiten wollen, er liebte sie. Da war er aber auch der einzige. Sie lächelte unwillkürlich. Seit über dreißig Jahren stand sie jetzt in Ungnade beim König, doch es störte sie nicht mehr. Einmal hatte der König ihr sogar wegen angeblich übler Nachrede mit Verbannung vom Hofe gedroht. Aber das war ihr jetzt egal. Sie konnte es dem König nicht mehr übelnehmen. Sie hatte es ihm eigentlich auch nie wirklich übel genommen. Höchstens der Maintenon, dieser furchtbaren, bigotten alten Frau, in die der König sich unverständlicherweise verliebt, die er sogar heimlich geheiratet hatte. Aber die Maintenon war inzwischen vierundsiebzig, genauso alt wie Ludwig XIV. Und selbst bei ihm schien die Leidenschaft spürbar nachzulassen. Jetzt war er vor allem ein einsamer alter Mann, dessen Hoffnungen auf einem kränklichen kleinen Kind ruhten, nachdem ihm Sohn, Enkel und ein Urenkel weggestorben waren. Wenn der kleine Louis auch noch dahinschied, dann würde ihr eigener Sohn, der Herzog von Orléans nicht nur Regent, sondern sogar König werden. Das verschaffte Madame ein wenig Genugtuung. Aber nur ein wenig, denn mit mütterlichem Scharfblick zweifelte sie an den Herrscherqualitäten ihres Sohnes, worin sie sich mit dem König einig wußte. Mochte Philippe sie auch lieben, ihm fehlte der moralische Maßstab. Oft schrieb sie ihren Verwandten nach Deutschland, halb im Scherz, versteht sich, daß, wenn Gott aus Philippe keinen Prinzen gemacht hätte, dieser gewiß ein Straßendieb geworden wäre. Allerdings ein unternehmungslustiger!

Plötzlich trat die Zofe herein und brachte Madame den Morgenmantel. So früh, war etwas vorgefallen? Die ansonsten resolute Frau, die Madame schon seit siebenunddreißig Jahren bediente, war außerordentlich blaß, als hätte sie ein Gespenst gesehen. Und wirklich, in gewisser Hinsicht hatte sie das: »Madame haben Besuch. Es ist der Bischof von Fréjus, der in einer wichtigen Angelegenheit kommt. Ich wollte ihn nicht einlassen, aber er bat mich, Ihnen diesen Brief zu zeigen.«

Lieselotte von der Pfalz, Herzogin-Witwe von Orléans, nahm das Papier entgegen und hielt es in Armeslänge vor sich hin, denn die Alterssichtigkeit machte ihr zu schaffen. Es war ein Handschreiben des Königs, der sie bat, den Bischof auf jeden Fall sofort zu empfangen, wann und unter welchen Umständen auch immer. Sie bedeutete, Fleury hereinzulassen.

Heiter und elegant ließ Fleury sich an ihrem Bettrand nieder. Ein riesiger Amethyst prangte an den langen Fingern, die er auf ihre Kissen legte, während sie in einer steifen Masse chinesischer Seide, passend zum Baldachin, verschwunden war. Ungezwungen und leichtfüßig, mit einem sanften Hauch Koketterie, eröffnete er das Gespräch. »Verzeihen Sie, Madame, daß ich Sie um diese Zeit störe. Aber wir Kirchenmänner sind Frühaufsteher. Nichts wappnet besser gegen die Versuchungen des Tages, als ihn mit einer Morgenmesse zu beginnen.«

Lieselotte lachte, der notorische Absentist Fleury, der sein Bistum Fréjus gewiß seit Jahren nicht mehr besucht hatte, und auch sonst nicht zu großen Bekundungen der Frömmigkeit neigte, hatte gewiß andere Gründe, wenn er sich so zeitig erhob. »Sie entschuldigen, Madame, wenn ich Sie mit einem so auffälligen Dokument wie einem Brief des Königs belästige. Ob Sie glauben oder nicht, es geht um wichtige Staatsangelegenheiten.«

Lieselotte zupfte noch ein wenig an ihrem chinesischen Morgenmantel, um Zeit zu gewinnen. Fleury versuchte offenbar, sie mit dem Begriff Staatsangelegenheiten einzuschüchtern, auch wenn er es in eleganten Plauderton verpackte. Es paßte gar nicht zu seiner heiteren Art. Der Bischof von Fleury mochte ein interessanter Mann sein, attraktiv vor allem, trotz seiner Sechzig. Aber mit wirklichen Staatsangelegenheiten war er noch nie betraut worden. In der großen Welt spielte er keine bedeutende Rolle. Das Handschreiben des Königs hin oder her, erst mußte sie ihn einmal in seine Schranken verweisen. »Ach Fleury, erzählen Sie mir doch keine Märchen, einer Frau in Ihrem eigenen Alter. Sie sind doch noch nie mit wichtigen Affären betraut worden. Sie hätten die Fähigkeiten, ein zweiter Richelieu zu werden, doch man hat Sie nie gerufen. Und wissen Sie wieso? Weil Sie die Politik nicht wirklich ernst nehmen. Jeder denkt, Sie finden das insgeheim nur komisch. Erzählen Sie mir also nichts von Staatsangelegenheiten, die interessieren mich sowieso nicht mehr. Wir beide, Fleury, stehen am Rande dieser Welt, und wir wissen es. Ginge es wirklich um entscheidende Dinge, wären Sie auf keinen Fall zu mir gekommen, denn ich habe schon lange keinen Einfluß mehr. Niemand weiß weniger über den Gang der großen wie der kleinen Politik als ich.«

Lieselotte hatte es sich angewöhnt, eine gewisse Naivität und Ehrlichkeit herauszukehren. Was ursprünglich ein Makel in der französischen Hofgesellschaft gewesen war, hatte sich später ausgezahlt. Man attestierte ihr Frische und Natürlichkeit und räumte ihr als leicht barbarischer Ausländerin eine ansonsten kaum geduldete Narrenfreiheit ein. Daß dies in Versailles ein unschätzbarer Vorteil war, hatte Lieselotte schnell erkannt. Fleury, wußte sie, durchschaute ihr Spiel besser als die anderen, und nahm ihr die Unschuldsrolle nicht ab. Gerade deshalb mochte sie ihn. Anstatt aber seine Erkenntnis zu verheimlichen, hatte er es sich angewöhnt, sie deswegen zu necken. Ein Wissen, das andere als Trumpfkarte im Intrigenspiel genutzt hätten, war für ihn gerade gut genug, um daraus einen harmlosen Flirt zu machen. Gerade deshalb war Fleury aber auch nie vorangekommen. Er spielte das höfische Spiel zwar virtuos, aber immer mit der zur Schau gestellten Miene des Amateurs. Damit stellte er den Sinn des Spiels in Frage. Den Sinn eines Spiels, der für die anderen den Kern ihrer Existenz ausmachte.

»Sie haben natürlich recht, Madame. Der König hat mich auch eher mit einer privaten Angelegenheit betraut, die noch dazu fast vierzig Jahre zurückliegt. Es geht um Madame de Montespan und Madame de Maintenon.«

Wie klug er doch war. Nachdem der Überrumpelungstrick nicht geklappt hatte, machte er sofort einen Rückzieher. Aber wieder unterschätzte er sie. Seine schnelle Bereitschaft zum Methodenwechsel zeigte, daß er mit ganzer Aufmerksamkeit und vollem Einsatz kämpfte. Nun ahnte Lieselotte, was immer sein Anliegen war, es mußte von außerordentlicher Bedeutung sein. Im Prinzip war sie bereit, ihm zu helfen, denn an sich mochte sie ihn ja. Aber man durfte es ihm auch nicht zu leicht machen. Schließlich wußte sie noch nicht, worum es ging.

»Auch was seine Mätressen betrifft, sollte sich der König doch besser auskennen als ich.«

»Was ich wissen möchte, ist, wie Ihr Verhältnis zu den beiden Damen war.«

Lieselotte war klug genug, nicht direkt zu fragen, warum er das wissen wollte. Fleury würde ihr die Wahrheit nur erzählen, wenn ihm daran gelegen war. Besser war es, scheinbar freimütig auf seine Fragen einzugehen. Der Kardinal wußte genauso gut wie jeder andere bei Hofe, daß sie und die Maintenon sich haßten, das konnte also nicht der Grund sein. Oder vielleicht doch? Stand endlich die Ungnade der Maintenon bevor? Um sie loszuwerden, lohnte es sich vielleicht, noch ein letztes Risiko einzugehen, denn Lieselotte konnte ohnehin nicht mehr viel verlieren. »Zu der Marquise de Montespan hatte ich immer ein gutes, herzliches Verhältnis. Als ich aus der Pfalz hierherkam, waren meine Manieren noch recht derb. Nicht, daß sie jetzt viel besser wären, aber einer alten Frau sieht man vieles nach.«

Die Angelegenheit Fleurys mußte von extremer Bedeutung sein, wenn er auf ihr Kokettieren mit dem Alter nicht einging. Lieselotte fuhr fort: »In Deutschland war man damals nicht so förmlich und höflich wie hier, oder man war auf altertümliche Weise höflich, was dann steif und lächerlich wirkte. Die Montespan hat mich in die wichtigsten Geheimnisse des höfischen Lebens eingeweiht. Ich war erst neunzehn und sie immerhin schon dreißig. Sie war erfahren, klug, elegant und immer heiter. Sie war auch immer ein bißchen traurig. Ich weiß, das klingt wie ein Widerspruch, doch sie lachte zwischen ihren Tränen hindurch. Die vielen Neider und heimlichen Feinde betrübten sie. Zu mir faßte sie Vertrauen, weil ich genauso einsam war wie sie. Sie war auch die einzige, die mich damals nicht auslachte, weil mein Zobelpelz, den ich als kostbarsten Besitz von zu Hause mitgebracht hatte, so gänzlich an der hiesigen Mode vorbeigeschnitten war. Auf jeden Fall glaube ich, war sie die einzige Mätresse des Königs, die Ludwig auch dann geliebt hätte, wenn er ein einfacher Mann gewesen wäre. Sie war glücklich, wenn der König glücklich war. Sie hat in mir auch nie eine Bedrohung gesehen, als ich noch die Gunst des Königs besaß; sie hat mich regelmäßig zu den Mitternachtsessen mit dem König eingeladen, jahrelang. Ich war ihre einzige Vertraute. Als man sie mit vierzig zur Giftmischerin stempeln wollte, weil sie als Geliebte ausgedient hatte und wehrlos war, habe ich das immer verabscheut. Ich habe bis zuletzt Kontakt zu ihr gehalten, was mir bei Hofe sehr geschadet hat. Besonders mein Mann hat mir das immer vorgehalten.«

»Wie war Ihr Verhältnis zum Herzog?«

»Als ob Sie das nicht wüßten. Der Herzog liebte die Frauen als Begleiterinnen oder Gesellschafterinnen, aber nicht so wie Männer Frauen lieben. Dafür hatte er andere, wie den Chevalier de Lorraine oder seinen Oberstallmeister, den Marquis d'Effat. Gerade diese beiden haben mich tödlich gehaßt und alles getan, um mich bei ihrem Herrn anzuschwärzen. In den ersten Ehejahren war mein Mann stets freundlich zu mir, zumal er auch erlebte, wie mich sein Bruder, der König, schätzte. Später wurde es anders. Ich war seinen Günstlingen natürlich ein Dorn im Auge. Nicht, daß ich sie irgendwie behindert hätte. Was der Herzog des Nachts tat, war mir gleichgültig. Aber so lange mein Einfluß beim König größer war als der seines Bruders, konnten sie nicht all die Ämter und Geschenke bekommen, die sie wollten. Ich habe mich strikt geweigert, für den Chevalier de Lorrain – verzeihen Sie den Ausdruck – die Kastanien aus dem Feuer zu holen. Das war alles nicht so schlimm, solange der König mich mochte und feindseligen Einflüsterungen kein Gehör schenkte. Aber als Madame de Montespan nach 1676 langsam verdrängt wurde, fand der König auch an mir immer weniger Gefallen. Und das nutzten meine Gegner und schwärzten mich bei Ludwig an.« Sie seufzte: »Vorher hatte ich mir fast alles erlauben können. Ich hatte sogar meinen alten Zobel, über den sich bei meiner Ankunft alle so prächtig amüsiert hatten, wieder hervorholen können, und binnen weniger Tage trugen alle Pelze vom gleichen Schnitt um den Hals.«

Fleury unterbrach sie nicht und ließ sie ihren Gedanken nachhängen. »Dann ging es allerdings abwärts. Das Auge des Königs fiel auf die Erzieherin seiner immerhin acht Kinder mit Madame de Montespan, eben auf die Maintenon. Im Alter von siebenunddreißig Jahren und nach acht Schwangerschaften war die Montespan auch nicht mehr so schön wie am Anfang. Natürlich war die

Maintenon kein bißchen schöner und dazu noch drei Jahre älter. Aber in ihrer Bigotterie weigerte sie sich hartnäckig, sich dem König hinzugeben. Denn sie hat ihn nicht wirklich geliebt und fand nichts dabei, ihn unter religiösen Vorwänden zu quälen. Für den König, den noch nie eine Frau zurückgewiesen hatte, war dies eine völlig ungewohnte Herausforderung. Hätte er sie gleich am Anfang erobert, hätte er schnell das Interesse an ihr verloren. So aber steigerte sich seine Begierde zur Besessenheit. Je mehr seine Lust wuchs, desto mehr verstärkte sich sein schlechtes Gewissen, das die Maintenon kräftig anfachte. Sie war für den König schlimmer als ein Beichtvater. Endlich starb die Königin. Da war die Maintenon schon fünfundvierzig, genau wie der König. Dann hat sie ihn zur heimlichen Heirat gezwungen und war schließlich auch bereit, mit ihm das Bett zu teilen. Der König hat für die nächsten zwanzig Jahre auch kaum eine Nacht ausgelassen und nie wieder eine andere Geliebte gehabt als sie. Aber er hat darüber all seine Freundlichkeit verloren. Auch mich hat er unter ihrem Einfluß beiseite geschoben, denn sie stand im Bunde mit den Günstlingen meines Mannes. Vor allem aber glaube ich, daß sie meinen Mann, den Herzog, heimlich liebte. Denn sie hat sich beim König ständig für ihn eingesetzt, aber das wissen Sie ja alles selbst.«

»Vielleicht suchte sie im Herzog von Orléans nur einen Verbündeten?«

»Das ist unwahrscheinlich. Denn eigentlich liebte der König seinen Bruder nicht besonders. Er verachtete ihn eher. Als Verbündeter war der Herzog für die Maintenon deshalb auch weitgehend wertlos. Von dieser Beziehung hat er weit mehr profitiert als sie.«

»Und wieso glauben Sie, daß die Maintenon eigentlich den Herzog liebte?«

»Weil er für sie keine Bedrohung darstellte. Vergessen Sie nicht, die Marquise Maintenon ist calvinistisch erzogen und erst spät konvertiert. Niemand haßt die Fleischeslust mehr als die Calviner. Man wundert sich, daß in Genf überhaupt noch Menschen geboren wurden. Von den Calvinisten ist sie ab- und den Jesuiten in die Hände gefallen. Und die sind da auch nicht besser. Der Kern ihrer Frömmigkeit ist nichts als die Angst vor den Männern. Deshalb konnte sich die Marquise den Wünschen des Königs auch so lange verschließen. Jede Frau, und gerade jede Frau in ihrem Alter, wäre geschmeichelt gewesen. Nur sie nicht. Gerade weil aber Orléans für Frauen nichts übrig hatte, mußte ihre Liebe unweigerlich auf ihn fallen und nicht auf den Herrscher, mit seinem unstillbaren sexuellen Appetit. Der König war wie ein Wolfshund, den man im Zwinger halten muß, mein Mann dagegen wie ein Schoßhündchen. Mich hat sie natürlich gehaßt, weil mich der König mochte. Und natürlich, weil ich sie durchschaut habe. Deshalb hat sie es auch durchgesetzt, daß mein Sohn eine illegitime Tochter des Königs heiraten mußte, statt eine Prinzessin von Geblüt. Das hat sie alles nur eingefädelt, um mich zu demütigen. Ich habe mich dem König zu Füßen geworfen, aber es half nichts. Sie hatte ihn vollständig in der Hand.«

Fleury nickte eigentümlich verständnisvoll. Hatte sie schon zu viel verraten? Nein, im Gegenteil, das meiste hatte ihn offenbar gar nicht interessiert. Er bekundete sein Interesse nur als Ablenkungsmanöver. Dann mußte es doch wohl mehr um die Montespan gehen.

»Wie ging es eigentlich zu bei den Mitternachtsessen im Boudoir der Montespan?«

Aha, das war es also. Jetzt hatte er sich doch zu einer direkten Frage hinreißen lassen. Er dachte anscheinend, daß sie ins Erzählen gekommen und unvorsichtig geworden war. Lieselotte setzte ihre Unschuldsmiene auf, um zu antworten. Doch da war etwas in Fleurys Blick, das sie überraschte. Die Leichtigkeit und das Augenzwinkern waren verschwunden. Obwohl sie sich nicht einschüchtern lassen wollte, hatte doch ein Zögern verraten, daß sie die Veränderung an Fleury wahrgenommen hatte. Er wußte, daß er ihr unheimlich geworden war. Entspannt zurückgelehnt, ließ er sie dennoch keinen Moment aus den Augen.

»Die Montespan und ich pflegten den König zu necken, manchmal ein bißchen frivol. Sie war schließlich seine Geliebte. Sie sprühte vor Witz. Wir haben viel gelacht. Es waren für alle Beteiligten zwanglose und unbeschwerte Stunden.«

Fleury hatte sie durchschaut, aber das half ihm nichts. Sie war nicht bereit, sich in eine Ecke drängen zu lassen. So lange sie nicht wußte, worum es ging, würde sie auch nichts preisgeben.

Sie betrachtete Fleury aufmerksam, während sie ihn mit ihren Geschichten hinhielt, die lange Nase, die langen Finger, die geschwungenen Brauen, den großen, dunklen Amethyst, die eigentümliche Mischung aus Männlichkeit und Weiblichkeit, wie sie so vielen Klerikern eigen war. Da durchfuhr sie ein Gedanke: Fleury kümmerte weder die Montespan noch die Maintenon. Ihr selbst galt sein Interesse. Sie war ins Zentrum einer Intrige gerückt. Fleury ging es wirklich um die Mitternachtsessen bei der Montespan. Aber nicht um die Rolle der offiziellen Geliebten, sondern um Elisabeth Charlottes eigene! Und da kam ihr noch ein zweiter Einfall: Hatte es nicht vorgestern geheißen, Fleurys Kutsche sei bei einem Brückeneinsturz in die Tiefe gerissen worden? Offensichtlich hatte der Bischof nicht in dem Wagen gesessen. Doch augenscheinlich hatte man es vorgezogen, geheimzuhalten, daß Fleury noch lebte.

Grand Trianon lag ebenso im Dunkeln wie in der Woche zuvor. Die Räder der Kutschen, die durch Seiteneingänge in den Versailler Schloßpark einrollten, waren mit Stoff umwickelt, auch die Pferdehufe steckten in Leinenüberzügen und alle Metallteile am Geschirr waren mit Stoffetzen versehen. Der Herzog von Orléans war dunkel gekleidet, seine schlanke, elastische Erscheinung wirkte für seine Verhältnisse eigentümlich zurückhaltend, fast gekrümmt. Die Anspannung ließ ihn hager erscheinen. Seine vielgerühmte Jugendlichkeit war von ihm abgeglitten, statt lebhaft, schien er bloß noch gehetzt. Ständig schaute er im Vorzimmer umher, als fürchtete er im letzten Moment Verrat. Und wirklich, seinen größten Triumph vor Augen, konnte er selbst noch nicht daran glauben. Jene Mischung aus Neid, Angst und Bewunderung, die alle Prinzen des königlichen Hauses gegenüber dem Sonnenkönig empfanden, war jetzt, da er sie ein für allemal besiegen wollte, stärker denn je.

Der Geheimdienstchef war eingetroffen. Leicht atemlos und keuchend stellte er sich dicht neben Orléans: »Wir haben Fleury nicht finden können. Er ist wie vom Erdboden verschluckt. Aber wir haben das ganze Gebäude seit heute nachmittag umstellt: Wenn er kommt, wird er sofort aufgegriffen und auf der Stelle getötet.«

Orléans nickte stumm: Daß Fleury ihrem Anschlag entkommen war und diesen Umstand fast die ganze Woche hatte verheimlichen können, war ein böses Omen. Gemeinsam traten sie in den Raum des Königs, der wieder in Halbdunkel gehüllt war. Ludwig war anscheinend allein. Er empfing sie regungslos in seinem Sessel sitzend. Orléans und sein Begleiter deuteten mit einem leichten Nicken eine Verbeugung an. Der Herzog wartete auf ein paar einleitende Worte seitens des Monarchen, doch dieser hüllte sich in Schweigen. Er mußte das Gespräch also selbst eröffnen. Er merkte, wie flach seine Stimme klang. »Ich will schnell zum Kern der Sache vorstoßen, Sire. Ich bekenne, daß ich für den Tod Ihres Sohnes, Ihres Enkels und Ihres Urenkels verantwortlich bin. Dieses Verbrechen mag ungeheuerlich scheinen, doch es war notwendig in Anbetracht der Tatsache, daß ich unwiderlegbare Beweise dafür habe, daß Sie ein Bastard sind.«

Die letzten Worte stieß er schrill heraus. Er hatte den König herausfordern wollen, doch die bewußte Beleidigung klang nur peinlich.

»Das sind starke Worte, Monsieur.« Ludwig sprach bewußt leise, kontrollierter noch als ohnehin üblich. »Machen Sie Ihre Vorschläge, und legen Sie die Beweise vor. Ich werde dann entscheiden, ob es sich lohnt, die Angelegenheit zu diskutieren.«

»Sire, Sie scheinen sich des Ernstes der Lage nicht bewußt zu sein. Sie haben keine Wahl, als meine Bedingungen anzunehmen. Alle Ihre Nachkommen stammen von einer Verbindung Anna von Österreichs mit Kardinal Mazarin ab. Richelieu hat damals, vor fünfundsiebzig Jahren, die Beziehung eingefädelt, um Anna von Österreich auf seine Seite zu bekommen und sein Lebenswerk abzusichern. Man hielt Ludwig XIII. für impotent und wollte garantieren, daß sein Bruder Gaston, der Richelieu haßte, nicht auf den Thron kam. Ich habe Sie mit meinen Dokumenten, die diese infame Intrige belegen, in der Hand. Besagte Papiere würden sofort an alle europäischen Höfe der Welt verschickt und per Flugschrift in Paris und Amsterdam veröffentlicht, wenn Sie auch nur versuchen sollten, mir etwas anzutun. Um aber den damit verbundenen Schaden von Frankreich abzuwenden, will ich einen Kompromiß vorschlagen: Ihr Enkel Philippe d'Anjou bleibt König von Spanien, verzichtet aber ein für allemal auf seinen französischen Thronanspruch. Diese Bedingung dürfte für Sie nicht schwer zu akzeptieren sein. Ohne deren Erfüllung wird es in Utrecht sowieso keinen Friedensvertrag geben. Ferner biete ich Ihnen das Leben ihres verbleibenden Urenkels Louis. Er wird ganz einfach zum Bastard erklärt, erhält den Grafentitel und eine großzügige Apanage. Sie selbst dürfen bis zu ihrem Lebensende König bleiben. Ich verspreche, keine weiteren Mordversuche zu unternehmen.«

Orléans holte tief Luft. Er war mit seiner Ansprache zufrieden. Er hatte nicht mehr erwartet, daß es so glatt gehen würde. Sein Ton war sachlich und geschäftsmäßig und doch nicht ohne Konzilianz gewesen. Der König mußte doch endlich einsehen, daß er mit diesen Vorschlägen noch gut bedient war.

»Zeigen Sie mir jetzt doch einmal Ihre Unterlagen, Monsieur.«

Ludwig wies auf einen kleinen Tisch in der Mitte des Raumes, auf dem die einzige, schwach leuchtende Kerze stand. Er erhob sich und ging mit schweren Schritten hinüber. Orléans kam ihm entgegen und breitete ein Blatt aus. Unter dem Text, der die wahre Vaterschaft Ludwigs XIV. erläuterte, waren die Siegel und Unterschriften Anna von Österreichs, Richelieus und Mazarins zu erkennen.

»Wie kommt es, Monsieur, daß ein solch verrücktes Dokument überhaupt ausgefertigt wurde?«

»Die drei Verschwörer mißtrauten einander. Sie wollten, daß sich keiner auf Kosten der anderen herauswinden konnte. Insbesondere Mazarin fürchtete, daß man ihn nach vollbrachter Zeugung einfach verschwinden lassen würde. Dazu bestand natürlich angesichts der Affenliebe Annas gar keine Veranlassung. Aber der Italiener war eben vorsichtig.«

»Was hindert mich daran, jetzt einfach diese Kerze umzuwerfen und das Beweisstück auf ewig den Flammen zu überantworten?«

»Es ist nicht das einzige. Das würde Ihnen überhaupt nichts nützen.«

»Wieviele Exemplare davon gibt es?«

»Vier. Alle in meinem Besitz. Jeder Verschwörer hatte eins, und ein viertes war von Mazarin an einem unbekannten Ort deponiert worden.«

»Ich will lieber nicht fragen, wie Sie in ihren Besitz gekommen sind. Aber woher wußten Sie von der Intrige?«

»Das bleibt mein Geheimnis.«

Ludwig kehrte in seinen Sessel zurück: »Ich glaube Ihnen, daß das Dokument echt ist.«

Danach schwieg der König einfach. Orléans wollte sich diesem Einschüchterungsmanöver auf keinen Fall unterwerfen und schwieg auch. Ludwig hatte keinen Trumpf mehr. Der Herzog war es, der es sich leisten konnte, abzuwarten. Nach einer Weile sagte Ludwig: »Damit wäre wohl bewiesen, daß meine Nachkommen und ich kein legitimes Anrecht auf den Thron haben. Woher aber, Orléans, nehmen Sie die Gewißheit, daß Sie eines hätten? Nun, Orléans, wäre es an der Zeit, mir die Dokumente vorzulegen, die beweisen, daß Sie ein rechtmäßiger Erbe sind. Kurz, zeigen Sie mir, daß Sie selbst kein Bastard sind!«

Orléans war aufrichtig empört: »Sire, das ist ein schlechter Scherz. Aber so kommen Sie mir nicht davon. Es hat nie ein Zweifel an meiner königlichen Abkunft bestanden. Auf solch einen lächerlichen Bluff falle ich nicht herein. Ich habe Ihnen allen schuldigen Respekt gezollt, doch nun verliere ich langsam die Geduld. Meine Bedingungen sind ein Geschenk an Sie, wofür Sie mir die Hände küssen sollten. Nur mein Pflichtgefühl dem Königreich gegenüber hindert mich daran, den Skandal vor aller Welt bloßzulegen. Aber diese Möglichkeit steht mir immer noch frei. Und wenn Sie nicht bald gehorchen, werde ich von ihr Gebrauch machen. Geben Sie also endlich auf, und lassen Sie uns diese Farce beenden.«

Ludwig ließ sich nicht beirren: »Ich frage Sie noch einmal, Orléans, wo ist der Nachweis Ihrer Legitimität?«

Jetzt verlor der Herzog vollends die Fassung. »Das lasse ich mir nicht bieten. Nicht von jemandem, der mit einer alten Frau schläft und dessen Bastarde man gar nicht alle kennt. Nicht von jemandem, der Sohn eines römischen Lakaien ist!«

Er zog ein Papier aus der Innentasche seiner samtenen Überjacke. »Hier ist der Vertrag, den ich vorbereitet habe. Entweder er wird jetzt unterzeichnet und gesiegelt, oder Sie werden morgen mit Schimpf und Schande aus Ihren Schlössern gejagt und übermorgen als Hochverräter geviertelt.«

»Ich muß Sie enttäuschen, Monsieur, ich werde dieses Schriftstück nicht unterschreiben. Ich habe verläßliche Mitteilungen darüber, daß Sie nicht der Sohn Philipps, des Herzogs von Orléans, sind, auch nicht Enkel Ludwigs XIII. und schon gar nicht mein Neffe.«

Philippe starrte nur ungläubig auf sein Gegenüber. Der Geheimdienstchef konnte sein Entsetzen kaum verbergen. Unwillkürlich machte er ein paar Schritte nach hinten, um von dem noch immer in der Mitte des Raumes stehenden Orléans möglichst weit entfernt zu sein. Orléans konnte die Gesichtszüge Ludwigs kaum erkennen, während auf ihn selbst das dürftige Licht der Kerze auf dem Tisch fiel. Was wollte Ludwig? Was meinte er? Hatte er etwa Beweise? Es war ein Trick, eine Falle. »Wenn nicht der Herzog, wer sollte dann mein Vater sein?«

»Ich.«

»Das ist nicht wahr! Das ist nicht wahr!«

»Ich muß Sie enttäuschen, Monsieur. Sie sind, wie Sie es auszudrücken beliebten, Enkel »eines römischen Lakaien«. Zur Zeit Ihrer Zeugung, Monsieur, war es unwahrscheinlich, daß der Herzog jemals selbst seine ehelichen Pflichten erfüllen würde. Das hatte er schon bei seiner ersten Gemahlin nicht getan. Mich verband damals ein besonders herzliches Verhältnis zu Ihrer Mutter, Monsieur. Sie war frisch und lebhaft und ganz anders als alle Frauen bei Hofe. Madame de Montespan, meine damalige offizielle Mätresse, verstand es, Ihren schwindenden Einfluß zu sichern, indem Sie mir eine würdige Nachfolgerin zuführte. Allerdings war es selbst für mich zu gewagt, ein Verhältnis mit der Frau meines Bruders anzufangen. Deshalb trafen wir uns in den Gemächern der Montespan. Alle Welt glaubte, die Montespan sei meine Mätresse und die Herzogin nur ein gern gesehener Gast. In Wahrheit gab die Montespan bloß die Kulisse für unsere Rendezvous ab. Die einzige, die das Geheimnis durchschaute, war Madame de Maintenon, die ja als Erzieherin im Haushalt der Montespan lebte. Wir alle wissen, daß mich später eine intensive Beziehung mit Madame de Maintenon verband. Sie hat mir immer schwere Vorwürfe gemacht, weil ich die Frau meines Bruders verführt und geschwängert habe. Leider habe ich aus diesem Grunde meine Schwägerin in der Folgezeit schlechter behandelt, als es hätte sein dürfen. Um mein Gewissen zu beruhigen, ließ ich sie in Ungnade fallen.«

»Beweise! Ich will Beweise!«

»Meine Aussage muß Ihnen genügen, Monsieur,« kam eine Stimme aus der Dunkelheit hinter dem König hervor. Mit langsamen Schritten trat Elisabeth Charlotte, Herzogin-Witwe von Orléans, ins Licht. »Seine Majestät sagt die Wahrheit. Sie sind sein Sohn. Sein und mein Sohn.«

Orléans wurde aschfahl und schlug mit der Faust auf den Tisch. Aber zu mehr als dieser Verzweiflungsgeste reichte es nicht mehr, er brachte kein Wort heraus.

Der Geheimdienstchef atmete heftig. Er hatte auf das falsche Pferd gesetzt. Orléans hatte versagt, jetzt galt es zu retten, was zu retten war. Wenn er den Raum lebend verlassen wollte, mußte er sich beeilen und ohne Orléans weitermachen: »Die Aussage der Herzogin allein ist noch kein Beweis. Eure Majestät scheinen sich dieser Vaterschaft nicht bewußt gewesen zu sein, sonst hätten Eure Majestät dies ja schon vor einer Woche preisgeben können. Vielleicht lügt die Herzogin ja einfach nur zu Ihren Gunsten.«

Da trat Fleury, der sich bislang ebenfalls im Dunkeln versteckt hatte, hinter einer Säule hervor: »Geben Sie sich keine Mühe, mein Freund. Jeder, der den Herzog ansieht, wird die Geschichte plausibel finden. Er gleicht dem König mehr als dessen Bruder. Außerdem kommt es auf das Wort der Mutter an. Wenn sie ihren Sohn zum Bastard erklärt, wer will da noch zweifeln?«

Der Geheimdienstchef wollte einen Schritt zum Fenster machen, um seinen Leuten ein Zeichen zu geben, doch Fleury winkte nur müde ab. »Auch wir haben Trianon umstellen lassen. Es würde nur ein Blutbad geben. Gewalt ist keine Lösung. Außerdem haben wir natürlich auch schon gesiegelte Dokumente an verschiedene sichere Orte gebracht. Selbst wenn wir hier alle sterben sollten, werden Orléans' Nachkommen niemals König werden. Dafür ist gesorgt.«

Die Mitglieder der königlichen Familie waren erschöpft und handlungsunfähig. Orléans war in die Knie gesunken und stöhnte. Der König hatte die Augen geschlossen und atmete schwer, während Lieselotte sich an seinen Sessel lehnte und ihm über die Allongeperücke strich.

Der Geheimdienstchef warf Fleury einen flehenden Blick zu: »Was sollen wir denn jetzt bloß tun?«

»Nichts«, antwortete Fleury schlicht. »Die Situation ist ganz einfach. Wir haben ein Patt. Da keine Seite die andere schlagen kann, müssen wir zum *status quo ante* zurückkehren und so tun, als sei nichts passiert.«

Der König öffnete die Augen: »Drei königliche Prinzen sind ermordet worden. Darüber kann man nicht so einfach hinweggehen.«

»Ich fürchte, Sire, das müssen wir. Orléans kann uns ebenso vernichten wie wir ihn. Es muß also ein Kompromiß her. Ich schlage vor, daß Orléans weiterhin erbberechtigt bleibt und bei Ihrem Tode für den kleinen Louis Regent wird. Ihr Urenkel Louis bleibt Thronfolger. Das Ganze ist sehr simpel.«

Ludwig XIV. schüttelte heftig den Kopf: »Niemals!«

Fleury lächelte: »Es ist zu spät, Sire. Für Rache gibt es in diesem Spiel keinen Platz. Sie können nur noch zustimmen, und das wissen Sie auch. Im übrigen ist ja auch der Mörder ihr leiblicher Sohn.«

Fleury war heiter und gelassen, ganz Herr der Lage. Er war inzwischen in die Mitte des Raums getreten und nahm ganz selbstverständlich das Blatt, das noch auf dem Tisch lag, an sich. Ohne seinen Tonfall auch nur um eine Nuance zu verändern, fügte er hinzu: »Es gibt für Sie keine andere Möglichkeit. Die Dokumente, die Orléans' Vaterschaft beweisen, habe ich in Ihrem Auftrag verwahrt und auf verschiedene sichere Orte verteilt. Niemand kann ohne meine Zustimmung an sie heran. Auch Sie nicht, Eure Majestät. Geschieht mir etwas, so werden sie unverzüglich in Umlauf gebracht. Soeben habe ich mich auch in den Besitz des Belegs Ihrer Herkunft gebracht. Sowohl Sie als auch Ihr Neffe sind jetzt von mir abhängig. Niemand wird versuchen, mir diese Blätter abzunehmen. Die Wachen draußen hören auf mein Kommando.« An den Geheimdienstchef gewandt: »Und Sie werden mich nach Kräften unterstützen, denn das ist Ihre einzige Chance, Ihren Kopf und Ihr Amt zu retten. Richelieu, Mazarin und Anna begingen den Fehler, die Dokumente unter sich aufzuteilen und erhöhten damit das Risiko der Entdeckung. Das wird sich nicht wiederholen. Ich werde sowohl die Papiere Orléans' an mich nehmen als auch die des Königs behalten. Nur so kann ich garantieren, daß nie etwas von dieser Affäre nach außen dringt.«

Diese Ansprache stieß auf allgemeine Verblüffung. Es entstand eine verlegene Pause, während den Anwesenden langsam die Tragweite der Worte Fleurys dämmerte. Mit einer Mischung aus Bewunderung und Schrecken bemerkte Lieselotte von der Pfalz: »Nun sind Sie der Herrscher Frankreichs. Was werden Sie als erstes tun?«

»Gar nichts. Es würde sehr verdächtig aussehen, wenn ich plötzlich die Zügel an mich risse oder mit Titeln und Ämtern überschüttet würde. Deshalb werde ich mich bedeckt halten. Wenn Louis alt genug ist, in drei Jahren, wird man mich zu seinem Erzieher bestellen. Weitere Schritte werden sich von dort aus wie von selbst ergeben. Da meine Macht auf der Geheimhaltung beruht, werde ich übervorsichtig sein, um auch nicht den leisesten Argwohn zu wecken.«

Ludwig sah den Bischof von Fréjus an: »Sie haben mich gerettet, Fleury. Aber um welchen Preis!«

»Um einen sehr geringen, Sire. Ich werde praktisch nie ins Tagesgeschäft eingreifen. Es kommt mir nicht darauf an, die Macht zu spüren oder mit ihr zu spielen, so lange ich nur weiß, daß ich sie besitze. Gelegentliche Konsultationen, besonders, wenn wichtige Fragen anstehen, mehr brauche ich gar nicht. Ich war die letzten sechzig Jahre keine allzu bedeutende Figur auf der politischen Bühne. Träte ich allzu plötzlich in Erscheinung, wäre das Publikum gewiß überfordert. Lassen wir uns also Zeit.«

KAPITEL VI

Paris 1797

Fouché arbeitete bei Kerzenschein. Der Novemberabend – man sprach seit Einführung des revolutionären Kalenders nicht mehr von November, sondern vom Brumaire – war kalt und dunkel. Die Büros im provisorischen Außenministerium waren schlecht geheizt. Es herrschte Krieg, und die Regierung hatte kein Geld für Brennmaterial in ihren Ämtern.

Fouché wäre gern nach Hause gegangen, wo ihn seine Familie erwartete. Man hatte gerade wieder in eine größere Wohnung umziehen können, und es gab so vieles, das noch in Ordnung zu bringen war. Vor allem fehlten Möbel, denn nach dem Sturz Robespierres war alles verkauft worden. Mit Schrecken dachte er an das kleine Mansardenzimmer in der Vorstadt zurück, in das er sich mit seiner Familie hatte zwängen müssen, weil er nur ein paar Kupfermünzen in der Woche hatte nach Hause bringen können. Und das bei kriegsbedingter Inflation!

Fouché war ein Opfer der politischen Konjunktur: Jakobiner waren nicht mehr gefragt. Immer, wenn er irgendwo hatte vorsprechen wollen, war er auf verschlossene Türen gestoßen. Niemand hatte den einstigen Handlanger und späteren Feind Robespierres empfangen, geschweige denn ihm Arbeit geben wollen. Nur mühsam hatte er sich und die Seinen als kleiner Spitzel durchbringen können. Das wenige Geld, das er verdient hatte, verlor zudem täglich an Wert. Rechtzeitig vor dem Einbruch des Winters, war es ihm jedoch gelungen, die Stellung im Außenministerium zu ergattern. Vor zwei Monaten war Fouché kurz nach der Ernennung Talleyrands zum neuen Außenminister im Amt erschienen und hatte um einen Posten gebeten. Fouchés Kleider waren fadenscheinig gewesen, während der Minister sich ihm in einem Überfluß aus Samt und Seide präsentiert hatte, den man so seit Ausbruch der Revolution selten erlebt hatte. Talleyrand hatte ihn überaus höflich, ja, mit einer von Herablassung nicht ganz freien Freundlichkeit empfangen. Der ehemalige Bischof besaß offenbar keine Berührungsängste gegenüber dem Terroristen und Jakobiner, aber er hatte sich auch nie vor der Guillotine fürchten müssen. Denn die Schreckenszeit hatte Talleyrand im Exil verbracht, nicht in Paris wie Fouché, der am Ende von Robespierres unbarmherzigem Haß verfolgt worden war und täglich hatte um seinen Kopf fürchten müssen. Nein, Talleyrand hatte an der Revolution nur in der Zeit mitgewirkt, als sie noch von Aristokraten gelenkt worden war, von dem Herzog von Orléans, dem Grafen Mirabeau oder dem Marquis de Lafayette. Das war noch die Revolution der feinen Herren gewesen, die meinten, das Volk von oben beglücken zu können. Talleyrands Revolution war gefahrlos und lukrativ gewesen, er hatte das Kirchengut enteignen lassen und sich selbst gehörig daran bereichert. Als aber die revolutionäre Gewalt begonnen hatte, sich den Zügeln ihrer aristokratischen Lenker zu entwinden, hatte Talleyrand Vorsorge getroffen und mit einem Sonderpaß von Danton in diplomatischem Auftrag das Land verlassen. Seine Flucht hatte er als außenpolitische Mission getarnt. Und so hatte er erst von England, dann von Amerika aus seelenruhig abwarten können, wie sich das Feuer selbst verzehrte. Im Unterschied zu Orléans, der unter der Guillotine endete.

Als dann nach dem Sturz Robespierres wieder Adlige und Offiziere wie der Graf Barras nach oben kamen, hatten Talleyrands einflußreiche Freunde dafür gesorgt, daß er von der Emigrantenliste gestrichen wurde, denn er hatte den Kanal ja schließlich im Dienste der Republik überquert. Kaum zurück in Frankreich, hatten ihn seine alten Verbindungen schließlich sogar auf den Stuhl des Außenministers befördert, während die kleinen Leute der Schreckenszeit leer ausgingen. So wie Fouché, dem man den Sturz Robespierres ja eigentlich erst verdankte. Jede Nacht hatte er an einem anderen Ort verbringen müssen, immer nach Spitzeln oder Verrätern Ausschau haltend und in ständiger Furcht, seine Familie könnte im Kerker landen. Er hatte alles Risiko auf sich genommen, den Lohn aber trugen jetzt Talleyrand und seine korrupte Clique davon. Er mußte froh sein, überhaupt einen Posten ergattert zu haben. An Aufstieg war nicht zu denken, denn überall beobachtete man ihn, den Schlächter und Massenmörder, mit Mißtrauen. Jede neue Krise konnte das Aus bedeuten: Als Haupttäter der alten Massaker hatte er die besten Chancen, zu den ersten Opfern möglicher neuer Proskriptionen zu zählen.

Fouché hatte ursprünglich vorgehabt, Talleyrand an ihre erste Begegnung zu erinnern, doch zu seiner Erleichterung war das gar nicht nötig gewesen. Er hatte sofort eine Stelle erhalten, die seinem Organisationstalent und seiner Erfahrung in geheimen Staatsangelegenheiten entsprach: Nach den revolutionären Wirren mußte ein geregeltes Archiv der diplomatischen Korrespondenz angelegt werden. Ob Talleyrand sich an ihn erinnerte, wußte Fouché nicht zu sagen. Seine Anstellung hätte auch einen ganz anderen Grund haben können: Es war bekannt, daß Talleyrand gern Leute engagierte, deren Vergangenheit einen dunklen Punkt aufwies. Auf diese Weise war ihre Abhängigkeit von dem ehemaligen Bischof größer und damit ihre Treue wahrscheinlicher.

Nun arbeitete Fouché wie ein Besessener, denn er hoffte, sein Talent würde ihm bald auch den Zugang zu wichtigeren Aufgaben verschaffen. Glücklicherweise brauchte das Direktorium, die Regierung unter Barras, dringend gute Leute. Das höhere Verwaltungspersonal war hoffnungslos schlecht und selbst für die Besetzung der Ministerposten fanden sich kaum geeignete Persönlichkeiten. Sonst wäre dieser Faulpelz Talleyrand ja auch nie zu Amt und Würden gekommen, dachte Fouché. Jetzt, da die erste Erleichterung, wieder in Lohn und Brot zu stehen, vorüber war, betrachtete Fouché immer erboster die nonchalante Arbeitshaltung, das genialisch-intuitive Vorgehen, mit dem sein Vorgesetzter die auswärtigen Angelegenheiten der französischen Republik sozusagen im Vorbeigehen betreute.

Von seinen Papieren wurde Fouché plötzlich durch einen Pförtner abgelenkt, der erklärte, eine Dame wünsche den Außenminister zu sprechen. Da Talleyrand längst nicht mehr da sei – »Er ist heute noch gar nicht im Amt erschienen«, zischte Fouché voll Ingrimm – müsse er die Dame zu Fouché führen, dem ranghöchsten Beamten, der noch verfügbar sei.

Der Pförtner verschwand, und die Besucherin, in einen weiten schwarzen Samtmantel mit hochgeschlagener Kapuze gehüllt, trat herein. Fouché hatte sich kaum hinter seinem Schreibtisch erhoben, um sie mit der ganzen Würde eines Beamten der französischen Republik zu begrüßen, da sank sie auch schon lautlos zu Boden. Er sprang hinzu, um ihr zu helfen. Als Fouché sich über sie beugte und sie berührte, setzte sie sich auf, ergriff seine Arme und ließ den Mantel von den Schultern gleiten. Fouché erblickte eine Dame von außerordentlicher, beinahe unwirklicher Schönheit mit dunkelblauen Augen und blondem Haar. Ihre Augen hatten einen flehentlichen Ausdruck, ihr Mund war leicht geöffnet. Aus ihrer ganzen Haltung sprach eine grenzenlose Unschuld. Fouché war fasziniert. Mit schwacher Stimme hauchte sie ihn an: »Monsieur de Talleyrand, Sie müssen mir helfen.«

Der Zauber war sofort gebrochen. Eine Sekunde lang hatte Fouché geschwankt, hingerissen von der ungewohnten Erscheinung. Mit dem Namen seines Vorgesetzten angesprochen zu werden, bedeutete jedoch eine zu schmerzliche Beleidigung für ihn. Offenbar hatte der Pförtner der jungen Frau nicht mitgeteilt, wem er sie vorführen würde. Während Fouché sich aufrichtete und vor der Besucherin zurückwich, beschloß er, für die Entlassung des Pförtners zu sorgen.

Aber, so überlegte er, vielleicht ließ sich aus dieser Verwechslung noch etwas machen. Schnell zog er seine enggebundene Krawatte etwas weiter über die Weste hinaus und gab der blau-weiß-roten Schärpe eines hohen Beamten der Republik einen verwegeneren Schwung. Mit einer nicht ganz gelungenen Geste lässiger Eleganz wies er ihr den Stuhl auf der anderen Seite seines Schreibtisches und bewegte sich auffällig hinkend an seinen angestammten Platz zurück. Seinen Heimatdialekt so gut wie möglich verbergend, bat Fouché die Dame, ihr Problem zu schildern.

Stück für Stück erfuhr Fouché die Lebensgeschichte der blonden Schönheit. Sie hieß Catherine-Noël Worlée Grand, war vierunddreißig Jahre alt und französischer Herkunft. Mme. Grand hatte lange Zeit erst in Indien und dann in England gelebt, hatte ihren ersten Ehemann, den sie als 15-jährige geheiratet hatte, verlassen, um sich anschließend von diversen reichen Liebhabern aushalten zu lassen. Die ersten Jahre der Revolution hatte sie in Paris verbracht, das sie nur während der Schreckensherrschaft mit London vertauscht hatte. Gegenwärtig lebte sie von der Gunst und dem Geld des genuesischen Diplomaten Christoforo Spinola. Mit der Besetzung Genuas durch französische Truppen war dessen politische wie finanzielle Situation in Paris allerdings prekär geworden, so daß er sich eine teure Mätresse nicht mehr leisten konnte. Außerdem hatte die allgemeine Spionagehysterie dazu geführt, daß die Behörden sie als englische Agentin verdächtigten und ihr mit Ausweisung und Beschlagnahme ihres Vermögens drohten, wenn nicht mit Schlimmerem. In dieser Situation wandte sie sich an den Außenminister, um von ihm Hilfe zu erlangen. Immerhin sei sie Französin. Recht unverblümt erklärte sie sich zu jeder Gegenleistung bereit.

Fouché lachte innerlich. Mit strenger Miene erklärte er ihr, daß sie sich durch den Exil-Aufenthalt in London bereits strafbar gemacht, daß sie aber durch eine Liebschaft mit einem ausländischen Diplomaten Hochverrat begangen hätte. Ferner habe sie mit ihrem Lebenswandel gegen das Gebot republikanischer Tugend verstoßen. Fouché biß sich auf die Lippen: das war ein Ausrutscher gewesen, ein Relikt aus der Zeit, als er noch Anhänger Robespierres gewesen war. Er fühlte sich in dieser Komödie nicht sehr wohl. Es war überhaupt ein Glücksfall, daß Mme. Grand dem Außenminister noch nie begegnet war. Aber auch so mußte sie schon genug über ihn gehört haben, um an Fouchés oberflächlicher Maskerade zu zweifeln. Noch ein Fehltritt, und sie würde ihn möglicherweise durchschauen. Wie konnte er nur diese Gelegenheit nutzen? Da kam ihm ein Einfall: »Ich kann nur etwas für Sie tun, wenn Ihr Name nicht auf der Emigrantenliste steht. Wenn Sie auf der Emigrantenliste stehen, droht Ihnen die Guillotine. Dann kann Ihnen niemand mehr helfen. Nur in ganz seltenen Fällen werden Personen von der Emigrantenliste gestrichen. Ein solcher Fall war ich selbst. Ich werde die Liste sogleich konsultieren.«

Fouché zog aus der Schreibtischschublade den Dienstplan des Ministeriums, der sich zufällig darin befand, und studierte ihn demonstrativ mit hochgezogenen Brauen. Plötzlich ließ er Brauen und Papier sinken und flüsterte rauh: »Catherine Worlée.«

Catherine wurde bleich und blickte Fouché flehend an.

»Offenbar sind Sie hier nur unter dem Namen Grand bekannt, so daß niemand Verdacht geschöpft hat. Aber Sie stehen auf der Liste. Eine genaue Überprüfung könnte Ihre Identität mit ›Catherine Worlée‹ ans Tageslicht bringen. Man würde ihnen dann vorwerfen, unter falschem Namen in Paris gelebt zu haben. Das wäre Beweis genug für eine Verurteilung als Spionin. Madame, Ihnen droht das Fallbeil.« Hier gestattete sich Fouché eine bedeutungsvolle Pause. »Glücklicherweise,« fuhr er fort, »wird die Emigrantenliste heute nicht mehr so eifrig studiert wie noch vor zwei Jahren. Nun will ich Ihnen die Wahrheit sagen: Ich bin nicht Talleyrand. Aber ich bin der einzige, der weiß, daß Sie auf der Emigrantenliste stehen. Ich will nichts von

Ihnen persönlich, Sie können also ihr Dekolleté ruhig in Ordnung bringen. Merken Sie sich diesen Trick allerdings für später, denn Talleyrand soll von Ihnen entzückt sein, wenn ich Sie ihm vorstelle. Wie ich weiß, ist sein Verhältnis zu seiner jetzigen Geliebten, Madame de Staël, im Moment ein bißchen gespannt. Eine Ablenkung wäre ihm daher gewiß höchst willkommen. Ich werde Sie ihm vorführen, und er wird Sie bestimmt zu seiner Geliebten machen, wenn Sie sich ein bißchen Mühe geben. Sie entsprechen genau seinem Geschmack. Es wird Ihnen bei ihm gut gehen, denn er ist sehr großzügig. Dafür fordere ich nur eine kleine Gegenleistung: Sobald Sie mit ihm zusammen sind, berichten Sie mir regelmäßig von allem, das irgendwie Bedeutung haben könnte! Ich will alles wissen, was im Umkreis Talleyrands vorgeht. Dafür wird auch niemals jemand erfahren, daß Catherine-Noël Grand mit Catherine Worlée identisch ist. Und wenn Talleyrand Sie dann in ein paar Jahren wieder fallen läßt, wird die Emigrantenliste ja vielleicht schon abgeschafft worden sein.«

Es war der siebzehnte April und schon recht freundlich. Selbst Fouché war für die Reize des beginnenden Frühlings nicht ganz unempfänglich und empfand eine neue Rastlosigkeit, während draußen die letzten Reste der Trockenheit, die den März beherrscht hatte, von frischen Regenschauern beseitigt wurden. Der alte Lehrer für Naturwissenschaften brach in Fouché durch, wenn er etwa an die Konstellationen des Frühjahrssternenhimmels dachte, an den Lauf des Widders beispielsweise, oder wenn er sich die meteorologischen Verhältnisse vor Augen führte. Mochten andere unschuldig die frische Briese genießen, der pädagogisch vorbelastete Beamte der Republik sah in dem süßen Hauch vor allem den Westwind, den die Antike Zephir genannt hatte.

Für Fouché war der April ein grausamer Monat. Er haßte die Tätigkeit im Archiv. Talleyrand spürte den nur schwer zu bremsenden Ehrgeiz seines Untergebenen und verwies ihn daher absichtlich regelmäßig auf stupide Arbeiten, nur um ihm seine Abhängigkeit vor Augen zu halten. Jetzt war es Fouchés Aufgabe, die seit Revolutionsbeginn ungeordnete diplomatische Korrespondenz zu sichten. Theoretisch eine verantwortungsvolle Aufgabe, denn die meisten Dokumente waren streng geheim, aber in Wirklichkeit ein bloßes Sortieren, das ihn von Wichtigerem fernhielt. Schon oft hatte Fouché daran gedacht, den Dienst zu quittieren, doch das hätte unweigerlich das Ende bedeutet. Den bluttriefenden Jakobiner hätte kaum jemand eingestellt. Vorläufig war er noch auf Talleyrand angewiesen.

Heute früh hatte ihm der Außenminister mit der Bemerkung, daß Fouché ja Naturwissenschaftler sei, eine etwas unappetitliche Sonderaufgabe übertragen, die er in einem anderen Büro erledigen konnte, ohne in die Tiefen des Archivs hinabsteigen zu müssen. Fouché sollte eine Zeitungsmeldung des Direktoriums für den *Moniteur*, das offizielle Regierungsorgan, verfassen, einen Bericht über eine chirurgische Operation, die schon im September des Vorjahres an Charles Delacroix, Talleyrands Vorgänger im Außenministerium, vollzogen worden war: Delacroix war mit Hilfe neuentwickelter medizinischer Methoden ein Gewächs am Glied entfernt worden. Dieser gewissenhafte Staatsdiener war mit einer wunderschönen, schon etwas reiferen Frau verheiratet, mit der Talleyrand ein Verhältnis gehabt hatte. Talleyrand hatte ihn als Botschafter in die Batavische Republik geschickt, jenen Marionettenstaat

Frankreichs, den man einst unter dem Namen ›Holland‹ gekannt hatte. Die Affäre mit Mme. Delacroix war zwar nur von kurzer Dauer gewesen, hatte jedoch eine Schwangerschaft nach sich gezogen. Der Vater konnte nur Talleyrand sein, denn jenes Gewächs hatte es Delacroix unmöglich gemacht, seine ehelichen Pflichten zu erfüllen. Talleyrand demütigte Delacroix noch einmal zusätzlich, indem er die genaue Schilderung der Operation im *Moniteur* veranlaßte – angeblich zum höheren Ruhme der ärztlichen Kunst. Fouché wunderte sich, daß Talleyrand solch eine Geschmacklosigkeit begehen konnte, aller Welt die genauen Fakten zu unterbreiten. Welch eigentümlicher Haß trieb den Außenminister zu so einer niedrigen Handlungsweise? Vielleicht richtete sich das Ganze ja gar nicht gegen Delacroix, vielleicht wollte Talleyrand nur sichergehen, daß jeder wußte, daß er, der einstige Bischof, einen Sohn hatte. Aber auch diese Theorie klang nicht sehr überzeugend.

Fouché beendete die Aufgabe, die ihn nicht sehr forderte, ohne Schwierigkeiten. Seine Erfahrung in den Naturwissenschaften half ihm dabei. Die bürokratische Nüchternheit seines Stils kam der Aufgabe entgegen. Als Fouché wieder in die Räume des Archivs hinabstieg, stellte er fest, daß zwei alte Stahltruhen, die aus der Bastille stammten, fehlten. Sie hatten ganz hinten im Gewölbe gestanden, und niemand hatte Fouché über ihr Verschwinden in Kenntnis gesetzt. Hätte er sich nicht gerade einmal die Beine vertreten wollen, er hätte ihr Fehlen nie bemerkt. Die Bürodiener erklärten, der Außenminister habe sich die Kisten persönlich ansehen wollen.

Fouché interessierte sich nicht besonders für den alten Plunder aus der Zeit Ludwigs XV. Geschichte bedeutete ihm nichts. Daß sich der Aristokrat und Kleriker Talleyrand buchstäblich aus der Mottenkiste des Ancien Régime bediente, überraschte ihn nicht sonderlich. Der Bürger Minister konnte eben nicht aus seiner adeligen Haut. Sollte er sich doch damit beschäftigen, in den noch ungeordneten Papieren der Vergangenheit herumzustöbern. Fouché hatte sich der Vollständigkeit und Neugier halber auch schon vergleichbare Dokumente beispielsweise aus der Ära des Herzogs von Choiseul angesehen: Absurde Berichte über die Frage, welche Mätresse am sächsischen Hofe gerade im Aufwind war, wer der aussichtsreichste Kandidat für die Wahl des Dogen von Venedig sein würde, wie viele Ölringer der türkische Sultan gleichzeitig gegeneinander hatte antreten lassen, wie oft der Herzog von Braunschweig-Wolfenbüttel seine Hofzwerge auspeitschen ließ oder ob gerade die Partei der ›Hüte‹ oder die der ›Mützen‹ die schwedische Politik bestimmte. Derlei würde bald niemanden mehr interessieren. Die Diplomatie würde zu einer exakten, bürokratischen Wissenschaft werden, sobald es auf der Welt nur noch Republiken gab. Dann würden auch Fossilien wie Talleyrand ausgedient haben.

Fouché trat an den Katalog heran, in dem alles, was noch nicht ins Archiv eingeordnet war, aufgeführt war. Lustlos blätterte er in den Seiten. Plötzlich bemerkte er, daß er den Eintrag über die beiden Stahltruhen aus der Bastille nicht mehr finden konnte. Er ging den ganzen Katalog von vorne bis hinten durch. Die beiden Kisten fehlten. Da erkannte Fouché auch, warum: Jemand hatte sorgfältig die Seite herausgetrennt, worauf der Eintrag vermerkt war. Beim flüchtigen Blättern fiel diese Veränderung kaum auf. Nicht nur die Truhen waren verschwunden, sondern auch jeder Beweis, daß sie jemals existiert hatten. Krampfhaft versuchte Fouché, sich daran zu erinnern, was in jenen Truhen angeblich an unsortierten Papieren gelegen hatte. Das war es: ein Teil des Nachlasses von Kardinal Fleury, bislang unbearbeitet. Die Truhen hatten ursprünglich in einem Geheimversteck gelegen. Man hätte sie nie gefunden, wenn die Bastille nach ihrer Erstürmung nicht Stein für Stein abgetragen worden wäre. Was aber war an Fleurys Dokumenten so wichtig, daß Talleyrand sie auf diese geheimnisvolle Weise an sich nahm? Hatte Talleyrand Fouché jene eigentümliche Aufgabe für den *Moniteur* etwa nur übertragen, um ihn für eine Weile vom Archiv fernzuhalten, während er die Truhen an sich brachte und alle Spuren vernichtete?

Mehr als zwei Jahre waren seitdem vergangen, ohne daß sich in Fouchés Leben viel verändert hatte. Um so mehr hatte es ihn daher überrascht, ohne jegliche Vorwarnung in den Amtssitz des Direktoriums bestellt zu werden.

Fouché blinzelte, als er das Palais du Luxembourg betrat. Er staunte über die etwas kitschige Pracht, welche die Direktoren in ihrer gemeinsamen Dienstwohnung entfalteten. Die Räume, die Talleyrand, sein ehemaliger Vorgesetzter, benutzt hatte, waren weit eleganter gewesen.

Hier überzog ein antikisierender Flitter Möbel, die immer klobiger wurden. Das Mobiliar entsprach der lächerlichen Aufmachung, in der Frankreichs Politiker um so häufiger herumstolzierten, je wackeliger die Regierung wurde. Wie Papageien mit Federn auf dem Kopf ausstaffiert, versicherten sie sich gegenseitig, für das Wohl der Republik ihr Leben geben zu wollen, während sie sich die Taschen füllten.

Fouché war klarsichtig genug zu erkennen, wie sehr sich sein ästhetisches Urteil inzwischen unter dem Einfluß Talleyrands gewandelt hatte. In Stilfragen pflegte er immer nur zu überlegen: »Wie würde Talleyrand es machen?« Auch das beförderte seinen Groll auf den ehemaligen Bischof. Wieder ein Punkt, in dem er nicht nur die Überlegenheit des Aristokraten anerkennen mußte, sondern den Einfluß des ehemaligen Bischofs sogar bis in sein eigenes Innerstes, bis zu seinem persönlichen Geschmack, spürte.

Fouchés Hoffnung, durch den vor zwei Wochen erfolgten Rücktritt Talleyrands vom Außenministerium zu profitieren, hatte sich bisher nicht erfüllt. Der Aristokrat hatte dem Direktorium den Grafen Reinhard als Nachfolger empfohlen. Reinhard war eine von Talleyrands adeligen Marionetten, ihm vollständig ergeben. Fouché war ein kleiner Beamter geblieben. Auch von Reinhard brauchte er keine Beförderung zu erwarten.

Warum die Direktoren ihn jetzt zu sich bestellten, war Fouché völlig schleierhaft. Man kannte seine Spitzeldienste, seine scharfe Wahrnehmung. Vielleicht wollte man herausfinden, ob Talleyrand an einer Verschwörung gegen das Direktorium mitwirkte. Eine im Grunde überflüssige Frage: Wahrscheinlich war Talleyrand nicht nur an *einer* Verschwörung beteiligt, sondern an hunderten. Von jedem Oberleutnant erwartete man heutzutage, daß er das Direktorium hinwegfegen würde. Ständig schwirrten Umsturzgerüchte durch die Luft. Nur gut, daß der General Bonaparte in Ägypten kämpfte, denn er würde gewiß nicht zögern, die Direktoren zum Teufel zu jagen. Immerhin, falls die Direktoren etwas gegen Talleyrand im Schilde führten, dann würde er, Fouché, sich ihnen mit Vergnügen zur Verfügung stellen.

Nur Barras und Sieyès empfingen Fouché. Das also waren die Überbleibsel der großen Revolution: Ein fettgewordener Graf, der Männer und Frauen gleichermaßen liebte, wenn sie nur jung genug waren, und ein ehemaliger Abbé, der die Jahre im Konvent schweigend zu Füßen Robespierres verbracht hatte, um bloß nicht aufzufallen. Fouché verachtete das Mittelmaß dieser Leute und ihren persönlichen Lebensstil. Glücklicherweise hatten sie sich heute nicht in den bunten, feder- und fransengeschmückten Staatsaufzug der Direktoren gesteckt, sondern begrüßten Fouché in dem gleichen republikanisch-tugendhaften Schwarz, das auch er bevorzugte.

Barras und Sieyès saßen hinter einem viel zu großen Tisch, an dem normalerweise alle fünf Direktoren und die Minister Platz zu nehmen pflegten. Sie ließen ihren Gast stehen und musterten ihn mit strenger Miene. Barras allerdings wirkte nicht mehr ganz nüchtern. Fouché lächelte innerlich über diese plumpen Versuche, Autorität auszustrahlen. Wenn sie so ein Theater veranstalteten, dann mußte es sich wohl um etwas Wichtiges handeln. Ohne Willkommen oder Vorrede brach es plötzlich aus Barras hervor: »Bürger Fouché, in Anbetracht der besonderen Lage, in der wir uns befinden, und der speziellen Erfahrung, die Sie sich auf dem Gebiet der inneren Sicherheit erworben haben, wird das Direktorium Sie hiermit zum Polizeiminister ernennen. Sind Sie bereit, das Amt anzunehmen?«

Fouché hatte Mühe, sein Erstaunen und seine Freude zu unterdrücken. Dieses Angebot übertraf seine kühnsten Vorstellungen. Jetzt verstand er, was das Direktorium von ihm wollte: Seine frühere Vergangenheit als rücksichtsloser Bluthund der Jakobiner, die ihm lange Zeit so sehr geschadet hatte, wurde ihm jetzt anscheinend nützlich. Das am Rande des Abgrunds stehende Direktorium brauchte jemanden für die schmutzige Arbeit. Wenn man sich jetzt ernsthaft wieder für den Terror interessierte, dann mußte der Ruin wirklich bevorstehen.

In revolutionärer Rhetorik seit einem Jahrzehnt geschult, gab Fouché eine Antwort, die dem feierlichen Anlaß angemessen war:

»Bürger Direktoren. Ich danke Ihnen für Ihr Vertrauen und nehme die hohe Verantwortung im Dienste der Republik an. Ich werde wie ein zweiter Brutus selbst meine eigenen Söhne opfern, wenn es gilt, das Heil des Vaterlandes zu verteidigen.«

Barras und Sieyès tauschten nur einen flüchtigen Blick aus. Wollte Fouché sie etwa auf den Arm nehmen? Schließlich wußte doch jeder, daß er nur eine Tochter hatte.

Man unterhielt sich noch etwas über die politische Lage. Barras und Sieyès gaben Fouché überflüssige Hinweise und machten dunkle Andeutungen über die Folgen eines möglichen Verrats, die Fouché nur komisch fand. Schließlich war genug Zeit vergangen, die für eine so wichtige Angelegenheit wie eine Ministerernennung notwendig schien, und Sieyès und Barras entließen erleichtert den Mann, der die Straßen Lyons mit Blut gefärbt hatte. Bevor Fouché hinausging, rief ihm Barras noch zu: »Übrigens, Bürger Fouché, wissen Sie, wessen Empfehlung Sie Ihre Ernennung verdanken?«

Die Frage war Fouché unangenehm. Er hätte gedacht, daß sein Ruf eine ausreichende Empfehlung gewesen wäre.

»Es war der Bürger Talleyrand, der ehemalige Minister des Auswärtigen, Ihr alter Dienstherr!«

Fouché blickte aus dem Fenster: Die Hochrufe hatten ihn irritiert. Gerade war der Bürger Bonaparte in einer offenen Kutsche vorbeigefahren. Wo immer er sich zeigte, zog er begeisterte Menschenmengen an. Auch heute war wieder ganz Paris auf den Beinen, um den frisch heimgekehrten Helden zu bejubeln. General Bonaparte war überraschend von der gescheiterten Ägyptenexpedition zurückgekehrt. Trotz großer Siege in mehreren Schlachten war das Ägypten-Abenteuer kein Erfolg gewesen: Klima, Krankheit und die englische Flotte machten eine dauerhafte Eroberung des Landes unmöglich. Der Verantwortliche, Bonaparte, hatte sich, als klar wurde, wie aussichtslos die Lage war, heimlich auf ein Schiff begeben und seine Armee zurückgelassen. Dennoch empfingen ihn die Pariser wie den Kriegsgott persönlich. Der noch unverbrauchte Ruhm des Kommandeurs der Italienarmee tröstete über die Agonie des Direktoriums hinweg. Alle fühlten, daß es so nicht weitergehen konnte, daß die Wende irgendwie mit Bonaparte zusammenhängen mußte. Auch Fouché. Aber andere waren ihm zuvorgekommen. Talleyrand hatte als erster erkannt, wie folgenreich diese Stimmung sein konnte. Man mußte sie nutzen, bevor allzuviele Details über die hoffnungslose Lage der Ägyptenarmee bekannt wurden. »Rein juristisch gesehen, ist Bonaparte ja ein Deserteur und verdient das Kriegsgericht«, bemerkte Talleyrand in kleinem Kreise, allerdings nur in sehr kleinem Kreise. Doch auch diese Äußerung wurde dem neuen Polizeiminister Fouché von seinen Spionen hinterbracht, denn schon nach wenigen Wochen im Amt war es Fouché gelungen, einen Spitzeldienst aufzubauen, der seinesgleichen suchte. So erfuhr Fouché auch, warum man ihn zum Polizeiminister gemacht hatte: Talleyrand plante mit den Direktoren Sieyès und Ducos den lange erwarteten Staatsstreich und hatte Bonaparte eine Hauptrolle darin zugedacht. Wie selbstverständlich gingen die Verschwörer davon aus, daß der Polizeiminister, den sie kurz vorher ins Amt gehievt hatten, sich am Staatsstreich beteiligen würde.

Doch Fouché widerstrebte dieser Gedanke. Er wollte nicht der Bauer in Talleyrands Schachspiel werden. Er weigerte sich, einfach ins Jahr 1789 zurückzukehren, wie Sieyès es wünschte. Dies war es, was der Polizeiminister am meisten fürchtete, daß der General Bonaparte nur eine Zwischenstation bilden sollte, hinter der schon das Lilienbanner wehte. Fouché war Jakobiner gewesen, hatte im Konvent für den Tod des Königs gestimmt. Kehrten die Bourbonen zurück, so gab es für ihn keine Zukunft mehr. Es durfte also kein Zurück geben. Fouché tat daher so, als sei er den Putschisten treu ergeben, während er eifrig Beweismaterial zusammentrug, um sie zu vernichten. Sobald er ein pralles und wohlgeordnetes Dossier beisammen hatte, suchte er Barras, den Kopf des Direktoriums, auf, um ihn zu warnen. Dann würde man in einer Nacht- und Nebelaktion alle Verschwörer verhaften und die wichtigsten guillotinieren, vorneweg Talleyrand. Fouché hatte alles bis ins Detail geplant. Keiner der Verschwörer hatte bemerkt, daß sein Haus bereits rund um die Uhr von Agenten beobachtet wurde, die nur auf sein Zeichen warteten.

Barras empfing seinen Polizeiminister mit einer ungewohnt nervösen Eifrigkeit. Bevor Fouché etwas sagen konnte, war der Direktor auf ihn zugesprungen, um ihn halblaut zu begrüßen. Dies überraschte den Gast.

Doch auch Barras wunderte sich. Was wollte Fouché hier? Wozu eine persönliche Unterredung? Selbst im

Beisein anderer war dem Direktor jede Begegnung mit Fouché unangenehm, weil er ihn an seine eigene jakobinische Vergangenheit erinnerte. Auch als Person war ihm Fouché zutiefst unsympathisch: die hängenden Lider, die steife Unbeweglichkeit, die Unterwürfigkeit, die fast schon sarkastisch wirkte. Vor allem aber haßte Barras, daß Fouché sich den Freuden der Macht nicht hingab: kein Luxus, keine Mätressen, kein Glücksspiel. Fouché war nur durch die Macht selbst korrumpierbar, nicht aber durch ihren äußeren Schein. Das machte ihn besonders gefährlich.

Gerade weil er ihn fürchtete, behandelte Barras seinen Besucher mit fast überschwenglicher Herzlichkeit. »Ich habe Sie schon erwartet, Fouché! Nehmen Sie doch bitte Platz.«

Fouché setzte sich schweigend hin, seine Aktenmappe auf den Knien balancierend, und verbarg sein wachsendes Erstaunen. Warum hatte Barras ihn erwartet? Er hatte sich vorher nicht angekündigt.

»Das sind wohl die Details der Pläne, wenn ich recht gehe?« fragte Barras auf die Papiere zeigend und strahlte Fouché an.

»Ja, das sind sie.« Barras ahnte offenbar schon etwas von der Verschwörung und war darauf vorbereitet, daß Fouché ihm genauere Nachrichten liefern würde. Das versetzte Fouché einen Stich, anscheinend glaubte hier jeder in ihm einen willfährigen Lakaien zu haben, der schon im voraus alle Wünsche erfüllte. Vielleicht hatte er den Direktor ja unterschätzt, und dieser war sich der Gefahr, die über ihm schwebte, bewußt.

Barras sprach im Flüsterton: »Wir müssen mit äußerster Vorsicht handeln. Die Sache ist sehr heikel, Fouché. Dadurch, daß alle fünf Direktoren gemeinsam hier im Palais du Luxembourg wohnen, ist es sehr schwer, etwas vor den Nichteingeweihten geheimzuhalten.«

Fouché nickte und wollte schon die Liste der Verschwörer aus der Mappe holen, da packte ihn Barras erneut am Arm: »So oder so, ich bin froh, daß jetzt endlich etwas passiert. Dieses Warten ist unerträglich. Seit Monaten wird überall nur von Verschwörungen getuschelt. Aber bisher habe ich noch jeden Sturm überstanden. Und wenn ich alle meine Kollegen nach Guayana oder aufs Schafott schicken müßte, mich wird man nicht so leicht los!«

Fouché deutete als Antwort nur eine Verbeugung an und legte das Blatt mit den Namen der Beteiligten auf den Tisch: »Dies sind die Hauptverschwörer.«

Barras studierte die Liste eifrig: »Sehr gut, sehr gut. Die wichtigsten Leute sind alle dabei.«

Fouché war verblüfft, sein Gegenüber schien tatsächlich über alles Bescheid zu wissen.

Der Polizeiminister erwiderte: »Jetzt müssen wir nur noch zuschlagen. Meine Gendarmerie wartet bereits auf den Befehl.«

»Glänzend Fouché, glänzend. Ich sehe, daß man sich auf Sie verlassen kann. Aber sorgen Sie dafür, daß es kein allzu großes Blutvergießen gibt. Bei so breiter Unterstützung wird es wohl kaum Widerstand geben. Die neue Ära sollten wir mit Milde beginnen.«

Fouché blickte Barras fragend an. Was meinte der Direktor mit ›breiter Unterstützung‹? Gerade die Tatsache, daß so viele prominente Politiker und Militärs an dem Komplott beteiligt waren, machte unbarmherzigstes Zuschlagen nötig. Am Anfang am besten schnelle, summarische Erschießungen und dann über mehrere Wochen gestreckt die Arbeit der Guillotine. So etwas verfehlte seinen Eindruck auf die Öffentlichkeit nie.

Barras merkte, daß sein Gesprächspartner nicht ganz einverstanden war und erläuterte daher: »Wir haben die einflußreichsten und angesehensten Politiker auf *unserer* Seite. Vor allem aber General Bonaparte, den das Volk liebt und der mir seinen Aufstieg verdankt. Kaum einer wird sich uns da in den Weg stellen. Sieyès, Bonaparte und Talleyrand werden Minister. Ansonsten aber wird es nur einen Direktor geben statt der bisherigen fünf. Und das werde ich sein. Das wird der größte Triumph meiner Karriere.«

Fouché packte die Liste wieder ein. Jetzt erst durchschaute er das perfide Spiel Talleyrands. Der Trick der Verschwörer war ebenso einfach wie genial. Sie hatten Barras offensichtlich in die Putschpläne eingeweiht, allerdings einen entscheidenden Punkt ausgelassen. Barras dachte nämlich, er sei an der Verschwörung beteiligt, die sich unter seinen Augen entspann. Der Chef des Direktoriums glaubte, er sei das Haupt eines Komplotts, das in Wirklichkeit seine Vernichtung vorsah. Man hatte ihn praktisch gegen sich selbst eingespannt. Dem Mann war nicht mehr zu helfen. Fouché hatte gerade noch Glück gehabt. Beinahe hätte er sich verraten. Barras hätte ihm die Wahrheit nie geglaubt. Sie hätte ja auch zu absurd geklungen. Er hätte Fouché sofort verhaften lassen und die Verschwörer hätten den Polizeiminister schnell beseitigen müssen. Fouché blieb jetzt gar nichts anderes übrig, als sich an dem Putsch zu beteiligen, dessen wichtigstes Opfer ja begeistert an seinem eigenen Untergang mitarbeitete.

Am Morgen des 18. Brumaire stand Barras schon früh auf. Er hatte eine schlaflose Nacht hinter sich. Heute sollte sein großer Tag sein, der langersehnte Staatsstreich. Aber Barras konnte sich nicht so recht freuen.

Selbst seine einst eisernen Nerven hatten gelitten. Wehmütig erinnerte er sich an die Zeit, da er den Sturz Robespierres mit in die Wege geleitet hatte. Damals war die Kaltblütigkeit des ehemaligen Offiziers allgemein bewundert worden. Nun aber fühlte sich Barras schlapp, von Wohlleben und Mißerfolgen gleichermaßen zermürbt, vom dauernden Taktieren-Müssen um die Freude an der Macht gebracht. Die Tage, da er einen Aufstand in Paris einfach hatte niederkartätschen lassen, da er kurzerhand die Wahlen im ganzen Land hatte fälschen lassen oder ein paar Direktorenkollegen über Nacht nach Guayana verbannt hatte, waren vorbei. Nervös lief er in den leeren Sälen des Palais du Luxembourg auf und ab. Blickte er aus dem Fenster, so bot sich seinem Auge eine merkwürdige Aktivität. Das Palais du Luxembourg war von Soldaten umstellt, es wurden immer mehr: Dragoner und Grenadiere. Schon war das ganze Gelände abgeriegelt. Zuerst hatte ihn dies nicht weiter beunruhigt, denn heute sollte ja der große Coup stattfinden.

Erste Zweifel waren ihm gekommen, als sich hinter den Soldaten immer größere Menschenmassen anzusammeln begannen, die murrten und hin und wieder Spottverse sangen. Immer wieder hörte Barras seinen eigenen Namen heraus, aber in Verbindung mit allerlei Schimpfwörtern. Kein gutes Omen für einen Staatsstreich. Konnte man die Menge nicht einfach auseinandertreiben, bevor sie zu groß wurde? Als alter Revolutionär wußte Barras, daß mit dem Pariser Mob nicht zu spaßen war.

Nachdem er den ganzen Morgen über keine Nachrichten erhalten hatte, hatte er schließlich Sieyès herbestellt, um sich über den Fortgang des Putsches informieren zu lassen. Die Diener konnten ihn jedoch nicht finden. Barras wollte es nicht glauben. Zornig schickte er sie noch ein zweites und sogar ein drittes Mal los. Aber es half nichts. Sieyès mußte das Palais schon in der Nacht heimlich verlassen haben. Die anderen Direktoren, die Barras durch den Putsch eigentlich hatte loswerden wollen, befanden sich allerdings noch im Palais du Luxembourg und forderten Aufklärung. Doch gerade ihnen wollte Barras auf keinen Fall begegnen. Er gab seinem Sekretär Anweisung, ihnen mitzuteilen, er sei noch im Bad und werde sie später treffen. Schließlich ging er in seinen Speisesaal, wo für ein Mittagessen mit dreißig geladenen Gästen gedeckt war. Doch die Tafel war verwaist. Sonst kamen die Leute reichlich an den Tisch des Direktors, wo es hervorragende Küche gab. Heute aber war nur einer da, der Bankier Ouvrard, ein Freund Talleyrands, der sich nie in die Politik einmischte. Barras konnte sich nicht erinnern, ihn überhaupt eingeladen zu haben, war aber froh wenigstens einen Gesprächspartner vorzufinden. Barras wartete noch ein wenig, so wie er schon den ganzen Vormittag gewartet hatte. Aber es erschienen keine weiteren Gäste, und so ließ er dann sich und Ouvrard das Essen auftragen. Barras beäugte den Bankier mißtrauisch, während dieser seine Suppe löffelte. Dieser Mann begab sich niemals in Gefahr, hielt sich aus allem heraus. Warum war er gerade dann gekommen, wenn alle anderen fortblieben? Barras hätte das Thema gern angesprochen, schwieg aber, um nicht das ganze Ausmaß seiner Ahnungslosigkeit zu verraten. Ouvrard hingegen beantwortete zwar alle direkt gestellten Fragen, ignorierte aber konsequent die Bemerkungen über die Küche, das Wetter und ähnlich belanglose Themen, mit denen Barras sich selbst vortäuschte, ein Gespräch zu führen.

Man war inzwischen beim Nachtisch angelangt, da ließen sich Talleyrand und Admiral Bruix ankündigen. Nun wußte Barras endgültig Bescheid. Man hatte ihn in die Falle gelockt.

Mit der ihm eigenen gelassenen Heiterkeit hinkte der ehemalige Bischof herein und begrüßte den »Bürger Direktor.« Fast erleichtert weigerte sich Barras nicht länger, die unabweisbare Wahrheit anzuerkennen. Er war geschlagen. Doch man behandelte ihn gnädig: Weder Guayana noch die Guillotine. Der Bankier Ouvrard überreichte Barras schweigend einen Kreditbrief über drei Millionen Francs, während Talleyrand ihm seine Rücktrittserklärung überreichte. Barras selbst war am meisten darüber erstaunt, wie leicht ihm die Trennung von der Macht fiel. Er brachte sogar die Kraft auf, zu scherzen: »Meine Herren, ich muß wirklich anerkennen, daß Sie diese Angelegenheit brillant erledigt haben. Die ganze Zeit über habe ich Ihnen Ihre Komödie abgenommen, erst vor wenigen Stunden habe ich erstmals leise Verdacht geschöpft.«

Die Gäste lächelten entspannt und freuten sich am Lob des geschlagenen Gegners. Barras aber fuhr fort: »Der genialste Komödiant von Ihnen allen war jedoch Fouché. Der ist hier aufgekreuzt und hat mir sogar eine vollständige Liste der Verschwörer überreicht, mit Ihrem Namen ganz oben auf der Liste, Talleyrand. So viel Unverfrorenheit besitzen nicht einmal Sie, das müssen Sie zugeben. Und der Humor, wer hätte ihm das zugetraut?«

Admiral Bruix schlug sich lachend auf die Schenkel, und auch Ouvrard lächelte. Nur Talleyrand blieb ruhig. Hätte er sich solche Regungen nicht schon in früher Jugend abgewöhnt, wäre er wohl erblaßt. Allein Talleyrand war klar, daß Fouché durchaus keinen Witz gemacht hatte. Allerdings würde man dem Polizeiminister die wahren Motive seines Besuches bei Barras niemals nachweisen können.

Monsieur Hyde de Neuville und der Comte d'Andigné standen an einer Straßenecke und froren. Weit und breit war niemand zu sehen. Die Kälte der nassen Dezembernacht, die über den nebelverhangenen Gassen von Paris hing, hatte alle, die nicht unbedingt unterwegs sein mußten, in die Häuser getrieben. Nur die beiden Aristokraten bewegten sich noch auf dem Pflaster, einem Pflaster, das sie seit Jahren nicht mehr betreten hatten. Sie standen im Auftrag Ludwigs XVIII., des im Exil lebenden Anwärters auf den französischen Königsthron. Sie waren hier, um die nun schon zehn Jahre alte Revolution endlich wieder rückgängig zu machen.

»Glauben Sie, daß er kommen wird, Hyde?«

»Ganz gewiß. Ich kenne Talleyrand seit Jahren, ich hatte sogar im Londoner Exil zu ihm Kontakt. Er liebt es, seine Fühler auszustrecken. Talleyrand ist viel zu vorsichtig, um sich je ganz auf irgendeine Seite zu schlagen. Dabei versteht er es glänzend, allen einzureden, er interessiere sich eigentlich nur für sie. Was immer er auch behaupten mag, die Sache der Monarchie ist ihm jedoch weitgehend gleichgültig, für ihn sind wir nur eine von vielen Möglichkeiten in seinem politischen Spiel. Gerade deswegen wird er sich aber mit uns treffen. Er wird nie eine Gelegenheit auslassen, zusätzliche Fäden zu spinnen, denn diese Fäden ergeben ein Netz von Beziehungen, auf das er sich in jeder Krise zurückfallen lassen kann.«

D'Andigné mißfiel die Bewunderung, die er aus den Worten seines Begleiters herauszuhören glaubte: »Es heißt, daß er das Ancien Régime unversöhnlich haßt, daß Krone und Altar seine Hauptfeinde sind und daß er dies lediglich hinter dem Anschein der Gleichgültigkeit verbirgt.«

Hyde, dessen Vorfahren aus Schottland stammten, und der deshalb so tat, als störten ihn weder das Wetter noch die politische Lage, gab sich optimistischer: »Das sind Gerüchte, die seine Feinde streuen, weil sie nicht ertragen können, wie gleichgültig sie ihm eigentlich sind. Ich glaube, in seinem Innersten steht er der Monarchie sogar sehr nah. Im Grunde ist das hier nicht seine Welt. Mit seinem gepuderten Haar, seiner Konversationskunst und seinen feinen Manieren paßt er nicht in diese Atmosphäre der Revolutionsgeneräle und Kriegsgewinnler. Die ungewaschenen, langen Haare der Militärs, ihre rauhen Stiefel auf dem Parkett und ihre gascognischen Schimpfwörter sind Talleyrand zutiefst zuwider. Sie werden sehen, wenn wir ihm nur ein günstiges Angebot machen, wird er sich für uns entscheiden, sofern wir Aussichten auf Erfolg haben. Ist er erstmal auf unserer Seite, dann haben wir allerdings auch wirklich Aussichten auf Erfolg. Talleyrand ist so viel wert wie hunderttausend Mann. Ob an der Börse oder in den Spielsalons, er ist nach Bonaparte der einflußreichste Mann in Paris.«

Da rollte die Kutsche heran, auf die die beiden Emissäre Ludwigs XVIII. gewartet hatten. Schwarz und schmucklos, jedoch sehr bequem. Die Fenster waren verdunkelt, so daß man nicht hineinschauen konnte. Ohne weitere Umstände rissen Hyde und d'Andigné die Tür auf und sprangen hinein. Der Wagen war nicht einmal stehen geblieben. Nur wenige Sekundenbruchteile hatte ein heller Lichtstrahl das nasse Pflaster erglänzen lassen.

Talleyrand begrüßte seine Gäste äußerst höflich, wartete ihre Antwort aber nicht ab: »Der Erste Konsul hat diesem Treffen nur deshalb zugestimmt, weil er im Interesse seiner noch jungen Herrschaft jedes Mißverständnis über seine politischen Ziele verhindern will. Es gibt für das Haus Bourbon keine Zukunft in Frankreich, und die Angebote des derzeitigen Kronprätendenten und seines Bruders, des Grafen von Artois, sind für die neue Regierung nicht einmal einen Gedanken wert. Frankreich ist eine Republik und wird es unter Bonaparte auch bleiben. Es tut mir leid, meine Herren, aber die Sache der Monarchie kann von der Regierung Bonaparte nicht das Geringste erwarten.«

Die beiden Boten des Exil-Königs konnten ihre Niedergeschlagenheit nicht verbergen. Mit einer so deutlichen Abfuhr hatten sie nicht gerechnet. Bonaparte hatte das Treffen also nur zustande kommen lassen, um sie zu demütigen. Sie hatten sehr große Hoffnungen an diese Zusammenkunft geknüpft, die von Regierungsseite angeregt worden war.

Dann aber fuhr Talleyrand fort: »Das heißt jedoch nicht, meine Herren, daß Sie nicht meine persönliche Wertschätzung besitzen. Hyde, wir kennen uns schon lange. Ich übertreibe nicht, wenn ich Sie einen Freund nenne. Wir beide wissen, daß sich die Zeiten ändern können, oft weit schneller, als man denkt.«

Hyde lächelte säuerlich; da war er wieder, der Talleyrand, der nach allen Seiten offen bleiben wollte: »Ja, aber was hilft uns das? Sie verstehen, Talleyrand, daß wir enttäuscht sind. Wenn das alles ist, dann hätten wir diese Begegnung gar nicht erst zu arrangieren brauchen. So sehr mich Ihr persönliches Wohlwollen rührt, Bonapartes Unterstützung für die Sache der Krone wäre mir lieber gewesen.«

D'Andigné schnaubte nur zustimmend. Talleyrand lächelte vieldeutig, und plötzlich errötete Hyde. Er hatte sich von seinem Ärger hinreißen lassen. Wußte man denn überhaupt, ob Bonaparte wirklich von dieser Begegnung unterrichtet war? Vielleicht schob Talleyrand ihn nur vor, um seine wahren Absichten zu verschleiern. Möglicherweise handelte er auf eigene Initiative. Daß Bonaparte, ein ehemaliger Jakobiner, sich nicht von der Republik trennen wollte, war, wenn die Monarchisten ehrlich waren, ohnehin nicht überraschend. Aber wie war es mit Talleyrand? Hieß es nicht, daß dieser immer nur seine eigenen Ziele verfolgte? Also nahm Hyde den Faden wieder auf, nicht allzu behutsam, denn es war Eile geboten: »Was glauben Sie, was die Zukunft bringt, Talleyrand? Hat das Haus Bourbon in absehbarer Zeit irgendeine Chance?«

»Die Zukunft ist völlig offen«, antwortete der Außenminister, ohne zu zögern.

Hyde und d'Andigné horchten auf. Talleyrand erging sich gewöhnlich in diplomatischen Floskeln und ironischen Andeutungen. Solch kurze Sachlichkeit war höchst uncharakteristisch.

Schon ein wenig hoffnungsvoller tastete sich Hyde weiter: »Wie schätzen Sie die Aussichten Bonapartes ein?«

Talleyrand führte ein Taschentuch an die Stirn und blickte mit großem Interesse aus dem Fenster der Kutsche, durch das er allerdings gar nichts sehen konnte, weil es verdunkelt war. Beiläufig bemerkte er: »Es würde mich erstaunen, wenn sich Bonaparte länger als ein Jahr hielte.«

Hyde und der Graf d'Andigné beugten sich gierig vor: »Und was dann?«

Talleyrand lächelte charmant und erklärte mit entwaffnender Offenheit: »Wer weiß, vielleicht das Haus Bourbon, vielleicht das Haus Orléans, vielleicht wieder eine Republik. Man wird sehen. Es gibt so viele Möglichkeiten, die man ausprobieren könnte. Immer im Interesse der Nation, versteht sich.«

D'Andigné, der mehr Abenteurer als Geheimdiplomat war, konnte seine Wut über die Nonchalance seines Gesprächspartners nicht mehr unterdrücken: »Aber die Legitimität, was wird mit der? Nur das Haus Bourbon kann die Stabilität garantieren, die Frankreich braucht. Allein Ludwig XVIII. ist ein rechtmäßiger Herrscher«, fuhr er den ehemaligen Bischof an.

Wie auf ein Stichwort zog Talleyrand schweigend ein Paket aus dem Mantel und überreichte es seinen Gesprächspartnern. Da ihre Finger immer noch steif gefroren waren und die Kutsche heftig schaukelte, fiel es ihnen schwer, die Bänder, die das Paket zusammenschnürten, zu lösen. Trotz des hellen Lichts in der Kutsche war es nicht leicht, die vergilbten Blätter zu lesen, die in dem Paket gesteckt hatten.

Als er die Seiten schließlich entziffert hatte, starrte Hyde den früheren Außenminister mit weitaufgerissenen Augen an: »Das ist nicht wahr, das ist eine geschickte Fälschung! Das ist eine gemeine Lüge!«

Verständnisvoll und bedauernd zugleich erwiderte Talleyrand: »Leider nein, lieber Hyde. Auch ich war sehr überrascht, als ich zum ersten Mal davon hörte, übrigens vom Herzog von Orléans. Wie Sie sehen, stellt sich die Legitimitätsfrage überhaupt nicht. Ludwig XVIII. ist nicht legitimer als irgendein anderer. Er ist ein persönlich ehrenwerter Mann, aber der Nachkomme von Bastarden. Und das Haus Orléans steht, wie aus diesen Dokumenten hervorgeht, nicht besser da. Ich weiß das, allerdings niemand sonst, außer vielleicht dem jungen Herzog von Orléans, dem sein Wissen aber nichts nützen kann. Sie verstehen, daß ich unter diesen Bedingungen nicht weniger als das Schicksal Frankreichs in meinen Händen halte. Meine Macht ist, was die Zukunft der Häuser Bourbon und Orléans und im Grunde auch die des Hauses Condé betrifft, weit größer, als Sie bisher angenommen haben. Ich bin viel mehr als bloß ein einflußreicher Politiker. Ich bin im Besitz des Schlüssels zur Herrschaft in Frankreich. Stellen Sie sich nur vor, ich würde dieses Material zu einem günstigen Zeitpunkt veröffentlichen. Am Ende könnte ich sogar das Haus Condé auf den Thron befördern, denn als älteste Nebenlinie des Hauses Bourbon ist es rechtmäßiger als alle anderen.«

Zornig erklärte d'Andigné: »Ich werde diesen Lügen niemals Glauben schenken. Das ist alles Betrug. Es gibt nur einen legitimen König von Frankreich: Ludwig XVIII.«

Talleyrand blieb unbeeindruckt: »Sie irren, mein Lieber. Mit der Rechtmäßigkeit des Thronanspruchs ist es in Frankreich ein für allemal vorbei. Theoretisch könnte jetzt jeder König werden. Wenn wir wollten, könnten wir sogar General Bonaparte krönen.«

D'Andigné hatte längst aufgehört, sein Temperament zu zügeln: »Bonaparte? König? Ein kleiner Italiener? Warum nicht gleich Kaiser?«

Talleyrand lachte, wie über einen guten Scherz: »Warum eigentlich nicht, mein lieber Graf. Sie bringen mich da geradezu auf einen Gedanken. Sie gestatten doch, daß ich dem Bürger Bonaparte Ihren Vorschlag unterbreite?«

Kaum fähig, sich noch zu beherrschen, stieg d'Andigné einfach aus. Hyde bemerkte resigniert: »Diese

Eröffnung macht eine weitere Zusammenarbeit wohl überflüssig.«

Talleyrand legte ihm beruhigend die Hand auf den Arm: »Nicht im geringsten, Hyde. Es ist alles ganz einfach. Ich würde durchaus eine erneute Thronbesteigung der Bourbonen befürworten. Es müßte dabei aber von Anfang an klar sein, daß ich die Bedingungen stelle. Das ist alles. Sobald Sie mit dieser Voraussetzung einverstanden sind, können wir über alles reden. Ich sehe Stanislas-Xavier de Bourbon, den Sie und Ihresgleichen Ludwig XVIII. nennen, schon in die Tuilerien einziehen. Im Moment herrscht hier ein Korse, warum soll nicht auch der Urenkel einer Polin eine Chance bekommen?«

Hyde schüttelte traurig, aber bestimmt den Kopf: »Auf Wiedersehen, Talleyrand. Ich glaube, für heute ist schon genug gesagt.«

Hyde folgte seinem Kollegen in den dichten Nebel.

KAPITEL VII

Paris 1800

Der Erste Konsul betrachtete sorgenvoll die neuen Lackschuhe mit den silbernen Schnallen. Sie wirkten klein und zerbrechlich im Vergleich mit seinen Uniformstiefeln. Überhaupt fehlte ihm in seinem Zivilanzug jene gewisse Steifheit, die er von seiner militärischen Kleidung her gewohnt war: Der Säbel, an dem er sich festhalten konnte, die Epauletten, welche die Schultern verbreiterten. Aber der unsoldatische Aufzug war ein politisches Signal, das sich nicht umgehen ließ: Frankreich liebte den Frieden, und kein Franzose liebte ihn mehr als der Konsul Bonaparte. Vor allem aber: Die politische und militärische Stellung des Konsulats war so stark, daß man sich nun ungestört dem Vergnügen und der Kunst widmen konnte. Diese Botschaft sollte in Lunéville, wo zwischen der Republik Frankreich und Österreich die Friedensverhandlungen schleppend liefen, genauso verstanden werden wie in Wien oder London. Darum ging es jetzt auch in die Oper: Friedensliebe und Gelassenheit hieß die Parole der Stunde. Dieses Zeichen wurde allerdings noch durch einen anderen Umstand unterstrichen: General Moreau hatte die Österreicher drei Wochen vorher bei Hohenlinden geschlagen und rückte in Windeseile auf das ungeschützte Wien vor. Das endgültige österreichische Waffenstillstandsangebot war jetzt nur eine Frage der Zeit. Dann konnte man in Lunéville endlich ernsthaft verhandeln, was hieß: Dann würde Konsul Bonaparte den Österreichern seine Bedingungen zur Neuordnung Italiens diktieren.

Wo blieb nur Josephine? Seiner Ehefrau gegenüber neigte der Erste Konsul der französischen Republik, Napoleon Bonaparte, zu einem leicht mürrischen und herablassenden Auftreten. Er konnte es sich jetzt auch leisten. Nur zu gut war ihm allerdings noch jene Zeit im Gedächtnis, als sie die Geliebte Barras' und er ein kleiner Brigadegeneral gewesen war. Barras hatte Josephine abgeschoben, mit dreiunddreißig war sie für ihn schon zu alt gewesen. Vor allem aber besaß Barras einen Lebenshunger, ein Bedürfnis nach Abwechslung, das er, Bonaparte, nicht nachvollziehen konnte. Man brauchte eine Frau und nicht mehr, fand der Erste Konsul. Doch selbst ihrer war er sich zu Anfang nicht ganz sicher gewesen. Welch argwöhnische, flehende Briefe hatte er aus den italienischen Feldlagern nach Paris geschickt, während seine frisch angetraute Gattin ihren Vergnügungen nachging. Für Josephine war er nur einer von vielen Militärs gewesen, die durch die Revolution emporgespült worden waren. Solche Generäle gab es in Hülle und Fülle – wenn nicht Bonaparte, dann eben ein anderer. Hätte Barras ihm seine Gunst entzogen, dann hätte sich auch Josephine von ihm getrennt, denn sie hatte ja schließlich zwei Kinder durchzubringen. Mit jeder siegreichen Schlacht in der Lombardei hatte Bonaparte deshalb auch seine Frau zu erobern versucht. Erst jetzt wußte er, daß er es geschafft hatte. Nun war seine Ehe halbwegs stabil, und das war wichtig, denn sie verlieh ihm Respektabilität. Und mit der ehemaligen Vicomtesse de Beauharnais konnte man sich immerhin sehen lassen, auch wenn sie sechs Jahre älter als er war. Selbst dieser Altersunterschied hatte seine Vorteile, denn das Gleichgewicht sexueller Anziehungskraft verschob sich nun mehr und mehr zu Bonapartes Gunsten, obwohl er in letzter Zeit erstaunlich schnell zunahm. Aber der Erste Konsul der französischen Republik hatte andere Stärken, die einen kleinen Bauchansatz leicht wettmachten. Jetzt spielte er den Haustyrannen und wußte, daß Josephine ihn in ihrem Innersten nicht ganz ernst nahm. Aber das war nicht so schlimm. Seine Mutter hatte seinen Vater auch nicht ganz ernst genommen. Im Hause hatte sie regiert. So war es eben zwischen Frauen und Männern. Dafür redete ihm Josephine auch nicht in die Politik hinein, wie es Frauen von Art der Madame Récamier, Madame Tallien oder der unmöglichen Madame de Staël getan hätten. Nur von den sexuellen Freiheiten der Revolution hatte Josephine gekostet, die intellektuellen hatten sie kalt gelassen.

Wo blieb sie nur wieder? Nicht daß es sonderlich störte, wenn man zu spät kam, die Oper würde sowieso nicht ohne den Ersten Konsul und seine Gemahlin anfangen. Drückten die Lackschuhe auch nicht? Er wippte leicht in ihnen. Josephine erschien, ein Diadem aus antiken Kameen im Haar, das Bonaparte ihr mitgebracht hatte. Er hatte es im zweiten Italienfeldzug erbeutet. Eines der wenigen Objekte, das die Franzosen nicht schon im ersten Italienfeldzug hatten mitgehen lassen. Damals allerdings waren die Kunstwerke und Schmuckstücke in den Schatzkammern der Republik gelandet, nun tauchten sie auf dem Haupt Josephines wieder auf.

Bonapartes prüfender Blick fiel auf ihre Brust. Der Ausschnitt war auch nicht zu gewagt? Immer wieder predigte er Seriosität, doch gab es tatsächlich noch

Damen in der Pariser Gesellschaft, die nicht verstehen wollten, daß die wilden Jahre nach Robespierres Sturz mit ihrer unstillbaren Vergnügungssucht endgültig der Vergangenheit angehörten. Frankreich sollte den alten Monarchien nicht nur militärisch, sondern auch sittlich ebenbürtig sein. Hier gab es im Theater keine entblößten Busen mehr zu sehen.

»Was steht heute eigentlich auf dem Spielplan?« fragte Josephine, als sie endlich hereinkam.

»Haydns Schöpfung.« Bonaparte lächelte dankbar und bewunderte seine Frau, denn er wußte, daß sie nur eine Rolle spielte. Sie selbst hatte ihn über die Bedeutung des Musikstücks aufgeklärt. Aber sie verstand, daß es für ihn wichtig war, eine nach außen hin nicht allzu kluge Frau zu besitzen. Sie hatte ihn vorab auf die mögliche politische Bedeutung der Opernaufführung hingewiesen und damit die ihr gezogenen Grenzen schon beinahe überschritten. Durch ihre Frage stellte sie selbst das alte Verhältnis wieder her und bewies ihm ihren Gehorsam.

Das Thema der »Schöpfung« war im weitesten Sinne religiös, noch dazu fand die Pariser Uraufführung am vierundzwanzigsten Dezember statt. Auch dies war eine Botschaft. Der ostentative Atheismus der Revolutionsjahre war vorbei. An christlichen Festen standen nun auch christliche Themen auf dem Programm, wenngleich man noch nicht wieder in die Kirche ging. In seinen Gedanken aber war Bonaparte schon einen Schritt weiter: Für seine nächsten Siege würde er Dankgottesdienste abhalten lassen. Noch aus einem anderen Grund war die »Schöpfung« wichtig. Bei ihrer Wiener Premiere im letzten Jahr waren neben dem Kaiser auch der Herzog von Parma, ein Bourbone, den französische Truppen aus Italien vertrieben hatten, anwesend gewesen. Nun würde der Herzog aus Bonapartes Hand die Toskana als Königreich Etrurien erhalten. Ein Marionettenstaat Frankreichs, dessen Abhängigkeit von der Republik schon durch den antik klingenden Namen versinnbildlicht wurde. Welch ein Triumph Bonapartes! Die Vertreter der alten Ordnung würden sich von nun an nach ihm als ihrem Gönner richten müssen. Hatte im vergangenen Jahr Haydns »Schöpfung« das Bündnis der alten Mächte symbolisiert, so würde es heute die neue Epoche und ihren Schöpfer Bonaparte feiern.

Bonaparte legte Josephine den pelzbesetzten Purpurmantel um die Schultern, bevor sie in den Hof der Tuilerien traten, wo ihre Kutsche wartete. Ursprünglich hatte der Samtmantel mit silbernen Liktorenbündeln verbrämt werden sollen, um die republikanische Gesinnung der Gemahlin des Ersten Konsuls zu unterstreichen, nun aber waren es auf sein Geheiß hin goldene Lorbeerkränze geworden. Eine immer noch römische, nur nicht mehr ganz so republikanische Symbolik.

Als Bonaparte und seine Frau in die Kutsche stiegen, roch Bonaparte einen leichten Hauch von Branntwein. Bonaparte trank selbst nicht allzugern und haßte Trunkenheit bei anderen. Er schnupperte noch einmal und sog die frostige Winterluft ein. Diener und Wache wirkten völlig nüchtern. Vielleicht hatte er sich getäuscht.

Bonaparte rief dem Kutscher zu: »Mach schnell, ganz Paris wartet.«

Der Mann auf dem Bock parierte prompt: Der Wagen setzte sich so ruckartig in Bewegung, daß der Erste Konsul seiner Frau fast in den Schoß fiel.

»César fährt aber sehr schnell!« bemerkte Josephine.
»Soll er ja auch«, brummte Bonaparte.

Der Auftritt in der Oper war nicht zuletzt deshalb wichtig, weil sich in diesem Jahr gezeigt hatte, daß der Erste Konsul nicht ganz so unentbehrlich war, wie es die Euphorie nach seinem Staatsstreich hatte vermuten lassen. Moreaus Sieg gegen die Bayern und Österreicher am 3. Dezember bei Hohenlinden hatte bewiesen, daß es noch andere Generäle gab, die Schlachten gewinnen konnten, der Jubel der Pariser wiederum, daß auch andere auf den Feldern der Ehre politisch verwertbare Popularität erwerben konnten. Für viele war Bonaparte eben nur ein Held unter vielen und nicht das personifizierte Schicksal der Nation.

Die Kutsche preschte förmlich durch die Straßen, so daß die Räder in den Achsen verdächtig quietschten, während die Insassen heftig hin- und herschaukelten. Josephine fand das übertrieben und begann sich Sorgen um den Zustand ihrer Toilette zu machen, schwieg aber. Die Reiter der Konsulargarde mußten in ganz unwürdiger Weise neben dem Wagen her galoppieren, als gälte es, ein Wettrennen zu veranstalten.

Bonaparte nahm von alledem nichts wahr, seine Gedanken galten der Innenpolitik. Er hatte erst langsam begriffen, daß Politik nicht wie ein Heerlager war. Bloße Kommandos reichten nicht aus. Auf dem Schlachtfeld von Marengo hatte er im Juni um drei Uhr nachmittags vor den österreichischen Truppen zurückweichen müssen. Doch alle hatten ihm weiter gehorcht, schließlich war er der Befehlshaber. In der Hauptstadt aber sah es ganz anders aus. Die Nachricht von dem Teilrückzug nach mehreren Stunden Kampf war eilends nach Paris gelangt, dort sogar mit einem Gerücht von seinem Tod angereichert worden. Sofort hatten sich Talleyrand und Fouché, eigentlich Todfeinde, zusammengetan und die Zukunft geplant. Um fünf Uhr nachmittags, als sich der siegesgewisse österreichische Oberbefehlshaber bereits vom Schlachtfeld absentiert hatte, waren Bonapartes Reserven unter Desaix zum Angriff übergegangen und hatten den Gegner von der Flanke her aufgerieben. In Paris hatte man währenddessen schon fast eine neue Regierung zusammengestellt. Zu seinem Schrecken hatte Bonaparte feststellen müssen, daß er solchen Politikern wie Fouché und Talleyrand kaum trauen konnte. Offenbar hatten diese keinerlei Schwierigkeiten, sich eine politische Zukunft ohne Bonaparte vorzustellen. Nun waren sie ihm doch ein bißchen unheimlich. Aber er brauchte sie noch.

Eine leichte Bewegung erregte Bonapartes Aufmerksamkeit. Seine Frau war unruhig gewesen, auf einmal aber starr. Tatsächlich, sie saß ganz steif da und preßte sich gegen die Polster. Es war wohl die Geschwindigkeit der Kutsche, die sie nervös machte? Josephine öffnete plötzlich den Mund weit und legte beide Hände über die Ohren, sie wurde gegen die Wand der Kutsche gedrückt, während sich der Boden unter ihnen zu heben schien. Ihr ganzer Körper bebte. Ihr Haar und ihre Ohrgehänge blitzten auf, von einem grellen Licht beleuchtet und einem starken Wind bewegt. Fast im selben Moment vernahm Bonaparte ungeheuren Lärm, als würde neben ihm eine ganze Batterie abgefeuert. Wie in Trance wandte er sein Gesicht dem Kutschenfenster zu und bemerkte, wie ein Schauer ihn von Kopf bis Fuß durchzog, der durch das Zittern der Kutsche noch verstärkt wurde. Das erste Geräusch, das er wieder hören konnte, nachdem sekundenlang eine eigentümliche Stille geherrscht hatte, war ein Knirschen unter seinem Fuß: die Splitter des Kutschenfensters. Gleichzeitig stieg ihm eine Geruch von Rauch und Schwefel in die Nase – wie auf dem Schlachtfeld.

Eine Höllenmaschine. Irgend jemand hatte ein Attentat auf den Ersten Konsul verübt. Doch er hatte überlebt, wahrscheinlich nur deshalb, weil die Kutsche so schnell fuhr. Da fiel ihm angesichts des verkohlten Geruchs auch ein, warum er den Branntwein vorhin gerochen hatte. Der Kutscher mußte betrunken gewesen sein.

Bonaparte erreichte die Oper bald darauf und fand sich, als sei nichts geschehen, in seiner Loge ein. Ein wenig blaß, aber aufmerksam folgte er dem Geschehen auf der Bühne, was nicht allzu viel Konzentration erforderte, denn Haydns »Schöpfung« ist ein Oratorium, so daß kaum Bewegung auf der Bühne herrschte. Josephine, die neben ihm saß, rannen die Tränen über das Gesicht.

Erst als Bonaparte nach der Vorstellung in die Tuilerien zurückgekehrt war, entlud sich seine Erschütterung in Form eines Zornesausbruchs über die versammelten Minister und Staatsräte, die zum größten Teil selbst in der Oper gewesen waren.

»Man hat soeben versucht, mich in der Rue Saint-Nicaise umzubringen!« brüllte er. »Wo war Ihre Polizei, Fouché! Wie konnte eine solche Verschwörung stattfinden, ohne daß mir davon berichtet wurde? Wo sind Ihre tausend Ohren, die ganz Paris nach Verrätern abhören? Die Kutsche erhob sich in die Luft wie eine Montgolfiere. Die Fenster wurden alle eingedrückt. Wäre der betrunkene Kutscher nicht viel zu schnell gefahren, wäre ich jetzt tot. Es müssen unglaublich viele Tote und Verwundete liegen geblieben sein. Wie viele, Fouché?«

»Bisher vierzig Tote, die Verwundeten haben sich noch nicht alle gemeldet«, erwiderte ohne sichtliche Erregung der Polizeiminister.

»Und die Täter wohl auch noch nicht, wie? Gedenken Sie auch abzuwarten, bis die sich alle gemeldet haben?«

»Natürlich sind die Täter bisher unbekannt, aber unsere polizeilichen Methoden ...«

»Ihre polizeilichen Methoden haben mich eben beinahe ins Grab gebracht! So viel sind Ihre polizeilichen Methoden wert. Offenbar kann heutzutage jeder in Paris seelenruhig Bomben basteln, und unsere Gendarmerie hat keine Ahnung davon.«

»Es gibt mehrere Gruppen Verdächtiger, bei denen wir ansetzen können«, antwortete Fouché, ohne seinen trockenen Tonfall zu ändern.

»Mehrere? So ein Schwachsinn! Es ist doch ganz klar, wo die Schuldigen zu finden sind! Die Jakobiner, Ihre ehemaligen Freunde! Die Männer, die wahrscheinlich schon längst den ganzen Polizeiapparat unterwandert haben, die von Ihnen gedeckt wahrscheinlich schon wieder die höchsten Positionen im Lande einnehmen, die womöglich in Ihnen ihren neuen Robespierre sehen. Waren Sie nicht sogar einmal mit Robespierres Schwester verlobt?«

Auf diesen persönlichen Anwurf reagierte Fouché überhaupt nicht, schon allein deshalb nicht, weil man wußte, daß auch Bonaparte in jungen Jahren ein glühender Anhänger des Tugendhaften gewesen war:

»Ich glaube nicht, daß die Jakobiner auch nur annähernd stark und organisiert genug sind, um solch eine Aktion durchzuführen. Auch fehlt ihnen bei aller Rhetorik letztlich die Gewaltbereitschaft. Die Royalisten hingegen ...«

»Die Royalisten, daß ich nicht lache! Es sind die Jakobiner, die Jakobiner und niemand anderes. Der Terror ist ihr Element, dem Terror haben sie schon einmal

Tausende geopfert, den Terror wenden sie nun ohne Skrupel gegen mich.«

Trotz Bonapartes Raserei ließ sich Fouché nicht von seiner Argumentation abbringen: »Es gibt Verdachtsmomente, die es geraten scheinen lassen, auch die Royalisten ins Kalkül zu ziehen. Sie haben viele heimliche Anhänger, und die Vendée ist immer noch nicht ganz friedlich. Außerdem ...«

»Was wollen Sie mit Ihren politischen Analysen? Halten Sie sich an Ihre Pflichten! Ich will die Täter! Und dafür kommen nur die Jakobiner in Frage! Die Jakobiner und niemand sonst. Sie sympathisieren noch immer mit ihren Methoden, Fouché. Sie selbst haben doch vor nicht allzu langer Zeit Menschen in Massengefängnisse geworfen, Flöße auf der Rhône versenkt und damit Tausende ertränkt, sogar die Häuser von angeblichen Verrätern in die Luft sprengen lassen. Mord und Massaker sind keine Fremdwörter für Sie, Fouché!« brüllte Bonaparte, der sich dicht vor dem Minister aufgepflanzt hatte und an dem langen, hageren Mann emporblickte. »Ein Experte in Sachen Mord, wie Sie, müßte ja wohl leicht in der Lage sein, die Schuldigen zu fassen.«

Fouchés kühle Selbstbeherrschung, sein Beharren auf seinem Standpunkt, provozierte den Ersten Konsul zutiefst. Bonaparte empfand einen extremen Abscheu gegen die Jakobiner, denen er zu Beginn seiner Karriere ebenso gefolgt war wie Fouché. Sein Polizeiminister erinnerte den Ersten Konsul unangenehm an die gemeinsame, heikle Vergangenheit. Gleichzeitig erinnerte Fouché, indem er auf den Haß der Royalisten verwies, Bonaparte an seine mangelnde Legitimität. Auch wenn sie heute in silberbeschnallten Lackschuhen in die Oper fuhren, schien Fouché andeuten zu wollen, so waren sie doch Emporkömmlinge, die sich ihrer Position niemals ganz sicher sein konnten. »Nun, was sagen Sie jetzt? Hat es Ihnen die Sprache verschlagen? Sie sind ein Verräter, Fouché. Sie schützen die wahren Täter.«

Inzwischen war Bonaparte dem Polizeiminister bedrohlich nahe gekommen. Fouché blickte auf den Staatschef hinab und verzog keine Miene, während sich dessen Wut nur noch mehr steigerte. Schweigend standen sich die beiden Kontrahenten gegenüber, Bonaparte eine einzige Drohgebärde. Die Stille war unheimlich. Die Zuschauer verharrten regungslos, denn die Zornesausbrüche des Diktators waren gefürchtet. Nicht weniger gefürchtet war allerdings auch der Polizeiminister mit seiner blutigen Vergangenheit und seinen Tausenden von Spitzeln, die über jeden, der Rang und Namen hatte, umfangreiche Dossiers anlegten. Insgeheim hofften viele, Bonaparte würde sich Fouchés entledigen.

Die Karriere des Ministers Fouché schien ein unrühmliches Ende nehmen zu wollen, doch da mischte sich ein anderer Minister ein: »Auch ich glaube nicht, daß die Jakobiner schuld sind. Sie sind zu schwach, um eine ernsthafte Gefahr darzustellen. Die Anhänger der Monarchie sind viel aktiver und haben auch mehr Grund zur Hoffnung. Die Jakobiner sind noch in frischer Erinnerung, der König aber verklärt sich im Rückblick immer mehr. Geben Sie Bürger Fouché die Gelegenheit, die Richtigkeit seiner Theorie zu beweisen. Ich glaube, daß er klug genug ist, auch die Jakobiner nicht ungeschoren davonkommen zu lassen, wenn sie denn beteiligt waren.«

Talleyrands Worte entbehrten nicht der Impertinenz, doch einstweilen war Fouché gerettet. Der Aristokrat war der Zusammenarbeit mit den Jakobinern unverdächtig, während er schon seiner Herkunft und Verbindungen wegen immer wieder mit dem Hause Bourbon in Verbindung gebracht wurde. Wenn Talleyrand die Royalisten verdächtigte, dann hatte sein Wort Gewicht, zumal er Fouché verachtete und sich niemals aus bloßer Gefälligkeit für ihn exponiert hätte. Geschickt hatte er sich von Fouché sogar noch dann distanziert, während er ihn verteidigte. Denn die revolutionäre Anrede »Bürger« gebrauchte Talleyrand schon lange nicht mehr. Er sprach alle Herren mit »Monsieur« an, wie vor der Revolution. Benutzte er die offiziell noch immer gültige Formulierung, steckten Ironie und Verachtung dahinter. Bonaparte fühlte sich durch Talleyrands Sarkasmus in seinem Angriff gegen Fouché bestätigt und konnte somit leichter einlenken. Ohne es sich einzugestehen, fürchtete er Fouché und Talleyrand als Gespann. Traten sie gemeinsam auf, so wie jetzt, vermied er nach Möglichkeit die Konfrontation. »Ich erwarte morgen früh einen ausführlichen Bericht über die Aktivitäten und Umtriebe der Jakobiner, Fouché. Verhaften Sie, wen Sie können.Wenn Sie es nicht lassen können, fahnden Sie meinetwegen auch nach royalistischen Phantomen, nur bringen Sie mir die Schuldigen, und zwar schnell!«

Fouché verbeugte sich stumm und verließ den Raum. Sein letzter, verstohlener Blick galt Talleyrand, dessen Eingreifen ihm diese Galgenfrist verschafft hatte. Eine Sekunde länger, und er wäre in Ungnade entlassen worden. Mehr als sein knappes politisches Überleben beschäftigte den Polizeiminister allerdings schon eine andere Frage: Warum setzte sich Talleyrand für ihn ein? Er selbst haßte diesen Mann, von dem er sich verachtet wußte. Hatte Talleyrand den Polizeiminister Fouché einst für nützlich erachtet, so gefiel ihm dessen jetzige hohe Stellung durchaus nicht. Warum also diese Rettung? Weil nur Fouché und Talleyrand zusammen noch die Macht hatten, Bonaparte die Stirn zu bieten? Vielleicht. Aber hatte Talleyrand nicht bewußt die Schuld auf die Royalisten geschoben? Noch vor kurzem hatte er Geheimkontakte zu ihnen unterhalten: Warum wünschte er jetzt auf einmal ihre Verfolgung? Fouché lauschte, wie seine einsamen Schritte auf dem Marmorfußboden der Tuilerien hallten. Er mußte herausfinden, was Talleyrand im Schilde führte.

Der Staatsrat hatte sich in den Tuilerien versammelt. Der Erste Konsul befand sich auf seinem Platz am Ende des langen Tisches und blickte streng in die Runde seiner Minister und Würdenträger. Fouché hatte sich verspätet, ein undenkbares Vorkommnis. Dabei erwartete Bonaparte seinen Abschlußbericht über die Maßnahmen gegen die Jakobiner.

Die Minister saßen steif da und wagten nicht, den Ersten Konsul anzusehen. Er leitete die Sitzung und referierte mit schneidender Stimme über Fragen der Pariser Verkehrspolitik. Wie immer waren ihm alle Details geläufig, und so vermittelte er den Anwesenden das Gefühl ihrer totalen Inkompetenz. Je länger Bonaparte herrschte, desto cholerischer und korpulenter wurde er, und desto unterwürfiger verhielten sich die Minister.

Der einzige, der entspannt am Kabinettstisch saß und so tat, als bemerkte er nichts von der geladenen Atmosphäre, war Talleyrand. Der Außenminister spielte eine Sonderrolle, die allerdings immer mehr den Unmut des Ersten Konsuls weckte. Tatsächlich blickte Talleyrand während der Sitzungen des Staatsrates oft genug provozierend aus dem Fenster.

Da klopfte es an der Tür, und Fouché trat herein, hochaufgerichtet und wie immer mit undurchdringlicher Miene. Seinen schmalen Lippen entwand sich eine mehr als halbherzige Entschuldigung für seine Unpünktlichkeit. Fouchés trocken-korrekte Art war auf ihre Weise fast so respektlos wie die lässig-elegante Talleyrands. Der Erste Konsul begegnete seinem Polizeiminister mit kaum verhohlener Gereiztheit.

»Ah, Bürger Fouché, wie schön, daß Sie uns auch mal wieder beehren. Ich nehme an, Sie haben bis zuletzt fleißig an Ihrem Bericht gesessen und wollen uns nun an den Früchten ihrer Mühen teilhaben lassen?«

»Er ist in der Tat fertig, Bürger Erster Konsul«, antwortete Fouché sich leicht verbeugend. Noch sachlicher als gewöhnlich fuhr er fort: »Die Maßnahmen gegen die Jakobiner im Zusammenhang mit dem Attentat in der Rue St. Nicaise sind abgeschlossen. Neben den hingerichteten Persönlichkeiten, auf die ich nicht näher eingehe – wir haben sie oft genug besprochen –, haben wir insgesamt einhundertdreißig Menschen nach Guayana in die Verbannung geschickt. Es konnten jedoch keine zusätzlichen positiven Verdachtsmomente festgestellt werden. Die Spur zu den Jakobinern hat sich nicht bestätigt.«

Die Minister waren sprachlos. Fouchés Bericht war nicht nur kurz, sondern ein direkter Affront gegen den Ersten Konsul. Der Polizeiminister insinuierte nicht weniger, als daß alle bisherigen Maßnahmen letztlich grundlos gewesen waren.

Nur einen Sekundenbruchteil lang stockte Fouché, um die Wirkung seiner Worte zu genießen, bevor er seinen Vortrag fortsetzte: »Aus politischen Gründen erweist sich der Schlag gegen die Jakobiner als gerechtfertigt, und der Vorwand des Attentats hätte nicht günstiger sein können. An dem Anschlag waren sie allerdings nicht beteiligt. Inzwischen habe ich aber echte Beweise und Geständnisse. Ich weiß jetzt, wer für den Bombenanschlag verantwortlich ist. Es waren die Royalisten, wie es auch der Bürger Talleyrand vermutet hat.«

»Versuchen Sie nicht, sich hinter Talleyrands Rücken zu verstecken!« Bonapartes Gesicht rötete sich. »Legen Sie die Beweise sofort vor, oder Sie sind Ihr Portefeuille endgültig los.«

Fouchés Miene wandelte sich kaum merklich. »Die Höllenmaschine hinterließ selbst kaum Spuren, alle ihre Teile waren völlig zerfetzt. Genauso stand es mit dem Wagen, der sie transportiert hatte. Glücklicherweise haben wir Reste der Stute gefunden, die den Wagen gezogen hatte. Tatsächlich sind es mehr als hundert, die wir sorgfältig gesammelt und katalogisiert haben. Der Bürger Erster Konsul kann sie bei Bedarf jederzeit in unserem Archiv bewundern. Auf diese Weise haben sich die Rasse, die Größe, die Farbe und verschiedene Besonderheiten des Pferdes feststellen lassen …«

»Es muß dem Bürger Minister doch ein außerordentliches Vergnügen bereitet haben, im Pferdekadaver herumzustochern und die Fleischfetzen vom Pflaster der Rue St. Nicaise zu kratzen«, warf Bonaparte ein, aber es handelte sich hierbei nur noch um ein Rückzugsgefecht.

»Ich hielt es in der Tat auch in Bezug auf diesen Teil der Untersuchungen für meine Pflicht, den Fortgang persönlich zu überwachen. Vor allem Hufe und Hufeisen, die nur noch unvollständig erhalten waren, haben uns weitergeholfen. Auf diese Weise sind wir auf eine Reihe von Pferdehändlern gestoßen, die solche Pferde führen. Sie konnten uns eine Liste der Käufer entsprechender Tiere geben. In einem Fall war das Pferd von mehreren Männern zugleich gekauft worden. Der

Mann, der das Geld für die Stute zahlte, ist uns als ein unauffälliger, aber wichtiger Royalist der mittleren Ebene bekannt. Auf die beiden anderen paßten haargenau die Personenbeschreibungen zweier führender Chouans. Die Royalisten aus der Bretagne sind eben immer noch sehr aktiv. Wir haben alle drei Männer verhaftet. Sie mußten zu umfangreichen Geständnissen nicht erst überredet werden. Der Anführer des Ganzen war, wie zu erwarten, Georges Cadoudal. Finanziert wurde die Aktion von den Engländern. Hier ist eine Liste der Beteiligten, sofern wir ihrer habhaft wurden. Nur Cadoudal selbst ist uns entwischt.«

Bonaparte starrte einige Zeit gedankenverloren auf die Namensliste. Er gönnte Fouché seinen Erfolg nicht, mußte aber anerkennen, daß dem bonapartistischen Régime ein wichtiger Dienst erwiesen worden war. Das Ausmaß der royalistischen Verschwörung traf den Ersten Konsul unerwartet.

»Ich beglückwünsche Sie im Namen der Republik zu diesem Erfolg, Bürger Fouché. Wieder einmal hat sich gezeigt, daß die Reaktion zu jeder Schandtat bereit ist, um dem französischen Volk seine schwer erkämpfte Freiheit zu rauben. Unser besonderes Augenmerk sollte in Zukunft den Emigranten und der königstreuen Partei gelten.«

Die Minister applaudierten spontan. Fouché verbeugte sich kurz und verbarg sorgsam sein Triumphgefühl hinter seiner gewohnten Maske der Gleichgültigkeit.

Aber Bonaparte war nicht bereit, Fouché ein ungetrübtes Erfolgserlebnis zuzugestehen: »Unser aller Dank gilt auch dem Bürger Minister des Auswärtigen, der ebenfalls mit großer Klarsicht auf die dem Vaterlande drohende Gefahr hingewiesen hat.«

Bonaparte klatschte nun auch Talleyrand zu Ehren, und die Minister und Staatsräte fielen gehorsam ein. Noch während des Applauses schwor sich der Erste Konsul, Fouché loszuwerden, sobald er ihn nicht mehr unbedingt brauchte.

Fouché hatte die Augen niedergeschlagen und die Hände im Schoß gefaltet. Seit seinem Erfolg gegen die Royalisten gab er sich betont bescheiden, ja er bemühte sich ostentativ, seine Loyalität zum Ersten Konsul unter Beweis zu stellen. Bonaparte mißtraute seiner Demut, ließ sich aber nichts anmerken, während er die Dossiers durchging, die ihm sein ungeliebter Polizeiminister routinemäßig auf den Tisch gelegt hatte. Die Papiere waren wie immer einwandfrei geordnet, die Texte systematisch klar und knapp formuliert.

Der letzte Bericht in dem Aktenstapel betraf das Privatleben des Außenministers. Stilistisch unterschied er sich nicht von den vorhergehenden Schriftstücken, wohl aber äußerlich. Fouché hatte diesen Teil mit eigener Hand verfaßt. Statt der gleichmäßigen und klaren Zeilen der Sekretäre, die sich so ähnelten, daß man kaum erkennen konnte, wieviele Schreibkräfte an den Dossiers beteiligt gewesen waren, präsentierten sich die pikanten Einzelheiten aus Talleyrands großzügigem Luxusleben in der winzigen, dichtgedrängten und eckigen Handschrift des Polizeiministers.

Bonaparte las diesen Teil des Fouchéschen Papierwusts immer mit besonderem Vergnügen, obwohl er sich das nicht eingestand. So penibel wie nur möglich berichtete Fouché dem Ersten Konsul von den Verfehlungen Talleyrands. Fouché und Bonaparte waren auf ihre Weise Moralisten: Die Zahl der Mätressen Talleyrands faszinierte sie und stieß sie gleichzeitig ab. Wenn sich Talleyrand wenigstens wie ein Ehemann verhalten hätte, wäre Bonaparte noch in der Lage gewesen, dessen offenes Konkubinat mit Madame Grand zu akzeptieren. Daß er sie aber ständig nach Belieben betrog, regte Bonaparte immer wieder auf. Der Erste Konsul hatte seinen Außenminister schon mehrfach darauf angesprochen, aber nur höfliche Ablehnung geerntet. Talleyrand hatte klargemacht, daß sein Privatleben nur ihn etwas anging. Bonaparte fühlte sich geradezu zum Voyeur degradiert.

Der Erste Konsul las in demselben Bericht auch, welche ungeheure Summe der passionierte Spieler Talleyrand zwei Nächte zuvor beim Whist gewonnen hatte. Dann erfuhr er, wie Talleyrand am nächsten Morgen mit dem Gewinn zum renommiertesten Juwelier von Paris gefahren war und ein diamantenbesetztes Diadem gekauft hatte, das wegen seines exorbitanten Preises seit Monaten keinen Abnehmer hatte finden können. Josephines Versuche, ihren Ehemann auf dieses Diadem aufmerksam zu machen, waren alle gescheitert. Der Erste Konsul hatte es schlichtweg abgelehnt, solcher Verschwendung zuzustimmen.

Bonaparte rechnete noch einmal kurz nach und stellte fest, daß selbst die beiden teuersten Schmuckstücke zusammen, die er seiner Frau bisher geschenkt hatte, nicht einmal zwei Drittel des Preises ausmachten, den der Außenminister für das Diadem gezahlt hatte. Noch am gleichen Abend hatte Talleyrand das Geschmeide einer Dame überreicht, die vor einigen Jahren berühmt geworden war, indem sie in einem völlig durchsichtigen Kleid in der Oper erschienen war. So also untergrub sein Außenminister seine Versuche, Frankreich vor den Augen der Welt Respekt zu verschaffen. Eine glatte Provokation!

Als Bonaparte das letzte Blatt sinken ließ, blickte er in die immer halbgeschlossenen Fischaugen Fouchés. Daher also die auffällige Demut, Bonaparte hätte es sich eigentlich denken können: Sein Polizeiminister forderte ihn mit diesem Bericht wieder einmal heraus. Nicht zum ersten Mal: Fouché nahm sich viel zu viele Freiheiten, fast wie Talleyrand. Wie so oft atmete Bonaparte heimlich bei dem Gedanken auf, daß diese beiden politischen Ränkeschmiede verfeindet waren. Nicht auszudenken, was passieren würde, wenn sie sich einmal gegen ihn vereinigen würden.

Wie aber sollte er jetzt reagieren? Übergehen konnte er Talleyrands Extravaganzen nicht länger. Aber er durfte sich auch nicht lächerlich machen. Noch brauchte er Talleyrand – und wenn nur als Aushängeschild der Regierung oder als Gegengewicht zu Fouché. Bonaparte blickte auf: »Nun, Fouché, was soll ich mit diesem Klatsch? Ich kann den besten Minister der französischen Republik nicht entlassen, nur weil er auf großem Fuße lebt und Erfolg bei Frauen hat. Vergessen Sie nicht, er hat einen großen Namen.«

Fouché gab sich konziliant: »Eine Strafe für den Bürger Außenminister wäre gewiß nicht sinnvoll. Sie würde ihn öffentlich demütigen und seinen politischen Wert für Frankreich verringern.«

Fouché war wie immer etwas schlauer, als man dachte. Diesen Mann konnte man kaum überschätzen: »Wenn Sie nicht wünschen, daß ich gegen Talleyrand vorgehe, warum kommen Sie mir dann mit all diesem Zeug? Meine Zeit ist kostbar, Fouché.«

»Ich glaube schon, daß es im Interesse der Republik wäre, die außerehelichen Aktivitäten des Bürgers Außenminister zu zügeln, oder ihnen wenigstens einen respektableren Rahmen zu verleihen.«

»Und wie würden Sie das anstellen?«

»Es gibt da zwei Möglichkeiten. Zum einen verhandelt Talleyrand im Moment mit der Kurie über ein Konkordat. Wäre es nicht ein krönender Abschluß, wenn er öffentlich in den Schoß seiner Kirche zurückkehrte und das Kardinalspurpur erhielte? Ein Kardinal als Außenminister würde unsere Regierung bestimmt gut schmücken. So ein roter Tupfer macht sich immer gut bei den Diplomatenempfängen. Und in einer Soutane würde auch Talleyrands Hinken weniger auffallen. Außerdem nimmt man einem Kirchenfürsten seine Affären nicht so übel. Das Zölibat fordert zur Übertretung ja geradezu heraus.«

Bonaparte fand die Idee durchaus reizvoll. Sie paßte genau zu seinem neuen konservativen Kurs. Aber warum kam der Vorschlag ausgerechnet von seinem Polizeiminister, diesem Erzrevolutionär? Fouché war ein Atheist, er haßte die Kirche. Warum wollte er Talleyrand als Kardinal sehen?

Und dennoch: Der Vorschlag war zu gut. Kardinäle als Minister hatten nicht nur in der französischen Geschichte Tradition. Mit ihnen konnte man überall Eindruck machen. Was immer Fouchés Hintergedanken sein mochten, der Erste Konsul war entschlossen, den Plan aufzugreifen:

»Und was ist die andere Lösung, sollte Talleyrand das Kardinalspurpur ablehnen?«

»Dann heiratet Talleyrand Madame Grand, die schon seit fast fünf Jahren in seinem Hause lebt. Sie wäre seine Ehefrau und die anderen Damen seine Mätressen. Auf diese Weise würden wenigstens geordnete Verhältnisse herrschen. Ein verheirateter Mann kann schließlich so viele Mätressen haben, wie es ihm beliebt.«

Bonaparte lachte: »Das ist ein sehr interessantes Druckmittel. Talleyrand würde niemals diese dahergelaufene Abenteurerin heiraten. Sie ist ja außerdem strohdumm. Talleyrand ist ihrer Idiotie gewiß längst überdrüssig geworden. Wenn ich ihm die Wahl biete, entweder Madame Grand zu heiraten oder Kardinal zu werden, dann wählt er gewiß das Purpur. Eitel genug ist er auf jeden Fall. Ja, Fouché, der Plan gefällt mir immer besser. Wir setzen ihm einfach die Pistole auf die Brust, und beim nächsten Staatsempfang wird es dann ein bißchen farbenfroher. Auf diese Weise sind wir auch die unmögliche Madame Grand los.«

»So ist es, Bürger Erster Konsul, so ist es.«

Beim Hinausgehen schüttelte Fouché nur den Kopf. So schlecht also kannte der Erste Konsul seinen Außenminister. Um nicht in den Schoß der verhaßten Kirche zurückkehren zu müssen, wäre Talleyrand sogar bereit, sich der vollkommenen Lächerlichkeit preiszugeben und Madame Grand zu ehelichen.

Catherine Grand saß vor dem Spiegel und legte ihre prächtigsten Ketten um den Hals. Prüfend betrachtete sie ihr Spiegelbild, nur um immer wieder den Kopf zu schütteln. Eine nach der anderen ließ sie die Ketten wieder in das Schmuckkästchen aus Malachit fallen, das Talleyrand vom russischen Botschafter erhalten und ihr geschenkt hatte. Dieser dunkelgrüne Marmor war etwas ganz Besonderes: Er wurde von Sklaven bei größter Hitze und tiefster Kälte aus dem Berg geschlagen. Nicht einmal Josephine besaß solch eine Kostbarkeit. Talleyrand war immer großzügig zu seiner offiziellen Mätresse, obwohl er sie nicht liebte.

Madame Grand machte sich schön, um Talleyrand zu gefallen. Er war ihr ein Rätsel. Sie war überzeugt, daß er sie verachtete. Aber trotzdem war er stets freundlich zu ihr. Es interessierte ihn nie, was sie zu sagen hatte. In der Öffentlichkeit aber ließ er es ihr gegenüber niemals an Respekt fehlen. Er behandelte sie wie eine Ehefrau. Daß ganz Paris über sie lachte, nahm er einfach nicht zur Kenntnis. Seine Affären mit anderen Frauen nahm Catherine hin, seit sie festgestellt hatte, daß er sie deswegen nicht verstoßen würde. Sie erwartete keine Treue und erhoffte sich keine wirkliche Zuneigung mehr. Hatte sie sich diese je gewünscht?

Ob sie Talleyrand liebte, hätte sie selbst nicht mehr beantworten können. Anfänglich gewiß nicht. Heute bewunderte und fürchtete sie ihn. Es gab in ganz Paris keinen Mann von seiner Art. Alle anderen wirkten neben ihm wie Parvenus, Abenteurer. Sie war stolz, daß die bedeutendste gesellschaftliche und politische Figur nach dem Ersten Konsul ihr Geliebter war, auch wenn sie sich nicht so recht vorstellen konnte, warum er sie zu seiner Mätresse gemacht hatte, und erst recht nicht, warum er sie behielt. Der einzige Grund, der ihr einfiel, war ihre Schönheit, die sie deshalb mit größter Sorgfalt pflegte. Aber er hatte auch Affären mit anerkannten Genies wie Madame de Staël gehabt, und die war fast schon häßlich. Schönheit als solche bedeutete ihm wohl nicht viel.

Catherine hatte versucht herauszufinden, was ihn an sie fesselte, und mit gutaussehenden jungen Offizieren geflirtet, die mit ihren Koteletten, Schnurrbärten und breiten Schultern ihrem erotischen Ideal eher entsprachen als der hinkende Diplomat, dessen Charme sie zwar erkannte, aber nicht wirklich schätzen konnte.

Talleyrand war auf die jungen Männer nicht einmal eifersüchtig gewesen. Er hatte Catherine geradezu ermuntert, ihrem Vergnügen nachzugehen. Diese Gleichgültigkeit hatte sie bitter enttäuscht, und sie mußte sich fragen, ob sie an ihm vielleicht sogar mehr hing als er an ihr. Letztlich blieb er für sie unverständlich.

Während sie sich im Spiegel betrachtete, dachte sie, wie so oft in letzter Zeit, an die Möglichkeit, daß Talleyrand sich von ihr trennen könnte. Gab es überhaupt Gründe für ihn, das Verhältnis, das ja kaum noch eines war, fortzusetzen? Seine aristokratischen Freunde und Freundinnen blickten auf sie herab. Bonaparte betrachtete sie als Schandfleck. War es das vielleicht, was sie für ihn interessant machte? Catherine hatte in den letzten fünf Jahren immer wieder das Rätsel an ihrer Seite studiert. Nie hatte sie erraten können, was er dachte, was er wollte, was er fühlte. Deswegen waren ihre Geheimberichte an Fouché, derer sie sich nun mehr und mehr schämte, auch immer seltener geworden. Je länger sie Talleyrand kannte, desto klarer war ihr geworden, daß sie fast nichts von ihm wußte. Wegen ihrer Agententätigkeit hatte sie im übrigen kein schlechtes Gewissen. Nein, es war die Peinlichkeit. Ihre Berichte waren einfach nur lächerlich. Was sie über Talleyrand verraten konnte, war sowieso allen bekannt. Seufzend legte sie eine Kette ab und kramte im Malachitkästchen nach einer anderen.

Als sie wieder in den Spiegel blickte, stand er hinter ihr. Diese Fähigkeit, plötzlich aus dem Nichts aufzutauchen, hätte man einem Hinkenden nie zugetraut.

»Guten Abend, Madame de Talleyrand«, grüßte er sie.

Diese Anrede traf sie wie ein Hieb. Noch nie hatte er versucht, sie zu beleidigen: »Du beliebst zu scherzen. Ich mag das nicht. Ich weiß genau, daß du mich niemals heiraten würdest. Wenn du mich loswerden willst, nimm dich in acht. Ich weiß eine Menge über dich, was auch andere interessant finden würden. Ich würde dich übrigens auch nicht heiraten wollen, selbst, wenn du es mir anbötest.«

Catherine bemerkte, daß Talleyrand ihre Drohung höhnisch registriert hatte. Immerhin eine fast erträgliche Reaktion, denn Talleyrand war gegenüber Drohungen empfindlich. Nicht, weil er sie fürchtete, sondern weil er sie als Beleidigung empfand.

»Das ist aber schade«, erwiderte er, »denn ich habe den Termin für unsere Ziviltrauung auf den zehnten September festlegen lassen.«

Catherine drehte sich um und schaute Talleyrand ins Gesicht. Dies war nicht seine Art von Humor. Meinte er es etwa ernst?

Talleyrand blickte heiter lächelnd auf sie herab, sich mit der Hand an ihrer Stuhllehne abstützend.

»Du meinst es ernst? Warum willst du mich heiraten? Du hast mich doch nie wirklich geliebt. Du müßtest mich erst einmal fragen: Möglicherweise habe ich gar keine Lust, deine Frau zu werden.«

»Vielleicht heirate ich Sie, weil Bürger Fouché offenbar fürchtet, ohne die ehelichen Bande Ihre kleinen Agentenberichte zu verlieren, die Sie für ihn verfassen.«

Catherine erbleichte: »Woher weißt du das? Seit wann weißt du das?«

»Von Anfang an!«

»Warum hast du es nicht verhindert?«

Talleyrand war nun hochvergnügt: »Weil der Bürger Fouché mit Ihrer Hilfe mitunter Dinge zu lesen bekam, die er sonst niemals erfahren hätte und vor allem niemals geglaubt hätte, wenn er sie von mir persönlich erfahren hätte. Bürger Fouché ist ein kleiner Bourgeois, der seine Familie aufrichtig und wenig originell liebt. Es ist nicht gerade ein Kompliment für mich, daß er bei mir ähnliche Gefühle für Sie voraussetzte. Er meint offenbar, daß die Liebe zu blindem Vertrauen führt.«

Catherine hatte Talleyrand das Wort ›Liebe‹ noch nie in den Mund nehmen hören. Sie wunderte sich, daß er es gerade im Zusammenhang mit Fouché und dessen Familie zum ersten Mal erwähnte. »Würdest du mich auch heiraten, wenn ich diese Berichte nicht schreiben würde?«

»Aber gewiß. Oder glauben Sie wirklich, ich ließe mir von Bürger Fouché mein Privatleben diktieren? Nur irgendwelcher Manipulationsmöglichkeiten wegen würde ich keine Ehe eingehen.«

Diese Antwort genügte Catherine: »Wenn wir schon heiraten, dann will ich aber eine kirchliche Trauung. Wozu hast du sonst gerade das Konkordat abgeschlossen?«

»Es tut mir leid, aber das ist völlig ausgeschlossen. Ich bin ein geweihter Bischof, für mich kommt eine kirchlich sanktionierte Heirat nicht in Frage. Wenn man von unserer Eheschließung hört, wird man in Rom ohnehin ziemlich schockiert sein«, antwortete Talleyrand mit einem undurchdringlichen Lächeln.

»In Paris auch«, erwiderte Catherine trocken.

Talleyrand lachte: »Ihr Humor überrascht mich immer wieder. Sie werden, glaube ich, gehörig unterschätzt. Ich bitte Sie übrigens, für Fouché einen Bericht abzufassen, in dem Sie erklären, ich hätte behauptet, Fouchés Entlassung stünde bevor.«

»Steht sie denn bevor?«

»Noch nicht, aber bald, dafür werde ich jetzt sorgen. Dieser billige Triumph wird ihm noch leid tun.«

Fünf Tage nachdem die Eheschließung von Charles-Maurice de Talleyrand-Périgord und Catherine-Noël Worlée Grand im *Moniteur* bekanntgegeben worden war, wurde dem Bürger Joseph Fouché offiziell der Dank der Republik für seine Dienste als Polizeiminister ausgesprochen, und er wurde aufgefordert, sein Portefeuille abzugeben.

Schon der dritte kapitale Hirsch war mit blutunterlaufenen Augen aus dem Gebüsch auf die Lichtung gesprungen, ohne daß der Erste Konsul ihn hatte erlegen können. Sein Schuß krachte einen Moment zu spät. Die Kugel streifte den Zwölfender nicht einmal. Das Tier verschwand im Dickicht, wo es unweigerlich dem Heer der Treiber in die Arme laufen würde. Und diese würden den Hirsch zwingen, auf die Lichtung zurückzukehren, um vom französischen Staatsoberhaupt auf eine geradezu lächerliche Entfernung erneut verfehlt zu werden. Es war allgemein bekannt, daß der Erste Konsul zum Lesen eine Brille brauchte. Aber in der Öffentlichkeit trug er sie nie und traf daher auch nicht allzu oft. Man schrieb das Jahr 1804, das fünfte seiner Amtszeit.

Fouché fröstelte. Er sah nicht ein, daß der Staatsrat mitten im Winter seine Sitzungen an der frischen Luft abhalten sollte, nur weil der Erste Konsul meinte, seinem ohnehin eher kläglichen Jagdvergnügen nachgehen zu müssen. Mochte die Jagd auch ein Sport sein, so gab es für die übrigen Teilnehmer doch kaum Bewegung. Bevor der Erste Konsul nicht getroffen hatte, durfte kein anderes Mitglied der Jagdgesellschaft einen Schuß abgeben, und so hieß es warten und warten und von einem Fuß auf den anderen treten. Aus Erfahrung klug, hatten die Organisatoren schon alles getan, um die Entfernung zwischen dem Ersten Konsul und seinem Wild zu verringern, aber das Staatsoberhaupt wollte sich nicht lächerlich machen, indem es Hirsche aus knapp zwanzig Metern Entfernung verfehlte. Für die Treiber war das Risiko jetzt schon zu groß.

Gelangweilt schaute Fouché zu, wie der Kaiser sich von einem Sergeanten der Konsulargardejäger zu Fuß die vierte Flinte geben ließ, wie er sie probehalber anlegte, das Gesicht verzog und schließlich wieder nach einer neuen verlangte, seinen Mißerfolg auf die Waffen schiebend. Fouché hatte für die Jagd nichts übrig: eine typische Adelsbeschäftigung. Lohnte sich eine aristokratische Existenz überhaupt, wenn man dafür frieren mußte?

Den Ministern wurden langsam die Glieder steif, und so sprachen sie dem Cognac zu, der gereicht wurde. Gleichzeitig heuchelten sie Interesse am Verlauf der Jagd und fürchteten sich vor Bonapartes immer schlechter werdender Laune. Nur Talleyrand, der sich auf einen Elfenbeinstock mit silbernem Knauf lehnte, gab sich keine Mühe, seine Langeweile zu verbergen.

Nach einem erneuten Fehlschuß gab der Erste Konsul das Zeichen, daß man nun die »Sitzung« beginnen könne. Die Minister und Staatsräte drängten sich heran, während Bonaparte ein weiteres Mal anlegte und ohne sich umzudrehen barsch die Tagesordnung verkündete. Er hatte sich in den letzten vier Jahren verändert. Sein Haar war sehr viel schütterer geworden und seine Figur sehr viel rundlicher, ja, eigentlich fett. Er trug auch nur noch selten Zivilkleidung, sondern erschien überall im dunkelgrün-weißen Dienstanzug eines Obersten der Konsulargardejäger zu Pferde. Das militärische Gehabe beeindruckte Fouché nicht sonderlich. Die Generäle aber, die in ständiger Rivalität zu den Politikern am Kabinettstisch standen, waren entzückt.

Ohne ihn anzublicken, forderte der Erste Konsul Fouché auf, Bericht zu erstatten. Die schwindende Höflichkeit entsprach seinem sich steigernden imperialen Gestus. Kein Zufall, wie die meisten wußten. Bonaparte strebte den Kaisertitel an. Seit jenem Attentat in der Rue St. Nicaise vor vier Jahren war er von einer sich ständig steigernden Royalistenfurcht besessen, die so groß war, daß er sogar seine Jakobiner-Obsession darüber hatte vergessen können. Nur deshalb hatte er Fouché schweren Herzens zu Jahresbeginn wieder zurückgeholt: Ein Kaiser, ein ganz frischer zumal, brauchte einen höheren Grad an Sicherheit als das Oberhaupt einer bloßen Republik.

Und siehe da: Wie durch ein Wunder hatte Fouché seinem Dienstherrn kurz nach seinem neuerlichen Amtsantritt die bislang gefährlichste royalistische Verschwörung wie auf einem Silbertablett präsentieren können. Der seit langem gesuchte royalistische Anführer Georges Cadoudal war den Häschern des Polizeiministers endlich ins Netz gegangen. Vor allem aber hatte man den heimlich aus der Verbannung in Guayana zurückgekehrten Royalisten-General Pichegru verhaften können. Die beiden entpuppten sich als das Haupt eines neuen, von England aus gesteuerten Komplotts, in das auch General Moreau verwickelt war, der einzige Kriegsheld, der sich noch neben Bonaparte hatte halten können.

Fouché war zufrieden mit seinem Werk. Ohne seinen Stolz zu zeigen, las er dem versammelten Staatsrat die Protokolle der Verhöre Cadoudals vor: »Georges Cadoudal gibt zu, nach Paris gekommen zu sein, um den Ersten Konsul zu ermorden. Er sollte jedoch mit dem Attentat warten, bis ein Fürst in Paris angekommen sei.«

»Was für ein Fürst?« fragte Bonaparte und ließ das Gewehr sinken.

Hier stockte Fouché unmerklich, er haßte es, unvollständig unterrichtet zu sein: »Ein Fürst des Ancien régime. Cadoudal selbst ist sich über die Identität dieses Fürsten nicht im klaren.«

»Wahrscheinlich der Graf d'Artois«, mutmaßte Lebrun, Dritter Konsul und Großschatzmeister, »er verkündet schließlich öffentlich, sechzig gedungene Mörder auf das Leben des Ersten Konsuls angesetzt zu haben.«

»Sie glauben im Ernst, der Bruder Ludwigs XVI. würde nach Paris kommen? Der ist doch während der Revolution als einer der ersten geflohen!« schnaubte der Erste Konsul verächtlich. »Wir brauchen den Namen dieses Fürsten, Fouché! Stellen Sie sich vor, er taucht in Frankreich auf, wenn ich auf einem Feldzug bin, und zettelt einen Aufstand an. Sie wissen, wie das einfache Volk reagiert, wenn es einen Nachkommen des heiligen Ludwig zu sehen bekommt.«

Verschiedene Minister machten Vorschläge, wer der geheimnisvolle Fürst wohl sein könnte, während Bonaparte erneut anlegte, um auf einen Hirsch zu zielen. Doch die genannten Royalisten waren alle entweder zu jung oder zu alt, zu krank, zu weit weg oder schlicht zu dumm, um in Frage zu kommen. Schließlich warf Talleyrand, der sich sonst nie an solchen Spekulationen beteiligte, mit gleichgültiger Miene ein: »Der Herzog von Enghien befindet sich in Ettenheim.«

Ein Schuß fiel, und frischer Pulverdampf stieg den Anwesenden in die Nase. General Berthier, der Kriegsminister, fragte: »Wer ist der Herzog von Enghien?«

Für einen Haudegen der Revolutionskriege hatte ein historischer Name wie »Enghien« keine Bedeutung. Er hätte ebenso der Titel einer romantischen Novelle wie einer neuen Speiseeis-Kreation sein können.

»Der Herzog von Enghien,« antwortete Cambacérès, Zweiter Konsul und Jurist, mit der kaum verhohlenen Häme des zivilen Politikers, »ist der jeweilige Erbe des Hauses Condé, welches die wichtigste Familie der Prinzen von Geblüt neben dem Hause Orléans ist. Ein »Prinz von Geblüt« ist der Vertreter einer Nebenlinie des Hauses Bourbon. Wenn die Hauptlinie des Hauses Bourbon ausstürbe und auch das Haus Orléans einginge, dann wäre der Fürst von Condé der Anwärter auf den französischen Thron und der Herzog von Enghien sein Sohn und Nachfolger. Ein Herzog von Enghien könnte also durchaus einmal die Krone Frankreichs tragen. Nach den Familien Bourbon und Orléans gibt es kein edleres Haus in Frankreich als das der Fürsten Condé.«

Cambacérès hatte sich so sehr in Fahrt geredet, daß er die merkwürdige Stille, die sich um ihn ausgebreitet hatte, gar nicht bemerkte. Zu spät registrierte er die versteinerten Mienen um sich herum. Nur Talleyrand und Fouché waren amüsiert. Ein Königsmörder, der im Konvent für die Hinrichtung Ludwigs XVI. gestimmt hatte, entpuppte sich als verkappter Royalist.

Verzweifelt fuhr Cambacérès fort: »Ich meine natürlich, daß, wenn Frankreich noch eine Monarchie wäre, was es ja nicht mehr ist, wie wir ja alle wissen, dann, aber auch nur dann, wäre der Herzog von Enghien theoretisch …«

Er verstummte und senkte den Kopf. Sein Versuch, die Situation zu retten, hatte ihn noch tiefer ins Abseits gestoßen. Alle Anwesenden wußten, daß Bonaparte die Errichtung des Kaiserreichs plante. Schon bald würde Frankreich wieder Monarchie sein, aber keine legitime, deren Loblied Cambacérès eben unabsichtlich gesungen hatte.

Bonaparte wandte sich an Talleyrand, ohne auf das Gewehr zu achten, das ihm der Sergeant hinhielt: »Natürlich, von Ettenheim ist es nicht weit zur Grenze, in Ettenheim sind auch noch andere Emigranten versammelt. Es wäre der ideale Ort, um von außen eine Verschwörung zu organisieren.«

Talleyrand ergänzte: »Es geht das Gerücht, der Herzog betrete hin und wieder inkognito französisches Staatsgebiet.«

»Aha«, brüllte Bonaparte und ergriff die ihm dargebotene Flinte am Lauf, »da haben wir es. Der unbekannte Fürst, der Anführer der royalistischen Verschwörung. Das wird er büßen!«

Fouché verfolgte das Ganze mit wachsender Erregung. Dank seiner ausgeprägten Royalistenmanie war Bonaparte extrem leicht zu manipulieren. Talleyrand spielte offenbar absichtlich mit dem Feuer. Er lenkte den Verdacht auf Enghien, und das konnte dessen Tod zur Folge haben. Aus welchen Gründen auch immer wünschte Talleyrand anscheinend die Beseitigung dieses Herzogs und damit das Ende des Hauses Condé. Denn Louis Antoine de Bourbon-Condé, Herzog von Enghien, hatte keine Geschwister. Er war der letzte der Condés. Schon vor vier Jahren hatte Talleyrand scheinbar grundlos den Haß Bonapartes gegen die Royalisten geschürt. Jetzt schien er konkretere Ziele zu verfolgen. Talleyrand verfügte über ein eigenes Agentennetz, aber Fouché hatte erst kürzlich einen von den für den Außenminister bestimmten Agentenberichten gelesen, denn er ließ sie abfangen und kopieren. Dieser Bericht hatte den Aktivitäten des Herzogs von Enghien gegolten, auf den Talleyrand seine Spione angesetzt hatte. Der Agent hatte gemeldet, daß die Gerüchte über die heimlichen Grenzübertritte des Herzogs von Enghien unwahr seien. Enghien war zuletzt als Kind vor der Revolution in Frankreich gewesen. Talleyrand hatte also eben mit Absicht gelogen, um den Verdacht auf den Herzog zu lenken. Dieser war in Wahrheit eine völlig harmlose Figur, und der Außenminister wußte das. Was Fouché aber am meisten beunruhigte, war die Wendung in Talleyrands Taktik: Blut hatte er noch nie vergossen.

Bonaparte traf seine Entscheidung schnell: »General Berthier, wir haben heute den zehnten März. Schicken Sie General Ordener nach Straßburg. Er soll mit mehreren Abteilungen Dragonern die Stadt Ettenheim besetzen, Enghien gefangennehmen und in die Festung Vincennes bringen, wo ihm der Prozeß gemacht werden wird. Die ganze Aktion muß bis zum vierzehnten März abgeschlossen sein. Da Eile nottut, reicht ein Militärgericht aus, das sofort zusammentritt, wenn Enghien in Vincennes eintrifft, egal wie spät es ist. Keine, nicht einmal militärische Öffentlichkeit wird zugelassen. Nach Verkündung wird das Urteil sofort vollstreckt.«

»Das ist völkerrechtlich nicht unbedenklich«, wandte Cambacérès ein. »Ettenheim liegt in einem anderen Staat, der noch dazu neutral ist. Enghiens Schuld ist nicht bewiesen. Ein Militärprozeß unter diesen Umständen könnte im Ausland den Eindruck der Willkür hervorrufen. Ich empfehle daher ein anderes Vorgehen …«

Der Erste Konsul und künftige Kaiser schnitt seinem Justizexperten barsch das Wort ab: »Seit wann liegen Ihnen die Bourbonen so sehr am Herzen, Cambacérès?«

Noch bevor der Zweite Konsul antworten konnte, knackte es im Unterholz und ein Hirsch floh zurück in den Wald.

Am Mittag des einundzwanzigsten März erschien Alexandre Blanc d'Hauterive, einer von jenen eleganten jungen Aristokraten, mit denen sich Talleyrand mehr und mehr im Außenministerium umgab, zur üblichen Arbeitsbesprechung mit dem Minister. Er zupfte sich die Krawatte zurecht und blickte noch einmal in den Spiegel. Eigentlich hätte ihm diese Veranstaltung schon zur Routine geworden sein müssen, doch konnte er sich noch immer nicht von der leichten Aufregung befreien, die ihn befiel, wenn er dem Außenminister Auge in Auge gegenüberstand. Talleyrand war ein Mann, den er nur bewundern konnte. Seine Gelassenheit, seine Stilsicherheit, sein Charme, sein Esprit, seine sprachliche Gewandtheit, alles an ihm schien vollkommen. Immer wieder ertappte sich Blanc d'Hauterive dabei, wie er ihn imitierte, seine Methode, die Krawatte zu binden, seine Kopfhaltung, sein leichtes Schmunzeln, die Art, wie er für einen Sekundenbruchteil die Lider etwas anhob und damit seinen Augen ein eigentümliches Funkeln verlieh, wenn er besonders anziehend wirken wollte oder sich sehr amüsierte. Selbst den Gang des Außenministers hatte d'Hauterive schon unwillkürlich nachgeahmt, jenes überirdische Schweben, das sich erst auf den zweiten Blick als Hinken entpuppte. Seit er ihn kennengelernt hatte, verfolgte d'Hauterive nur noch das Ziel, seinem Idol möglichst ähnlich zu werden. Ein Lächeln, ein Augenzwinkern von Talleyrand konnte d'Hauterive eine ganze Woche lang glücklich machen, ein Lob des Meisters gar hielt für einen Monat vor.

Während d'Hauterive sich auf die Begegnung vorbereitete, fiel sein Auge auf einen Tisch, wo gerade die neuste Ausgabe des *Moniteur* lag. Gedankenverloren blätterte d'Hauterive darin, bis sein Blick auf die Meldung fiel, daß der Herzog von Enghien in der vorangegangenen Nacht von einem Militärgericht abgeurteilt und anschließend im Festungsgraben von Vincennes durch einen Erschießungspeloton hingerichtet worden sei. Eine Verhaftung auf neutralem Gebiet und ohne ordentliches Gerichtsverfahren: ein Akt reiner Willkür!

Völlig schockiert stürmte er in Talleyrands Arbeitszimmer, wo er den Minister nicht in Akten vertieft, sondern bei der Lektüre von David Humes *Geschichte Englands* vorfand. Der Außenminister, der selbstverständlich nur mit angemeldeten Gästen sprach, ließ den Eindringling, den er eigentlich ohnehin gleich empfangen hätte, für diesen Affront geschlagene zwölf Minuten stehen. Dann erst geruhte er, den vor Scham erröteten jungen Mann zu bemerken: »Ich grüße Sie, Monsieur d'Hauterive. Was ist denn mit Ihnen los? Sie sehen aus, als hätte es ein Erdbeben gegeben.«

D'Hauterive's Bestürzung über den Tod des jungen Herzogs brach sich die Bahn: »Haben Sie heute nicht den *Moniteur* gelesen, Monsieur? Man hat den Herzog von Enghien entführt und umbringen lassen. Das ist glatter Mord!«

Talleyrands Reaktion brachte den jungen Diplomaten vollends aus der Fassung: »D'Hauterive, Sie wissen offenbar nicht, wovon sie reden. Es hat eine polizeiliche Aktion gegeben, in deren Verlauf französische Dragoner zur Aufrechterhaltung der öffentlichen Ordnung gezwungen waren, fremdes Staatsgebiet kurzfristig zu betreten. Sie haben es nach wenigen Stunden, ohne auch nur einen leichten Sachschaden anzurichten, wieder verlassen. Ein emigrantischer Verschwörer wurde erfolgreich festgenommen und im Anschluß an einen förmlichen Prozeß seiner Strafe zugeführt. Ich sehe darin nichts Ungewöhnliches und erwarte eine entsprechende Haltung auch von Ihnen, d'Hauterive. Dies ist der offizielle Standpunkt der Republik, und ich gehe selbstverständlich davon aus, daß auch Sie, mein lieber d'Hauterive, unsere Linie mit gewohnter Loyalität vertreten werden.«

D'Hauterive war den Tränen nahe: »Ich bin verwirrt. Offengestanden hätte ich diese Sicht von Ihnen nicht erwartet. Sie wissen, wie groß meine Hingabe an Sie ist.«

»D'Hauterive, ich wünsche nichts mehr von dieser Affäre zu hören. Sie ist abgeschlossen.«

»Bitte, Monsieur de Talleyrand, zerstören Sie nicht mein beinahe grenzenloses Vertrauen. Ich weiß, daß Sie oft zu Täuschungen greifen müssen. Doch mir gegenüber waren Sie bis jetzt immer ganz offen. Sagen Sie mir die Wahrheit, ob diese Tat Ihre Billigung findet.«

Zum ersten Mal spürte d'Hauterive eine Wand zwischen sich und dem Minister. Talleyrand hatte sich in keiner Weise verändert, seine Körperhaltung war die gleiche, auch seine Gesichtszüge hatten sich kaum bewegt. Dennoch war er jetzt verschlossen, abweisend, fast herausfordernd. Seine Augen wieder dem Buch zuwendend, bemerkte Talleyrand: »Sie vergessen sich, d'Hauterive. In Anbetracht Ihrer Erregung verzichte ich heute auf Ihren Vortrag. Zwei Wochen Urlaub auf dem Lande werden Ihre Nerven wieder beruhigen.«

D'Hauterive murmelte eine Entschuldigung und verließ seinen Vorgesetzten.

Edmond stand ganz vorn am Bug und ließ sich von dem ohrenbetäubenden Krachen und Klatschen gefangennehmen. Schon seit über einer Stunde lehnte er sich über die Bordwand und starrte gebannt auf das Schauspiel, wie sich das Schiff hob und senkte, spritzend auf die Wellen aufprallte und, so glaubte Edmond, manchmal in ihnen zu versinken drohte. Doch gerade dann richtete sich der Bug am höchsten auf, und Edmond mußte sich an der Bordwand festhalten, um nicht rückwärts aufs Deck geschleudert zu werden. Wenn er sich so mit ausgestreckten Armen zurücklehnte, meinte er den Wind selbst zu greifen. In regelmäßigen Abständen leckte er sich das Salz von den Lippen, das Salz, das ihm in alle Poren zu kriechen schien und sein Gesicht mit einem feinen, doch stählernen Netz bedeckte, fast, als zöge sich seine Haut zusammen. Und je gieriger er das Salz leckte, desto mehr wünschte er sich, daß diese Fahrt niemals enden würde. Edmond hatte schon oft von der grenzenlosen Freiheit des Meeres reden hören, von der Wucht der Elemente, und nie verstanden, was gemeint war. Nun aber wußte er es und spürte eine leise Furcht, er könne dieses Wissen wieder verlieren, vergessen, was er hier so unverhofft und selbstverständlich erlebt hatte. Strenggenommen war es nicht seine erste Begegnung mit der See: Als kleines Kind war er während der Revolution mit der Familie von Calais nach Dover übergesetzt, aber daran konnte er sich nicht mehr erinnern.

In der Ferne zeichneten sich die Umrisse der englischen Blockadeschiffe ab, die auf der Nordsee kreuzten und alle Schiffe aufbrachten, die französische Waren an Bord hatten. Windschnittige Fregatten, oft von Privatleuten finanziert, die sich reiche Prisen versprachen. Ein Kaperschiff auf eigene Kosten auszurüsten, konnte einem englischen *gentleman* nicht nur den Ritterschlag, sondern auch ein Vermögen einbringen. Mehr aber als die leichten Fregatten bewunderte Edmond die großen Linienschiffe der englischen Flotte, diese riesigen Ungetüme der See mit ihren drei Kanonendecks übereinander. Obwohl sie bis zu hundert Geschütze luden, standen sie den Fregatten an Geschwindigkeit in nichts nach. Edmond hatte sie einmal bei einer Flottenparade vor Portsmouth erlebt. Einundzwanzig hintereinander mit ihren schwarzgelben Längsstreifen, die sich wie ein künstliches Gebirge schnurgerade durch das Wasser schoben und nacheinander einundzwanzig Schuß Salut für ihren König abgaben.

Da, tatsächlich tauchte eins auf, das unter vollen Segeln dahinglitt. Edmond fragte sich, ob wohl Admiral Nelson an Bord sei, aber er konnte die Beflaggung nicht erkennen und daher auch keinen Admiralsstander ausmachen. Lord Nelson! Wie sehr verehrte Edmond diesen Helden. Edmond hielt sich ein Auge zu, um seinem Idol ähnlich zu sein, das ein Auge in der Schlacht verloren hatte. Doch dies hatte Nelson nicht gehindert, Englands größter Admiral zu werden. In der Schlacht von Kopenhagen hatte Admiral Hyde Parker den Rückzugsbefehl gegeben und die halbe Flotte war ihm gefolgt, nur Nelsons Geschwader war unbeirrt auf die dänischen Küstenbatterien zugesegelt. Als seine Kapitäne Nelson auf das Signal des Oberkommandierenden hingewiesen hatten, hatte dieser sein Fernrohr vor sein blindes Auge gehalten und gesagt: »Ich sehe kein Signal.« Es war ihm gelungen, trotz zahlenmäßiger Unterlegenheit die dänische Flotte auszuschalten. Edmond hielt sich ein imaginäres Fernrohr vors Auge und stellte sich die weißen Parlamentärsfahnen des dänischen Kronprinzen vor, dessen Barke auf Nelsons Flaggschiff zuruderte.

Von herbstlichen Winden getrieben machte der Postsegler glänzende Fahrt. Das mußte er auch, wenn Archambaud de Talleyrand-Périgord und sein Sohn Edmond noch rechtzeitig vor Napoleons Kaiserkrönung am zweiten Dezember 1804 in Paris sein wollten.

Für die Rückkehrer war es von Vorteil, dem Herrscher bei diesem Ereignis ihre Aufwartung zu machen. Die Reise ging über Hamburg, wo Archambauds Bruder, Außenminister Talleyrand, ausgezeichnete Geschäftsverbindungen hatte, und dann nach Holland. Wegen des wieder ausgebrochenen Krieges konnte man nicht mehr direkt von England nach Frankreich wechseln. Man hatte sogar gefürchtet, daß die Engländer Archambaud und seinem jüngeren Sohn die Ausreise verbieten würden. Erst im letzten Moment hatten Archambaud und Edmond die ihnen bereits verweigerten Pässe doch noch ausgehändigt bekommen. Es schien Edmond, als hätte eine unsichtbare Macht sich eingemischt, doch welche Macht dies gewesen sein könnte, fragte sich Edmond nicht.

Edmond erschrak, als er bemerkte, daß plötzlich jemand neben ihm stand. Es war sein Vater. Edmond fühlte sich augenblicklich unwohl. Es kam sonst nie vor, daß der strenge und ewig übelgelaunte Mann seine Nähe suchte, und unwillkürlich erwartete der Sohn einen Tadel, eine der vielen Zurechtweisungen, über deren Berechtigung er längst nachzudenken aufgegeben hatte. Edmond wußte, daß sein Vater unter dem Unrecht der Revolution litt, unter den »Barbaren«, die seine Schlösser geplündert und an Kriegsgewinnler verschachert hatten, unter der Armut und dem Leben in der Fremde, deren Sprache zu lernen sich der Vater beharrlich weigerte. Edmond hatte gelernt, diesem Seelenzustand des Vaters den geschuldeten Respekt zu zollen, gänzlich verstehen konnte er ihn nicht. Edmond war in England aufgewachsen und liebte es. Es schien ihm ein Land wie geschaffen für junge Männer: Fast glühend bewunderte er den Prince of Wales, der in volltrunkenem Zustand in einem Achtspänner die

Strecke von London nach Brighton in Rekordzeit zurückgelegt hatte. Begeistert verfolgte er die Boxkämpfe, ein Sport, in dem er es selbst unter seinen jungen Gefährten zu einiger Meisterschaft gebracht hatte. Als sein Vater dies gehört hatte, war er in Wut entbrannt und hatte seinem Sohn das Boxen verboten: In Frankreich prügelten sich nur die Bauern. Aber was in Frankreich geschah, war für Edmond nicht so wichtig. So hatte er heimlich und mit schlechtem Gewissen weiterhin an den Kämpfen in der Schule teilgenommen. Die stete Furcht, eine Schramme oder ein blaues Auge könnten seine heimliche Leidenschaft verraten, hatte ihn angespornt, seine technischen Fähigkeiten immer mehr zu vervollkommnen.

Edmond hatte früh begriffen, daß er von seinem Vater weder Bestätigung noch Zuneigung erwarten durfte. Er war der jüngere Sohn und mußte sich mit seinem Schicksal abfinden. Das hatte man ihm von klein auf eingetrichtert. Manchmal aber fragte sich Edmond, warum Louis, sein älterer Bruder, von seinem Vater genau so wenig geliebt wurde wie er selbst. Schließlich haftete ihm der Makel der Zweitgeburt nicht an. Edmond liebte Louis ebenso abgöttisch wie hilflos. Louis war, wie jeder wußte, klug. Er sprach Englisch wie die Engländer, während Edmond seinen Akzent nie ganz ablegen konnte. Louis las in Büchern, von denen keiner auch nur gehört hatte, und kannte Antworten auf alle Fragen, Antworten, die selbst sehr Schwieriges leicht erklärten. Trotz seiner körperlichen Schwäche war der Bruder furchtlos. Louis widersprach dem Vater zwischen seinen Hustenanfällen, und gegenüber seinem eisigen Sarkasmus verblaßte die scheinbar so imposante Zornesgewalt Archambauds. Aber Louis war sehr krank und bedurfte ständiger ärztlicher Betreuung und teurer

Medizin. Er konnte daher die Reise nicht mit dem schnellen Postsegler antreten, sondern mußte mit einem langsameren, bequemeren Schiff vorlieb nehmen. Der Vater verübelte Louis die Krankheit – dies fühlte Edmond mehr, als daß er es hätte aussprechen können –, weil sie Archambauds eigenes Leid in den Schatten zu stellen drohte. So beklagte der Vater ständig die ungeheuren Behandlungskosten, dabei war doch immer Geld da. Auch dies verstand Edmond nicht: Gewiß lebte man nicht auf großem Fuße, aber was Archambaud besaß, war eines *gentleman* würdig, und den meisten anderen Emigranten ging es deutlich schlechter. Louis hatte einmal etwas von Geldanweisungen aus Hamburg angedeutet, doch Edmond hatte nie danach zu fragen gewagt.

Der Vater schwieg, während er zerstreut aufs Meer hinausblickte. Mit zweiundvierzig war er immer noch ein sehr gutaussehender Mann, der die Blicke der Frauen auf sich zog und alle sich daraus ergebenden Vorteile nutzte. Gezielt setzte er einen Hauch jener allen Emigranten eigenen Melancholie ein, wenn es darum ging, englische Damen zu verführen. Wirklich melancholisch war Archambaud jedoch nicht, eher haßerfüllt und rachsüchtig.

»Es ist eine Schande, daß wir in ein Frankreich zurückkehren, das von einem italienischen Usurpator regiert wird. Dieser Bonipartini taugt gerade dazu, einen Dienstboten in einer *opera buffa* abzugeben.«

Edmond kannte seines Vaters Neigung, Witze zu machen, über die man nicht lachen konnte. Archambaud hatte überhaupt keinen Esprit; ein Umstand, dessen er sich leider nicht bewußt war. Edmond, der Napoleon bewunderte, spürte die Nervosität seines Vaters und beschloß, ein Thema anzuschneiden, das ihm neutral schien und überdies Freude bereitete: »Ist das Meer nicht wunderschön? Ich bin fest entschlossen, der Marine beizutreten.« Edmond strahlte über seinen Geistesblitz. »Hatten wir nicht einen Onkel, der zur See fuhr?«

»Ja, und der ist dann auch am tropischen Fieber gestorben. Edmond, ich muß mich immer wieder über deinen Mangel an Intelligenz wundern. Kein vernünftiger Mensch will zur Marine. Dort ist man entweder immer auf See oder sitzt in fernen Marinestützpunkten fest – jedenfalls ist man weit weg von Paris und dem Hof. Glücklicherweise hat dein Onkel das nicht gehört, dem habe ich nämlich mitgeteilt, daß er einen geistreichen und begabten jungen Neffen zu erwarten hat. Vielleicht hätte ich ihm solche Märchen wohl doch nicht auftischen sollen.«

Edmond überhörte diese Worte aus langer Übung, bis auf die ungewohnte Formulierung »dein Onkel.« Sonst sprach Archambaud immer nur von »meinem Herrn Bruder, dem Bischof von Autun« – einer der wenigen Witze des Vaters, über die gelacht wurde, wenngleich nur in Emigrantenkreisen und nie ohne Bitterkeit. Jetzt wußte Edmond, welches Thema erwünscht war. Er paßte sich instinktiv der neuen Sprachregelung an: »Ist der Onkel eigentlich verheiratet?«

Archambaud zögerte und verzog den Mund. Edmond merkte, daß er schon wieder etwas falsch gemacht hatte. Schließlich erwiderte der Vater: »Ja.«

Obwohl Edmond klar war, daß er den Ärger Archambauds heraufbeschwor, war seine Neugier auf den geheimnisvollen Onkel unbezwingbar, über den man bisher stets geschwiegen oder nur in dunklen Andeutungen gesprochen hatte und der nun so unverhofft wie wohltätig in ihr Leben getreten war.

»Hat der Onkel Kinder?«

»Nur ein paar Bastarde, so weit ich weiß: einen mit der Gräfin von Flahaut, die du kennengelernt hast. Sie schreibt Romane. Und einen mit einer Madame Delacroix.«

Edmond war erleichtert: Er hatte ein Thema angeschlagen, daß sein Vater liebte, Gesellschaftsklatsch. Die dunklen Wolken waren vorbeigezogen, der befürchtete Zornesausbruch abgewendet.

»Dein Onkel führt ein recht aktives Liebesleben«, fügte Archambaud, der sich auf diesem Gebiet für einen ausgesprochenen Kenner hielt, hinzu und verzog leicht spöttisch das Gesicht. »Aber die Frauen, die er auswählt, haben gewöhnlich irgendeinen auffälligen Makel. Die Gräfin Flahaut ist so blaß und fade wie ihre Romane, die ich übrigens noch nie gelesen habe. Madame de Staël – die Tochter des früheren Bankiers und Finanzministers Neckers übrigens – grobschlächtig und geradezu häßlich, dazu von der angeblich eigenen Intelligenz berauscht, vielleicht das Schlimmste, was einem mit Frauen passieren kann. Sie schreibt natürlich auch Romane. Und seine jetzige Ehefrau, angeblich ganz passabel aussehend, aber von gnadenloser Dummheit, schreibt ausnahmsweise keine Romane.« Archambaud lachte und rieb sich vergnügt die Hände: »So ganz richtig kriegt er das mit den Frauen offensichtlich nicht hin.«

»Stimmt es, daß er einen Klumpfuß hat?«

»Es heißt, er sei als kleines Kind von der Kommode gefallen. Ein Klumpfuß ist es wohl nicht, der wäre ja erblich. Sieht jedenfalls ziemlich unappetitlich aus, das Ding, obwohl er halbwegs gelernt hat, damit umzugehen, so daß sein Anblick nicht allzu beleidigend für zartere Gemüter ist.«

Edmond setzte sein Fragespiel fort: »Wie alt ist der Onkel eigentlich?«

»Fünfzig, glaube ich. Ja, er ist dieses Jahr fünfzig geworden. Er ist kein junger Mann mehr, soll aber – abgesehen von seinem Fuß – körperlich noch völlig in Ordnung sein.«

»Dann ist der Onkel ja acht Jahre älter als Sie, Vater!«

Das war ungeschickt. Archambaud, der die ganze Zeit aufs Meer geblickt hatte, drehte sich blitzschnell zu seinem Sohn um und zischte: »Sieh an, der junge Mann kann inzwischen auch noch rechnen. Natürlich ist Charles-Maurice älter als ich, das ist doch bekannt. Hörst du denn nie hin, wenn von wichtigen Dingen die Rede ist? Wieso stellst du mir überhaupt diese beleidigenden Fragen über deinen Onkel, der uns so viel Gutes getan hat. Willst du, daß ich mich mit dir schämen muß, wenn wir in Paris sind? Auch wenn du nur der jüngere Sohn bist, so ruht auch auf dir Verantwortung für das Ansehen der Familie. Vergiß das nie!«

Archambaud schwieg, schob dann aber widerwillig eine Erläuterung nach: »Meine Eltern haben damals die schwere Entscheidung getroffen, Titel und Erbe auf mich, ihren zweiten Sohn, übergehen zu lassen. Vielleicht, weil sie glaubten, Charles-Maurice würde seines Gebrechens wegen die Pflichten eines Familienoberhauptes nicht erfüllen können. Es war ein Akt der Nächstenliebe, und es geziemt uns nicht, ihn anzuzweifeln.«

Edmond und Archambaud saßen in einem eleganten Salon, in den sie ein Diener mit Livree und Perücke geführt hatte. Der Herr Außenminister hätte sich offensichtlich bei der Staatsratssitzung verspätet und würde sich bald einfinden. Edmond dachte, daß Talleyrands Frau sie ja stattdessen hätte begrüßen können, aber daran schien offenbar niemand zu denken. Archambaud saß ganz am Rand seines Sessels und war sogar zu nervös, um seine übliche Reizbarkeit an seinem Sohn auszulassen. Edmond war von diesem Schauspiel fasziniert, in den letzten drei Wochen hatte sich sein Vater scheinbar völlig verwandelt. Er hatte ihn noch nie unsicher oder verschüchtert erlebt.

Überhaupt war alles auf dieser Reise bemerkenswert. Wohin sie auch kamen, waren sie bereits angekündigt gewesen, hatten französische Staatsbeamte, einheimische Würdenträger oder auch die Agenten Talleyrands sie empfangen. Überall hatte man sich um sie gekümmert, ihnen alle Pflichten abgenommen, ihnen einen ehrenvollen Empfang bereitet. An jedem noch so kleinen Ort hatte der Name ›Talleyrand‹ wie ein Zauberwort geklungen. Dies aber war der Höhepunkt: das prachtvolle Haus des Onkels. Archambaud und Edmond hatten sich unterwegs völlig neu eingekleidet. Äußerlich fügten sie sich in die neue Umgebung mühelos ein. Dennoch erfaßte Edmond ein gewisses Unbehagen bei der Vorstellung, in der neuen, vom Onkel bezahlten Garderobe vor diesem zu erscheinen. Die einfacheren Kleider des Exils mit ihrem englischen Schnitt und Tuch kamen ihm schicklicher vor.

Eine unerwartet tiefe und freundliche Stimme ließ die beiden Gäste aufschrecken: Talleyrand stand im Raum. Archambaud eilte auf ihn zu, ergriff seine Hand und stellte dann Edmond vor. Talleyrand begrüßte ihn aufs herzlichste, erkundigte sich nach allen Details der Reise und der Ankunft und verwickelte die beiden sofort in ein zwangloses Gespräch. Er kannte den Postsegler nach Hamburg, auch England war ihm sehr vertraut, und wie Edmond nun erfuhr, hatte sein Onkel eine Zeitlang dort gelebt. Talleyrand und Archambaud waren sich auf britischem Boden aber nie begegnet. Edmond folgerte, daß das letzte Zusammentreffen der Brüder sechzehn Jahre zurücklag. Es hatte anläßlich der Begräbnisfeierlichkeiten ihres Vaters stattgefunden.

Talleyrands heitere Art, das Interesse, das er an allem zeigte, was sie zu erzählen hatten, auch die Selbstverständlichkeit, mit der er Edmond ins Gespäch zog und seinen Äußerungen mit Aufmerksamkeit folgte, machten auf den Neffen einen tiefen Eindruck. Von Archambaud fiel alle Beklommenheit ab. Nach wenigen Minuten machte er schon wieder seine Witze und begann das Gespräch an sich zu reißen. Selbst das Thema Revolution, das er anfangs peinlichst vermieden hatte, schnitt er nun an, und schwadronierte darüber, daß ihm sein rechtmäßiges Erbe zurückgegeben werden müßte, alle Besitztümer, die der Familie zustünden und die man ihm geraubt hätte.

Talleyrand erwiderte: »Es ist mir tatsächlich gelungen, einige der Besitzungen zurückzuerhalten, vor allem die profitablen und diejenigen, die mit einer besonderen Tradition behaftet sind. Die meisten mußte ich allerdings von den neuen Besitzern kaufen. Dies ist aber eher ein Vorteil, denn nun sind wir die Hypotheken los, die unsere Eltern fast aufgefressen haben.«

An Edmond gewandt, erklärte er lächelnd: »Sie müssen wissen, Edmond, daß die Familie Talleyrand-Périgord zwar zu den edelsten Frankreichs gehört, daß wir aber arm waren wie die Kirchenmäuse. Die Güter waren völlig verschuldet, und trotz ihrer Hofämter und königlichen Pensionen machten meine Eltern öfter, als ihnen lieb sein konnte, Bekanntschaft mit dem Pfandleiher.«

Edmond staunte nicht schlecht: Nach allen Erzählungen Archambauds hatte man vor 1789 in verschwenderischer Pracht und schier märchenhaftem Reichtum gelebt. Da man auf diese Weise nun zu Geschäftlichem übergegangen war, begann Talleyrand in aller Offenheit Familienangelegenheiten zu diskutieren. Edmonds Anwesenheit war für ihn dabei offenbar kein Problem, während Archambaud diese Dinge lieber nicht in Anwesenheit seines Sohnes besprochen hätte. »Wir werden die beiden jungen Herren wohl bald verheiraten müssen«, begann Talleyrand. »Die Situation ist im Moment sehr günstig. Ich habe Ihnen ja vor Monaten schon geschrieben, daß ich bereits eine große Erbin für Louis in Aussicht habe. Sie ist erst zwölf, wird aber eine glänzende Partie sein, die ihm in Europa viele Türen öffnen wird, wie es dem Erben des Hauses Périgord zukommt.«

Archambaud räusperte sich: »Wir sollten eine entsprechende Heirat auch für Edmond ins Auge fassen.«

Talleyrand erwiderte mit einem kaum spürbaren Erstaunen: »Ja, natürlich, das ist doch ganz selbstverständlich. Aber, wie ich Ihnen nicht zu sagen brauche, sind die Chancen für die älteren Brüder gewöhnlich besser.« An Edmond gewandt, erläuterte er: »Ich kann es offen aussprechen: Ich habe Sie selbstverständlich in meinem Testament bedacht, Edmond, Sie sind mein Neffe. Aber der Haupterbe auch meines Besitzes wird Louis sein, das künftige Familienoberhaupt. Doch keine Angst, es wird gut für Sie gesorgt sein.«

Edmond kannte seinen Vater, seine Bemerkung hatte einen ganz bestimmten Grund, den Talleyrand offensichtlich noch nicht erfaßt hatte. Auch Edmond tappte im dunkeln, während ihn ein leichter Argwohn erfaßte. Archambaud fühlte sich in seiner Haut sichtbar unwohl, als er deutlicher wurde: »Louis wird wohl nie das Familienoberhaupt werden. Er kann sich glücklich schätzen, wenn er noch drei Jahre durchhält. Und das auch nur, wenn wir ihn umgehend in ein südliches Klima schicken. Hier wäre er binnen eines Jahres tot. Die englische Feuchtigkeit war immer Gift für ihn.«

Talleyrand wurde ein wenig steifer und förmlicher: »Das volle Ausmaß seiner Krankheit war mir bisher nicht bekannt. Daß Louis ein Todgeweihter ist, ging aus Ihren Schilderungen nie hervor, Archambaud. In dem Fall wird das Erbe ja wohl zwangsläufig auf den jüngeren Bruder übergehen, der dann auch unser Heiratskandidat ist. Keine europäische Hochadelsfamilie würde eine große Erbin so leicht in die Ehe mit einem Sterbenden schicken. Das wissen Sie genauso gut wie ich, mein lieber Archambaud. Es ist immerhin ein Glück, daß sich dieses Mißverständnis nun gerade noch rechtzeitig aufklärt. Die Schritte, die ich eigentlich schon vor einem Vierteljahr hatte unternehmen wollen, haben sich wegen der allgemeinen politischen Lage und wegen des neu ausgebrochenen Krieges verzögert. Wenn ich meine ursprünglichen Pläne weiter verfolgt hätte, dann hätten wir doch ein wenig zu sehr wie Mitgiftjäger in einer italienischen Komödie ausgesehen.«

Archambaud standen Schweißperlen auf der Stirn, er murmelte etwas Zustimmendes.

Talleyrand erhob sich: »Die weiteren geschäftlichen Dinge wird mein Verwalter mit Ihnen besprechen, Archambaud. Ich fürchte, Ihnen zum Abschluß noch eine unangenehme Entdeckung machen zu müssen. Der Kaiser wünscht, daß Sie sich vorläufig nicht allzu oft in Paris aufhalten: Ihm sind da gewisse Bemerkungen zu Ohren gekommen. Auch weiß er, daß Sie sich mit dem Grafen Artois so blendend verstehen. Ich werde aber mein Bestes tun, um Napoleon milder zu stimmen. Haben Sie ein wenig Geduld. In der Zwischenzeit wird Ihnen vielleicht der Hinweis helfen, daß des Kaisers Familienname weder ›Bonapartini‹ noch ›Tinobartoni‹ ist. Edmond kann selbstverständlich hier bleiben, sollte es sogar, denn wir müssen jetzt eine angemessene Stelle für ihn finden.«

Als sie wieder in der Kutsche saßen, redete Archambaud hastig und unzusammenhängend auf Edmond ein, doch dieser hörte nicht zu und bemühte sich auch gar nicht, sein Desinteresse zu verbergen. Was immer auch sein Vater sagen mochte, erfüllte Edmond mit Ekel.

KAPITEL VIII

St. Petersburg 1808

Die Einwohner von St. Petersburg flüchteten sich in Hauseingänge, sofern sie nicht über Regenschirme verfügten. Doch auch die Glücklichen, die diesen Schutz besaßen, konnten kaum verhindern, durchnäßt zu werden. Die Regengüsse des Herbstes machten nicht nur alle Straßen außerhalb der Stadt unpassierbar, sondern suchten auch die gepflasterten Prospekte der Metropole heim. Zwischen den hohen Häusern pfiff der Wind eisig und blies jedem die Nässe ins Gesicht, der es wagte, noch einen Fuß vor die Tür zu setzen.

Das Winterpalais aber war warm und bezugsfertig, und der Zar hatte sich pünktlich einquartiert, um die Petersburger Saison zu eröffnen, nachdem der Frühherbst ihn unter anderem nach Erfurt geführt hatte, wo er auf einem glanzvollen Kongreß dem Kaiser der Franzosen begegnet war und das allzu wacklige Bündnis noch einmal bekräftigt hatte.

Anna-Charlotte-Dorothée, Herzogin von Kurland, wartete schon seit einer halben Stunde geduldig im Vorzimmer auf die Audienz, die ihr der Herrscher aller Reußen gewähren wollte. Nicht etwa, daß sie um eine Audienz beim Zaren ersucht hätte, vielmehr war sie in unmißverständlicher Form herbeizitiert worden. Es war eine Gnade, die niemand auszuschlagen gewagt hätte.

Die Herzogin war eine schöne Frau, kultiviert und gebildet wie nur wenige Damen in St. Petersburg. Als Witwe hatte sie erlebt, wie ihre drei älteren Töchter geheiratet hatten. Nur ihre jüngste, die fünfzehnjährige Dorothée, war noch ledig. Die Herzogin selbst hätte gern ein zweites Mal geheiratet, aber in St. Petersburg gab es keine geeigneten Kandidaten. Auch hätten ihre Töchter das zu verhindern versucht. Sie wollten keine Komplikationen, wenn es um das Erbe ging. Obwohl gerade in den frühen Vierzigern, fühlte sich die Herzogin deshalb vom Leben ausgeschlossen. St. Petersburg wurde ihr immer langweiliger, sie sehnte sich nach Wien oder Paris. Eine Heirat hätte ihr einen respektablen Aufenthalt in einer westeuropäischen Metropole ermöglicht, hätte ihr auch den intellektuellen und gesellschaftlichen Partner verschafft, nach dem sie sich so sehr sehnte.

Die Herzogin blickte weder nach der vergoldeten Boulle-Uhr auf dem Kaminsims, ein Geschenk des Regenten Philippe d'Orléans an Peter den Großen, noch in die Dekorationsspiegel. Sie überprüfte weder ihre Toilette noch maß sie, wie lange sie schon wartete. Derlei gehörte sich ihrer Meinung nach nicht in Gegenwart der zwei livrierten Lakaien, die am Eingang zum Audienzzimmer standen. Ungeduld und Unsicherheit waren Eigenschaften, die die Herzogin in Gegenwart der Domestiken niemals zeigte. Diese Zurückhaltung war für die Oberschicht von St. Petersburg nicht unbedingt typisch. Der alte Feldmarschall Kutusow scherte sich nie um die Dienstboten, und der noch greisere Graf Antonow bohrte vor den Dienern sogar in der Nase.

Ihre äußere Ruhe aber verbarg nur die große innere Anspannung der Herzogin. Was wollte der Zar von ihr?

Gewiß, sie schwebte nicht in unmittelbarer Lebensgefahr: Zar Alexander war kein Tyrann oder Verrückter wie sein Vater, Zar Paul, an dessen Ermordung der Sohn wohl nicht unbeteiligt gewesen war. Aber Alexander war leicht beeinflußbar und unterlag ständigen Stimmungsschwankungen. Er wollte geliebt und gelobt werden und stets Gutes tun. Besonders, wenn er vom Ehrgeiz besessen war, die Welt mit allerlei Segnungen zu überhäufen, duldete er keinen Widerspruch. Einwände oder gar Kritik hielt er für neidische Versuche, ihn daran zu hindern, ein mustergültiger Regent zu werden. Zar Alexander war schüchtern und empfindlich, daher leicht zu kränken. Seine Menschenkenntnis war nicht sehr ausgeprägt, und da er dies ahnte, versuchte er gar nicht mehr, sich die Wirkung seiner Handlungsweisen auf andere vorzustellen.

Als die Herzogin so in Gedanken versunken war, öffneten sich die weiß-goldenen Flügeltüren, und der Zar trat herein. Hochgewachsen und dennoch leicht vorgebeugt, wirkte er ein bißchen zerstreut. Sein blondes Haar lichtete sich schon, und seine blauen Augen waren immer leicht zugekniffen, denn der Kaiser des Dritten Roms war kurzsichtig und griff nur ungern zum Lorgnon. Er trug die flaschengrüne Uniform, die charakteristisch für die russische Armee war. Etwas ungelenk, der Herzogin kaum in die Augen blickend, schob er sich tastend in das Zimmer vor, bis er eher zufällig bei Anna von Kurland angekommen war. Nachdem ihm schon so viel gelungen war, rang er sich auch noch ein schüchtern-huldvolles Lächeln ab.

Anna beantwortete die kaiserliche Verlegenheit mit einem formvollendeten Hofknicks und befürchtete das Schlimmste.

»Freuen Sie sich schon auf die Saison, Herzogin?«

»Natürlich, Eure Majestät. Ihre Rückkehr erst garantiert den Erfolg der diesjährigen Saison.«

Der Zar nickte gedankenverloren, und Anna hielt dies für ein Zeichen seiner Zustimmung. Sie kannte seine Eigenarten: Er fühlte sich gezwungen, seine Pflichten als Gastgeber wahrzunehmen, und begann daher mit allgemeiner Konversation. Nur fehlte es ihm dazu entschieden an Talent. In seinem Bemühen, Originalität und Tiefsinn zu beweisen, beschwor er nur peinliche Situationen herauf, die Anna fast mehr fürchtete, als den eigentlichen Zweck der jeweiligen Audienz. Auch diesmal bestätigten sich die schlimmsten Befürchtungen der Herzogin, denn der Zar fragte sie: »Bevorzugen Sie die republikanische Staatsform oder die konstitutionelle Monarchie, Herzogin?«

Anna seufzte innerlich, der absolutistische Herrscher eines Landes, dessen Einwohner zu neunzig Prozent Leibeigene waren, wollte wieder einmal allen Ernstes mit ihr die Vor- und Nachteile revolutionärer Regierungsformen erörtern.

Ohne ihr Zeit für eine Antwort zu gewähren, ließ er sie gleich seiner eigenen Meinung teilhaftig werden: »Ich selbst bin ein entschiedener Anhänger der Republik, denn nur sie garantiert die vollkommenste moralische Entwicklung aller Staatsbürger.«

Anna war über diese Äußerung nicht weiter verwundert. Man war gewohnt, daß der autokratische Beherrscher Rußlands in theoretischen Fragen immer auf der Seite des radikalen Fortschritts stand. Da der Zar es aber nicht liebte, auf die Diskrepanz zwischen seinen allgemeinen politischen Ansichten und seiner Herrschaftspraxis hingewiesen zu werden, hielt Anna es für klüger, dieses heikle Thema zu umschiffen. »Das Schöne an dieser Saison wird sein, daß wir keinen neuen Krieg befürchten müssen. Wie sehr habe ich in den letzten Jahren auf Frieden gehofft.«

Der Zar lächelte gequält, und Anna fühlte sich in ihren Ahnungen bestätigt. Also hatte Napoleon ihm auf dem Kongreß von Erfurt freie Hand gegenüber Schweden und der Türkei gelassen. Demnach würden sich wohl schon im kommenden Frühjahr russische Truppen nord- und südwestwärts über die Grenzen ergießen und die einstigen Großmächte am Baltikum und am Schwarzen Meer weiterer Provinzen berauben. Wie viele kluge Beobachter hatte auch Anna sich gefragt, welchen Preis Napoleon für das Bündnis mit dem Zaren gezahlt hatte.

Etwas stockend brachte Alexander eine Antwort heraus: »Der Frieden ist das höchste Ziel unserer Regierung.«

Der Zar schien sich an seinen eigenen Worten zu erfreuen. Erleichtert strahlte er die Herzogin an, fing sogar auf einmal an zu lachen. Anna war verblüfft: Nichts verunsicherte sie mehr als das Gelächter des Zaren. Sie hätte ihn nicht mit politischen Fragen behelligen dürfen.

»Meine liebste Herzogin, ich teile Ihre Sehnsucht nach Frieden!« rief er entzückt aus, packte sie bei der Hand und zog sie auf eine Chaiselongue an der Wand. Das Protokoll ganz vergessend, nahm er ihre beiden Hände und beugte sich dicht an sie heran. »Nicht allein Rußland braucht den Frieden, nein, Europa. Der Frieden kann aber nur gesichert werden, wenn Frankreich und Rußland in allen wesentlichen Fragen übereinstimmen. Frankreich und Rußland sind die beiden größten Mächte des Kontinents, nur ihre Eintracht kann das Chaos von Europa fernhalten. Diesen Zustand herbeizuführen und zu festigen, gilt all mein Streben. Wir müssen unauflösliche Verbindungen mit Frankreich schaffen. Ein Band stärker als das der bloßen Interessen, als das der Politik oder der Diplomatie – ein Band der Liebe.«

Die Herzogin war wie immer beunruhigt über den Überschwang ihres Monarchen. Sie konnte sich nie an seine raschen Stimmungswechsel und seine fast kindliche Begeisterungsfähigkeit gewöhnen. »Ich kann Eurer Majestät nur zustimmen.«

»Ich wußte, daß ich auf Sie würde zählen können, Herzogin.«

Die Herzogin begriff mit einem Mal, daß das Ganze mit ihr zu tun hatte. Der Zar war so fröhlich, weil sie ihm mit dem Friedensthema einen leichten Einstieg geboten hatte. Was immer er von ihr wollte, mußte irgendwie mit den russisch-französischen Beziehungen zusammenhängen. Ihr Herzogtum mit seinen gewaltigen Ländereien grenzte an das Großherzogtum Warschau, das unter französischer Protektion stand. Schon sah sie sich im Interesse der europäischen Politik ihres Besitzes beraubt, enteignet oder mit irgendwelchen Gütern am Ural abgefunden.

Der Zar schien ihre schlimmsten Vermutungen zu bestätigen: »Ich muß Sie um ein Opfer für den Frieden bitten, Herzogin.«

Jetzt galt es, die Nerven zu behalten. »Was immer, sofern es in meiner Macht steht, Eure Majestät.«

Alexander zögerte schon wieder, wand sich und blickte an ihr vorbei, während er ihre Hand losließ und von ihr wegrückte: »Es wird nicht ganz einfach sein. Wie ich höre, ist es Stadtgespräch in St. Petersburg, daß Ihre jüngste Tochter in den Fürsten Adam Czartoryski vernarrt ist, den sie nicht einmal kennt. Um ehrlich zu sein, klingt mir das einigermaßen überspannt. Dieser ohnehin einseitigen Backfischleidenschaft muß schnellstens ein Ende gesetzt werden. Ich brauche die Hand Ihrer Tochter um des Friedens mit Frankreich willen.«

Die Herzogin war entsetzt. Das war fast genauso schlimm wie Enteignung. Anna fürchtete ihre jüngste Tochter, Dorothée, noch mehr als deren schon viel zu selbstbewußte Schwestern. Seit langem hatte die Mutter keinen Einfluß mehr auf die ebenso intelligente wie eigenwillige Tochter, die sich ihre Gouvernante völlig gefügig gemacht hatte und tat, was sie wollte. Mit einem messerscharfen Verstand und einem fast schon kleinbürgerlichen Bildungshunger ausgestattet, verachtete Dorothée jeden, der ihr nicht ebenbürtig schien. Nur den Helden des polnischen Unabhängigkeitskampfes, Adam Czartoryski, hielt sie ihrer Hand für würdig, was allein schon ausreichte, um des Zaren Unwillen zu erregen. Es würde schon schwierig werden, ihr die Ehe überhaupt als Lebensform schmackhaft zu machen. Und nun sollte es auch noch eine Ehe mit einem Franzosen sein. Offenbar jemand aus der Entourage Napoleons. Ein Marschall wahrscheinlich, dessen Mutter Waschfrau gewesen und der als Bäckerlehrling in die Revolutionskriege gezogen war. Die Herzogin konnte sich den Hohn ihrer Tochter nur allzu lebhaft vorstellen.

Zar Alexander schien mögliche Einwände dieser Art zu befürchten, denn er beeilte sich, fortzufahren: »Ich habe einen ganz ausgezeichneten Heiratskandidaten für Ihre Tochter, liebe Herzogin. Haben Sie keine Furcht!«

Der Zar machte eine dramatische Pause und kostete den Moment der Spannung sichtlich aus: »Es ist Edmond de Périgord, Neffe und Erbe des Fürsten von Benevent. Ich glaube, eine junge Frau kann sich kaum mehr wünschen, als das Privileg, als Nichte Talleyrands in die Gesellschaft von Paris eingeführt zu werden. Ich kann mir übrigens auch vorstellen, daß eine voraussichtliche Schwiegermutter des jungen Edmond das genauso sieht. Für eine Dame wie Sie ist die Saison in Paris sicherlich einmal eine willkommene Abwechslung, so sehr wir Sie auch in St. Petersburg vermissen werden. Glauben Sie, Herzogin, Ihre Tochter wird sich den Unsinn mit Adam Czartoryski aus dem Kopf schlagen?«

Die Herzogin überlegte nicht lange. »Da besteht überhaupt kein Zweifel, Eure Majestät.«

»Wunderbar, Herzogin. Ich wußte, daß ich mich auf Sie verlassen kann.«

Die erste Begegnung zwischen den beiden Brautleuten war in einem Gasthaus in Kassel, der Hauptstadt des Königreichs Westfalen, geplant. Sie sollten sich erst einmal allein treffen. Diese Bedingung hatte Dorothée gestellt, die der Heirat erst nach einer Drohung des Zaren und der schriftlichen Versicherung des im Sterben liegenden Adam Czartoryski, daß er Dorothée weder jetzt liebe noch irgendwann jemals lieben würde, zugestimmt hatte. Obwohl es nun keinen Ausweg für Dorothée mehr gab, hielt man es für das Klügste, ihr so weit wie möglich entgegenzukommen. Auch wenn niemand Zweifel an Dorothées Widerwillen gegen die Zwangsehe hatte, so erhoffte man sich von der romantischen Inszenierung, daß die Braut ihrem Schicksal bereitwilliger entgegengehen würde.

Es war das Prunkzimmer des Gasthofes, des besten Hauses am Platze, in das Dorothée trat. Edmond war noch nicht da. Der Raum war ganz in Rot und Weiß gehalten und im altmodischen Stil des Rokoko eingerichtet. Ganze Schwärme von Musen und Grazien zierten die Tapeten an den Wänden. Hatten ihre Bewegungen vor sechzig Jahren noch heiter und ungezwungen gewirkt, so erschienen sie Dorothée nur als unnatürliche Verrenkungen. Sie war erst sechzehn Jahre und von kleinem Wuchs, und ihr fröstelte angesichts der halbnackten Göttinnen mit den viel zu langen Gliedmaßen. Sie erwartete ungeduldig, aber nicht sehnsüchtig ihren Bräutigam. Man hatte ihr eine Miniatur des zwanzigjährigen Edmond gesandt, er war gutaussehend, sofern das Porträt halbwegs stimmte. Aber Dorothée hatte immer den Standpunkt vertreten, daß Äußerlichkeiten nicht zählten. Es waren Intellekt und Esprit sowie ethische Reife, auf die es ankam.

Intellekt und Esprit: Die Herzogin von Kurland hatte sich für ihre Tochter ein kleines Besichtigungsprogramm ausgedacht. Berlin und Weimar sollten der frühreifen Braut die Vorteile ihres neuen Lebens vor Augen führen. Doch die Begegnung mit der deutschen Kultur geriet zum Fiasko. Berlin hatte auf die Mutter und ihre sehr viel kritischere Tochter noch einen passablen Eindruck gemacht. Weimar aber hatte sich als ärmliches Provinznest herausgestellt. Niedrige Häuser und verwinkelte Straßen, ein geradezu absurd kleiner Hof in einem zugigen und völlig verbauten Schloß. Am schlimmsten aber war die Begegnung mit Weimars großer Berühmtheit, Goethe, verlaufen. Das Treffen mit dem Autor des *Werther* sollte den Höhepunkt der Reise darstellen. Siebenmal hatte Dorothée das Buch gelesen. Die Herzogin hatte die vage Hoffnung gehegt, daß die Erinnerung an *Werther* Dorothées Gefühle für Edmond erwärmen könnte. Goethe hatte Dorothée bereitwillig in einem Brief eingeladen. Das Handschreiben Napoleons mit der Bitte, Dorothée zu empfangen, wäre gar nicht nötig gewesen. Der Dichterfürst verspürte eine ganz natürliche Affinität zu allen Herrschaften von Adel und ließ sich keine Gelegenheit entgehen, mit ihnen zu verkehren.

Goethe bewohnte das einzige ansehnliche Haus im Städtchen. Man trat in ein Treppenhaus, wo der große Poet wartete und die Gäste mit einer tiefen Verbeugung begrüßte. Sowohl die Herzogin als auch Dorothée redete er ständig mit ›Durchlaucht‹ an, wiewohl Dorothée versuchte, ihm das auszureden.

Die Räume waren mit Reproduktionen berühmter, meist antiker Kunstwerke geschmückt und vermittelten einen angenehmen Eindruck gebildeter Großzügigkeit auch bei beschränkten Mitteln. Goethe, ein hochgewachsener und stattlicher Mann, führte die Besucher durch das Haus und zeigte ihnen seine Sammlungen: Graphiken, Mineralien und Abdrucke von Kameen. Sein belehrend-würdevolles Auftreten empfand Dorothée erst als geziemend, dann zunehmend als störend. Während er gleichzeitig mit seinen Kenntnissen prunkte und auf die Fragen seiner wißbegierigen Besucherin nur oberflächlich oder gar nicht einging, machte er ständige Demutsgesten, die von Mal zu Mal hohler und falscher wirkten.

Noch bevor sie das Speisezimmer erreicht hatten, begann Dorothée, die ›Durchlauchts‹ zu zählen. Sie konnte ihre Ungeduld kaum noch im Zaume halten. Sie wollte nicht sehen, wie gut und wie oft Goethe sich steif vor ihnen verbeugte, und auch seine allzu offiziell klingenden Komplimente nicht hören, sie wollte den Mann erleben, in dessen Herz der *Werther* entstanden war. Mehrfach versuchte sie, das Gespräch auf ihr Lieblingsbuch zu bringen, doch Goethe ließ sich trotz aller äußerer Verehrung den Gesprächsfaden nicht aus der Hand nehmen.

Endlich waren die antiquarischen Vorträge beendet, und es ging im »Gelben Saal« zu Tisch. Nun war auch die Herrin des Hauses dabei, Goethes Lebensgefährtin Christiane Vulpius, deren rundliche Gestalt und rötliches Gesicht, wie beim Essen klar wurde, auf übertriebenen Alkoholgenuß zurückzuführen waren. Aber wenn Dorothée geglaubt hatte, der schwere Rotwein, der ihr schon beim Anblick Kopfschmerzen bereitete, würde die Zunge des Poeten lockern und ihn aus seiner steifleinernen Pose lösen, hatte sie sich getäuscht. Goethe wurde durchaus nicht lebhafter, sondern immer nur noch belehrender und überheblicher und überbot sich in falschen Höflichkeitsfloskeln. Dorothée versuchte, ihn auf das Gebiet der Philosophie zu locken. Der Freund Schillers würde sich hier doch sicherlich auskennen. Und tatsächlich begann Goethe über Wissen und Erkenntnisgewinn zu fabulieren. Er bezeichnete sich als Augenmensch und erklärte, daß er Neues nur durch eigene Anschauung lernen würde, wobei er Dorothée auf eine fast unschickliche Weise anzustarren begann. Christiane schaltete sich in das Gespräch ein und bestätigte, daß Goethe sich immer alles »angucken« würde. Ohne seine Geliebte auch nur anzublicken, schnitt er ihr das Wort ab und begann von seinen Studien über die Natur der Farben zu berichten, die er hochtrabend »Farbenlehre« nannte. Nun wurde seine Rede immer verworrener, und Dorothée, die schon als zehnjährige mit ihrem eigenen Prisma gespielt hatte, packte das Entsetzen: Kannte er denn Newton nicht, hatte der Mann noch nie von Spektralfarben gehört? Wenn ja, dann ließ er es sich nicht anmerken: Erbarmungslos entwickelte er sein gedankliches System, vom Allgemeinen zum Besonderen fortschreitend und sodann jede Farbe einzeln schildernd. Schließlich war er bei der Beschreibung der Farbe Blau angekommen. Nach ein paar Komplimenten über Dorothées dunkelblaue Augen, erklärte er, wie das Blau den Betrachter förmlich in sich hineinziehen würde. Wie um den Beweis anzutreten, sprang er plötzlich auf – die einzige spontane Bewegung, die Dorothée an ihm erleben sollte –, faßte Dorothée an der Hand und führte sie, angeblich um seine Überzeugung noch besser illustrieren zu können, ins angrenzende »Junozimmer«, dessen Wände bläulich gestrichen waren.

Dann aber zeigte er Dorothée, ohne übrigens ihre Hand loszulassen, einen riesigen, weiblichen Gipskopf mit ausdruckslosen Augen, den Dorothée sofort als die Juno Ludovisi erkannte.

»Was wir hier sehen, ist die Juno Ludovisi, das schönste aller antiken Kunstwerke. Sehen Durchlaucht die weichen Wangen, das kräftige und doch zarte Kinn? Den samtenen Hals, dessen Textur selbst der kühle Marmor nicht verhüllen kann?«

Dorothée nickte stumm.

»Das beste aber ist der Mund. Durchlaucht sollten sich die vollen Lippen in dem natürlichen Rot der Frauen Griechenlands vorstellen. Ist es nicht großartig, wie hier im Geiste wahrer Klassik Natur und Kultur zu edelster Sinnlichkeit vereint sind?«

Dorothée betrachtete voller Abscheu die leicht geöffneten Lippen der Göttin.

»Ist es nicht, als lockte uns Juno, dieses Urbild alles Weiblichen mit ihren sanft gewölbten, nicht völlig geschlossenen Lippen zum Kusse?«

Dorothée schwieg.

»Offenbart sich uns hier nicht eine vollkommene Bereitschaft zum Genuß, Durchlaucht?« insistierte der Dichter.

Ein letztes Mal versuchte Dorothée einen Themenwechsel. »Aber ist diese antike Sinnlichkeit nicht weit entfernt von der Erhabenheit des Gefühls, wie Sie es im *Werther* dargestellt haben?«

»Ach, der *Werther*! Eine buchstäbliche Jugendsünde. Was wußte Werther schon von Sinnesfreuden. Ein Buch für Backfische, nichts weiter. Ich war damals jung und kannte die Welt noch nicht. Manchmal denke ich, ich hätte es nie schreiben sollen, schon wegen all der Selbstmorde, die es zur Folge hatte. Heute glaube ich, Bücher sollten nur in die Hände von Auserwählten gelangen. Wenn ein Buch auf einen Wirrkopf trifft, wird nur Schaden angerichtet. Aber so ist es eben: Die meisten Leser begreifen nicht, daß es zwischen Literatur und Leben einen Unterschied gibt. Und gerade beim *Werther* verstehen sie es am allerwenigsten. Meine Bücher sind nicht dazu da, daß man sich in ihnen wiederfindet.«

Dorothée hatte vollends die Geduld verloren, war abrupt in den »Gelben Saal« zurückgekehrt, hatte ihren Dank ausgesprochen und sich verabschiedet, womit sich die Gesellschaft aufgelöst hatte – unter tiefen Verbeugungen Goethes, die dieser noch wiederholt hatte, als die kurländische Kutsche bereits um die Ecke gebogen war.

Dorothée haßte den Gedanken an ihre bevorstehende Hochzeit. Sie wußte, daß sie ihrem zukünftigen Ehemann kaum eine Chance ließ. Dies war vielleicht das Schrecklichste: Sie konnte ihren Widerwillen nicht überwinden und wußte dennoch, daß gerade dies notwendig war, wenn sie nicht auf ewig unglücklich sein wollte. Immer wieder versuchte sie sich zu zwingen, der Situation etwas Positives abzugewinnen. Sie würde in Frankreich statt im barbarischen Rußland leben, sie würde Talleyrand zum Onkel haben. Aber es gelang ihr nicht, wenigstens gleichgültig zu sein. Je mehr sie nachdachte, desto mehr packte sie der Ekel.

Dorothée band den Mantel enger, denn es zog in diesem Kasseler Gasthaus, dessen Wände, wie sie inzwischen feststellte, trotz ihrer kalten Pracht schief waren. An der Wand gegenüber den Fenstern hingen Spiegel in vergoldeten Rahmen, in die man stilisierte Musikinstrumente geschnitzt hatte: Lauten, Hörner und Tamburine. Dorothée ging an den Fenstern auf und ab, um in den Hof spähen zu können, fand ihr Verhalten dann aber unwürdig und wandte sich den Spiegeln zu. Mit einem Mal hörte sie von draußen Geräusche und eilte wieder ans Fenster, um in den Hof zu blicken. Aber es war nur ein Wagen mit Feuerholz.

Sie trat in die Mitte des Raumes und blickte zur Decke, die mit Putten, Nymphen und Satyrn in Pastelltönen bedeckt war. Aus der Mitte dieses Freskos hing ein Kronleuchter herab, dessen Kette aus dem Bauchnabel eines besonders dicken Satyrs herausquoll. Mit beiden Armen versuchte dieser eine Nymphe zu ergreifen, bekam jedoch nur ein Tuch zu fassen, das offenbar ihre Blöße bedeckt hatte. Gänzlich nackt war sein Opfer in einer Geste der Scham erstarrt. Das Lächeln auf den roten Wangen der Nymphe schien anzudeuten, daß dem Künstler eine erfolgreiche Fortsetzung dieser amourösen Jagd vorgeschwebt hatte.

Erst als ihr der Nacken schmerzte, senkte Dorothée wieder die Augen. Obwohl es ihr zu kalt war, setzte sie sich schließlich auf einen der Rokoko-Stühle, die an den Wänden standen und von denen hier und da schon Farbe abblätterte. Sie betrachtete den Kachelofen in der anderen Ecke des Raumes. Er mußte einst ein teures Stück gewesen sein. Auf den Fliesen waren Schäferszenen in weiß und rot abgebildet. Oben schmückte ihn ein Kranz rot und weiß bemalter Blumen, die aus einem goldenen Flechtwerk emporwuchsen. Unfähig, länger still zu sitzen, trat sie auf den Ofen zu und begann all jene Kacheln zu zählen, auf denen die Schäferinnen geküßt und nicht einfach nur umarmt wurden.

Als sie bei siebzehn angekommen war, vernahm sie ein Knarren auf der Treppe, dann Schritte, die so heftig waren, daß das Gebäude von ihnen zu erzittern schien. Sie hörte ein leichtes Klirren: Sporen! Es war ein Reiter, der die Stufen im Laufschritt erklomm. Schnell sprang Dorothée wieder zu den Stühlen zurück und nahm eine Pose entspannter Lässigkeit ein.

Jetzt war er oben. Nach einem kurzen Klopfen ging die Tür auf, und ein großer, sehr gut aussehender junger Offizier mit Schnurrbart stand vor ihr. An seiner Seite wippte ein goldverzierter Säbel. Er trat mit beschwingten Schritten in den Raum, kam dicht vor ihr zum Stehen und verbeugte sich.

Dorothée erhob sich nicht, sondern reichte ihm ihre behandschuhte Linke – eine absurde Geste, für die sie sich augenblicklich schalt –, die er sanft entgegennahm und an die Lippen führte. Zu ihrer Überraschung stellte Dorothée fest, wie warm, fest und dennoch behutsam die fremde, große Hand war, die die ihre ergriffen hatte. Das gelockte Haar des Besuchers bedeckte seine Ohren zur Hälfte, wie auf der Miniatur, den Schnurrbart mußte er sich offensichtlich später wachsen lassen haben. Die dunklen Augen waren äußerst vertraueneinflößend. Dorothée erschrak fast, wie erleichtert sie beim Auftritt des jungen Mannes war und wie gut er ihr gefiel. Völlig überrumpelt fand sie sich an der Brust des Mannes wieder und sog in gierigen Zügen sein Duftwasser ein.

Verlegen lächelnd schob der Offizier sie ein Stück zurück, damit er ihr wieder ins Gesicht blicken konnte, während sie sich noch an ihn klammerte: »Sie gestatten, daß ich mich vorstelle. Ich bin Alexandre-Enguerrand de Montmorency-Laval und vertrete meinen Kameraden Edmond de Périgord, der momentan indisponiert ist und daher die heutige Verabredung nicht einhalten konnte. Er schickt seine Grüße und rechnet damit, Sie binnen zwei Tagen in Frankfurt zu sehen.«

Dorothée sank in sich zusammen und murmelte, ohne aufzublicken: »Ich verstehe.«

Dorothée schob sich langsam zwischen zwei Säulen hindurch in Richtung des Sofas, das hinter ihnen stand. Hierher konnte sie sich leicht zurückziehen, ohne einen Skandal zu verursachen. Inzwischen hatte sie gelernt, ihre gesellschaftlichen Pflichten auf das Nötigste zu beschränken und, wann immer ein Auftritt unumgänglich war, buchstäblich Nischen zu finden, in denen sie sich nicht allzusehr beobachtet fühlte. Als Mme. de Périgord stand sie protokollarisch direkt hinter der Fürstin von Benevent, deren Fehlen auf dieser Abendgesellschaft niemand sonderlich überraschte. Talleyrands Frau führte ihr eigenes Leben, und Talleyrand hinderte sie nicht daran. Dorothée war damit Herrin im elegantesten Haushalt von Paris. Ihr Gemahl war in ihren Augen ein gutaussehender Idiot, den Talleyrand nur mit Mühen als Adjutant bei Marschall Berthier untergebracht hatte. Da Berthier gewöhnlich Stabsarbeit leistete, konnte dem jungen Mann dort nicht viel passieren. Auf diese Weise kam Edmond ihr aber auch nicht unnötig in die Quere. Sie hatte ohne allzu intensive Prüfung befunden, daß es nichts an ihrem Ehemann gab, das sie irgendwie reizte. Wie der Fürst von seinem Neffen dachte, blieb sein Geheimnis. Dorothée wollte es nicht unbedingt ergründen.

Ein Geräusch ließ sie aufschrecken. Dort drüben, auf einem anderen Sofa im Kreise eleganter Damen, der Herzogin von Luynes, der Gräfin Tyszkiewicz, der Gräfin Kielmannsegg, der Vicomtesse de Laval und Dorothées eigener Mutter, saß Talleyrand und machte Konversation. Dorothée ärgerte sich, offensichtlich hatte sie an diesem Abend ihr Versteck nicht sorfältig genug ausgewählt, man würde sie bald entdecken und hinzuziehen.

Die Augen der Damen leuchteten, während Talleyrand mit ihnen plauderte. Dorothée verachtete diese kleine, typische Szene, wie fast alles, was den Onkel ihres Ehemannes umgab. Wie konnte sich ihre Mutter nur so erniedrigen, die Geliebte eines Mannes zu spielen, der aus freien Stücken eine Debile geheiratet hatte, über die ganz Paris lachte. Ein Paris, das Dorothée oberflächlich und korrupt fand. Die napoleonische Elite war nicht der Rede wert, die zurückgekehrten Adligen betrachtete sie als billige Opportunisten. Der Kaiser selbst war ungemein vulgär. Es hatte sich bis zu Dorothée herumgesprochen, daß Napoleon nach der offiziellen Vorstellung Mme. de Périgords in den Tuilerien abschätzig über den angeblich unterentwickelten Busen der Sechzehnjährigen gesprochen hatte. Und obwohl niemand den Kaiser für einen erstrangigen Kenner der Frauenschönheit hielt, hatte das Wort die Runde gemacht und den Charakter eines offiziellen Urteils angenommen.

Ihr angeheirateter Onkel behandelte Dorothée distanziert, fast herablassend. Wenn er in eleganter Konversation brillierte, versuchte Dorothée oft, ihm aus dem gewaltigen Schatz ihrer selbsterworbenen Bildung

Paroli zu bieten. Doch nie gelang ihr der rechte Tonfall. Immer wirkte sie schwerfällig, pedantisch, altklug. Sie mußte sich eingestehen, daß sie der routinierten Brillanz dieses Mannes nicht gewachsen war.

Auch jetzt ließ er wieder seinen Geist sprühen, mühelos von einem Thema zum anderen wechselnd. Begeistert folgte ihm sein kleiner Kreis großer Damen, allen voran Dorothées Mutter. Mit welcher Leichtigkeit die Herzogin von Kurland sich in diese Welt eingefunden hatte. Wie selbstbewußt und glücklich sie jetzt wirkte. Früher hatte Dorothées spöttischer Blick genügt, ihre Mutter einzuschüchtern, doch heute wirkte das Mittel nicht mehr. Im Gegenteil: Fast war es, als würde sie ihrer Tochter gegenüber inzwischen so etwas wie Mitleid empfinden. Dorothée bemühte sich, ihre Mutter zu verachten. Sollte sie sich doch diesen oberflächlichen Freuden hingeben, sollte sie sich doch an dieser Konversation berauschen, die ungefähr so gehaltvoll war, wie die Perlen im Champagnerglas. Dorothée hatte das nicht nötig – und haßte sich im gleichen Moment dafür, vor allen als Backfisch mit intellektuellen Prätentionen dazustehen, während ihre Mutter ganz instinktiv die Dame von Welt gab, der es gelang, Talleyrand zu imponieren.

Dorothée wandte sich ab, als sie ihre Mutter in helles Gelächter über ein Bonmot des früheren Außenministers ausbrechen sah. Aber sie konnte dem Schauspiel nicht entkommen, denn hätte sie ihr Sofa verlassen, wäre sie bestimmt erspäht worden. So war sie dazu verdammt, Talleyrand in vollem Glanz zu erleben.

Die Equipage bog nahezu unbemerkt in die Rue de Varenne ein. Die Schaulustigen, die oft zusammenströmten, um die Großen dieser Welt zu bewundern, die bei Talleyrand ein- und ausgingen, hatten sich bereits zerstreut, weil sie keine neuen Gäste auf dieser Soirée mehr erwarteten. Der Wagen, der vor dem Tor hielt, war dunkel, kein Wappen schmückte ihn. Dennoch war die Kutsche augenscheinlich nach neuester Technik gefedert, und die Pferde waren hervorragend gepflegt. Eine solche Kutsche konnte sich nur ein sehr vermögender Mann leisten.

Ein einzelner Passagier stieg aus. Bevor er die Stufen hinaufging, machte er eine kleine Pause und blickte an dem Gebäude hoch, das er nie zuvor betreten hatte. Sein eigenes Haus hatte sicherlich ebenso viel gekostet, und doch war es in keiner Weise so perfekt wie dieses. Er läutete am Tor. Der Pförtner erkannte den unmodisch angezogenen Gast nicht, so daß dieser gezwungen war, seine Einladung vorzuzeigen. Diese löste dann allerdings große Geschäftigkeit aus, die Torflügel wurden aufgerissen, und eine ganze Schar von Lakaien stürzte sich auf den Neuankömmling, um ihm Hut, Stock und Mantel abzunehmen. Die schlanke, steife Gestalt zögerte noch einen Moment lang im Eingangsbereich, als widerstrebte es ihr, das Dunkel der Straße aufzugeben und in das warme Licht der Kronleuchter eingetaucht zu werden, das jenseits der Schwelle lag. Dann aber trat sie ein.

Dorothée hatte eine Weile lang ihren eigenen Gedanken nachgegangen, da fiel ein Schatten auf sie. Sie blickte auf, und eine schwarz gekleidete Frau um Mitte fünfzig beugte sich über sie. Mit starkem, italienisch klingendem Akzent fragte sie: »Darf ich mich zu Ihnen setzen, meine Liebe?«

Dorothée sprang errötend auf und machte einen Knicks. Die ältere setzte sich. Mme. Mère, Letizia

Buonaparte, geborene Ramolino, die Mutter des Kaisers, war Dorothée in vieler Hinsicht ähnlich. Aufrecht, klein, dunkel, sehr schlank, mit sehr großen eindrucksvollen Augen. Nur ihre Brust war ausgeprägter, was kein Wunder war bei acht überlebenden Kindern. Ihre Besuche in Paris waren eine Seltenheit, denn normalerweise weilte sie in Rom, wo das Klima ihr zuträglicher war und sie die Sprache besser beherrschte.

Letizia betrachtete das Treiben spöttisch und begann, ohne falsche Zurückhaltung die Veranstaltung zu kommentieren: »Talleyrand ist wie immer in bester Laune. Seit er nicht mehr Außenminister ist, scheint er gar keine Hemmungen mehr zu kennen. Er flirtet mit fünf Frauen gleichzeitig in aller Öffentlichkeit. Das nenne ich kühn. Ich werde mich an diese Pariser Gepflogenheiten nie ganz gewöhnen. Aber ich bin ja auch keine Französin von Geburt.«

Dorothée erwiderte so kalt, wie es die Etikette eben noch erlaubte: »Das bin ich auch nicht.«

»Sie mißbilligen die Auftritte Ihres Onkels, oder vielleicht sogar die Ihrer Mutter?«

Was fiel dieser Frau nur ein? Mochte sie auch Mutter des Kaisers sein, so hatte sie doch kein Recht, Dorothée so zu bedrängen. Dorothée antwortete streng: »Ich empfinde tiefe Bewunderung für meinen Onkel.«

»Aber nicht für Ihre Mutter? Keine Angst, Sie wird nicht lange seine Geliebte sein, klug, elegant, sinnlich, humorvoll und gebildet wie Ihre Mutter auch sein mag. Das reicht ihm nicht. Er hat das schon so oft gehabt, bei der Gräfin Flahaut, der Prinzessin von Vaudémont oder der Gräfin Tyszkiewicz. Dieser Typus langweilt ihn im Grunde.«

Woher wußte die Mutter des Kaisers nur so gut Bescheid, fragte sich Dorothée. Aber stimmte denn, was Letizia da sagte? Dorothée wand ein: »Die Fürstin von Benevent gehört doch wohl nicht ganz dieser Kategorie an?«

Letizia lächelte verschmitzt: »Eben, eben. Deshalb hat er sie ja auch geheiratet, nicht nur weil sie wunderschön, sondern vor allem, weil sie ganz anders war. Er erhoffte sich von ihr eine neue Art von Leidenschaft. Ähnlich wie bei Madame de Staël, aber ohne deren Pedanterie und vor allem attraktiv. Er hat sich bitter getäuscht. Nach dem häßlichen Genie kam die dämliche Venus. Keine konnte ihn je zufriedenstellen. Auch Ihre Mutter hat keine Chance, dauerhaft seine Gunst zu besitzen. Wissen Sie übrigens, wie seine erste große Liebe hieß? Dorothée, so wie Sie.«

Dorothée entgegnete betont kühl: »Irgendwann einmal wird auch ein Talleyrand befriedigt sein.«

Letizia ließ sich von Dorothées distanzierter Miene nicht beirren: »Sie scheinen Ihren Onkel noch nicht wirklich zu kennen. Für Sie ist er nur eine verweichlichte Figur aus der Zeit vor der Revolution, nicht wahr? Sie sind jung und sehen nur die Oberfläche. Sie sehen das gepuderte Haar, das gekünstelte Gehabe und hören die formvollendeten Sprüche und sehnen sich eigentlich nach dem strahlenden Helden mit dem allumfassenden Geist, nach dem Mann der Tat, der obendrein noch ein Philosoph ist. Sie werden es nicht glauben: Talleyrand kommt dieser Sorte näher als die meisten anderen Männer in Paris. In Wahrheit ist er der zäheste, der gefährlichste von allen.«

Dorothée glaubte schon lange nicht mehr, daß hier harmloser Klatsch stattfand. Sie vermutete, daß Mme. Mère die korsische Rolle mit Absicht spielte und sich bewußt exzentrisch gab, um sie irgendwie aushorchen oder beeinflussen zu können. Aber es war zu dick aufgetragen – auch das Gerede von Talleyrands großartigen Fähigkeiten. Dorothée hatte ihn zu lange aus der Nähe erlebt, um noch an sein allgemein gefeiertes Genie zu glauben. Diese Legende hielt sich nur, weil die napoleonische Elite so unendlich mittelmäßig war. Die Zeit, so glaubte Dorothée, war über Talleyrand hinweggegangen, und seine Witze wurden allmählich fade. Er war nur noch ein Opportunist ohne Fortüne. Was sein Liebesleben betraf, mochte Letizia besser unterrichtet sein, doch wenn es darum ging, Talleyrand insgesamt zu beurteilen, dünkte sich Dorothée überlegen. Sie zuckte mit den Schultern: »Wenn er so zäh und gefährlich ist, warum ist er dann freiwillig vom Außenministerium zurückgetreten? Warum verzichtet er auf die Teilhabe an der Macht?«

Die Kaiserinmutter schüttelte ungeduldig den Kopf: »Sie verstehen nichts von Politik. Talleyrand hat seine Rolle noch lange nicht ausgespielt. Es gibt kaum jemanden, der so bedeutend ist wie er, außer vielleicht Fouché. Wenn sich die beiden jemals verbündeten, dann würde ihnen morgen Frankreich gehören, wenn nicht noch mehr. Der Anstoß dazu müßte allerdings von Talleyrand kommen, denn Fouché ist der schwächere Part und wird daher niemals Angebote unterbreiten. Fouché fühlt sich Talleyrand zu unterlegen, um sich ihm zu nähern. Im Grunde jedoch will er nur eins, Talleyrands Anerkennung. Aber Talleyrand ist zu arrogant und selbstgefällig, er …«

In diesem Moment trat Talleyrands Haushofmeister in die Mitte des Raumes und schlug mit seinem Stab dreimal auf den Boden, um den wichtigen Gast anzukündigen, der zu vorgerückter Stunde noch eingetroffen war: »Seine Exzellenz, der Herzog von Otranto.«

Dorothée hatte wie alle anderen auch ihre Augen dem Majordomus zugewandt, drehte sich aber nach der Nennung des Namens gelangweilt wieder zu ihrer Gesprächspartnerin um. Irgendein Marschall oder General, denen Napoleon opernhafte italienische Titel verpaßt hatte: Dorothée hatte sich nie die Mühe gemacht, all die Titel der bonapartistischen Parvenus auswendig zu lernen. In Paris sprach man von Augereau, Marmont oder Moncey, und nicht von den Herzögen von Castigione, Treviso oder Conegliano, wenn man die Marschälle meinte.

Zu Dorothées Überraschung starrte Mme. Mère gebannt in den Saal. Dorothée folgte ihrem Blick und bemerkte dabei die vollkommene Stille, durch die nur der hinkende Schritt Talleyrands hörbar wurde. Im Eingang stand verlegen lächelnd ein großer, schlanker Mann, der, obwohl von dunkler Haut und dunklem, nur ansatzweise graumeliertem Haar, blaß und farblos wirkte. Seine Kleidung war nicht auf der Höhe der Zeit. Sah man näher hin, erkannte man, daß die Lider über den Augen hingen, so daß diese halb geschlossen schienen. Dorothée hatte diesen Mann schon einmal gesehen, doch sie wußte nicht, wo. Talleyrand nahm die Hand des Gastes, hakte sich bei ihm unter und führte ihn durch den Saal in eine angrenzende Zimmerflucht, in der sich weniger Gäste befanden. Eine durchaus ungewohnte Form demonstrativer Vertraulichkeit. Sobald sie eintraten, wurde es auch hier still. Man hörte nichts als Talleyrands Plauderton und das leise, fast alberne Kichern des anderen. Nur langsam kamen die Gespräche wieder in Gang. Dorothée nahm die Unterhaltung wieder auf und versuchte fieberhaft herauszufinden, wer der Gast war, der ein solches Schweigen hervorrufen konnte. Selten hatte sie den Hausherrn so selbstbewußt, ja geradezu triumphierend erlebt. Das Gespräch mit Mme. Mère jedoch kam an diesem Abend nicht mehr richtig in Gang, nach einer Anstandsfrist verabschiedete sich Letizia. Als sich Dorothée wieder anderen Gästen zuwandte, hörte sie bald hier, bald dort jemanden den Namen des Gastes flüstern und verstand endlich, was vor sich ging. Der Neuankömmling war Joseph Fouché.

Die ganze Nacht über konnte Dorothée nicht schlafen und mußte ständig an diese Szene zurückdenken. Wie kam es, daß der Onkel ihres dümmlichen Gemahls es fertigbrachte, nur durch den Empfang eines allgemein bekannten Mannes die ganze Gesellschaft inklusive der Mutter des Kaisers in Aufregung zu stürzen? Obwohl es sie ärgerte, begann Dorothée den Oheim ihres Gatten immer mehr in den Kategorien wahrzunehmen, die Letizia Buonaparte ihr gegenüber gebraucht hatte. Ohne daß sie es erklären konnte, sah sie ihn in einem anderen Licht. Versuchte sie, diese Veränderung zu deuten, so scheiterte sie.

Wo war nur wieder Blacas? Er verschwand in letzter Zeit immer öfter, ohne je Gründe anzugeben. Wenn er wieder auftauchte, war er übellaunig und quengelte wie ein verzogenes Kind. Manchmal allerdings kehrte er reumütig, fast erleichtert von seinen Eskapaden zurück. Diese Momente fürchtete Stanislas Xavier am meisten.

Blacas liebte das Land ihres Exils nicht, weder sein Klima noch die eigentümlichen Sitten, geschweige denn die unverhohlene Verachtung der guten Gesellschaft, die in ihm nur den Günstling eines abgehalfterten Prinzen sah. Vor allem aber haßte Blacas den permanenten Geldmangel, denn er hatte Ansprüche: Prostituierte, der Spieltisch, teure Kleidung, Uhren und Schmuck.

Allein der neue Satz Handschuhe, den er sich im Vormonat hatte anfertigen lassen, hatte mehr gekostet als alle Kleidungsstücke, die Stanislas Xavier sich im ganzen Jahr hatte schneidern lassen. Natürlich lehnte Blacas vor allem das Landleben ab, während London ihn magisch anzog. Blacas war dort in einen Kreis junger Gentlemen geraten, die sich auf Pump vergnügten: Je weniger Geld sie ihr eigen nannten, desto mehr gaben sie aus. Doch die meisten von ihnen hatten zumindest ein Erbe in Aussicht. Blacas aber verdiente nichts außer dem, was Stanislas Xavier ihm gab.

Ständig bettelte Blacas, daß man nach London umziehen sollte. Stanislas Xavier konnte immer nur die gleiche Antwort geben: Die englische Regierung hatte ihnen ein Haus auf dem Lande zur Verfügung gestellt, damit sie auch in der Provinz blieben. Das Leben in London konnten sie sich ohnehin nicht leisten. Das stimmte: Die Engländer wollten Stanislas Xavier möglichst unauffällig halten, damit er keine diplomatischen Probleme verursache. Insgeheim war Stanislas Xavier froh über die Abgeschiedenheit, vor allem wegen Blacas. Denn die Emigranten, seine verbliebenen Untertanen, ließen ihre Unzufriedenheit mehr und mehr an Blacas aus. Stanislas Xavier machte sich keine Illusionen, seine Macht über die Emigrantencliquen war sowieso im Schwinden. Allzu viele kehrten ja einfach heim und dienten sich diesem Bonaparte an. In einer Metropole wie London, im Auge der Weltöffentlichkeit jedenfalls würde er Blacas keine Sekunde halten können. Der Skandal wäre einfach zu groß und Wasser auf die Mühlen der bonapartistischen Propaganda. Und die Engländer selbst gaben sich immer so moralisch, wenn es sich um Ausländer handelte. Daß der Prince of Wales selbst Bigamist war, überging man dabei einfach.

Aber auf dem Lande und unter diesen bescheidenen Umständen würde Blacas es auf die Dauer kaum aushalten. Vielleicht würde er ja in London einen reichen Gönner finden, schließlich hatte jeder durchschnittliche englische Lord mehr Geld als der Erbe Frankreichs. Das Dilemma war unlösbar. So oder so würde Stanislas Xavier Blacas verlieren.

Stanislas Xavier wandte sich der Uhr zu, die auf seinem Schreibtisch stand. Er konnte nie lange eine Uhr ansehen, ohne an seinen toten Bruder denken zu müssen. Sein Blick wanderte hinaus in den verregneten und schlecht gepflegten Park. Doch das Unglück war geschehen, Stanislas Xavier empfand wieder diesen ohnmächtigen Zorn über die Dummheit seines Bruders und die Blindheit des Schicksals. Nur ein Jahr hatte die Brüder getrennt, aber der unfähigere war der Ältere gewesen und damit König geworden. Selten hatte das Wort vom Zufall der Geburt mehr gestimmt als in diesem Fall. Sein Bruder war nicht völlig unbegabt gewesen: Er hatte ein tiefes Verständnis für mechanische Apparaturen, insbesondere Uhren, bewiesen und sich stundenlang damit beschäftigt, sie zusammen- und auseinanderzubauen. Er hatte ihre Geheimnisse ergründet und war in der Lage gewesen, den Wert und die Qualitäten einer neuen Maschine schnell und treffend zu erkennen und leicht und anschaulich zu erklären. Aus diesem Grunde hatte er auch gleich durchschaut, welche Vorteile das Fallbeil bot, als der Arzt Guillotin es ihm vorgestellt hatte. Es war schnell, sicher und human. Es konnte die unendlich langen Qualen der Verurteilten verhindern, wenn ungeschickte oder unerfahrene Henker bis zu dreißigmal mit dem Beil zuschlugen, um einen Kopf vom Rumpf zu trennen. Und in seiner ehrlichen Güte hatte es der Bruder auch gefördert und zum offiziellen Hinrichtungsinstrument erklärt, nur um ihm schließlich selbst zum Opfer zu fallen, um am Ende, wie es im Pariser Jargon hieß, »den Kopf in den Korb zu spucken«.

Doch Stanislas Xavier empfand kein Mitleid, sondern nur Verachtung. Es war die Schuld seines älteren Bruders, daß man nun als Bettler im Ausland leben und von den Engländern jede Demütigung hinnehmen mußte. Ludwig XVI. hatte von Politik nichts verstanden. Stanislas Xavier selbst hatte damals den Dritten Stand unterstützt, hatte versucht, lenkend einzugreifen. Sein Bruder aber hatte immer nur nachgegeben, wenn es ohnehin zu spät gewesen war. Stanislas Xavier hatte ihn beschworen, sich der Bewegung anzuschließen, die Revolution zu nutzen, um die ja wirklich notwendigen Reformen durchzuführen. Aber sein Bruder war lieber auf die Jagd gegangen. Immer war er dem schlechtesten Rat gefolgt.

War jedoch sein älterer Bruder nur ein bedauernswerter, aber wohlmeinender Schwachkopf gewesen, so hielt Stanislas Xavier seinen jüngeren Bruder, den Grafen von Artois, für einen gemeingefährlichen Irren. In seiner Arroganz sah dieser sich schon als Karl X. Nachdem Stanislas Xavier Geheimverhandlungen mit Bonaparte aufgenommen hatte, verkündete sein jüngerer Bruder öffentlich, er hätte sechzig Mörder gedungen, um Bonaparte umzubringen. Alle Hoffnungen, mit dem neuen Herrscher ins Gespräch zu kommen, waren so zerplatzt.

Als Stanislas Xavier dann Kontakte zu Talleyrand knüpfte, beschimpfte Artois diesen vor aller Welt als »hinkenden Teufel«. Mit solchen Sprüchen wollte er die Führung der Exil-Aristokratie an sich reißen. Es war aber auch blanke Bosheit im Spiel, denn der Graf von

Artois hielt sich für den klügsten der drei königlichen Brüder. Auch er verachtete den toten Ludwig XVI., allerdings deshalb, weil er der Revolution nicht entschieden genug entgegengetreten war. »Zwanzig Kanonen im rechten Augenblick, und wir hätten die Bastille wieder aufbauen können«, pflegte Artois seinen begeisterten Anhängern zuzurufen. Stanislas verspürte einen kaum zu unterdrückenden Brechreiz, wenn er sich an solche Szenen im Beisein des jüngeren Bruders erinnerte.

Er zerknüllte sein Taschentuch und biß sich auf die Lippen. Erst als er Blut schmeckte, gestattete er seinen Gesichtsmuskeln, sich zu entspannen. Die Emigranten nannten Stanislas Xavier jetzt zwar Ludwig XVIII. und schworen ihm theatralisch ewige Treue, aber sie waren ständig ungehorsam und folgten lieber seinem Bruder Artois mit seinen aberwitzigen Racheplänen und Wiedereroberungsideen. Stanislas Xavier selbst verachteten sie. Manchmal kam es ihm vor, als habe die Revolution nur diejenigen ins Exil getrieben, die Frankreich sowieso mehr geschadet als genutzt hatten. Warum nur mußte er mit diesen Dummköpfen gemeinsame Sache machen? Vor allem aber haßte Stanislas Xavier ihr Getuschel, ihre dreiste Scheinheiligkeit: Die herablassenden Mienen, während sie das Knie beugten. Die kleine Pause, bevor sie das »Sire« hervorbrachten, die sarkastische Dehnung, mit der sie die letzte Silbe des »Eure Majestät« versahen, und am ekelhaftesten von allem: Die Erkundigungen nach seinem Gesundheitszustand, vor allem wenn es ihm wieder einmal schlechter ging. Woher nahmen sie die Frechheit, sich über ihn zu erheben, den sie doch ihren König nannten? Als ob es solch einen Unterschied machte, ob man seine Frau mit einer Frau oder einem Mann betrog.

Er schlug die Hände vors Gesicht und strich sich über die Falten, die sein Zorn hinterlassen hatte. Daß er sich immer so sehr aufregen mußte! Das machte ihn doch nur alt und schwach, häßlich und kleinlich. Schon jetzt war er aufgeschwemmt und fett, waren seine Beine kaum noch in der Lage, ihn zu tragen. Welch einen König würde er wohl abgeben, wenn er überhaupt jemals auf den Thron käme? Man lachte hinter vorgehaltener Hand über seine Würdelosigkeit, während der Graf von Artois mit der Miene eines soldatischen Recken umherstolzierte, an Jagden und Pferderennen teilnahm oder seine Besucher beim morgendlichen Fechttraining empfing.

Da klopfte es, und Baron St. Riquier trat herein. Stanislas Xavier leckte sich schnell das Blut von den Lippen und wischte sich den Schweiß von der Stirn. Er mußte lernen, sich mehr zusammenzunehmen. Selbst seine letzten Getreuen begannen langsam, an ihm zu zweifeln. St. Riquier verneigte sich tief.

St. Riquier, die treue Seele! Wenn er so förmlich wurde, konnte es nur Unglück bedeuten. St. Riquier war der ideale Exilant, der unter der Schwere des Schicksals geradezu aufblühte, dachte Stanislas Xavier. Je düsterer die Aussichten, desto erhabener die stoische Würde des loyalen Gefolgsmannes, desto getragener seine Stimme, desto aufrechter seine Haltung, die dennoch das Gewicht unerträglicher Lasten erahnen ließ. Ja, das Märtyrertum stand dem stets schwarzgekleideten Baron mit der altmodischen Perücke so gut, daß Stanislas Xavier meinte, sich ernsthaft Sorgen machen zu müssen, für den Fall, daß man wieder an die Macht käme. Das würde St. Riquier seiner Rolle berauben.

Der Baron überreichte ihm mit steinernem Antlitz ein Schreiben der englischen Regierung. Stanislas Xavier sah seine schlimmsten Befürchtungen wahr werden, ein erneuter Wechsel des Exils schien bevorzustehen. Die Engländer würden mit Bonaparte Frieden schließen und die Exilanten ausweisen. Aber wohin sollte er gehen? Ganz Europa war entweder von französischen Truppen besetzt oder mit Bonaparte verbündet. Nur Amerika oder Konstantinopel blieben noch als Ausweg.

Stanislas Xavier griff zum Brieföffner, nachdem er die Siegel erbrochen hatte. Baron St. Riquier ließ derweil keine Sekunde die Augen von seinem Exilmonarchen. Natürlich kannte er den Inhalt des Schreibens, die Engländer teilten immer alles auch inoffiziell mit. Aber er hielt sich stets an die Etikette, niemals hätte er seinem König vorher verraten, was in einem strenggeheimen Brief stand. Stanislas entfaltete das Schreiben ohne Hast, um das Unausweichliche noch einige Sekunden hinauszuzögern. Schließlich hatte er jedoch keine Wahl mehr, denn selbst St. Riquier, der dieses dramatische Ritual genoß wie sonst nichts auf der Welt, begann unruhig zu werden. »St. Riquier«, rief Stanislas erstaunt. »Warum erzählen Sie mir das nicht gleich: Die Engländer verdoppeln mir ihre finanziellen Zuwendungen und stellen mir eine Ehrengarde zur Verfügung. Das ist ein ganz großer Erfolg. Verstehen Sie, wir sind jetzt offizielle Staatsgäste und nebenbei auch noch wohlhabend.«

Der Bourbone lachte laut auf, ohne sich um seine Würde zu kümmern. St. Riquier machte ein säuerliches Gesicht. Für ihn stellte diese Nachricht keine ungetrübte Freude dar, denn sie machte nur wieder allzu deutlich, daß der rechtmäßige König von Frankreich nicht viel mehr als ein besserer Bettler war, auf die Almosen fremder Herrscher angewiesen. Aber Stanislas Xavier dachte praktischer. Er würde Blacas irgendein prachtvolles Geschenk machen, eine diamantene Krawattennadel vielleicht, und sein Gehalt erhöhen. Blacas würde es dann wohl noch eine Weile bei ihm aushalten, was wichtig war, denn bei aller Unzuverlässigkeit besaß er mehr politischen Spürsinn als alle übrigen Berater Stanislas Xaviers zusammen: Wenn die übervorsichtigen Engländer bereit waren, in Stanislas Xavier zu investieren, dann bestand Grund zur Hoffnung, daß dieser in nicht allzu ferner Zukunft als Ludwig XVIII. französischen Boden würde betreten können. Ein Motiv mehr für Blacas, Stanislas Xavier nicht zu verlassen.

Warum aber die plötzliche Großzügigkeit der Engländer, was ließ sie auf einmal an den Stern des Bourbonen glauben, nachdem sie ihn Jahre lang nur geduldet hatten? Die Antwort kam fast im selben Augenblick in Form eines berittenen Boten, der durch den nassen Park heransprengte. Atemlos stürmte er mit schmutzigen Stiefeln und schlammbespritzer Uniform herein. Diesmal verzichtete Stanislas Xavier darauf, den Zettel, den er erhielt, umständlich aufzufalten. Seine Finger zitterten, als er den Umschlag aufriß: »Talleyrand und Fouché haben sich versöhnt.«

Hastig flogen die Augen des Exilkönigs über das Papier, gierig sog er jedes Wort in sich auf. Als Stanislas Xavier alle Einzelheiten erfahren hatte, fragte er den Boten: »Warum habe ich das nicht früher erfahren?«

Mit ehrlicher Empörung erklärte der Bote: »Die englische Regierung hat unseren Agenten abgefangen und festsetzen lassen. Er ist noch immer in Gewahrsam, konnte die Nachricht aber hinausschmuggeln.«

St. Riquier runzelte die Stirn: »Was soll denn das schon wieder? Erst geben sie uns mehr Geld und dann behindern sie unsere Leute und schneiden uns von unserem Nachrichtennetz ab. Das ist reine Willkür.«

Der Baron bebte vor Zorn, war aber auch erleichtert, denn nun mußte er den Engländern nicht mehr dankbar sein und konnte sich wieder als Opfer, statt als Bittsteller fühlen.

Stanislas Xavier seufzte innerlich. Warum war er eigentlich immer der einzige in seiner Umgebung, der seinen Verstand benutzte? Geduldig setzte er seinem Paladin auseinander, was hinter der britischen Intrige stand: »Die Engländer, mein lieber St. Riquier, wollten nicht, daß wir zu früh von den Vorgängen in Paris erführen, damit wir die Erhöhung unserer Apanage nicht allzu eindeutig mit der Annäherung zwischen Talleyrand und Fouché in Verbindung brächten. Man scheint in Whitehall offenbar der Auffassung zu sein, daß unser politischer Wert über Nacht sehr gestiegen ist, aber es ist im Interesse der englischen Regierung, uns dies nicht bewußt werden zu lassen. Man will auf diese Weise verhindern, daß wir zu unabhängig werden und anfangen, Forderungen zu stellen. Was täten sie denn, St. Riquier, wenn ihre Schachfiguren plötzlich anfingen, von selber über das Spielfeld zu laufen?«

Die Minister und Staatsräte waren ratlos und nervös, als sie am Morgen des 29. Januar 1809 in den Tuilerien zusammenkamen. Der Kaiser war überraschend aus Spanien zurückgekehrt, wo er einige Siege errungen hatte, der Krieg aber noch längst nicht beendet schien. Dies war nicht der triumphale Einzug in die Hauptstadt, mit dem er seine militärischen Heldentaten gewöhnlich zu krönen pflegte. Aus seinem Handeln sprach eine eigentümliche Hast, ja Gehetztheit.

Napoleon kam deutlich zu spät, eine kalkulierte Unpünktlichkeit, die die Wartenden beunruhigte. Fouché und Talleyrand waren wie immer die einzigen, die sich ihre Nervosität nicht anmerken ließen. Endlich stürmte der Kaiser durch die weißgoldenen Flügeltüren herein. Seine Stiefel waren noch staubig von der Reise: Eine theatralische Geste, denn der Kaiser war ja bereits seit dem gestrigen Abend da und hätte zumindest zum Wechseln der Stiefel Zeit gehabt.

Die Großwürdenträger des Reiches verbeugten sich, Fouché steif und ungelenk, Talleyrand mit einer fast schon unhöflichen und dreisten Nonchalance.

Der Kaiser verzichtete auf eine förmliche Begrüßung und nahm nicht Platz. Talleyrand lehnte sich demonstrativ gegen den Tisch. Napoleon aber übersah die Geste geflissentlich, denn das Protokoll wollte es, daß so lange der Kaiser stand, sich niemand setzen durfte. Statt dessen hielt Napoleon eine Zornesrede: »Es scheint neuerdings üblich zu sein, daß Inhaber höchster kaiserlicher Ämter in der Öffentlichkeit ihre Meinung zu Fragen allgemeiner Politik kundtun, insbesondere, wenn diese Meinung von der meinen abweicht. Verschiedene Herren scharen die gute Gesellschaft um sich, um dort ihre jeweiligen Auffassungen zum besten zu geben. Sie üben Kritik an der kaiserlichen Regierung, der sie alles verdanken. Aber Undank gilt heute schon als Ausdruck verfeinerter Lebensart. Ja, wer nicht jeden zweiten Abend einen detaillierten Gegenentwurf zu meiner Politik inklusive Personalvorschlägen vor dem Pariser Publikum ausbreitet, glaubt, seine Existenz verfehlt zu haben. Machten früher die Bonmots die Runde, so sind es heute politische Manifeste. Besonders aber in Gegenwart ausländischer Botschafter und Gesandter will man sich nicht lumpen lassen. Metternich und Konsorten sperren die Ohren auf: Und siehe da, Österreich fängt wieder zu rüsten an, jetzt, da unsere besten Truppen in Spanien gebunden sind.

Und wer hat dieses Meisterwerk vollbracht? Kein anderer als der Fürst von Benevent! Natürlich, wer auch sonst? Ist er doch ein regierender Fürst, von Gottes Gnaden dazu, gleich den Herrschern dieser Welt, an deren Tafel er noch beim Kongreß von Erfurt speisen durfte, worauf er auch ungemein stolz war, so daß er seine Himmelfahrtsnase noch höher trug. Aber er ist kein Fürst von Gottes Gnaden, denn das bin hier nur ich. Und es ist der Gott der Schlachten, der mir gnädig war! Nicht der Gott der Salons und Boudoirs! Der Fürst von Benevent ist nämlich ein Fürst von meinen Gnaden, er ist Großkämmerer von meinen Gnaden, er ist Vice-Grand-Electeur von meinen Gnaden, er ist Mitglied des Staatsrates von meinen Gnaden, und er ist auch noch Senator von meinen Gnaden. Er bezieht ein vierfaches Gehalt von meinen Gnaden. Ohne mich wäre er gar nichts. Wie übrigens auch der Herzog von Otranto, mit dem ich mich aber schon privat beschäftigt habe. Sämtliche Großwürdenträger verdanken ihre hohe Stellung nur mir und sind nur mir allein verantwortlich. Nur mir allein sind sie etwas schuldig, und was, das bestimme ich, und zwar allein. Wenn sie meinen, sich irgendwelche privaten Zweifel erlauben zu dürfen, dann können sie diese mir gegenüber äußern, wenn sie es denn wagen. Und ich werde ihnen antworten, wenn ich es denn für nötig halte. Und dann wird es keine Zweifel mehr geben oder aber einen bestimmten Großwürdenträger weniger. Denn Zweifel am Kaiser sind Zweifel an Frankreich, sind Hochverrat!«

Napoleon lief aufgeregt zwischen dem Kamin und der Stelle, an der Talleyrand gegen den Tisch gelehnt stand, auf und ab. Talleyrand schien nicht zu glauben, daß von ihm gesprochen wurde. Mit großen, offenen Augen, die nichts Böses kannten, blickte er dem Kaiser freimütig ins Gesicht, während dieser mit seiner Tirade fortfuhr: »Daß gerade Sie Hochverrat üben, sollte mich nicht überraschen. Denn wen haben Sie nicht alles schon verraten, Talleyrand? Ihre Kirche, und nicht erst, als Sie sich Ihre Konkubine ins Haus holten, die intelligenteste Frau von Paris, ha, ha.

Natürlich haben Sie auch ihre Frau verraten, sowie alle Ihre Mätressen. Aber wissen Sie auch, daß Ihre Frau Sie genauso betrügt? Ich verstehe zwar nicht, wie sie es schafft, so fett, wie sie neuerdings geworden ist, aber immerhin! Meinen Respekt.

Dann haben Sie Ihren König verraten. Und Ihre Revolution. Und wie war das mit Barras?

Aber Sie wagen es, mich öffentlich wegen Spanien zu kritisieren. Vor allem aber machen Sie mich für den Tod des Herzogs von Enghien verantwortlich! Mich! Dieses Blut klebt ganz allein an Ihren Händen, Talleyrand! Sie sind undankbar und verlogen, bestechlich und feige. Sie sind ein Verräter, ein Dieb sind Sie und obendrein ein Atheist. Jawohl, ein Atheist!«

Der Kaiser war dicht vor Talleyrand zum Stehen gekommen.

»Antworten Sie mir endlich! Was sind Ihre Pläne? Was wollen Sie eigentlich? Wagen Sie mir das ins Gesicht zu sagen? Ich könnte Sie vernichten. Ich habe die Macht dazu, verstehen Sie? Aber Sie sind mir viel zu lächerlich, als daß ich mich mit Ihnen abgeben würde. Sie sind viel zu bedeutungslos, um meine Zeit mit Ihnen zu verschwenden.«

Der Kaiser hatte sich auf die Zehenspitzen gestellt, während er Talleyrand anschrie, um ganz nahe an dessen Gesicht heranzukommen: »Wissen Sie, was Sie sind? Sie sind nichts als Scheiße in einem Seidenstrumpf!«

Damit eilte der Kaiser hochroten Kopfes aus dem Zimmer und schlug die Tür hinter sich zu. Die versammelten Minister und Staatsräte wagten nicht einmal auszuatmen, und sie taten gut daran, denn nach wenigen Sekunden sprangen die Türen wieder auf und Napoleon stand erneut im Raum. Er brüllte: »Merken Sie sich das, Fouché und Talleyrand, wenn es eine Revolution oder einen Putsch oder sonst etwas geben sollte, dann sind Sie die ersten, die 'dran glauben werden!«

Dann war Napoleon endgültig verschwunden.

Die Minister starrten Talleyrand entsetzt an. Dieser verbeugte sich leicht vor ihnen und bemerkte: »Schade, daß ein so großer Mann so schlechte Manieren hat.«

Stanislas Xavier empfing die neuesten Berichte aus Paris ungehindert. Die Engländer hatten sich sogar bei ihm entschuldigt und ließen ihm seit kurzem ihre eigenen Agentenberichte zukommen. Natürlich nur ausgewählte, aber es war die Geste, die zählte. Nachdem Stanislas Xavier die jüngste Depesche studiert hatte, reichte er sie wortlos an Baron St. Riquier weiter, während die anderen Herren in respektvollem Abstand, außer Hörweite, zusahen. Stanislas Xaviers Audienzen waren, seit er eine Ehrengarde der englischen Regierung hatte, wieder sehr viel voller. St. Riquier schüttelte den Kopf: »Damit sind unsere Hoffnungen also wieder einmal zunichte. Bonaparte kehrt nach Hause zurück, hat einen Wutanfall und vorbei sind alle Gerüchte von Staatsstreich und Machtwechsel. So einfach ist das.«

Stanislas Xavier lächelte: »Sie irren, St. Riquier. Dies ist ein noch größerer Triumph. Talleyrand und Fouché haben aller Welt demonstriert, daß sie für den Tag X gerüstet sind. Sollten sich jemals größere Veränderungen ankündigen, wird niemand an diesen beiden vorbeikommen. Und daß größere Veränderungen unausweichlich sind, haben sie dem Publikum mit ihrer kleinen Komödie hinreichend demonstriert. Vor allem aber steht Bonaparte als der düpierte da. Er ist eigens aus Spanien herbeigeeilt, nur um die beiden zur Raison zu bringen. Indem er nach Paris zurückkehrte, zeigte Bonaparte, wie sehr ihn dieses Bündnis bedroht. Die logische Konsequenz wäre eine Hinrichtung gewesen. Aber ohne handfesten Vorwand? Das hätte nach Tyrannei und Schwäche zugleich ausgesehen. Warum aber für einen kleinen Tobsuchtsanfall die Führung eines Feldzuges abgeben? Im Grunde hätte Bonaparte die Aktion Talleyrands und Fouchés niemals durch seine blitzartige Rückkehr aufwerten dürfen. Weshalb ist er also gekommen? Aus bloßer Wut? Vielleicht. Vielleicht aber auch, weil die Aufgabe in Spanien für einen einzelnen nicht zu meistern ist und seine gewohnte Kette blitzartiger Siege eben noch nicht das Ende des Krieges in Spanien bewirkt hat. Vielleicht hat sich der Korse eine innenpolitische Schwäche gestattet, um eine außenpolitische zu verbergen. Österreich ist wieder erstarkt, und niemand weiß, wie lange Zar Alexander den Frieden halten wird. Aber letztlich ist eine innere Krise fast schlimmer als ein äußerer Feind. Auf jeden Fall weiß nun jeder, daß Talleyrand und Fouché auf ihre Stunde warten. Bonapartes Uhr läuft ab.«

»Aber wird Talleyrand wirklich mit uns zusammenarbeiten? Hyde de Neuville hat doch vor Jahren schon versucht, etwas zu erreichen, und Talleyrand stellte unmögliche Forderungen, wollte uns sogar erpressen. Er glaubt, ein Druckmittel in der Hand zu haben.«

St. Riquier hatte nie en détail erfahren, was der Inhalt jener Verhandlungen gewesen war, und hoffte,

Stanislas Xavier würde sich endlich einmal deutlich äußern. Doch jener dachte gar nicht daran: »Glauben Sie mir, St. Riquier, gerade weil Talleyrand ein Druckmittel gegen uns zu besitzen glaubt, wird er alles tun, um mit uns ins Geschäft zu kommen. Denn wenn er nicht Kontakt mit uns aufnimmt, ist sein Druckmittel ja nutzlos. Warten Sie nur ab, wir werden von Talleyrand noch eher hören, als wir uns vorstellen können.«

So leicht ließ sich St. Riquier jedoch nicht abschütteln: »Hieß es nicht, es gehe um die Legitimität des Hauses Bourbon? Wagt Talleyrand ernsthaft, an ihr zu zweifeln? Will er uns am Ende etwa erpressen?«

Für ihn ist das Blut meiner polnischen Großmutter echter als mein französisches, dachte Stanislas Xavier, verzichtete jedoch beharrlich darauf, die Neugier seines Beraters zu befriedigen.

KAPITEL IX

Paris im Dezember 1812

Dorothée schätzte die Winterabende in den Tuilerien nicht besonders. Sie waren lang und ereignislos. Die Kaiserin Marie-Luise, eine Habsburgerin, die Napoleon nach seiner Scheidung von Josephine geheiratet hatte, reizte den Intellekt ihrer geistig wohl herausragendsten Hofdame nur wenig. Dorothée sehnte sich zurück in die Rue St. Florentin, wo ihr angeheirateter Onkel im Kreis seiner Freunde und Anhänger den Untergang des Regimes plante. Je mehr Dorothée sein Spiel beobachtete, desto brillanter und schwindelerregender schien es ihr. Seit Jahren kritisierte Talleyrand den Kaiser in aller Öffentlichkeit, ebenso wie er sich in aller Öffentlichkeit mit Fouché getroffen hatte. Diese weithin sichtbaren, ja demonstrativen Aktivitäten lenkten jedoch davon ab, daß Talleyrand gleichzeitig in geheime Kontakte mit Rußland und Österreich verwickelt war. Die Zurschaustellung seiner Oppositionsrolle machte nach außen hin seine Beteiligung an jedweder Verschwörung unwahrscheinlich. So kaschierte der Fürst von Benevent mit seinem öffentlichen Widerstand seine heimlichen Unternehmungen.

In Dorothée wuchs das Verlangen, an diesem Spiel mitzuwirken; jedoch nicht wie die Damen in Talleyrands Umkreis, allen voran ihre Mutter, die für Talleyrand kleine Dienste verrichtet hatte, wie geheime Briefe zu verschicken oder Nachrichten weiterzutragen. Solch eine Statistenrolle schien Dorothée lächerlich. Sie wollte weit mehr: Sie wollte an Talleyrands Gedanken teilhaben.

Nicht nur das politische Leben ihres neuen Onkels verfolgte sie aufmerksam, sondern auch seine persönlichen Verhältnisse. Dorothée war aufgefallen, wie ihre Mutter Stück für Stück ihre beherrschende Stellung in Talleyrands Entourage verloren hatte und in einer unmerklichen Entwicklung eine von vielen geworden war.

Talleyrand war betrübt gewesen, die Untertanin des russischen Zaren zu verlieren, als sich diese 1812 bei Kriegsausbruch nach Hause begeben mußte, aber der Trennungsschmerz ging nicht sehr tief und blieb ohne Folgen. So bedauerlich die Abreise der Herzogin von Kurland auch war, würde man die teure Freundin doch gewiß irgendwann wiedersehen; bis dahin begleiteten sie gute Wünsche und auch einige liebevolle Andenken, aber keine Tränen.

Nun war Dorothée Hausherrin im Palais Talleyrand. In seinem neuen Wohnsitz, der Rue St. Florentin, lebte ihr Onkel noch herrschaftlicher, konnte er nicht weit entfernt von den Tuilerien noch stärker das oppositionelle Zentrum repräsentieren, während Fouché als Gouverneur von Rom dafür büßte, daß er, ohne Napoleon einzuweihen, Außenpolitik getrieben hatte. Dorothée erinnerte sich noch daran, wie es bekannt geworden war, daß Fouché Geheimverhandlungen mit den Engländern aufgenommen hatte. Sie war an jenem Junimorgen vor zwei Jahren sofort zu Talleyrand geeilt. Atemlos war sie die Treppen hinaufgesprungen und in sein Arbeitszimmer gestürzt, um ihm die Nachricht als erste mitteilen zu können. Seit nicht einmal zwei Monaten Hofdame der neuen Kaiserin Marie-Luise, hatte sie nur auf den Moment gewartet, da sie etwas herausfinden würde, was noch kein anderer erfahren hatte. Und tatsächlich, beim Lever der Kaiserin, als diese sich gerade mit Hilfe ihrer Hofdamen das Nachthemd über den Kopf streifte, war es herausgekommen. Marie-Luise hatte über ihre Hoffnung auf eine baldige Schwangerschaft gesprochen und freimütig die intensiven Bemühungen des Kaisers in dieser Richtung wie auch das Vergnügen, welches diese ihr überraschenderweise bereiteten, geschildert. »Wenn es ein Junge wird«, hatte sie erläutert, »soll er den Titel eines Königs von Rom erhalten. Rom! Dorthin wird Fouché übrigens heute als Gouverneur versetzt. Er hat wohl heimlich mit den Engländern verhandelt. Was er sich dabei bloß wieder gedacht haben mag? Ich fand Fouché ja immer unangenehm: so dunkel und doch blaß und kalt, eine geradezu unappetitliche Mischung.« Mit gesenkter Stimme fügte sie hinzu: »Er gehörte ja wohl auch zu den Kräften, die sich der kaiserlichen Scheidung widersetzten.«

In ihrer ersten freien Minute an diesem Tag war Dorothée in die Rue St. Florentin geeilt, um Talleyrand die Neuigkeiten zu überbringen. Aber sein Arbeitszimmer war leer. Sie rief nach ihm, erhielt aber keine Antwort. Sie entdeckte die offene Tapetentür und ging hindurch. Und tatsächlich, in einem kleinen Raum, in dem Talleyrand eine Sammlung exotischer Pflanzen hegte, entdeckte sie ihn, mit dem Rücken zu ihr an einem Tischchen sitzend und über etwas gebeugt, was sie nicht erkennen konnte. Sie hatte vage von seinem Interesse an Pflanzen vernommen, dieses Zimmer selbst aber noch nie besichtigt. Erstaunt betrachtete sie die verschiedenen Gewächse in den kleinen Kübeln und Schalen, Kakteen und Palmen zumeist, die die kahlen Wände der Kammer in einem grünen Licht schimmern ließen. Über seine Pflanzenleidenschaft pflegte der Diplomat fast nie zu sprechen. Ohne sich umzudrehen, sagte er:

»Ich bin Ihnen dankbar, Dorothée, daß sie darauf verzichtet haben, anzuklopfen. Sie hätten vielleicht mein kleines Bäumchen hier erschreckt.«

Dorothée errötete und trat an das Tischchen heran. Mit einer kleinen Schere beschnitt ihr Onkel die Zweige eines zwergenhaften Ahornbaumes, dessen Blätter Federn glichen.

Er würdigte sie immer noch keines Blickes, während er fortfuhr: »Dies ist ein Zwergbaum aus Japan. Er ist ein kleines Vermögen wert, nicht zuletzt, weil kaum etwas aus Japan exportiert wird. Das Land hat sich, wie Sie wissen, ganz von der Außenwelt abgeschottet. Ein beneidenswerter Zustand der Ruhe und Ungestörtheit, finden Sie nicht?«

Dorothée schluckte und schwieg.

»Indem ich die Äste beschneide, halte ich diesen Baum ganz klein, ohne ihm etwas von seiner Schönheit zu nehmen. Von Natur aus will er nämlich hoch hinaus. Wie so viele. Wie auch der Herzog von Otranto, der soeben dazu aufgefordert wurde, sein Portefeuille an den Herzog von Rovigo zu überreichen und sich nach Rom zu begeben, wo der Gouverneursposten gerade frei ist. Auch den Herzog von Otranto muß man leider hin und wieder beschneiden. Was ihn aber von diesem entzückenden Pflänzchen unterscheidet, ist, daß er keine Schönheit besitzt, die es zu bewahren gilt. Das unterscheidet ihn natürlich auch von Ihnen, meine Liebe.«

Jetzt endlich hatte er sich aufgerichtet und ihr ein spöttisches Lächeln zugeworfen, das Dorothée nur noch im Gehen wahrnahm.

Inzwischen war Dorothée neunzehn Jahre alt. Ihre Reife, die ursprünglich schwerfällig und altklug gewirkt hatte, ließ sie nun alterslos und erfahren auftreten. Ihre Selbstbeherrschung ging über das bloß Damenhafte hinaus und verlieh ihr eine enigmatische Aura, die die romantischen Dichterherzen ihrer Zeit ansprach. Auch schien sie weicher und sanfter geworden zu sein, obwohl sie immer noch sehr schlank war und ihre riesigen Augen, deren intensivem Blick nur wenige standzuhalten vermochten, das Gesicht mehr denn je beherrschten. Ihre Kleidung hatte sich ebenfalls vorteilhaft verändert. Sie hatte ihre ursprünglichen Versuche aufgegeben, mit gröberen Stoffen und einfacheren Schnitten schlichte Natürlichkeit ausdrücken zu wollen. Noch immer haßte sie das Ornament, verschmähte sie Muster oder Stickereien und ging mit Spitze sparsam um. Doch genoß sie es nun, den von ihr neuerdings bevorzugten dunklen Satin mit Diamanten und Saphiren zu kontrastieren.

Vor allem hatte sie gelernt, ihre Abneigung gegen die Pariser Gesellschaft zu verbergen und nicht mehr um die Anerkennung aller Menschen zu kämpfen, deren Wege sie kreuzte. Ohne ihre innere Distanz auch nur einen Moment aufzugeben, verstand sie es jetzt, mit großer Lässigkeit all ihre Pflichten zu erfüllen, besonders, seit sie vor zwei Jahren Hofdame geworden war und das Vertrauen der neuen Kaiserin Marie-Luise gewonnen hatte, weil sie wie die Kaiserin sehr jung und weder Französin noch Parvenu war wie die meisten Hofdamen. Nicht zuletzt auch, weil sie der Familie

Talleyrand-Périgord angehörte, deren Freundschaft Metternich der Kaiserin vor der Abreise ans Herz gelegt hatte. Schließlich verband den österreichischen Staatskanzler seit langem eine Geheimkorrespondenz mit Talleyrand.

Dorothée stand höfischem Zeremoniell und großem Pomp skeptisch gegenüber. Den napoleonischen Hof fand sie besonders lächerlich, denn die meisten Mitglieder der bonapartistischen Elite bewegten sich höchst unnatürlich unter dem Druck der neuen Regeln. Immer und immer wieder konnte man beobachten, wie selbst illustre Persönlichkeiten bis hinauf zu den Schwestern des Kaisers die Etikette vernachlässigten, mit Absicht oder aus Versehen, vergaßen, den Kaiser mit ›Sire‹ anzusprechen, oder sogar in der Kirche nicht daran dachten, sich vor dem Altar zu bekreuzigen. Allein ihr Onkel konnte dem Ritual noch eine gewisse Größe verleihen, denn er beging nicht nur keine Fehler, sondern versah seine Aufgaben mit einer heiteren Selbstverständlichkeit, als bewegte er sich in einem Gemälde von Watteau. In seltenen Momenten beschlich Dorothée ein leiser Zweifel an dieser vollendeten Gewandtheit. Sie wollte sich davon nicht blenden lassen. Schließlich war Talleyrand ein Mensch aus Fleisch und Blut und eben keine Figur aus einem Bild.

Dorothée riß sich mit aller Kraft von diesen Gedanken los und folgte dem Gespräch, das um sie herum geführt wurde. Es war noch genauso eintönig wie zu dem Zeitpunkt, als Dorothées Gedanken abgeschweift waren, und es konnte noch Stunden so fort gehen. Marie-Luise war ein Nachtmensch. Sie hielt es durchaus nicht für nötig, sich früh zurückzuziehen, und so war Dorothée gezwungen, Stunde um Stunde auszuharren.

Nach wenigen Minuten schon war Dorothées Bedürfnis nach Ablenkung wieder so groß geworden, daß sie den Blick durch den Raum schweifen ließ. Wie durch Zufall blieb er auf der goldenen Uhr hängen, die auf dem Kaminsims stand. Das Zifferblatt saß in einer stilisierten Weltkugel, die von zwei Atlanten vom Typus des *Herkules Farnese* getragen wurde. Die beiden muskelstarrenden Riesen erhoben sich über einem goldenen Podest, auf dem das Kaiserliche »N« prangte. Dorothées Blick wanderte scheinbar unbeteiligt weiter, um auf den der Marquise de la Motte St. Leutier zu treffen. Auch diese schien sich nicht konzentrieren zu können. Die Marquise entstammte dem Adel des Ancien régime. Napoleon hatte sie zu seiner Hofdame gemacht, um Marie-Luise eine standesgemäße Umgebung zu verschaffen. Dorothée und die Marquise de la Motte St. Leutier gestatteten sich einen sekundenlangen, verstehenden Blickkontakt, der nur möglich war, weil die Kaiserin gerade eine Sticknadel fallengelassen hatte und fast alle anwesenden Damen auf dem Boden herumkrochen, um das Instrument wiederzufinden.

Eine weitere Stunde später unterdrückte Dorothée ihr vierundzwanzigstes Gähnen an diesem Abend – sie hatte mitgezählt. Man vertat noch immer die Zeit mit Kartenspiel und Handarbeiten und sprach über Belangloses. Selbst der Klatsch war inzwischen ausgegangen, und die Gesprächspausen begannen gefährlich lang zu werden. Die Kaiserin wirkte bereits ein wenig ungeduldig, während einige Damen hastig von einem nichtigen Thema zum anderen wechselten, in der Hoffnung, der Kaiserin doch noch die erwünschte Ablenkung zu liefern. Dorothée kannte dieses Ritual und wartete ab. Erst wenn alle anderen ihr Pulver verschossen hatten, würde sie einspringen und mit einer interessanten Bemerkung zur Retterin des Abends werden. Noch aber war der Zeitpunkt dafür nicht reif, wenngleich einige der Hofdamen ihr schon flehentliche Blicke zuwarfen.

Bevor Dorothée Gelegenheit bekam, ihre gewohnte Rolle zu spielen, gab die Kaiserin selbst dem Gespräch eine unerwartete Wendung. Sie wandte sich an Dorothée: »Sie müssen verzeihen, meine Liebe, wenn ich mich so direkt in Ihre Angelegenheiten mische. Aber mir fällt in letzter Zeit ein protokollarisches Problem auf. Die Fürstin von Benevent hat sich praktisch aus der Öffentlichkeit zurückgezogen. Der Fürst und sie leben mehr oder weniger in Trennung. Also geht Ihr Onkel seinen offiziellen Pflichten ohne eine Frau an seiner Seite nach. Daheim haben Sie, Dorothée, die Rolle der Hausherrin übernommen, aber außerhalb der Rue St. Florentin ist der Fürst wieder so etwas wie ein Junggeselle geworden. Für den Großkämmerer des Kaiserreichs gehört sich das eigentlich nicht. Warum können Sie, als die Ehefrau seines Neffen und Erben, nicht auch hier in die Bresche springen?«

Für einen Moment erstarrte Dorothée. Wie konnte die Kaiserin es wagen, ein so heikles Thema in der Öffentlichkeit anzuschneiden.

Sie zwang sich zu einer Antwort: »Ich glaube, der Fürst möchte mich angesichts meiner Pflichten hier bei Hofe und gegenüber den Kindern nicht noch zusätzlich beanspruchen.«

»Aber ich bitte Sie. Wir alle wissen, daß Sie seine ideale Begleiterin wären. Mit Ihrem Esprit sind Sie doch sicher ohnehin schon längst seine Vertraute geworden. Ich wette, Dorothée, Sie erfahren mehr über die Politik dieses Landes als ich. Als Kaiserin bekommt man ja rein gar nichts mit. Aber im Hause Talleyrand ist das doch sicher ganz anders!«

»Euer Majestät kokettieren heute abend wohl ein bißchen.«

»Aber nein! Der Kaiser hat eine ganz klare Vorstellung davon, was die Aufgaben einer Frau sind. Politik und Geist gehören nicht dazu, worüber ich – nebenbei gesagt – manchmal auch ganz froh bin. Aber Talleyrand – für den gehören Politik und Frauen doch zusammen. Für eine Frau mit ihren Gaben ist das schlicht ideal.«

Dorothée senkte den Kopf, so daß es aussah, als wollte sie dem Kompliment der Kaiserin mit demütiger Bescheidenheit begegnen.

Diese jedoch fuhr munter fort: »Spätestens seit Fouché in Rom schmachtet, ist Talleyrand der bestunterrichtete Mann in Paris. Talleyrand weiß einfach über alles Bescheid. Ich wette, er weiß sogar, wo unsere Rußlandarmee gerade steht …«

Mit einem Mal war alle Müdigkeit aus der Runde verscheucht. Hatten die Augen der meisten Damen bislang eher aus Pflichtgefühl auf der Monarchin geruht, so blickte die Kaiserin nun in höchst angespannte Mienen. Sie hatte das Thema angesprochen, um das man gewöhnlich den größten Bogen machte: Seit Napoleon auf seinem Rückzug von Moskau die Beresina unter schweren Kämpfen und Verlusten überschritten hatte, gab es von der Grande Armée keine Berichte mehr. Das Nachrichtensystem war zusammengebrochen. Die seit der Räumung Moskaus aufkommenden Gerüchte, daß dieser Feldzug vielleicht ein Fehlschlag würde, waren zur Gewißheit geworden. Fast alle der anwesenden Damen hatten Väter, Ehemänner, Brüder oder Liebhaber bei der Truppe. Zum ersten Mal begannen sie sich der grauenvollen Implikationen des Wortes »Niederlage« bewußt zu werden, eines Wortes, das man in den letzten zwei Jahrzehnten auszusprechen verlernt hatte.

Niemand sagte etwas. Auch die Kaiserin schwieg – teils aus einem Gefühl der Peinlichkeit heraus, teils weil auch sie von Sorgen heimgesucht wurde. Da klopfte es plötzlich sachte an der Vorzimmertür. Die livrierten Diener erwarteten Befehl, denn sie wußten nicht, ob sie die Privatgemächer der Kaiserin so spät noch öffnen sollten. Dorothée ging ins Vorzimmer und gab Anweisung, die Tür zu öffnen. Sie wollte sehen, wer zu dieser Zeit noch um Einlaß bei ihr bat, was völlig gegen die Etikette verstieß. Bevor die Diener jedoch Gelegenheit erhielten, die Identität der Ankömmlinge in Erfahrung zu bringen, hatten sich diese auch schon ins Vorzimmer gedrängt. Zwei in Pelze gehüllte Gestalten traten vor Dorothée hin, welche die Geistesgegenwart für einen Hofknicks besaß. Vor ihr standen der Kaiser und sein Außenminister Caulaincourt.

Alle Damen sprangen auf und stürzten auf Napoleon zu. Die Aufregung wich der nur mühsam verborgenen Enttäuschung, als klar wurde, daß der Herrscher die Armee in Rußland zurückgelassen hatte und allein in die Heimat zurückgekehrt war. Kaum waren die Damen wieder in den Salon zurückgekehrt, um die Privatgespräche des Kaiserpaares abzuwarten, sank Dorothée zu Boden.

»Eine leichte Unpäßlichkeit, nichts weiter«, murmelte Dorothée, als man sie auf eine Chaiselongue legte. Als die Kaiserin wieder hereinkam, entschied sie kategorisch, daß Dorothée wahrscheinlich wieder ein Kind erwarte und schleunigst nach Hause müsse.

Zurück in der Rue St. Florentin begab sich Dorothée sofort in die Bibliothek. Es war erst zwei Uhr morgens, also würde Talleyrand noch bei seiner allabendlichen Partie Whist sitzen. Eine Stunde würde es mindestens noch dauern, bevor sie ihn zu Gesicht bekäme. Dorothée ließ sich in dem Raum, der nur vom Mondlicht und dem Kaminfeuer erleuchtet war, in einen Sessel fallen. Warum eigentlich warten? Schließlich mußte er die Nachricht doch so schnell wie möglich erfahren. Am Ende kam ihr noch jemand zuvor. Aber sein geheiligtes Kartenspiel unterbrechen? Und wenn er es am Ende schon wußte und es ihr obendrein noch im Kreise seiner Spielfreunde zu verstehen gab?

Dorothée packte plötzlich die Wut. Davor durfte sie keine Angst haben. Sie sprang auf, um ins Spielzimmer zu gehen, und erkannte im selben Moment vor dem Kamin die Silhouette Talleyrands.

Hatte er seinen Whistabend ausfallen lassen? Wie ungewöhnlich! Es wäre das erste Mal, seit sie ihn kannte. Sie zögerte. Nur ein außerordentlich wichtiges Ereignis konnte ihn vom Spieltisch ferngehalten haben. Also wußte er schon Bescheid. Sie hätte gut auf die ganze Komödie mit der vorgetäuschten Ohnmacht verzichten können. Unter diesen Umständen zog sie es vor, Talleyrand überhaupt nicht zu begegnen.

Lautlos schritt sie zur Tür. Doch im Türrahmen drehte sie sich noch einmal um und fragte ihn unvermittelt: »Und, was werden Sie als nächstes tun?«

Die Gestalt im Sessel zuckte zusammen. Dorothée konnte im Halbdunkel erkennen, wie er ihr sein Gesicht zuwandte. »Guten Abend, Dorothée. Nun, ich nehme an, ich werde wohl zu Bett gehen.«

»Ich hätte mich über eine weniger ironische Antwort gefreut. Sie mögen meine Neugier unpassend finden, aber die Rückkehr des Kaisers ist ein so aufregendes Ereignis, daß ich es mir ausnahmsweise gestattet habe, mich in Ihre Angelegenheiten zu mischen. Seien Sie versichert, daß es nie wieder vorkommen wird.«

»Der Kaiser ist zurückgekehrt?«
»Ja, er ist wieder da. Wußten Sie das nicht?«
»Nein! Ich hatte keine Ahnung. Wann?«
»Soeben, vor etwa vierzig Minuten.«
»Woher wissen Sie das?«
»Ich war in den Gemächern der Kaiserin, als er eintraf. Ich inszenierte eine kleine Ohnmacht, um sofort hierherkommen zu können.«
»Wer war bei ihm?«
»Caulaincourt.«
»Und sonst?«
»Niemand. Er ist praktisch ganz allein gekommen. Die Armee hat er in Rußland zurückgelassen.«

Talleyrand war aufgestanden und auf sie zugetreten. In dem Licht, das durch den Türspalt fiel, konnte sie seine angespannte Miene erkennen. Ins Leere blickend, sagte er: »Wenn er sich von der Armee noch auf dem Marsch durch Feindesland absetzt und direkt nach Frankreich zurückeilt ...«

»... dann bedeutet das, daß die Sache in Rußland verloren ist, daß die Armee militärisch wertlos geworden ist, daß er gezwungen ist, eine völlig neue in Frankreich aus dem Boden zu stampfen, und zwar jetzt im Winter, weil er sie im Frühling schon brauchen wird. Demnach wird er auch nicht mehr damit rechnen, Polen verteidigen zu können ...«

»... fast sechshunderttausend Mann verspielt ...«

»... wenn er glaubt, daß Polen nicht zu halten ist, dann erwartet er, daß Preußen und Österreich die Seiten wechseln werden. Wenn aber Preußen und Österreich sich gegen ihn verbünden und englisches Gold nach Deutschland fließt, dann fällt auch der Rheinbund auseinander. Der Kaiser selbst sieht sein ganzes Bündnissystem als zerfallen an. Alle Erfolge der letzten zwölf

Jahre sind dahin. Im Grunde geht es schon wieder um den Erhalt der Rheingrenze!«
»Nur daß diesmal die Engländer in Spanien stehen.«
»Das heißt, die vier Großmächte England, Rußland, Österreich und Preußen ...«
»Preußen ist aber doch keine wirkliche Großmacht mehr ...«
»Doch, doch. Die preußische Armee ist viel stärker, als man annimmt. Die Preußen haben in den letzten Jahren ein militärisches Kurzausbildungssystem eingeführt, zu Deutsch heißt es ›Krümpersystem‹ ...«
»Zum ersten Mal erweist es sich als hilfreich, daß jemand Deutsch kann ...«
»Wenn die Preußen ihre Reserven mobilisieren, können sie ein Riesenheer ins Feld führen. Hinzu kommen noch die Portugiesen und die Spanier und wahrscheinlich die Schweden.«
»Sie haben recht. Bernadotte spielt auf eigene Rechnung. Daß Napoleon sein neues Reich nicht vor den Russen schützte, hat er nicht vergessen.«
»Das bedeutet: Napoleon ist am Ende«, schloß Dorothée strahlend.
»Napoleon ist am Ende.« Talleyrand nickte und nahm lächelnd Dorothées Arm. Sie glaubte, er wolle sie hinausgeleiten, und streckte ihre Hand nach dem Türgriff aus, doch Talleyrand hielt sie fest, zog sie zurück und führte sie zum Kamin, wo sie beieinander saßen und bis zum Morgengrauen die politische Lage analysierten.

Ein knappes Jahr später machte eine alte Bekannte zum ersten Mal seit Jahren von Talleyrands Angebot Gebrauch, bei ihm zu wohnen, wenn sie nach Paris komme. Madame de la Tour du Pin befand sich auf der

Heimreise von einem Besuch bei einer Tante in der Camargue. Ein bedrückendes Ereignis, denn weder das Schloß noch das Gut, geschweige denn die alte Dame selbst hatten sich jemals wirklich von den Wirren der Revolution ganz erholt.

Doch auch in der Rue St. Florentin stieg Madame de la Tour du Pin mit gemischten Gefühlen ab. Sie brauchte einen Moment der Ruhe. Das Reisen im November war nicht einfach, und viele Straßen waren mit Armeetransporten verstopft, so daß man endlos warten mußte. Munition und Waffen waren noch das kleinere Übel, wirklich unerträglich waren die Verwundeten. Madame de la Tour du Pin hatte nie zuvor Menschen gesehen, die apathisch auf einem mit Heu ausgelegten Wagen lagen und denen an Stelle von Gliedmaßen nur Stümpfe in schmutzigen Verbänden geblieben waren. Je näher die Front an die Heimat rückte, desto schwerer war es, die Leiden des Krieges selbst vor den Privilegierten zu verbergen.

Immer häufiger hörte man von Deserteurbanden, die sich in den Wäldern zusammenrotteten und Reisende überfielen. Auf der Flucht vor Napoleons Gendarmerie, die sie in den Wehrdienst zwingen wollte, taten sich junge Leute mit berufsmäßigen Verbrechern zusammen. Madame de la Tour du Pin hatte in ihrem Handgepäck eine geladene Pistole griffbereit. Die Preise waren gestiegen, und die allgemeine Gereiztheit bildete einen günstigen Nährboden für Unverschämtheiten. Fanatische Bonapartisten verhielten sich gegenüber Repräsentanten des alten Adels äußerst frech. Sie machten die zurückgekehrten Aristokraten des Ancien régime für Napoleons Niederlagen verantwortlich, sprachen von Kontakten zwischen dem Adel und den Emigranten und drohten unumwunden mit Vergeltung.

Überall witterte man Verschwörungen, vielleicht in der Hoffnung, mit Hilfe von Denunziationen private Rechnungen begleichen zu können. Verrat lag in der Luft, seit Napoleon die Reste der Armee nur mit knapper Not über den Rhein hatte führen können. Dies hatte den endgültigen Stimmungsumschwung bewirkt. Seit fast zwanzig Jahren hatte sich dem Rhein keine feindliche Armee mehr genähert. Noch aber hofften viele auf ein Wunder, weil sie sich einfach nicht vorstellen konnten, daß es mit Napoleon zu Ende ging.

Madame de la Tour du Pin rechnete wie alle mit einer Invasion der Alliierten. Amiens, das Departement, das ihr Ehemann verwaltete, lag im Nordosten, wo traditionellerweise die feindlichen Armeen einfielen. Mit Schrecken sah sich Mme. de la Tour du Pin bereits auf der Flucht vor den herannahenden Heeren. Wenn sie wenigstens nicht vor dem Frühjahr einfielen. Kosaken und Preußen: Man hörte nur das Schlimmste von ihnen.

Als Mme. de la Tour du Pin die Stufen zum Palais Talleyrand erklomm, verflüchtigten sich ihre finsteren Befürchtungen. Sie war gespannt auf Talleyrands neue Wohnstätte, die sie noch nicht kennengelernt hatte. Schon im Vestibül wurde klar, daß der Hausherr sich ganz an seinen üblichen Geschmack gehalten hatte. Statt des modernen Empires überall Louis Seize, wie aus der Zeit vor der Revolution. Keine wilden Kontraste, keine Überladenheit, nur wenig Gold. Die Antike war aufs anmutigste gebändigt. Man befand sich an einem Ort der Muße und brauchte nicht zu erwarten, daß jeden Moment eine bluttriefende Prozession ägyptischer Opferpriester aus dem Buffet sprang oder daß eine spartanische Phalanx waffenklirrend über den Kaminsims marschierte. In einer Nische entdeckte sie sogar Wedgewood-Steingut. Wo hatte er das nur wieder her, mitten im Krieg mit England?

Mme. de la Tour du Pin war ein bißchen nervös, als Talleyrand auf der Bildfläche erschien, um sie zu begrüßen. Er war kaum älter geworden. Als er sich in seiner leicht unverschämten Nonchalance zu ihr herabbeugte, mußte Mme. de la Tour du Pin erröten, weshalb sie sich vor Ärger auf die Lippen biß. Aus seiner Lust an der Verführung machte er an diesem Tag genauso wenig Hehl wie an jenem Spätsommerabend in den nordwestlichen Regionen des Staates Vermont vor fast zwei Jahrzehnten. Madame de la Tour du Pin war 1792 mit ihrer Familie vor den Schrecken der Revolution nach Amerika geflohen, wo sie mehrere Jahre in einer Blockhütte in den Wäldern Neuenglands zugebracht hatten.

An jenem Abend hatten die Kinder draußen gespielt; ihr Ehemann war mit einem Nachbarn, aristokratischer Emigrant genau wie er, zur Jagd gegangen. Mme. de la Tour du Pin schwang in der als Küche und Vorratsraum genutzten hinteren Kammer des Blockhauses eine große Axt, um ein Stück Fleisch zu zerteilen, das für den Winter eingepökelt werden sollte. Der Schweiß stand ihr auf der Stirn, die Arme waren blutig und das Gesicht gerötet. Ihr Brustkorb bebte vor Anstrengung und bei jedem Hieb mußte sie die Furcht, sich selbst zu treffen und dabei grausam zu verstümmeln, überwinden. Die Hitze war unerträglich; doch bald würde es kalt werden, denn die Spätsommertage Neuenglands waren schwül und warm, während die Nächte bereits eisig sein konnten. Beim Arbeiten stellte Mme. de la Tour du Pin wieder einmal überrascht fest, daß sie ihr Schicksal gar nicht verfluchte. Ein Umstand, der ihr bemerkenswert erschien. Sie hatte schon seit langem nicht mehr an das Leben gedacht, das sie zurückgelassen hatte, um vor dem Terror zu fliehen. Hätte ihr vor sechs Jahren jemand erklärt, daß sie einmal in dieser Einöde auf der anderen Seite des Atlantiks landen würde, so hätte sie nicht einmal mit ihrem bloßen Überleben gerechnet.

Plötzlich hörte sie hinter sich ein eigentümliches Geräusch. Es klang wie Schritte auf dem Boden der Veranda hinter dem Haus, aber mit einem seltsamen, fast unmerklichen Ziehen statt des Aufsetzens des zweiten Fußes. Mme. de la Tour du Pin wurde ganz starr und spürte, wie sich ihr die Haare im Nacken sträubten. Sie wollte sich umdrehen, doch es war, als gehorchte ihr Körper ihren Anweisungen nicht. So sehr sie sich auch anstrengte, konnte sie die Laute nicht identifizieren, die sich langsam näherten. Jetzt kamen sie durch die Tür und waren hier bei ihr in der Küche. Die geladene Pistole, die sie für alle Fälle immer bei sich haben sollte, lag außer Reichweite; sie besaß nur die Axt, um sich zu verteidigen. Plötzlich herrschte Stille. Wer immer es war, war nicht viel mehr als einen Meter hinter ihr zum Stehen gekommen. Sie hörte seinen Atem. Wer oder was hereingekommen war, mußte viel größer sein als sie. Unfähig, das Warten noch länger zu ertragen, beschloß sie, sich dem Unbekannten zu stellen. Den Axtstiel fest umklammernd, drehte Mme. de la Tour du Pin sich blitzartig um, holte mit der Axt aus und blickte ins Leere. Während sie noch die Waffe durch die Luft sausen ließ, entdeckte sie einen menschlichen Rücken, der sich offenbar vor ihr verbeugte. Es gelang ihr gerade noch, den Hieb zu stoppen, bevor sich die Klinge dem Nacken des Fremden näherte. Sie hätte ihn beinahe geköpft. Eine wohlvertraute Stimme bemerkte: »Werte Freundin, ich bitte Sie. Derlei Praktiken wollen wir doch lieber den Jakobinern überlassen.«

Talleyrand erhob sich, nur um sich mit der ihm üblichen Lässigkeit ein zweites Mal vor ihr zu verbeugen. Wo er auf einmal herkam, war ihr völlig schleierhaft. Seit sie Frankreich verlassen hatte, war sie von Neuigkeiten abgeschnitten gewesen. Was aus dem Liebling der Pariser Salons geworden war, hatte sie nicht erfahren. Vor der rauhen Wirklichkeit der Wälder Vermonts war die Erinnerung an ihn verblaßt, wie so vieles, was einst ihr Leben ausgemacht hatte.

Er maß sie relativ ungeniert von oben bis unten durch seine langen, weichen Wimpern. Mme. de la Tour du Pin verfluchte die allzu leichte Bekleidung, die ihr vor Schweiß obendrein noch am Körper klebte. Ihren Bekannten mitten in dieser Wildnis zu treffen, machte sie sprachlos. Nicht aber ihren Gast, der mit der größten Selbstverständlichkeit ein Gespräch anknüpfte: »Madame, ich hoffe, Sie entschuldigen, daß ich so einfach hier hereinplatze, aber es gab niemanden, der mich hätte anmelden können. Und meinen eigenen Kammerdiener und unseren Führer habe ich vorausgeschickt, um etwas Wild zu schießen, denn ich gehe sicher recht in der Annahme, daß Ihr Haus im Moment nicht zur Beköstigung einer größeren Gruppe gerüstet ist. Trotz allem bitte ich Sie, uns für diese Nacht Obdach zu gewähren, denn wir haben heute bereits einen langen Weg zurückgelegt.«

Die Hausherrin fand den Anblick Talleyrands lächerlich und dennoch beeindruckend. Sein Haar war zwar nicht gepudert, jedoch mit einem Samtstreifen hinter dem Kopf gebunden; auch hatte er wie eh und je eine hohe Krawatte um den Hals geschlungen. Seine Kleidung entsprach der für eine Jagdpartie in Frankreich, mit einigen amerikanischen Zutaten und Accessoires, wie dem Pulverhorn, das mit Indianerschnitzereien verziert war. Seine Jacke war aus Wildleder und von einem sehr modischen, figurbetonten Schnitt und stand ihm vorzüglich. Mme. de la Tour du Pin war überrascht, daß sich offenbar hinter der höfischen Oberfläche durchaus Männlichkeit verbarg. Sie staunte, daß Talleyrand durch die dichten Wälder reiste, wo man über lange Strecken nur zu Fuß vorwärts kam. Für einen Mann mit seiner Behinderung war das eine beachtliche Leistung, eine körperliche Anstrengung, die man nicht ohne weiteres mit Talleyrand in Verbindung gebracht hätte. Schließlich schien er für die Chaiselongue geboren zu sein. So war es kaum verwunderlich, daß ihr Besucher eine relativ frische Gesichtsfarbe hatte, sogar gebräunt war. Er bewegte sich auf sie zu und lehnte sich an den Tisch, an dem sie stand, was angesichts seines Klumpfußes völlig normal war. Es gab in diesem Raum auch keine Sitzgelegenheit, die sie ihm hätte anbieten können. Nur war der aus halben Baumstämmen gezimmerte Tisch eigentlich viel zu klein, um beiden Halt zu gewähren. Ihr Gast stand jetzt nur wenige Zentimeter von ihr entfernt, hoch über ihr aufragend. Diese Nähe widersprach den gesellschaftlichen Konventionen und schuf eine Intimität, die nicht statthaft war. Mme. de la Tour du Pin wollte aber nicht so unhöflich sein, absichtlich von Talleyrand wegzutreten, schließlich konnte ihr Gegenüber ja nichts für seine Behinderung. So machte sie Konversation und ignorierte mehr schlecht als recht die eigentümliche Nähe zu ihrem Besucher, die sich in der Nachmittagshitze einzustellen begann.

Ihr Gespräch wollte zu Anfang nicht so recht in Gang kommen. Die Madame blieb einsilbig, während Talleyrand munter plauderte. Ihre Erschöpftheit und die Schwüle machten es ihr unmöglich, sich zu konzentrieren. Sie hörte, wie Talleyrand berichtete, er sei

Grundstücksmakler geworden und nähme an der Erschließung der Wälder Neuenglands teil. Doch sie konnte dem, was er sagte, nur in groben Zügen folgen, weil sie von der physischen Präsenz ihres Gastes immer mehr gefangen genommen wurde. Mme. de la Tour du Pin war nie zuvor aufgefallen, wie groß und relativ breitschultrig Talleyrand war. Sowohl seine Eleganz als auch seine Gehbehinderung hatten immer davon abgelenkt. Nie wäre sie darauf gekommen, ihn auch als ein körperliches Wesen wahrzunehmen, wiewohl sie über die zahlreichen Liebschaften des ehemaligen Klerikers natürlich Bescheid wußte. Hier aber, in der kleinen, stickigen Blockhütte, an dem roh gezimmerten Tisch nur wenige Zentimeter von ihr entfernt, schien auf einmal ein Riese aus ihm geworden zu sein, ein Riese, der glühte. Er füllte den ganzen Raum aus. Er mußte sich allmählich näher an sie herangeschoben haben, denn plötzlich stieg Mme. de la Tour du Pin ein ungewohnter Lavendel-Geruch in die Nase. Selbst im Urwald Nordamerikas war er noch parfümiert.

Schließlich hielt es die Hausherrin nicht mehr aus und wich einen Schritt zurück. Talleyrand folgte ihr nicht etwa, sondern beugte sich leicht nach hinten. Mme. de la Tour du Pin wollte innerlich aufatmen, daß Talleyrand sich seiner Wirkung so sehr bewußt war und Rücksicht auf ihr Gefühl der Bedrängung nahm. Aber so recht konnte sie sich nicht darüber freuen. Fast kam es ihr vor, als sei sie enttäuscht.

Die Dame fuhr fort, das restliche Fleisch zu zerteilen, während ihr Gast sie weiter unterhielt. Für einen Moment kam ihr der Gedanke, ihren Gast um Hilfe bei ihrer Arbeit zu bitten. Doch verwarf sie diese Idee sofort und entschied statt dessen, Talleyrand in den Wohnraum der Familie zu schicken, damit er sich dort auf einer Bank austrecken könnte. Doch auch diesen Plan führte sie nicht aus, und ihr Gast blieb, wo er war, nur zwei Handbreit von ihr entfernt.

Talleyrand sprach inzwischen vom neuesten Pariser Klatsch und den amourösen Abenteuern verschiedener Emigranten in London, Boston oder Wien. Mme. de la Tour du Pin mußte immer wieder lachen, und die Verwirrung, die sie ursprünglich empfunden hatte, schwand dahin. Die Geschichten Talleyrands wurden immer skandalträchtiger und frivoler. Mme. de la Tour du Pin, der ein Ruf der Tugendhaftigkeit und Rousseauschen Natürlichkeit vorausging, lehnte die Erörterung solcher Themen normalerweise ab, doch konnte sie sich der Wirkung der Talleyrandschen Konversation kaum entziehen. Einmal, als er gerade sehr weit gegangen war, bemerkte ihr Gast: »Oh, Madame, es tut mir leid, ich weiß, Sie mögen solche Sachen eigentlich nicht.«

Mme. de la Tour du Pin war dies peinlich, denn sie hatte gerade laut gelacht und war Talleyrands Bericht voller Spannung gefolgt. Sie fühlte sich ertappt und wollte dennoch mehr hören. Und Talleyrand fuhr fort. Als sie schließlich das letzte Stück Fleisch zerteilen wollte, wurde sie so von heftigen Lachanfällen gepackt, daß sie zweimal danebenhieb und beim dritten Mal nicht mehr genug Kraft aufbringen konnte. Erst jetzt merkte sie, wie müde die Arbeit sie gemacht hatte. Talleyrand stellte sich direkt neben sie, nahm ihr mit einer kleinen Verbeugung die Axt aus der Hand, wobei seine Finger leicht über die ihren strichen, und schlug zu. Mme. de la Tour du Pin war wieder überrascht und beeindruckt. Der ganze Raum bebte von der Wucht seines Axthiebs. Nie hätte sie Talleyrand solche Körperkraft zugetraut. Er wandte sich ihr wieder zu und reichte ihr mit einem unmerklichen Lächeln hinter einer scheinbar todernsten Miene die Axt zurück. Sie wollte nach dem Beil greifen, um es zu säubern, doch dann hätte sie eine Berührung von Talleyrands Hand kaum vermeiden können. Sie ließ ihren Arm zögernd wieder sinken, und Talleyrand legte die Axt stumm auf die Tischplatte zwischen ihnen. Seine Augen schweiften durch den Raum mit der ein wenig gelangweilten Kennermiene, mit der er die neue Einrichtung eines Boudoirs im Hause von Pariser Bekannten betrachtet hätte. Mme. de la Tour du Pin machte einen Schritt nach vorn und packte die Axt am Stiel. Eine an sich doch eigentlich unnütze Geste, wie ihr einfiel, als sich ihre Finger um das Holz legten. Sie hätte die Axt ja auch liegenlassen und später reinigen können, denn sie brauchte sie jetzt nicht mehr und das Fleisch mußte auch noch eingepackt werden. Als sie mit diesen Gedanken wieder zu Talleyrand aufsah, stand er so dicht neben ihr, daß sie sich berührten. Er faßte sie am Arm. Die Axt war der Fehler gewesen. Sie hätte sich nicht mehr darum kümmern dürfen. Sie war auf seinen Köder hereingefallen, stand jetzt wie gelähmt da und ließ sich den Arm und nun auch noch die Wange streicheln. Wie sehr wünschte sich Mme. de la Tour du Pin, in den Augen ihres Gastes noch etwas anderes als bloße Zärtlichkeit erkennen zu können, aber weder Ironie noch Triumph waren zu bemerken. Kein Zynismus und kein spöttisches Verführertum erleichterten ihr die Pflicht, empört zurückzuweichen und ihr Gegenüber mit energischer Frostigkeit für seine Impertinenz zu bestrafen. Eine unendliche Schutzbedürftigkeit sprach in diesem Moment aus seinem Blick. Schließlich machte Mme. de la Tour du Pin einen abrupten Schritt rückwärts und verhinderte die drohende Umarmung. Dann unternahm sie nach einer unmerklichen Pause noch einen zweiten

Schritt und wandte sich anderen Aufgaben zu. Der Bann war damit noch nicht gebrochen, und hätte Talleyrand einen weiteren Versuch unternommen, dann hätte sie dem vielleicht nicht widerstanden. Während sie wieder mit dem Fleisch hantierte, stand er immer noch neben ihr. Nach einigen Minuten wandte sich Talleyrand wortlos von ihr ab und ging in den vorderen Raum.

Eine schier endlos erscheinende Stunde später waren in rascher Folge die Kinder, ihr Ehemann und der Nachbar sowie Talleyrands Begleiter zurückgekehrt. Monsieur de la Tour du Pin war über den Gast begeistert gewesen, und auch der Nachbar, der wesentlich konservativer war und den abtrünnigen Bischof anfangs mit Verachtung gestraft hatte, war im Laufe des Abends unter dem Einfluß seines Charmes mehr und mehr aufgetaut.

Am nächsten Morgen waren Talleyrand und seine Gesellschaft weitergereist und hatten Mme. de la Tour du Pin und ihre Familie in den Wäldern Vermonts zurückgelassen.

Doch heute, nach fast zwanzig Jahren, war die angedeutete Verführung für Talleyrand nur noch ein Spiel, das er augenzwinkernd betrieb, sie immer wieder an ihre fast zwei Jahrzehnte alte Schwäche erinnernd. Aber er schien sie dafür nicht zu verachten.

Talleyrand reichte ihr seinen Arm und führte sie, ganz stolzer Hausherr, durch die Räume. Sie betraten einen Salon, in dem sich Dorothée befand und auf sie wartete. Dorothée begrüßte Mme. de la Tour du Pin herzlich. Diese war von ihrer Schönheit und Selbstsicherheit beeindruckt, fast irritiert. Dorothée trug ein Kleid aus mehreren Schichten durchsichtigen weißen Stoffes. Wie ein völlig entkörperlichtes Wesen schwebte sie an dem Arm, den der Hausherr ihr wie selbstverständlich gereicht hatte. Sie strahlte förmlich.

Nachdem sie ihren Gast willkommen geheißen hatten, nahmen Dorothée und Talleyrand auf Sesseln einander gegenüber Platz, die von einem Sofa getrennt wurden, auf dem sich Mme. de la Tour du Pin wiederfand. Sie lehnte sich zurück, knabberte an dem Gebäck, das man ihr vorgesetzt hatte, und folgte der Konversation wie einem Ballspiel. Sie war so fasziniert von den Bonmots, die hin- und herflogen, daß sie das Gefühl hatte, nur Fetzen des Gesprächs mitzubekommen. Die geistreichen Bemerkungen folgten so rasch aufeinander, daß Mme. de la Tour du Pin schon mit der nächsten konfrontiert wurde, wenn sie noch dabei war, die volle Tragweite der letzten zu ergründen. Sie hatte Talleyrand bei gesellschaftlichen Anlässen immer viel beherrschender und ehrfurchtgebietender gefunden. Bei allem Charme hatte selbst in der größten Leutseligkeit eine unüberbrückbare Distanz gesteckt. In Dorothées Gegenwart aber schien er seine Macht zu teilen, schien er die eigentümliche Spannung, die ihn umgab, wenn nicht abzulegen, so doch deutlich zu verringern und wurde dadurch um so reizvoller und anziehender, als er es ohnehin schon war. Wann immer Talleyrand etwas Wichtiges sagte, wandte er sich ihr zu und vergewisserte sich ihrer Zustimmung. Früher hatte seine Aufmerksamkeit allein seinem Publikum, seinem Auftritt gegolten. Selbst die jeweilige Geliebte war mit dem Auditorium, das er um sich schuf, verschmolzen, und hatte die Entfremdung ertragen müssen, mit einem Mal zur Zuschauerin degradiert worden zu sein. Nun aber war es anders, wie Mme. de la Tour du Pin erst recht feststellte, als sie ihre Sorge um die aktuelle politische Lage nicht mehr verdrängen konnte und Talleyrand nach seiner persönlichen Einschätzung fragte. Dieser zwinkerte nur ein wenig und überließ es Dorothée, Antwort zu geben: »Die Niederlage bei Leipzig und der Rückzug über den Rhein wiegen viel schwerer als selbst die größten Pessimisten annehmen. Die deutschen Verbündeten sind damit verloren, und auch Italien wird nicht mehr zu halten sein. Es hängt jetzt alles davon ab, ob Napoleon den Winter zu ernsthaften Verhandlungen nutzt und vernünftige Bedingungen anbietet, oder ob er versucht an unmöglichen Vorstellungen festzuhalten, etwa daß Lübeck eine französische Stadt sein muß. Österreich wünscht sich ein Europa, das frei ist von französischer Hegemonie, aber es will diese nicht durch eine russische ersetzt sehen. Napoleon könnte die Rheingrenze und Piemont retten und in Deutschland und Italien noch ein gehöriges Wort mitreden, wenn er die Alliierten mit einer großzügigen Offerte spaltet.«

Talleyrand fügte nur hinzu: »So ist es. Wenn Sie die Entscheidung wirklich interessiert, so warten Sie noch einen Abend länger in Paris ab. Der Kaiser kehrt morgen in die Hauptstadt zurück, um seinen Frühjahrsfeldzug vorzubereiten und wird als erstes den Staatsrat zusammenrufen. Morgen abend kann ich Ihnen endgültig sagen, wie es weitergeht.«

Mme. de la Tour du Pin verbrachte also noch einen ganzen Tag in Paris, den sie mit Besuchen und Einkäufen füllte. Es war nicht zu fassen, wie viel billiger und reichhaltiger das Angebot hier noch war, das sich mit der Kriegslage daheim in Amiens rapide verschlechterte. Sie betrat gerade ein Geschäft, da hörte sie die Salutschüsse, die von der Ankunft des Kaisers kündeten.

Als Mme. de la Tour du Pin am Abend wieder in der Rue St. Florentin eintraf, war Talleyrand immer noch nicht aus den Tuilerien zurückgekehrt. Dorothée unterhielt ihren Gast ausgezeichnet, doch sie waren beide viel zu gespannt auf die Nachrichten, die Talleyrand nach Hause mitbringen würde, um sich mit den Affären der guten Gesellschaft abgeben zu können. War es bei Mme. de la Tour du Pin mehr eine allgemeine Vorahnung, schien Dorothée etwas Bestimmtes zu erwarten. Erstere wurde schon ungeduldig, sie wollte direkt von der Rue St. Florentin aus die Heimreise antreten, weil sie ihren Mann unmöglich zwei Tage warten lassen konnte.

Als Talleyrand endlich gegen elf Uhr hereintrat, bestürmte sie ihn sogleich mit Fragen. In ihrer Ungeduld vergaß sie die Etikette und bat um schnelle Antwort, da sie bald abreisen müsse.

Talleyrand aber kannte keine Eile: »Aber ich bitte Sie, meine Liebe, Sie können unmöglich um diese Zeit noch aufbrechen. Verbringen Sie die Nacht bei uns, Sie sind uns immer ein willkommener Gast!«

Dorothée schien alle Neugierde verloren zu haben. Sie rekelte sich fast in ihrem Sessel und sagte: »Ja, Madame, bleiben Sie bei uns. Wir haben Sie so lange nicht gesehen, und es ist noch früh am Abend. Wer weiß, wann wir wieder die Gelegenheit haben, Ihre Gesellschaft zu genießen.«

Gerade diese Veränderung Dorothées, ihre unerwartete Ruhe, machte die Situation für Mme. de la Tour du Pin vollends unerträglich. Was im Verhalten Talleyrands hatte Dorothée erkannt, das ihr selbst entgangen war? Sie ließ endgültig alle Höflichkeit fahren, ging auf das Angebot nicht weiter ein und bestürmte Talleyrand direkt: »Bitte, sagen Sie mir endlich, was Sie erfahren haben. Haben Sie den Kaiser gesehen? Wie geht es ihm? Welche Pläne hat er? Hat er von seinen

Niederlagen gesprochen? Gibt es vielleicht eine Winteroffensive?«

Talleyrand streckte sich auf einer Chaiselongue aus und machte eine wegwerfende Handbewegung: »Der Kaiser ist nicht mehr interessant, sprechen wir von etwas anderem.«

Mme. de la Tour du Pin fuhr auf: »Was heißt das? ›Der Kaiser ist nicht mehr interessant‹? Gibt es etwas Interessanteres als den Kaiser?«

Obwohl sie keine Bonapartistin war, konnte sie sich Frankreich nicht anders denken, als ständig nur auf den Einen starrend. Talleyrand teilte ihre Einstellung jedoch keineswegs: »Im Moment ist so ziemlich alles interessanter als der Kaiser. Er ist am Ende. Mit ihm ist es aus, wenngleich er es noch nicht weiß. Wir müssen uns jetzt auf Neues einstellen.«

Mme. de la Tour du Pin hatte schlimme Zeiten heraufziehen sehen. Aber daß das Kaiserreich vor dem Untergang stehen sollte, hatte sie nicht erwartet, konnte sie nicht begreifen. Zu sehr hatte man sich in fast zwanzig Jahren an die Unbesiegbarkeit des Genies gewöhnt. Während sie noch diesen Gedanken verarbeitete, fiel ihr die eigentümliche Genugtuung in Talleyrands Miene auf. Wie immer wußte er weit mehr als jeder andere. Doch sie ging den Dingen auch jetzt wieder auf den Grund: »Und was ist das Neue, auf das wir uns einstellen sollen?«

Talleyrand zog eine englische Zeitung aus der Tasche und reichte sie ihr. Daß er mit Feindespresse im Rock umherlief, wenn er direkt aus den Tuilerien zurückkam, überraschte Mme. de la Tour du Pin nicht mehr weiter: »Welchen Artikel soll ich denn lesen?«

Dorothée antwortete statt seiner: »Es ist der über das Bankett, das der Prinzregent kürzlich gegeben hat.«

Talleyrand fügte hinzu: »Madame, Sie können doch Englisch, lesen Sie am besten laut vor!«

Die Dame aus Amiens hielt sich das Blatt dicht vor die Augen, denn heutzutage las sie eigentlich nur mit Lorgnon: »Am gestrigen Abend hat seine königliche Hoheit, der Prinzregent, in Windsor ein großes Bankett für 500 Gäste zu Ehren der Herzogin von Angoulême, der Tochter König Ludwigs XVI. von Frankreich, gegeben. Anwesend waren als Mitglieder der königlichen Familie die Herzöge von York, Kent und Cumberland, sowie der Premierminister Lord Liverpool, die Erzbischöfe von Canterbury und York, der Lordkanzler, der Lordsiegelbewahrer, der Lordpräsident des Geheimen Rates, die Herzöge von Abercorn, Argyll, Atholl, Bridgewater, Buckingham etc.« Hier übersprang Mme. de la Tour du Pin etwa dreihundert Namen aus der englischen Hocharistokratie. »Die große Halle war mit blauem Samt ausgeschlagen, den goldene Lilien zierten. Auch der Blumenschmuck bestand aus Lilien, und der Prinzregent trug an Stelle eines Ordens eine weiße Kokarde auf der Brust. ... Den ganzen Abend über wurde nur Französisch gesprochen ...«

Mme. de la Tour du Pin ließ voll Unverständnis das Blatt sinken und starrte abwechselnd Talleyrand und Dorothée an. Die beiden zwinkerten sich erst zu und brachen dann in schallendes Gelächter aus.

Talleyrand nahm seinem Gast die Zeitung wieder aus der Hand, legte sie vorsichtig zusammen und sagte: »Sie sind heute ein wenig einfältig, nicht wahr? Keine Angst, Sie werden schon noch 'drauf kommen. Es ist gar nicht so schwer und sollte Ihnen leichter fallen als vielen anderen Franzosen.«

»Sie meinen doch nicht im Ernst eine Restauration der Bourbonen? Sie scheinen das ja geradezu zu begrüßen! Von *Ihnen* hätte ich das ja nun nicht unbedingt erwartet.«

Wieder war es Dorothée, die antwortete: »Wir unterstützen die Bourbonen, weil nur sie die Zerrissenheit dieses Landes aufheben können. Nur mit ihnen kann man die Verbindung von Legitimität und Fortschritt verwirklichen.«

Dorothée wandte sich bei ihren letzten Worten an Talleyrand, der nur eine Braue hob und eine Verbeugung andeutete. Als Dorothée wieder Mme. de la Tour du Pin ansah, war ihr Gesichtsausdruck beinahe triumphierend.

Die Dame aus Amiens verabschiedete sich und trat ihren beschwerlichen Heimweg an. ›Wir unterstützen die Bourbonen‹, hatte Dorothée gesagt. Dieses Zitat spukte ihr noch lange durch den Kopf. Aber es war nicht der politische Gehalt, der sie so fesselte, es war das ›Wir‹, das Dorothée mit solchem Selbstbewußtsein ausgesprochen hatte.

Das alliierte Hauptquartier befand sich inmitten einer besetzten Kleinstadt. Um den großen Holzbedarf des Lagers zu decken, hatte man im Umkreis von einigen Kilometern sämtliche Bäume geschlagen. Wo ganz in der Nähe der Zeltstadt ein kleines Buchenwäldchen gestanden hatte, ragten nun lauter braune Stacheln aus dem halbverfaulten Laub vom letzten Herbst.

Unter den Diplomaten im Heerlager herrschte gereizte Stimmung: Napoleon war praktisch besiegt, der Marsch auf Paris stand bevor, aber immer noch herrschte Uneinigkeit über die Kriegsziele. Lord Castlereagh hatte sich besonders unbeliebt gemacht, weil er seinen Verbündeten das Versprechen abgenötigt hatte, solange zu kämpfen, bis weder Napoleon noch irgendein anderer Bonaparte auf französischem Boden mehr existierte. Besonders Metternich lehnte diesen Pakt ab. Er hatte nur zugestimmt, weil die österreichische Kriegsmaschine ohne das englische Geld, das sie am Laufen hielt, zusammengebrochen wäre. Die beiden rothaarigen Männer mißtrauten einander außerordentlich. Castlereagh wußte, daß Metternich hoffte, Napoleon würde in gestutzter Form an der Macht bleiben oder, noch besser, durch die Kaiserin Marie-Luise und ihr dreijähriges Söhnchen ersetzt werden. Auf diese Weise würde Wien die Pariser Politik mitbestimmen können. Gerade das aber wollten die Engländer vermeiden und brauchten dafür Unterstützung aus dem Innern Frankreichs. Es mußte eine starke Partei geben, die sich der Familie Bonaparte entledigen wollte. Wenn die Franzosen an der Familie Napoleons festhielten, dann würde Metternich sofort seine Versprechen brechen und alles daran setzen, die Bonapartes in Frankreich zu belassen. Die einzige wirkliche Alternative zu Napoleon aber war nach Meinung Castlereaghs das Haus Bourbon.

Nesselrode und Hardenberg, die Vertreter Rußlands und Preußens, sahen dem Duell der beiden Männer mit distanziertem Interesse zu; wie auch immer der Kampf ausging, sie würden den Sieger unterstützen und sich von ihm reich entlohnen lassen. Sowohl der russische als auch der preußische Außenminister tippten auf einen Erfolg Metternichs. Castlereagh liebte Blumen und Tiere, doch er war ein leicht erregbarer Menschenfeind, der unter Schwermut litt. Ein brillanter, strategischer Verstand und eine kaum zu überbietende borniete Sturheit machten seine taktischen Schwächen, seinen Mangel an Verbindlichkeit und Geduld kaum wett. Zudem gelang es Metternich, dem selbstbewußten Bonvivant, die depressiven Stimmungen seines Gegners meisterhaft auszunutzen. Castlereagh war bereits jetzt völlig isoliert.

Dies waren die Probleme, an die die vier Männer dachten, als ihnen Baron Vitrolles gemeldet wurde. Der Diplomat trat schweißtriefend und staubbedeckt in die bescheidene Gaststube, die als Konferenzraum genutzt wurde und blickte in eine gespannte und drei herablassende Mienen. Eugène François Vitrolles war ein gutaussehender junger Mann, mit gelockten Koteletten und welligem Haar, dessen Augen unter langen, mit ein wenig Kunstfertigkeit tiefgeschwärzten Wimpern die ganze Tragik einer Aristokratie im Zeitalter der Revolution verströmten. Man kannte den Baron als einen glühenden Anhänger des Hauses Bourbon, der nichts sehnlicher wünschte, als daß Napoleon gestürzt würde. Er besaß weder zum Spion noch zum Diplomaten wirkliches Talent, denn er war zu impulsiv und eitel, so daß er in seine eigene Ehrlichkeit verliebt war. Er wäre aber dank seiner Opferbereitschaft ein hervorragender Soldat geworden. Nur weigerte er sich, für Napoleon zu kämpfen. Gleichzeitig lehnte er es ab, in die Emigration zu gehen und sich den Feinden Frankreichs anzuschließen, denn er wollte kein französisches Blut vergießen. So war er bis vor kurzer Zeit zu einem Leben der Untätigkeit verdammt gewesen, was weder seinen heldischen Träumen noch seinem heroischen Äußeren entsprach. Erst jetzt, da das Kaiserreich wankte, gab es endlich eine Aufgabe für ihn, nämlich, von innen her die Thronbesteigung Ludwigs XVIII. herbeizuführen. Allerdings hätte es auch hiermit beinahe nicht geklappt, denn die bourbonischen Agenten in Frankreich weigerten sich, mit ihm zusammenzuarbeiten: Zu naiv, zu ungestüm war er ihnen, zu aufrichtig in seinem

Haß auf Napoleon. Der junge Adlige war ein Sicherheitsrisiko, das die ganze bourbonische Geheimorganisation in Gefahr bringen konnte. Aber gerade sein öffentliches Bekenntnis zur bourbonischen Sache und die Distanz des königstreuen Netzwerkes hatten ihm die Mißachtung der Geheimpolizei eingebracht, die ihn für ungefährlich hielt. Aus diesem Grunde hatte man sich schließlich entschieden, ihn doch für einen wichtigen Auftrag zu verwenden, einen Auftrag, der zwar ein Fingerspitzengefühl erforderte, das Vitrolles nicht besaß, aber auch Mut, Opferbereitschaft und kavalleristische Fähigkeiten, wie man sie normalerweise eher unter Bonapartisten in der Grande Armée anzutreffen gewohnt war.

Vitrolles begegnete den vier wichtigsten Staatsmännern Europas im Hochgefühl des Sieges. Er war sich sicher, seinen Auftrag gut ausgeführt zu haben, denn er hatte es tatsächlich geschafft, sich ins alliierte Hauptquartier durchzuschlagen. Allein, mit nur einem einzigen Pferd hatte er in Nachtritten und auf Umwegen sowohl die französischen als auch die alliierten Linien durchquert, wobei er nur durch größtes Glück den Kugeln einer preußischen Scharfschützenabteilung und den Lanzen eines polnischen Ulanentrupps entkommen war.

Nesselrode, Hardenberg und Metternich saßen auf Holzstühlen in einem leichten Bogen, während Castlereagh etwas abseits an einen Tisch gelehnt stand, die Arme trotzig vor der Brust verschränkt. Als der Baron eintrat, rang Castlereagh sich eine für seine Verhältnisse geradezu überschwengliche Freundlichkeit ab, die aber auch seiner Erleichterung entsprang: »Lieber Baron Vitrolles, bitte nehmen Sie Platz. Wir sind so froh, Sie endlich bei uns zu haben. Sie haben die französischen

Linien passiert, um uns eine Botschaft zu überbringen. Sie sind unterwegs mehrfach in Todesgefahr gewesen. Ich bewundere diese Kühnheit um einer edlen Sache willen.«

Metternich, der sich die roten Locken aus der Stirn strich, warf halblaut, aber hörbar ein: »Tollkühnheit würde ich es nennen.«

Castlereagh ballte die Fäuste und sprach im gleichen Tonfall wie zuvor weiter, den österreichischen Staatskanzler keines Blickes würdigend: »Es grenzt an ein Wunder, was Ihnen da gelungen ist. Ich bin sicher, daß Frankreich ihnen in naher Zukunft seinen Dank aussprechen wird.«

Der britische Staatssekretär bemühte sich, dem Pathos und dem Stolz, die seit Beginn der Revolution in Frankreich herrschten, Rechnung zu tragen. Metternich, gänzlich unbeeindruckt, bemerkte, seine Fingernägel betrachtend: »Vielleicht ist es ja gar kein Wunder. Solche Sachen lassen sich mitunter auch arrangieren.«

Nesselrode, der an dieser Stelle einen Konflikt, insbesondere im Beisein Vitrolles', vermeiden wollte, warf ein: »Aber ich bitte Sie, wer könnte außer der bourbonischen Partei ein Interesse daran haben, den Baron Vitrolles geheime Kontakte knüpfen zu lassen?«

»Alle, die Zwietracht im Lager der Alliierten säen wollen,« antwortete Metternich und zupfte an seinen Manschetten. Zum ersten Mal hob der österreichische Außenminister die Augen, um Vitrolles gerade anzublicken: »Ich zweifle durchaus nicht an Ihrer persönlichen Integrität, werter Baron, aber finden Sie es nicht bemerkenswert, daß es der besten Polizei der Welt nicht gelungen ist, einen allgemein bekannten Anhänger des größten Staatsfeindes daran zu hindern, über Land zu reisen, die Frontlinie zu passieren und mit den

Vertretern der Nationen, deren Truppen im Begriff sind, auf die Hauptstadt zu marschieren, zusammenzutreffen? In einer Situation wie dieser wird die napoleonische Polizei einen Baron Vitrolles doch wohl kaum unbeaufsichtigt lassen.«

Baron Vitrolles wandte sich hilfesuchend an Castlereagh, der Metternichs Fehdehandschuh voller Sarkasmus aufnahm: »Glauben Sie denn, Metternich, daß Napoleon mit einem so durchsichtigen Manöver Erfolg hätte? Ich für meinen Teil bin sicher, daß weit mehr dazu gehört, um zwischen den treuesten Alliierten der Welt Zwietracht zu säen. Wenn Gefahr für unsere Einigkeit bestünde, meinen Sie nicht, mein lieber Metternich, daß wir beiden die ersten wären, die dafür sorgen würden, daß wieder Eintracht herrschte?«

Nesselrode und Hardenberg konnten ein Schmunzeln nicht verbergen. Der britische Staatssekretär hatte fürs erste gesiegt. Ohne es offen auszusprechen, hatte er Metternich demaskiert und nachgewiesen, daß dessen Einwand nur taktischem Kalkül entsprang.

Vitrolles wurde nun dazu aufgefordert, von seinen Erlebnissen zu berichten und seine Mission zu erfüllen: »Es gibt in Frankreich eine große Mehrheit derer, die nur darauf warten, ihren geliebten König Ludwig XVIII. wieder in die Arme schließen zu können.«

Der Baron machte eine dramatische Pause, um die Wirkung seiner sensationellen Ankündigung zu erhöhen. Seine Theatralik aber enttäuschte den verfeinerten Geschmack seines Publikums. Castlereagh rollte mit den Augen, Nesselrode und Hardenberg tauschten Blicke aus, nur Metternich lächelte. Er schaute Vitrolles ganz freundlich in die Augen und sprach fast väterlich zu ihm: »So, so, das ist ja ausgezeichnet. Worauf es aber in Frankreich ankommt, sind nicht die Fischer in der

Bretagne oder die Bauern in der Vendée, sondern Paris, die Marschälle und all jene, die seit der Revolution zu Amt und Würden gekommen sind. Bringen Sie mir Bankiers, Generäle und Senatoren, und ich will Ihnen glauben!«

Vitrolles aber ließ sich nicht beirren. Fast schien es, als hätte er diesen Einwand erwartet, denn er hatte sofort eine Antwort parat: »Wir haben den wichtigsten Mann Frankreichs auf unserer Seite.«

Metternich gab sich keine Mühe, seine Herablassung zu zügeln: »Und wer, bester Vitrolles, ist Ihrer Auffassung nach der wichtigste Mann Frankreichs?«

»Es ist Talleyrand!«

Metternich spitzte die Lippen, denn diese Antwort hatte er nicht erwartet. Der alte Revolutionär ging mit seinem Einsatz für die Bourbonen ein hohes persönliches Risiko ein. Niemals hätte Metternich geglaubt, daß Talleyrand sich mit ihnen verständigen würde. Deshalb hatte Metternich den früheren französischen Außenminister auch schon in seine eigenen Pläne eingeweiht. Er hatte ihm angeboten, unter dem dreijährigen Kaiser Napoleon II. und der Regentin Kaiserin Marie-Luise mit österreichischer Unterstützung Premierminister zu werden. Metternich war fest von Talleyrands Einverständnis ausgegangen. Wenn Vitrolles die Wahrheit sagte, brach ein Eckstein aus Metternichs Politik heraus.

Diesmal hatte der junge Baron offenbar die Reizschwelle seiner Zuhörer überschritten. Hardenberg und Nesselrode beugten sich vor, Castlereagh, der bis dahin die Arme verschränkt hatte, stemmte sich auf die Tischplatte, so daß seine Beine dicht über dem Boden baumelten. Seine Ziele waren in greifbare Nähe gerückt: »Was hat Talleyrand genau gesagt?«

»Er hat mir persönlich mitgeteilt, daß er fest davon überzeugt sei, daß Frankreich auf Dauer nur mit dem Hause Bourbon eine Zukunft habe. Die Größe der Nation könne nur über das Prinzip der Legitimität wiederhergestellt werden.«

Nesselrode und Hardenberg lehnten sich wieder zurück und lächelten müde. Das waren nichts als Phrasen: Talleyrand erzählte schließlich jedem immer das, was er hören wollte. Doch Castlereagh bohrte weiter: »Hat er Ihnen vielleicht einen Brief an Ludwig XVIII. oder irgendeine verschlüsselte Botschaft an uns mitgegeben?«

Vitrolles spürte, daß sein Triumph bereits wieder verwelkte: »Nein, das hat er nicht.«

Metternich schleuderte ihm voller Verachtung die nächste Frage entgegen: »Woher sollen wir dann überhaupt wissen, daß Sie mit ihm gesprochen haben? Meine eigenen Kontakte zu Talleyrand sprechen nicht gerade dafür, daß er plötzlich seine Liebe zum alten Königshaus entdeckt hat. Er ist ein verheirateter Bischof, ein Revolutionär der ersten Stunde, die Emigranten hassen ihn. Für ihn wären die Bourbonen ein Unglück.«

Castlereagh schaltete sich wieder ein, denn er sah, daß Vitrolles diesem Feuer nicht lange standhalten würde: »Ich zweifle nicht, daß Sie Talleyrand persönlich begegnet sind, Baron. Nur, welche Garantie haben wir, daß er die Bourbonen auch wirklich unterstützen will? In dieser Lage sind wir auf verläßliche Zusagen angewiesen. Niemand zweifelt an Ihrem Wort, dennoch klingt es eher vage, was Talleyrand Ihnen da mit auf den Weg gegeben hat.«

Vitrolles war vom Zynismus seiner Gesprächspartner aber schon zu angewidert, um sich noch Mühe zu geben. Fast trotzig erwiderte er: »Talleyrand glaubt mit ganzem Herzen an die Sache des Hauses Bourbon.«

Der Franzose erntete nur noch schallendes Gelächter. Auch Castlereagh lächelte grimmig.

»Mit seinem ganzen Verstand glaubt er jedenfalls daran«, versuchte Vitrolles sich nachträglich zu verbessern. Doch jetzt bogen sich alle vier Gastgeber erst recht vor Heiterkeit. Selbst der britische Staatssekretär konnte die Tränen nicht mehr zurückhalten, war nun allerdings auf einmal ganz entspannt.

Voller Wut brach es aus Vitrolles hervor, der nicht ertragen konnte, daß man über ihn lachte: »Ich bin bereit, mit meiner Ehre für Talleyrands Treue zu Ludwig XVIII. einzustehen.«

Hätte Vitrolles seine Handschuhe am Eingang nicht einem Diener übergegeben, so hätte er sie jetzt bestimmt dem prustenden Metternich zu Füßen geschleudert.

Hardenberg hatte sich als erster gefangen und gab die Antwort: »Keiner hier würde wagen, Ihre Aussagen in Zweifel zu ziehen. Wenn Sie wirklich davon überzeugt sind, daß Talleyrand ›mit ganzem Herzen‹ an die Zukunft des Hauses Bourbon glaubt, dann sind Sie ihm offensichtlich begegnet und dann hat er sich wohl auch besondere Mühe mit Ihnen gegeben. Denn nur Talleyrand in eigener Person könnte es fertigbringen, einen erwachsenen Menschen davon zu überzeugen, daß er an irgendetwas glaubt und noch dazu mit ganzem Herzen. Nur er selbst besitzt die Raffinesse, jemandem solchen Unsinn glaubhaft aufzutischen.«

Europas führende Staatsmänner lachten wie alberne Kinder. Als sie sich ein wenig beruhigt hatten, tupfte Metternich sich mit dem Taschentuch die Augen ab. Mit der freien Hand machte er eine wegwerfende

Geste. Castlereagh registrierte sie voller Genugtuung, stand vom Tisch auf und streckte sich zu seiner vollen, imposanten Länge. Metternich hatte sich geschlagen gegeben, somit konnte der Lord im Namen der Großmächte sprechen: »Wenn Talleyrand und unsere vier Nationen auf der Seite des Hauses Bourbon stehen, dann können Sie sicher sein, Baron Vitrolles, daß es nur noch Wochen dauern wird, bis Ludwig XVIII. den Thron besteigt.«

KAPITEL X

Montgenèvre 1814

Die Eiseskälte auf der Höhe des Alpenpasses hatte den Boden zu einer spiegelglatten Fläche gefrieren lassen. Mit Äxten und Hämmern mußten die Fuhrleute die Straße bearbeiten, auf der selbst die eisenbeschlagenen Räder des schweren Reisewagens bedenklich knirschten. Nachdem sie sich fast den ganzen Tag Meter um Meter vorangekämpft hatten, erreichten sie die französische Grenze und kurz dahinter ein Gasthaus. Der Anführer der Fuhrleute wischte sich den Schweiß von der Stirn und trat an das Fenster der Kutsche, um seinem einzigen Passagier klarzumachen, daß Menschen und Pferde gleichermaßen erschöpft seien und eine Fortsetzung der Reise daher unmöglich sei. Er klopfte gegen die Scheibe und wartete, bis sich im Innern etwas rührte. Eine hagere Hand teilte den dicken Vorhang, und ein langes Gesicht mit schweren Lidern kam zum Vorschein.

Respektvoll nahm der Fuhrmann die Kappe vom Haupt, so daß ihm der scharfe Wind um die Ohren pfiff, und erklärte mit einer leichten Verbeugung: »Monsieur le Duc, es ist sinnlos, heute noch weiterzumachen. Wir haben noch höchstens zwei Stunden Tageslicht. Die Pferde halten das einfach nicht mehr durch. Sie sind müde und kommen deswegen leichter ins Schlittern: Wenn auch nur eins ausrutscht und sich den Knöchel bricht, haben wir keine Wahl und müssen es töten. Dann können wir unsere Reise nicht mehr fortsetzen, denn wir brauchen jedes Pferd, und bei der derzeitigen Kriegslage kann man kaum Ersatz beschaffen. Hier ist das erste Gasthaus auf der französischen Seite, Italien liegt bereits hinter uns. Ich glaube, daß die Gelegenheit für eine Rast günstig ist und auch in Ihrem Interesse liegt.«

Der Passagier sprach langsam und leise, den Kutscher aus halbverschlossenen Augen anblickend: »Diese Entscheidung müssen Sie schon mir überlassen: Ich kann sie erst treffen, wenn ich die neuesten Nachrichten aus Frankreich habe.«

Da kam auch schon der Wirt des nahegelegenen Gasthofes angerannt und verbeugte sich vor dem hohen Gast, dem Herzog von Otranto. Krieg und Wetter hatten die Zahl der Privatreisenden sehr vermindert, und so hoffte der Wirt auf ein gutes Geschäft. Sogleich wandte sich Joseph Fouché an den eben Hinzugekommenen, sich unwillkürlich weiter vorlehnend, so daß dampfender Atem aus der Kutsche ins Freie gelangte: »Was gibt es Neues?«

Der Wirt keuchte noch, so schnell war er auf den Wagen zugelaufen: »Die Friedensgespräche haben zu keinem Ergebnis geführt, die Alliierten rücken auf Paris vor.«

Fouché verschwand wieder gänzlich hinter dem kleinen Vorhang des Kutschenfensters, so daß man nur noch seine heisere Stimme hören konnte: »Das ist nichts Neues. Wie steht es mit der Straße von Lyon nach Paris?«

»Sie ist noch offen, Nachrichten aus Paris kommen noch durch, aber niemand weiß wie lange.«

»Wieviel Zeit brauchen wir noch bis Lyon?« fragte der Passagier den Fuhrmann. Der zuckte mit den Achseln: »So wie wir jetzt vorankommen, vielleicht eine Woche. Wenn wir aus den Bergen heraus sind, gibt es keine großen Probleme mehr. Außer natürlich mit Ersatzpferden. Aber bis dahin kann ich für nichts garantieren. Jede Lawine, jeder Steinschlag kann uns Tage kosten.«

An den Wirt gewandt, wollte Fouché wissen: »Wenn die Straße von Lyon nach Paris gesperrt ist, welche Ersatzstrecke wäre dann noch sicher?«

Der Wirt wollte eine eher optimistische Antwort geben, besann sich aber eines Besseren und erwiderte wahrheitsgemäß: »Nur noch die über Toulouse und Limoges, Euer Gnaden.«

»Das heißt, einen Umweg durch ganz Frankreich nehmen.«

»Auch dieser Weg wird nicht ewig offen bleiben. Der Herzog von Wellington hat die Pyrenäen längst überschritten und rückt auf Toulouse vor.«

Damit stand Fouchés Entscheidung fest: »Dann gibt es keine Rast. Ich kann mir diese Umwege und Verzögerungen beim besten Willen nicht leisten. Hiermit requiriere ich alle halbwegs gesunden Pferde, die Sie da haben. Wir nehmen sie als Ersatz mit, falls unsere eigenen lahmen.«

Der Wirt wollte protestieren. Er hatte schon seine besten Pferde an die Armee abgeben müssen, wenn Fouché auch noch die restlichen einforderte, dann war sein Gasthof auf dem Paß fast völlig isoliert. Und er hatte keine Sicherheit, daß er die Pferde je wiedersehen würde. Aber der Name Fouché reichte aus, jeden Widerspruch von vorneherein aussichtslos erscheinen zu lassen.

Der Kutscher hingegen blieb widerspenstig: »Dafür kann ich nicht die Verantwortung übernehmen«, widersprach er. »Bei Nacht mit müden oder schlechten Gäulen auf einem vereisten Paß zu fahren ist purer Wahnsinn. Das mache ich nicht mit! Das nehme ich nicht auf meine Kappe.«

»Das müssen Sie auch nicht,« antwortete Fouché trocken. »Ich nehme nämlich alles auf die meine, im Namen des Kaisers!«

Der Herzog von Otranto duldete keinen weiteren Disput, und kurz darauf setzte sich das Gefährt wieder in Bewegung. Fouché blickte voller Haß auf die schneebedeckten und nebelverhangenen Berge, die ihm den Weg ins Zentrum des Geschehens versperrten. Jetzt zu spät zu kommen, wäre eine Tragödie. Die Herrschaft Napoleons war nicht in Monaten, sondern in Wochen, vielleicht auch nur noch in Tagen zu rechnen. Die Uhr des Kaisers lief immer schneller ab, während Fouché in der Einöde festgehalten wurde. Er mußte unbedingt rasch nach Paris gelangen, um seinen Einfluß geltend zu machen. Genau dies hatte Napoleon verhindern wollen. Er hatte ihn mit einem völlig sinnlosen diplomatischen Auftrag nach Neapel geschickt, wo des Kaisers Schwager, Joachim Murat, König war. Fouché sollte den König von Napoleons Gnaden an seine Treuepflicht erinnern. Doch der Reitermarschall mit den langen Locken dachte nicht im Traum daran, das Reich, das er sich mit der Schwester des Kaisers erheiratet hatte, für eine im Untergang begriffene Sache zu riskieren. Die Alliierten hatten ihm nämlich schon signalisiert, daß er seine Krone behalten könnte, sofern er sich neutral verhielt. Fouché hatte Murat auch nicht besonders gedrängt, seinem Herrn die Treue zu halten. Vielmehr hatte er ihm bedeutet, daß es besser sei, sich nun nicht mehr einzumischen, einen Rat, den Murat dankbar entgegengenommen hatte.

Fouché wünschte jetzt nur eines sehnlicher als Napoleons Sturz, nämlich bei diesem Ereignis anwesend zu sein und sich seinen Anteil bei der anschließenden Verteilung der Macht zu sichern. Das aber hatte Napoleon zu durchkreuzen gewußt: Während in Paris die Entscheidungen fielen, mußte Fouché untätig zusehen. Talleyrand aber würde zur Stelle sein.

Die steilen Dächer und Schornsteine von Schloß Fontainebleau warfen lange, dunkle Schatten auf den Hof, während sich die Abendsonne neigte. Die versammelten Marschälle hatten jedoch keinen Blick für die Symbolik, mit der die Wetterlage sich gestattete, den Untergang eines Kriegsgottes zu illuminieren. Ihre Marschallstäbe mit den goldenen Adlern zerstreut hin und her wendend, streiften die Helden berühmter Schlachten durch einen Saal, hinter dem sich auf der anderen Seite einer Tür ihr Herr und Meister befand. Bei manchen Stäben war der dunkelblaue Samt, der den Schaft umgab, ganz glänzend geworden von dem triefenden Schweiß auf den Handflächen der Paladine. Sie alle warteten auf Caulaincourt, Napoleons treuen Außenminister, der mit den Siegern verhandelte, nachdem Marschall Marmont ihnen vor wenigen Tagen die Tore von Paris geöffnet hatte. Napoleon hatte geplant, die Truppen Marmonts aus der Hauptstadt abzuziehen, während die Nationalgarde Paris verteidigte, um gemeinsam mit ihnen und den ihm noch verbliebenen Kontingenten östlich an Paris vorbeizustoßen. Auf diese Weise sollte dem Feind kurz vor dem sicher geglaubten Sieg der Nachschub abgeschnitten werden. Dreihunderttausend Mann hätten plötzlich ohne Nahrung, ohne Munition und Futter für die Pferde vor einer gut befestigten, verteidigungsbereiten Stadt gelegen, deren Bewohner, wie der Kaiser zu wissen meinte, bereit waren, ihr Leben im Häuserkampf für den geliebten Herrscher zu opfern.

Doch als Marmont den Befehl erhielt, sich in Marsch zu setzen, hatte er bereits einen Besuch Talleyrands erhalten und wenig später die Kapitulation eingeleitet. Ein Verrat, denn er hatte seine Truppen nicht davon in Kenntnis gesetzt. Die Soldaten glaubten, sie marschierten in die Schlacht, während sie in Wirklichkeit in die Gefangenschaft gingen. Zu spät erst merkten Offiziere und Mannschaften, daß sie getäuscht worden waren.

Doch viele der versammelten Marschälle, Generäle und Großwürdenträger waren insgeheim erleichtert, daß Marmont die Schmutzarbeit erledigt hatte. Man blickte sich daher nicht an und sprach auch nicht. Zu peinlich war die Situation, zu peinlich der Mann im Nebenzimmer, der bis vor wenigen Tagen noch ihr allmächtiger Gebieter gewesen war, jetzt aber der Wirklichkeit nicht ins Auge sehen wollte. Lediglich diejenigen, die bis zuletzt gekämpft hatten, bewegten sich selbstbewußt und trotzig umher, von den anderen gemieden und ausgegrenzt. So etwa Marschall Moncey, der, als er von Marmonts Kapitulation gehört hatte, die ihm unterstellte Nationalgarde von Paris zu einer Parade auf der Champs-Élysées versammelt hatte und an ihrer Spitze mit klingendem Spiel und wehenden Fahnen zum Kaiser nach Fontainebleau marschiert war.

Die meisten aber wünschten sich ein rasches Ende, um schnell nach Paris zurückkehren zu können, wo Zar Alexander bereits seit einer Woche in Talleyrands Haus wohnte. Unter Talleyrands Führung begannen sich alle den Bourbonen zuzuwenden. Jetzt galt es seinen Frieden mit den neuen Herren zu machen, denn die Posten würden neu verteilt werden. Wenn der Kaiser länger starrsinnig blieb, würde er sie noch alle ruinieren. Vielleicht würde man dann in Paris mitbekommen, daß man auch ohne die Marschälle ganz gut leben konnte. Schließlich hatte die napoleonische Epoche Generäle im Überfluß produziert, die nur darauf warteten, ihre Stellung einzunehmen.

Als Napoleon endlich widerwillig zugunsten seines Sohnes abgedankt hatte, war es schon zu spät. Caulaincourt war mit der bitteren Enttäuschung zurückgekehrt, daß die Alliierten nur eine bedingungslose Abdankung akzeptieren würden. So hatte Napoleon seinen Unterhändler wieder losgeschickt, im Bewußtsein, den bitteren Kelch bis zur Neige leeren zu müssen. Und wieder mußten die Marschälle warten. Wieder sich der Furcht hingeben, daß man in Paris die neue Ordnung schon ohne sie plante. Da rollte die Kutsche mit dem Abgesandten des Kaisers zurück in den Hof.

Caulaincourt und sein Sekretär stiegen zögernd aus dem Wagen. Die Marschälle drängten sich an den Fenstern und versuchten von den Gesichtszügen des Außenministers abzulesen, was er erreicht hatte. Als Caulaincourt und sein Begleiter den Schloßhof schon fast überquert und das Gebäude beinahe erreicht hatten, drehte sich der Unterhändler des Kaisers noch einmal um und verschwand in der Kutsche. Der Sekretär rief ihm nach zwei Minuten etwas zu, was man aber nicht verstehen konnte, ebensowenig wie die Antwort Caulaincourts, der wohl in der Kutsche etwas suchte. Der Sekretär stieg nun ebenfalls in das Gefährt, und es dauerte noch eine ganze Weile, bis sie mit hängenden Köpfen wieder ausstiegen. Die Marschälle verstanden die ganze Aufregung nicht, bis Caulaincourt auf einmal das Portefeuille ergriff, das sein Sekretär unter dem

Arm trug. Die beiden Männer begannen erleichtert, hysterisch zu lachen: Der Untergebene hatte die ganze Zeit die verlorengeglaubte Aktenmappe an die Rippen gepreßt, die Napoleons Schicksal enthielt.

Als Caulaincourt und sein Begleiter endlich die kaiserlichen Gemächer im ersten Stock erreicht hatten, würdigten sie die neugierigen Marschälle keines Blickes, sondern gingen direkt zum Kaiser hinein. Napoleon saß an einem Tisch, der Kopf auf dem auf der Tischplatte liegenden Arm ruhend. Obwohl der Raum geheizt war, trug der Herrscher seinen berühmten grauen Mantel. Er erhob sich langsam und fuhr sich mit den Fingern durch das schüttere, schweißverklebte Haar. Sich Stück für Stück zu seiner vollen, aber bekanntermaßen nicht eben imposanten Größe aufrichtend, baute sich der Kaiser mit geschlossenen Augen vor den Neuankömmlingen auf, den Kopf leicht nach hinten geworfen, als lauschte er einer fernen Musik. Erst nach einer halben Minute hob er die Lider und bedeutete Caulaincourt mit einer gebieterischen Geste, daß es Zeit sei zu sprechen. Caulaincourt verehrte seinen Herrscher fast abgöttisch, doch war er zu erschöpft, um sich jetzt noch von Napoleons dramatischem Gebaren beeindrucken zu lassen. Der Minister verwehrte dem Herrscher den Blickkontakt und starrte auf einen Punkt in der Ferne.

»Nun?« fragte Napoleon.

»Elba,« antwortete Caulaincourt mit trotziger Bitterkeit und senkte die Augen.

»Elba?«

»Elba, der Kaisertitel, die Garde und ein jährliches Gehalt aus der französischen Staatskasse,« ergänzte der Sekretär ein wenig zu eilfertig.

»Ein Gehalt aus der französischen Staatskasse?«, Napoleons Stimme troff vor Sarkasmus. Er nahm Platz und verlangte mit einer herrischen Bewegung nach dem Papier. Caulaincourt zog es aus der Aktenmappe und reichte es ihm. Napoleon tunkte die Feder in das Tintenfaß, streifte sie sorgfältig ab, setzte zur Unterschrift an, zögerte jedoch: »Caulaincourt, noch ist nicht alles verloren. Wir haben immer noch die Garde und die Truppen von Moncey. Insgesamt mehr als zwanzigtausend Mann. Die Alliierten in Paris wiegen sich in Sicherheit. Ein Überraschungsschlag gegen die Hauptstadt, und wir haben sie alle auf einmal: Zar Alexander, Kaiser Franz, Friedrich Wilhelm von Preußen – unsere Gefangenen auf einen Streich. Der endgültige Sieg steht kurz bevor. Ein bißchen Entschlossenheit ist alles, was wir brauchen!«

Caulaincourt blickte seinen Kaiser noch immer nicht an, trat an den hohen Kamin, lehnte die Stirn gegen den Kaminsims und zertrat mit der Stiefelspitze kleine, weißgraue Ascheflocken. Sein Begleiter hingegen, der Sekretär, starrte mit geöffnetem Mund auf Napoleon. Dieser murmelte etwas und unterschrieb. Caulaincourt nahm das Schriftstück entgegen und prüfte die Unterschrift: Statt des geschwungenen kaiserlichen ›N‹ mit den steilen Zacken, ein ›Napoleon‹ bei dem jeder Buchstabe sich ordentlich an den anderen fügte, eine kurze, gerade Linie, ein Schlußstrich anstelle des ausladenden Bogens. Als Caulaincourt wieder aufblickte, stand Napoleon schweigend am Fenster und starrte auf die Oberfläche des Sees im Park. Caulaincourt winkte seinem Sekretär und die beiden schlichen sich hinaus. Caulaincourt wollte jetzt nur noch Zuschauer, nicht aber mehr Schauspieler sein. Als sie die Tür erreicht hatten, hörten sie noch einmal die brüchige Stimme des Kaisers, der sich ihnen ein letztes Mal zuwandte: »Die Garde? Wie viele?«

»Siebenhundert Mann.«

Der Kaiser erstarrte. Nach einer respektvollen Pause verließen der Sekretär und Caulaincourt den Raum. Die Marschälle umringten sie im Vorzimmer und bestürmten sie mit Fragen. Wie lauteten die Bedingungen? Hatte der Kaiser unterschrieben? Erleichterung und Heiterkeit machten sich breit, nachdem Caulaincourt sie über den Ablauf seiner Unterredung mit Napoleon unterrichtet hatte. Auf ein längeres Gespräch ließ er sich nicht ein, mit einer stummen Verbeugung verließ er die versammelten Heerführer. Doch auch für diese gab es nun keinen Grund zum Bleiben mehr. Nach wenigen Minuten war der Raum leer, und die Marschälle zerstreuten sich in alle Winde, um ihre Rückkehr nach Paris vorzubereiten. Den Selbstmordversuch, den ihr Kaiser noch in der gleichen Nacht unternahm, erlebten sie nicht mehr mit.

Zwei Tage später, am Morgen des achten April, hielt Fouchés Kutsche vor seinem Haus in Paris. Da nirgendwo frische Postpferde aufzutreiben waren, hatte man die ganze Strecke von Toulouse mit denselben lahmen Gäulen im Schneckentempo zurücklegen müssen. Hätte der Herzog von Wellington seinen Vormarsch in Toulouse nicht beendet, so wäre Fouché bestimmt in Gefangenschaft geraten. So aber kam er nur zu spät.

Erschöpft und deprimiert begann Fouché mit dem Geschäft des Antichambrierens, das er, obwohl er es haßte, meisterhaft beherrschte. Er verschickte Briefe über Briefe, warnte Zar Alexander vor den Bourbonen, empfahl den Engländern, Napoleon lieber nach Amerika zu schicken, und diente sich den Österreichern als Garant einer bonapartistischen Lösung an – man müsse dem Enkel des Kaisers Franz schließlich die Krone erhalten. Aber so sehr er sich auch mühte, an Fouché bestand kein Interesse mehr. Er war nur noch das unappetitliche Relikt aus einer längst vergangenen Zeit.

Talleyrands Palais in der Rue St. Florentin war hingegen politischer wie gesellschaftlicher Mittelpunkt von Paris geworden. Auf Talleyrand hörten die Alliierten, und er war bereits daran gegangen, die Verfassung für eine neue französische Monarchie auszuarbeiten, der nur noch der König fehlte. Alle Versuche Fouchés, sich eine eigenständige politische Position zu erkämpfen, schlugen fehl. Nach Tagen ebenso erfolgloser wie fieberhafter Aktivität entschloß sich der Herzog von Otranto schließlich, die größte Kröte zu schlucken.

Fouché hatte dieses Haus nur selten betreten. In ganz Paris fand man kein aristokratischeres, keines, das mit einer Mischung aus Unterkühltheit und Distanz den Betrachter so sehr zwang, die Bedeutung der Bewohner mehr zu erahnen als in ihr zu ertrinken. Kein Zugeständnis an die Protzerei und Prunksucht der napoleonischen Ära. Das geschmacklos Überladene, die großen Gesten der bonapartistischen Ästhetik hatten ihren Weg nie bis in diese Hallen gefunden. Fouché hatte hinlänglich Zeit, die Vorzüge und Eigentümlichkeiten des Interieurs zu studieren, er wartete immerhin schon seit zwei Stunden. Endlich öffneten sich die Flügeltüren zu einem kleinen Salon, und er stand der Herzogin von Dino gegenüber. Mit aller ihm zu Gebote stehenden Grazie verneigte er sich vor der Hausherrin und küßte ihr die Hand. Dorothée führte ihn hinein und hieß ihn Platz nehmen. Gegen seinen Willen fühlte sich Fouché wohl: Dorothée verstand es, mit ihrer Gelassenheit selbst angespannteste Gäste zu beeindrucken. Aus einer silbernen Kanne goß sie Kaffee in Tassen mit einem antikisierenden Dekor, der etwas leichter und naturalistischer war als die klassizistische Strenge heimischer Porzellanmalerei. Silber wie Geschirr kamen offenbar aus England. Ein Geschenk Castlereaghs? Die Tischplatte, auf der diese Kostbarkeiten ruhten, war aus grünem Marmor, Malachit, wohl ein Präsent des Zaren? Das betont einfache Kleid Dorothées wurde durch sehr strengen, schweren, schwarzen Schmuck ergänzt, über dessen Material sich Fouché nicht ganz klar war. Nur ein Material, das er kannte, hatte diese dumpfe, Licht schluckende Qualität. Sollten Collier und Armbänder tatsächlich aus Eisen sein? So etwas trug man gegenwärtig angeblich in Preußen, aus Patriotismus, um zu zeigen, daß man sein Gold für den Kampf gegen Napoleon gespendet hatte. Also anscheinend eine Gabe des preußischen Monarchen. Bei allem Heroismus doch ein etwas knauseriges Geschenk. Fouché wußte die Symbole zu lesen. Die Hinweise waren sehr dezent, aber perfekt plaziert. Die Beziehungen zu den auswärtigen Mächten waren fest in der Hand Talleyrands, lautete ihre verschlüsselte Botschaft.

Fouché hatte schon gehofft, nun endlich Talleyrand persönlich zu sprechen, und konnte seine Enttäuschung darüber, erneut warten gelassen zu werden, nicht verbergen: »Der Fürst wird mich heute wohl nicht empfangen?«

Ein grober Schnitzer, den Dorothée gar nicht zu bemerken schien. Sie tat, als hätte sie nichts gehört. Wie schon unzählige Male mußte Fouché feststellen, daß ihm im Hause Talleyrands seine berühmte Selbstbeherrschung abhanden kam, daß er zu impulsiv vorging und sich in eine Abhängigkeit von seinem Gastgeber begab, aus der er sich selbst nicht mehr befreien konnte. Selbst dann, wenn Talleyrand gar nicht anwesend war.

»Keine Angst, lieber Fouché«, ertönte jene berühmte dunkle Stimme aus einem Ohrensessel, »ich bin selbstverständlich hier, um Sie willkommen zu heißen.«

Talleyrand erhob sich und begrüßte Fouché mit aller Zuvorkommenheit: »Bitte, bleiben Sie doch sitzen. Es freut mich, Sie nach so langer Zeit wieder begrüßen zu dürfen. Seit dem Tode ihrer Frau haben wir keine Gelegenheit mehr gehabt, miteinander zu plaudern. Es beruhigt mich aber zu sehen, daß das Klima Neapels Ihnen gut getan hat. Wir hatten zwar einen relativ milden Winter in Paris, aber mit der Sonne des Mittelmeeres können wir natürlich nicht konkurrieren.«

Dorothée bemerkte dazu: »Wie geht es eigentlich Königin Caroline? Ich habe gehört, daß sie sich bemüht, Neapel in eine Hochburg der Moden zu verwandeln und die Pariser Schneider zu überflügeln. Glauben Sie, daß ich mit diesem Kleid am neapolitanischen Hof eine gute Figur machen würde?«

Mit übertriebener Galanterie verbeugte sich Fouché vor ihr und erwiderte: »Sie würden in jedem Kleid und an jedem Hof eine gute Figur machen.«

Talleyrand zwinkerte vergnügt, fast schon ausgelassen in seinem Armlehnstuhl hin- und herwippend: »Schmeicheln Sie meiner Nichte nicht zu sehr, Monsieur Fouché. Der ganze preußische Generalstab überhäuft sie schon mit Komplimenten, die in etwa so dezent sind wie das jüngste Bombardement der Vororte. Wenn das so weiter geht, werden die Organe der Herzogin für den subtileren Charme der hiesigen Herren ganz verdorben sein. Was meinen Sie, Fouché, wird die Anwesenheit so vieler ausländischer Offiziere in Paris die Damen in diesem Frühjahr hochmütig machen? Die Chancen der heimischen Kavaliere stehen ganz offensichtlich schlecht.«

Fouché interessierte das Liebesleben der guten Gesellschaft nur, wenn es sich zwischen zwei Aktendeckel klemmen und politisch verwerten ließ, trotzdem fing er den Ball auf: »Sie werden sich schon bald wieder an die alten Zustände gewöhnen müssen. Es heißt, daß es bald nach Wien oder London zu einem internationalen Kongreß gehen soll.«

Talleyrand ließ sich von Fouchés Einwurf nicht ablenken: »Ja, Wien oder London, beide Städte kenne ich nur zu gut. Sie haben völlig recht, Fouché, die österreichischen Damen werden den unseren nur zu bald Konkurrenz machen und damit das Konto wieder ausgleichen. Doch auch die englischen sollte man nicht unterschätzen. Das amouröse Leben in der britischen Hauptstadt ist weitaus lebhafter, als unsere Vorurteile es wahrhaben wollen. Was meinen Sie, meine Liebe?«

Dorothée warf ihre Stirn in Falten: »Auch ich denke, Monsieur Fouché hat recht. Die Damen von Paris werden schnell wieder entwöhnt werden.«

»Immerhin spricht einiges dafür, daß wir bald wieder ein geregeltes höfisches Leben in Paris haben werden«, versuchte Fouché erneut dem Gespräch eine politische Wendung zu geben. »Der Rückkehr Ludwigs XVIII. scheint offenbar nichts mehr im Wege zu stehen. Ganz risikolos ist dieser Kurs jedoch nicht, wie ich finde.«

»Ich stimme Ihnen zu, Monsieur Fouché. Die Tuilerien werden bald wieder standesgemäß bewohnt sein. Für die Welt der Liebe wird die Rückkehr des Königs allerdings wenig bringen. Er hat ja gar keine Mätressen und ist aufgrund seiner körperlichen Behinderung wohl nur bedingt in der Lage, an öffentlichen Vergnügungen teilzunehmen. Andererseits höre ich, daß er seine Pflichten als Gastgeber schon in England stets gewissenhaft wahrgenommen hat. So, glaube ich, sind die

Gefahren, die mit seiner Thronbesteigung verbunden sind, nicht zu groß. Die Ballsaison wird nicht leiden, und die Pariser Gesellschaft wird sich im Frühling ihren Liebesabenteuern hingeben wie eh und je.«

Wieder hatte Fouché Pech gehabt, Talleyrand war nur zum Schein auf die politische Bemerkung eingegangen, und Dorothée tat noch ein Übriges: »Selbst wenn der König sich zurückhaltend zeigt, muß dies nicht bedeuten, daß Paris auch nur ein Quentchen von seinem Glanz verliert. Zum ersten Mal seit über zwanzig Jahren wird die Saison im Frieden stattfinden. Dies allein wird eine allgemeine Begeisterung hervorrufen, die nicht einmal der strengste Monarch wird dämpfen können. Und auch der König wird nach Jahren des Exils gewiß ein bißchen Freude haben wollen. Die Risiken, die Sie erwähnen, Fouché, sollten also nicht übertrieben werden.«

Als der frühere Polizeiminister schließlich aufbrach, hatte er begriffen, daß es im Moment keine Rolle für ihn gab. Allerdings schien Talleyrand die Verbindung mit ihm nicht völlig abreißen lassen zu wollen. Sicher, das Gespräch war demütigend gewesen, doch Fouché konnte warten. Selbst wenn sich Talleyrand und Dorothée im Moment nur über ihn lustig machten, so hatten sie ihn, dem jetzt in Paris alle wichtigen Türen verschlossen waren, wenigstens empfangen. Interessant war, wie Talleyrand Dorothée offenbar das politische Spiel mitspielen ließ und wie geschickt die Herzogin mit dieser Rolle umging. Beide setzten auf die bourbonische Karte. Die Rückkehr Ludwigs XVIII. schien eine ausgemachte Sache. Ein Risiko für Talleyrand, den alten Umstürzler. Irgend etwas mußte es da doch geben, daß er sich als Anhänger des Hauses Bourbon so sicher fühlte. Fouché seufzte: Talleyrands Pläne waren ihm heute genauso ein Rätsel wie vor elf Jahren, als es um den Herzog von Enghien ging. Wenn Talleyrand jetzt aber so versessen auf die Bourbonen war, warum hatte er im Frühjahr 1804 alles daran gesetzt, Enghien, damals das einzig greifbare Mitglied der Königsfamilie, zu beseitigen? Fürchtete Talleyrand gar nicht, daß seine Rolle in dieser Affäre ans Licht kommen würde? Augenscheinlich konnte ein Talleyrand es sich leisten, Bourbonenblut zu vergießen, während ihm, Fouché, seine Stimmabgabe zugunsten von Ludwigs XVI. Hinrichtung immer als Königsmord angekreidet werden würde. Wahrscheinlich verließ sich Talleyrand auf seine hochadelige Herkunft. Die Aristokraten hielten am Ende ja doch immer zusammen. Wenn ein Talleyrand tötete, dann war es Politik, wenn ein Fouché dies tat, Mord. So einfach war das.

Das Schloß und der Wald von Compiègne erstrahlten in der kraftvollen Frühlingssonne. Das erste Grün war schon einem sich rasch ausdehnenden Laubwerk gewichen, welches das filigrane Sommerschloß Ludwigs XV. in Szene zu setzen half. Bescheidener, gemäßigter und in seiner Stellung zwischen Rokoko und Klassizismus auch geschmeidiger als die Tuilerien, Versailles oder Fontainebleau, bot diese Anlage eine perfekte Kulisse für einen König, der den größeren Teil seiner Erwachsenenjahre im Exil verbracht hatte und der sich nun gezwungen sah, im Schatten fremder Kanonen immer neue Kompromisse zu schließen und in einem kaum zu bewältigenden Spagat Neues und Uraltes miteinander zu verbinden, ja zu versöhnen. Compiègnes verletzliche Zartheit spiegelte die Eigenschaften eines Monarchen, dem es in erster Linie oblag, Wunden zu heilen.

Ein Gichtanfall hatte den übergewichtigen älteren Herrn, der sich jetzt König von Frankreich nennen durfte, länger in London festgehalten als ursprünglich geplant. Sein ungestümer, hochmütiger jüngerer Bruder, der Graf von Artois, war als sein Vertreter zwei Wochen vorher nach Paris geeilt, um sich von allen Seiten als Sendbote der Zukunft feiern zu lassen. Stanislas Xavier hatte ihn zähneknirschend ziehen lassen, man brauchte schließlich die symbolische Präsenz eines Bourbonen. Was Artois in Paris nicht alles hätte anstellen können, er und der nicht minder leichtsinnige Baron de Vitrolles, der nun der Held der königlichen Sache geworden war. Ein liebenswerter Mann, eine treue Seele, aber ein politischer Klotz am Bein. Stanislas schüttelte den Kopf, wenn er an die wirren Botschaften des jungen Barons dachte. Der eigentliche Meister hinter den Kulissen hatte dann auch die Dinge sofort in die Hand genommen: Nicht er, Stanislas Xavier, sondern Talleyrand, dem man, so schien es, alles verdankte. Natürlich hatten Artois und Vitrolles davon wieder einmal gar nichts begriffen. Kaum hatte Talleyrand den Prinzen zum Chef der provisorischen Regierung ernennen lassen, hatte Artois sich doch tatsächlich erdreistet, mit dem Regieren anzufangen. Doch diese Flausen hatte Talleyrand ihm glücklicherweise schnell wieder ausgetrieben. Als Artois und Vitrolles die neue Verfassung vom ehemaligen Bischof vorgelegt worden war, hatte der Bruder des neuen Königs völlig den Verstand verloren und sich geweigert, sie zu akzeptieren, als ob man eine Wahl hätte. Erst ein paar ernste Worte aus London, per Eilboten nach Paris geschickt, hatten die beiden Heißsporne beruhigt. Die Direktive war eindeutig gewesen, »Bis wir sicher etabliert sind, müssen wir uns mit Talleyrand gut stellen.«

Nun erwarteten Artois, Blacas, Vitrolles und St. Riquier, die hinter Ludwig XVIII. standen, den Mann, auf den sie vorläufig noch angewiesen waren. Hier in Compiègne, im luftigen Audienzsaal des Schlosses, sollte die erste Begegnung des Königsmachers mit seinem neuen Herrscher stattfinden. Die fünf bildeten eine kleine Gruppe in der Mitte des Raumes, weiter hinten wartete der Hofstaat, der sich wie aus dem Nichts um Stanislas Xavier zu bilden begann. Artois stand mit betont stoischer Miene etwas abseits, die Augen zur Decke gerichtet und still gegen die Zusammenarbeit mit einem verheirateten Bischof und die Anwesenheit des Grafen Blacas, des Günstlings Stanislas Xaviers, protestierend. Blacas schielte ab und zu zum Bruder des Königs hin, um ihn bei jeder passenden Gelegenheit unverfroren anzulächeln. Wären nicht so viele Zeugen zugegen gewesen, hätte er ihm gewiß auch noch die Zunge herausgestreckt. Diese Provokationen zwangen Artois, noch angestrengter nach oben zu blicken und jedes Detail des Freskos »Juno, Athene, Diana und Venus begrüßen Nike, die Göttin des Sieges« zu bewundern.

Stanislas Xavier, der einzige Anwesende, der sitzen durfte, trommelte mißmutig mit den Fingern auf die Stuhllehne. Daß man ihn auch noch warten ließ! Wie deutlich sollten ihm die Machtverhältnisse denn noch gemacht werden? Endlich erschien die hohe, eigentümlich gleitende Gestalt Talleyrands, an seinem Arm die herb-androgyne Frau mit den dunklen Riesenaugen.

»Eine Dame von beeindruckender Schönheit«, bemerkte Stanislas Xavier halblaut.

»In der Tat«, antwortete mit maliziösem Lächeln Artois, »doch hätte ich geglaubt, daß ihre Brust für Ihren Geschmack zu ausgeprägt ist, Sire.«

St. Riquier biß die Zähne zusammen. Gerade weil es ihm schwer fiel, den Makel seines geliebten Herrschers zu verstehen, traf jede Beleidigung, die der königliche Bruder seinem Monarchen entgegenschleuderte, den loyalen Gefolgsmann stärker als das Opfer selbst. St. Riquier durfte sich jedoch nicht mehr erlauben, als dem Grafen von Artois einen strengen Blick zuzuwerfen. Stanislas Xavier hingegen ignorierte die Provokation aus langer Übung einfach. Königliche Geschwister stellten immer ein Problem dar. Was ihm Sorgen machte, war nicht so sehr sein Bruder Artois, sondern der allgemeine Moralismus, der um sich griff.

Schon stand Talleyrand vor ihnen und verbeugte sich tief, woraufhin er Dorothée vorstellte, die einen anmutigen Knicks zuwege brachte. Daß Dorothée nicht am Arm ihres Ehemannes erschien, beschäftigte niemanden weiter.

Stanislas Xavier deutete auf zwei Sessel, die Lakaien eilig herbeigetragen hatten, und lud seine Gäste – höchste aller Ehren – ein, Platz zu nehmen. Ohne Nervosität eröffnete er das Gespräch: »Wir beide entstammen uralten Familien, Monsieur. Wer weiß, wenn das Rad der Geschichte sich etwas anders gedreht hätte, säßen Sie vielleicht hier und würden mir jenen Sessel anbieten. Treten Sie also näher, und lassen Sie uns plaudern, wie es sich für *gentlemen* gehört.«

»Ich freue mich, daß Sie den englischen Begriff verwenden, Sire. Bevor ich nach Amerika zog, habe auch ich im englischen Exil gelebt und das Land und seine Sitten schätzen und lieben gelernt. Vor allem aber seine gesellschaftlichen Verhältnisse und politischen Institutionen.«

»Die Politik der Engländer ist von dem gleichen Freiheitsbegriff geprägt wie ihre Gärten, deren Harmonie bei aller Pflege stets natürlich wirkt. Nur weiß ich nicht, ob sich solche Gartenkunst so einfach nach Frankreich verpflanzen läßt.«

Da warf Dorothée ein: »Auch in Frankreich lernen wir heute die englische Gartenkultur mehr und mehr schätzen.« Und mit einem kurzen Blick auf Talleyrand fügte sie hinzu: »Wir brauchen unsere Bäume nicht länger zu beschneiden, sondern lassen sie ungehindert wachsen und schön und stark werden wie englische Eichen.«

Stanislas Xavier antwortete: »Leider gibt es in meinem Gefolge viele, die die Freiheit der englischen Eiche nicht vom Wildwuchs des französischen Revolutionsbaums unterscheiden können.«

Dorothée antwortete lächelnd: »Wenn wir denen nur beweisen, daß die freiheitliche Harmonie des englischen Gartens das Ergebnis von Pflege und Ordnung ist, dann werden sie einsehen, daß in der französischen Variante des englischen Parks die Lilien schöner denn je wachsen, weil sie unter dem Schutz starker Eichen stehen, die sie vor üblen Winden und Stürmen bewahren.«

Stanislas Xavier neigte sein Haupt vor Dorothée und erwiderte: »Es wird mir ein Vergnügen sein, meine Lilie im Schutz Ihrer Eiche zu pflanzen, Madame.«

Und so entspann sich eine lockere und freundliche Unterhaltung, an deren Ende Stanislas Xavier sich endgültig Louis Dix-Huite nennen durfte und Ministerpräsident seiner eigenen Regierung geworden war, Talleyrand aber Außenminister. Stanislas Xavier lehnte zwar die von Talleyrand vorgeschlagene Verfassung ab, ersetzte sie jedoch durch einen eigenen Entwurf, der sich sachlich in nichts von dem seines Gastes unterschied. Der Graf von Artois hatte all die wohlformulierten Spitzen vergessen, mit denen er Talleyrand eigentlich hatte strafen wollen. Blacas war hingerissen von Talleyrands Charme und dessen Bereitschaft, den königlichen Günstling nicht wie einen Aussätzigen zu behandeln, und St. Riquier konnte sich nicht mehr an die dunklen Befürchtungen erinnern, mit denen er in den letzten Tagen vergeblich versucht hatte, Stanislas Xavier von einer Begegnung mit Talleyrand abzuhalten, einem Mann, der vor vierzehn Jahren versucht hatte, die Bourbonen zu erpressen, und es jetzt ganz bestimmt wieder versuchen würde.

Doch Stanislas Xavier hatte nichts vergessen und war dem Charisma seines frisch gekürten Außenministers auch mitnichten erlegen. Er war von etwas Anderem fasziniert, als dem einnehmenden Wesen des hinkenden Diplomaten, nämlich von Dorothée. Welche Rolle spielte sie wohl im Leben des Fürsten, fragte er sich, als er die beiden am Ende der Audienz hinausgehen sah und ein letztes Mal den fast protokollwidrig strahlenden Blick Dorothées eingefangen hatte.

KAPITEL XI

Wien 1815

Die Hofburg war so festlich erleuchtet, wie sie es schon seit Monaten fast täglich gewesen war, so daß die gelangweilten Wiener gar nicht mehr hinschauten, sondern nur noch über die ständig steigenden Preise und die vielen Fremden schimpften. Ganz abgesehen von den vielen Equipagen, die den Verkehr blockierten. In dem alten Kaiserpalast interessierte sich jedoch niemand für die Stimmungslage der Bevölkerung. Nicht einmal Metternich, dessen Geheimpolizei alle Hände voll zu tun hatte, den auswärtigen Gästen und Besuchern nachzuspionieren und die heimische Klientel daher weitgehend unbehelligt ließ. Seit Monaten nun arbeitete der Kongreß schon und zerrte allmählich an jedermanns Nerven. Selbst die Teilnehmer wünschten sich mittlerweile ein Ende herbei, um sich von den Anspannungen zu erholen. Der Zar Alexander hatte Metternich zum Duell gefordert, dieser hatte sich unsterblich in Wilhelmine von Sagan, die Schwester Dorothées verliebt, die von ihm jedoch Unmögliches, im Grunde nämlich die Trennung von seiner Frau verlangte. Fast hatte der österreichische Staatskanzler nachgegeben, doch sein Kaiser hatte ihm bedeutet, daß es im habsburgischen Wien keinen geschiedenen Regierungschef würde geben können.

Doch was Metternich, der gerade einen neuen Geheimpolizeibericht empfangen hatte, am meisten Kopfzerbrechen bereitete, war ein geheimer Botenverkehr, der seit längerem zwischen dem Domizil der französischen Delegation, dem Palais Kaunitz, und Paris zu beobachten war. Daß Talleyrand neben den offiziellen diplomatischen Depeschen inoffizielle Kanäle benutzte, war nur natürlich. Man spielte solche Spielchen allein schon, um die gegnerischen Agenten in Trab zu halten. Hier aber handelte es sich um ein ganz ungewöhnliches Verfahren, umständlich und auf einem Niveau der Geheimhaltung, das sogar dem spionagebesessenen Metternich den Atem verschlagen hatte. Die österreichischen Agenten, die rund um die Uhr Talleyrands Wiener Sitz beobachteten, hatten gemeldet, daß sich dieser im Anschluß an seine gesellschaftlichen Pflichten um etwa fünf Uhr früh in einen abgelegenen Salon zurückziehe und nur von einem einzigen Mann böhmischer Herkunft, Dussek, begleitet werde. Bei näherer Überprüfung Dusseks wurde festgestellt, daß es sich um Talleyrands Pianisten handelte, der ihm vor dem Zubettgehen Erholung von dem allgegenwärtigen Beethoven bot, indem er ihm Haydn und Gluck vorspielte, die langsam aus der Mode kamen. Talleyrand schätzte nämlich die großen Gefühle des Wiener Publikumslieblings nicht.

Metternich hatte innerlich über seine Spione gelacht, die ein Nachtkonzert nicht von einer Verschwörung unterscheiden konnten. Kurz nachdem man sich schon wieder neuen Problemen zugewandt hatte, war allerdings aufgefallen, daß die kleinen Konzerte immer bei offenem Fenster stattfanden, wie kalt es draußen auch sein mochte, und daß sie immer zufällig mit der Lieferung von Pralinen zusammentrafen. Während Talleyrand sich langsam aufs Bett vorbereitete, begann die Wiener Geschäftswelt damit, ihre Kunden zu versorgen. Unter dem Fenster, aus dem die Musik drang, kamen die Schokoladenboten vorbei, und einer von ihnen pflegte, scheinbar von den Tönen verzaubert, immer ein bißchen zu warten, um Dusseks Klavierspiel zu lauschen. Von seinen Kollegen ärgerlich herbeigerufen und als Faulpelz beschimpft, nahm er von Talleyrands Küchenverwalter diejenigen Pralinen entgegen, die aus irgendeinem Grund abgelehnt worden waren. Talleyrand ließ sie zurückgehen, anstatt sie von der Dienerschaft verzehren zu lassen. In kleinen Dingen war er manchmal erstaunlich sparsam. Das Konfekt wurde noch am gleichen Tag einer Exportsendung mit Ziel Paris beigegeben. Es gelang den Agenten Metternichs, eine dieser Pralinen zu erbeuten und sie fanden darin ein Röllchen von dem Papier, auf dem der Schokoladenlieferant seine Quittungen zu schreiben pflegte, beschriftet mit Noten! Ein musikalischer Code, den die Wiener Experten jedoch beim besten Willen nicht zu knacken vermochten. In Paris kamen die Pralinen dann ins Sortiment eines auf Wiener Süßwaren spezialisierten Geschäfts. Hier verlor sich die Spur für einige Wochen, bis Metternich verzweifelt sein halbes Agentennetz in Paris auf dieses Geschäft und seine Kunden ansetzte. Und siehe da, man wurde fündig: Wann immer eine solche papiergefüllte Praline in Paris eintraf, gehörte der Koch des Herzogs von Otranto zu den ersten Kunden. Talleyrand stand also weiterhin in Geheimverbindung mit Fouché, was an sich nicht überraschte, wohl aber die Tatsache, daß Fouché seit neuestem Klavierstunden nahm, worüber sich ganz Paris mokierte. Der einstmals allmächtige Geheimagent hatte offenbar wirklich nichts mehr zu tun und widmete sich in der Arbeitslosigkeit neuen Hobbies. An die wahre Natur dieses Musikunterrichts dachte Metternich nur mit Grauen, denn hier verlor sich die Spur vorläufig und die österreichischen Agenten tappten lange Zeit völlig im Dunkeln.

Doch nun hielt der österreichische Staatskanzler den Bericht in den Händen, der ihm Aufklärung über dieses Geheimnis geben sollte. Der Bericht erwies sich allerdings als enttäuschend: Man hatte nichts weiter herausgefunden, die Spur endete bei Fouché. Um ihren Mißerfolg zu vertuschen, hatten Metternichs Pariser Agenten Seiten um Seiten gefüllt und jedes noch so kleine und unbedeutende Detail, dessen sie habhaft werden konnten, aufgeführt: Welche Wäschereien für den Fouchéschen Haushalt arbeiteten, wie oft Fouché das Grab seiner Frau besuchte, welches die anderen Kunden des Barbiers waren, der Fouché täglich rasieren kam, bei welchem Musikverlag Fouché seine Noten kaufte. Ja, sogar die Geschäftskontakte des Musikverlages hatten sie feinsäuberlich aufgelistet. Der Staatskanzler fluchte innerlich über diese nutzlose Fliegenbeinzählerei. Also war Fouché das letzte Glied der Kette. Nun ja, das reichte schließlich auch. Und doch war Metternich unzufrieden. Wenn sich Talleyrand des früheren Polizeiministers bediente, dann nur, weil etwas wirklich Wichtiges im Gange sein mußte. Aber was legten ihm seine Agenten vor? Die internationale Kundenliste eines Pariser Musikverlages! Davon hatte man in Wien schon mehr als genug. Immerhin, der Verlag hatte ausgezeichnete Verbindungen. Das Musikgeschäft war offenbar einträglich. Man sollte wohl bei den Finanzbehörden nachfragen, ob es Zölle auf Noten gab, vielleicht ließe sich damit noch Gewinn für den Staat machen.

Metternich blätterte lustlos in der Liste. Die ganze nördliche Poebene wurde beliefert, Turin, Ivrea, Asti, Pavia, Novara, Vercelli, Monza, Lodi, Cremona, Brescia, Mailand und Verona, jedoch kein Ort südlich des Po. O doch, zwei, nämlich Piombino in der Toskana und Portoferraio. Wie merkwürdig. Wo lag denn gleich Portoferraio? Der Name kam ihm eigentümlich bekannt vor. Elba! Portoferraio war der Hafen von Elba und Piombino der gegenüberliegende Festlandshafen. Dann hieß das, daß Talleyrand über Fouché in Geheimkontakt mit Napoleon stand! Wie Metternich vermutet hatte, endete die Kette durchaus noch nicht mit Fouché.

Metternich wurde sehr nachdenklich. Er würde noch auf dem heutigen Ball mit Talleyrand sprechen müssen.

»Wissen Sie, mein lieber Fürst,« sagte Metternich als er Arm in Arm mit Talleyrand auf einen weniger belebten Seitenkorridor zustrebte, »es gibt verschiedene Dinge, die mir Sorgen bereiten. Da sind beispielsweise Rußland und Preußen, die sich immer noch unersättlich geben und geheime Hoffnungen aller Art hegen.«

»Sie haben völlig recht«, antwortete Talleyrand, »Alexander droht neuerdings hinter vorgehaltener Hand, ›das Ungeheuer wieder loszulassen‹. Napoleon als Kaiser von russischen Gnaden – eine alptraumhafte Vorstellung.«

Metternich nickte: »Dann sind da die Engländer: Sie fürchten die Russen, aber sie verschließen sich noch immer unserem Plan, einen Dreibund zwischen dem neuen Frankreich, Österreich und Großbritannien zu bilden. Da ist auch Frankreich: Lassen Sie mich ganz offen sprechen. Ich habe verschiedentlich Angebote von Ludwig XVIII. bekommen, die offenbar nicht mit

Ihnen abgestimmt waren. Ihr König verhandelt hinter Ihrem Rücken.«

Talleyrand war nicht überrascht: »Wenn es nur das wäre. Viel schlimmer ist, daß die Stimmung in Frankreich schon bedenklich gekippt ist. Stellen Sie sich nur vor, Offiziere und Mannschaften sind auf halben Sold gesetzt, und das, obwohl die Armee immer noch fast gänzlich bonapartistisch fühlt. Bestechen müßte man die Leute, damit sie ihren Kaiser endlich vergessen. Sollte der Zar wirklich planen, Napoleon wieder auf den Kaiserthron zu setzen, würde er in Frankreich im Moment bestimmt breite Unterstützung finden. Das wäre dann auch das Ende Österreichs.«

Metternich fragte: »Was kann man in dieser Lage tun?«

Talleyrand antwortete: »Es muß mit allen Mitteln verhindert werden, daß die Situation in Frankreich ganz in die Hände der Bonapartisten kommt und daß dann die Russen sich einmischen. Aber das geht nur, wenn man Ludwig und den Royalisten klarmacht, daß sie sich klug verhalten müssen, wenn sie an der Macht bleiben wollen. Das Risiko ist dadurch einfach schon zu groß, daß Napoleon gewissermaßen immer vor der Tür sitzt. Elba ist viel zu nahe. Am liebsten sähe ich ihn irgendwo an einen Felsen im Ozean gekettet.«

»Und wie wollen Sie dieses Risiko beseitigen?«

»Stellen Sie sich vor, Bonaparte ließe sich etwas zuschulden kommen, das würde uns einen Vorwand liefern, ihn endgültig vom Spielfeld zu fegen, bevor die Russen Kontakt mit ihm aufnehmen. Das würde auch den Engländern einen heilsamen Schock geben, und sie würden begreifen, daß sie nur in einem festen Bündnis mit dem königlichen Frankreich und Österreich sicher sind.«

Metternich war entsetzt angesichts des Szenarios, das sich da vor seinen Augen abzuzeichnen begann: »Halten Sie denn für wahrscheinlich, daß Napoleon etwas Unkluges unternimmt?«

Auch diesmal wich Talleyrand nicht aus: »Er ist sehr ungestüm und hofft bestimmt nur auf seine Chance. Wahrscheinlich schmiedet er die ganze Zeit Pläne aller Art. Das Abwarten aber war noch nie seine Stärke. Wer weiß, vielleicht tut er uns den Gefallen und schlägt zu früh los, dann wären wir aller Sorgen ledig.«

»Und Sie ermuntern ihn dabei, wenn ich mich nicht irre?«

»Es wäre natürlich besonders vorteilhaft, wenn sich Bonaparte selbst zu Fall bringt.«

»Und Sie würden dann vielleicht nicht nur Außenminister, sondern sogar Ministerpräsident werden.«

»Mein eigenes Schicksal ist hierbei doch eher nebensächlich«, antwortete Talleyrand, als Metternich und er in einen kleinen Salon traten, der ganz leer zu sein schien. Gerade als sie auf einem Sofa Platz nehmen wollten, um sich an die Einzelheiten ihres Planes zu machen, sahen sie, daß auch noch zwei andere Personen im Raum waren: Dorothée und der Graf von Clam-Martinitz.

Der Graf war mittelgroß und drahtig, von einem eher dunklen Teint, mit schwarzen Augen wie Dorothée. Das Haar war leicht gelockt, der Hals kräftig und der Oberkörper überraschend lang. Seine Miene war immer ein bißchen spöttisch und herablassend. Er hatte einen Hang zu sarkastischen, schnell hingeworfenen Bemerkungen, galt als ehrgeizig, aber kompliziert und unberechenbar. Clam-Martinitz besaß eine große Schar weiblicher Anhänger und stand in dem Ruf, Partner beiderlei Geschlechts gleichermaßen zu schätzen. In der

Wiener Gesellschaft galt er als Exzentriker, hätte aber in Paris oder St. Petersburg nicht allzu viel Aufsehen erregt. Metternich kannte ihn recht gut und hatte instinktiv Respekt vor dem Mann. Die Aura herrschsüchtiger Kompromißlosigkeit und messerscharfer Intelligenz, die ihn umgab und jener Hauch von Abenteurertum weckten in Metternich wechselweise Anziehung und Abstoßung, Gefühle der Vertrautheit wie der Fremdheit.

Mit gewohnter Liebenswürdigkeit begrüßte Talleyrand Clam-Martinitz und Dorothée und lud sie ein, sich ihm und Metternich anzuschließen. Dorothée folgte der Einladung wie selbstverständlich, während Clam-Martinitz, der beim Eintritt Metternichs und Talleyrands verstummt war, sich entschuldigte und mit einer kurzen Verbeugung verabschiedete. Metternich erwartete von Dorothée, daß sie – schon um der Höflichkeit willen – den Mann, mit dem sie sich offenbar eben noch ganz vertraut unterhalten hatte, zum Bleiben auffordern würde. Sie tat jedoch nichts dergleichen. Etwa aus Rücksichtnahme auf die eben hinzugekommenen Politiker? Metternich befand, daß es besser war, kein allzu offensichtliches Bedürfnis nach Geheimhaltung zu demonstrieren. Er unterstrich daher Talleyrands Einladung: »Mein lieber Clam-Martinitz, es wäre uns eine ausgesprochene Freude, wenn Sie noch ein wenig mit uns plauderten.«

Statt des Grafen antwortete jedoch Dorothée: »Ich glaube, wir werden den Graf wohl entschuldigen müssen. Er schilderte mir soeben wichtige Geschäfte, deren Erledigung keinen Aufschub duldet.«

Metternich war erstaunt, Dorothée so die Entscheidungen für Clam-Martinitz treffen zu sehen, und wandte sich hilfesuchend an Talleyrand. Dieser jedoch verfolgte die Szene mit einem eigentümlich gefrorenen Lächeln und machte nicht die geringsten Anstalten, sich einzumischen. Metternichs Signale überging er völlig. Dieser drehte sich wieder um und verabschiedete sich von Clam-Martinitz. Dorothée schien den Gruß des Grafen kaum zu quittieren. Metternich blickte Talleyrand erneut an: Die Zeichen der Erstarrung waren so schnell verschwunden, wie sie gekommen waren. Dennoch wagte Metternich in der nächsten Viertelstunde kaum, Talleyrand in die Augen zu sehen. Dieser schien sich jedoch keinerlei Peinlichkeiten bewußt zu sein. Er faßte Dorothée lächelnd am Arm, und gemeinsam verließ man den Raum, um einen Tee zu nehmen.

Metternich war beeindruckt von der Selbstbeherrschung des Fürsten. Fast wäre Metternich geneigt gewesen, seinen Verdacht für eine Chimäre zu halten, wenn da nicht für einen Sekundenbruchteil diese Starre im Verhalten Talleyrands gewesen wäre. Dorothée hatte doch schon früher Liebhaber gehabt, und auch Talleyrand verfügte schließlich über seinen kleinen Harem, seinen Schwarm von Verehrerinnen. Er war berühmt dafür, keine Eifersucht zu kennen. Dorothées Verhältnis zu ihm war der Öffentlichkeit ohnehin immer undurchsichtig geblieben: Seine Vertraute? Ja. Seine Geliebte? Vielleicht! Aber seine große Liebe? Das hätte Metternich nicht vermutet und konnte es auch jetzt kaum glauben. Ihm war ihre Beziehung immer eher intellektueller Natur vorgekommen: Zwei hervorragende Geister, die sich in ihrer Ebenbürtigkeit erkannt hatten. In Fragen der Fleischeslust war Talleyrand anerkanntermaßen nicht so leicht entflammbar wie er selbst. Metternich seufzte und wußte nicht, ob er den Fürsten beneiden oder bedauern sollte. Nach Metternichs Einschätzung kannte der ehemalige Bischof doch eigentlich keine wirkliche erotische Leidenschaft. Aber lohnte es sich, so zu leben? War es nicht letztlich das physische Begehren allein, welches den Wunsch, das geliebte Objekt ganz ausschließlich zu besitzen, begründete? So jedenfalls war es Metternich immer vorgekommen. Talleyrand, den man sich eher zärtlich als erregt vorstellen konnte, schien für intensive Gefühle viel zu distanziert zu sein.

Metternich wurde in diesen Überlegungen durch Talleyrand und Dorothée gestört, die nun ihrerseits ihren Aufbruch ankündigten und lachend Arm in Arm davonzogen. Sie hätten kein innigeres Bild abgeben können.

Die Morgenkälte lag mit einem leichten Nebel über dem Wasser, als die Fischer und Seeleute in aller Frühe ihren Tag begannen. Es war der erste März und winterlich kühl, selbst für einen Mittelmeerhafen wie Fréjus. Zwar erwarteten die Wetterkundigen, daß sich der Nebel bald lüftete, aber es würde trotz Sonnenscheins kalt bleiben. Die Finger der Leute wurden steif, als sie die Boote, an denen Rauhreif klebte, klarmachten.

Während sich frierende Hände um Seile und Taue legten, näherte sich ein großes und unförmiges Schiff dem Hafen: eine Fregatte englischer Bauart, die trotz der ungünstigen Sichtverhältnisse an der Takelage erkennbar war. Schon konnte man Rufe hören und das Knattern von Segeln, die eingeholt wurden. Eine Ankerkette rasselte, Wasser spritzte auf. Noch immer wollte sich der Nebel nicht verziehen, doch lösten sich langsam längliche Formen von dem dunklen Fleck, der sich nun nicht mehr bewegte. Mehrere Male ertönte ein dumpfes Aufklatschen, als würden Boote zu Wasser gelassen, lange Schaluppen, die schwer beladen waren.

Man hörte die Ruder ins Wasser eintauchen, man sah die Boote, wie sie sich aus dem Nebel lösten. Über ihnen glitzerten längliche Gegenstände, während sich die Schwaden immer mehr lüfteten: Bajonette, die das stärker werdende Sonnenlicht reflektierten. In den Booten saßen Soldaten in dunkelblauen Uniformen, Franzosen offenbar. Die Bärenfellmützen mit Messingbeschlag wiesen sie als Grenadiere aus. Warum aber fuhren französische Soldaten mit einem veralteten Schiff, das aus englischen Marinebeständen ausgesondert worden sein mußte? Frankreich hatte doch seine eigene Flotte.

Mit kräftigem Schlag hatten die Boote nun das flache Wasser erreicht. Befehle schwirrten hin und her, Seeleute wie Soldaten sprangen in die Wellen, um die Boote an Land zu ziehen. Eine kleine Gruppe formierte sich: vier große, kräftig gebaute Grenadiere, die eine kleinere Person auf ihre Schulter hievten, einen etwas rundlichen Mann im grauen Mantel. Jemand reichte ihm einen schlichten Zweispitz, den er sorgfältig aufsetzte und mehrfach prüfend in die Stirn drückte, andächtig gefolgt von einem Schwarm Militärs, der bis zu den Knien im kalten Wasser stand. Dann gab er das Zeichen, sich in Bewegung zu setzen, und umringt von Soldaten und Offizieren, die aus allen Booten gesprungen waren, wurde er an den Strand getragen, während die winterliche Sonne die letzten Nebelschwaden vertrieb. Die Neugierigen am Hafen und am Strand kamen näher, um zu erkennen, was vor sich ging, von den ausschwärmenden Grenadieren mit ihren aufgepflanzten Bajonetten unbeeindruckt. Bevor noch das Publikum den Schauplatz erreicht hatte, war Fréjus bereits besetzt und vom Marktplatz her tönten Trommelwirbel. Als die vier Grenadiere ihren Passagier trockenen Fußes abgesetzt hatten, reckte dieser in einer langsamen, pathetischen Geste beide Arme und hob und senkte sie leicht. Und wem es bis jetzt noch nicht aufgegangen war, was hier eigentlich passierte, dem wurde es dank der nun ausbrechenden, frenetisch donnernden Rufe »Vive l'empereur« endültig klar. Die Schaulustigen stürmten heran und stimmten in den Jubel ein. Man hob den Mann im grauen Mantel unter allgemeinem Beifall erneut auf die Schultern und trug ihn in die Stadt auf den Marktplatz, wo er dann seinen alten weißen Araberhengst Marengo bestieg und eine Parade der gelandeten Truppen sowie die Huldigung der Honoratioren abnahm, die sich in aller Eile in ihren Sonntagsstaat geworfen hatten, blau-weiß-rote Schärpen inklusive. Neben dem salutierenden Kaiser stand in der Mitte des Platzes die steinerne Statue eines Kirchenfürsten, dessen Gewänder im Stile des Rokoko nervös gerafft waren. Huldvoll lächelnd verfolgte Kardinal Fleury, der einstige Bischof von Fréjus, das Schauspiel.

Stanislas Xavier zählte die Sterne und hörte nicht zu. Seit Stunden redete sein Gefolge in wechselnder Besetzung unaufhörlich auf ihn ein, machte sich mal dieser und mal jener Höfling zum Sprachrohr der Vernunft, der Würde des Königtums oder des nationalen Interesses. Stanislas Xavier aber lauschte nur dem lauter werdenden Summen, das sich aus den Straßen der Hauptstadt erhob. Obwohl es nach Mitternacht war, herrschte eine erregte Betriebsamkeit wie am hellichten Tage, fast wie zu einem Volksfest. Stanislas Xavier strengte sich an, um einzelne Stimmen oder Rufe zu unterscheiden, aber es blieb bei einem unbestimmten, fernen Lärm, der manchmal näherzukommen und manchmal zu schwinden schien, um sich nach jedem scheinbaren Nachlassen auf höherem Niveau zu stabilisieren. Stanislas' Ordonnanzen, Kammerherren und Sekretäre hatten jedoch nur ein Ohr für ihren Herrn, für das erlösende Wort, mit dem er ihnen endlich befehlen würde, in die wartenden Kutschen zu steigen und den Weg nach Flandern anzutreten, nach Gent, nicht nach London, wie die furchtsameren unter ihnen gehofft hatten. Bonaparte befand sich im Anmarsch, noch diese Nacht wurde er in Paris erwartet und war, wie man wußte, nur deshalb noch nicht in den Tuilerien eingetroffen, weil die jubelnden Menschenmengen, die ihn auf Schritt und Tritt umbrandeten, immer wieder spontane Reden und improvisierte Staatsakte von ihm erzwangen. Weil die Blumen sich so hoch vor ihm türmten, daß man die Straßen erst räumen mußte, bevor sich sein magisch angeschwollener Troß wieder in Bewegung setzten konnte. Weil ständig neue Chöre Hymnen, Lieder oder Oden schmetterten, um den Beginn einer neuen Ära zu verkünden, die Heimkehr des Odysseus nach Ithaka zu feiern. Weil dickleibige Honoratioren allerorten darauf bestanden, ihm die Schlüssel ihrer jeweiligen Stadt, ihres Marktfleckens oder gar Dorfes zu überreichen – und wenn der Ort zu klein war und keine imposanten Schlüssel zur Hand waren, so reichten auch die zum Kirchturm oder Schuldgefängnis, schnell mit einer Seidenschleife versehen und blankgerieben auf ein Kissen gelegt. Und wenn man irgendwo nicht die scheppernden Klänge des Kaisermarsches oder des pathetischen »Vive l'Empereur« vernehmen konnte, dann nur, weil das Geläut der Glocken oder das Krachen der Böllerschüsse und Raketen jedes andere Geräusch übertönte.

All dies hatte man Stanislas Xavier in haarkleinen Details ausgemalt, hatte ihm in düstersten Farben geschildert, welche Konsequenzen es haben würde, wenn der rechtmäßige König dem Ungeheuer in die Hände fiel, kurz: daß es nun endlich Zeit zur Abreise, zur Flucht sei – allein, Stanislas Xavier zeigte überhaupt kein Interesse. Einen Moment lang hatte er sogar halblaut durchgespielt, was passieren würde, wenn er einfach abwartete und Bonaparte auf den Stufen der Tuilerien mit vollem Hofstaat empfinge. Eine schöne Peinlichkeit würde das geben, wenn sich der König der Franzosen und der Kaiser der Franzosen so Auge in Auge gegenüberstünden. Bonaparte konnte mit solchen Situationen nicht umgehen: kaltblütig war er nur auf dem Schlachtfeld. Er würde sich wahrscheinlich ziemlich lächerlich machen, seinem Rivalen eine seiner pathetischen Ansprachen halten, vom Ruhme Frankreichs, von der Ehre seiner Waffen. Und Stanislas Xavier würde ihn zu einem Souper einladen und so tun, als hätte er nichts gehört; er würde sich im Rollstuhl durch die Säle fahren lassen und leise Konversation machen, so daß Bonaparte gezwungen wäre, sich dicht zu ihm herabzubeugen, um seine Worte zu verstehen, wobei dann vielleicht Bonapartes Stiefelspitze unter die Räder des rollenden Thronsessels käme und der Weltenbezwinger mit dem verzweifelten Schmerz gequetschter Hühneraugen losbrüllen würde.

Der Gedanke brachte Stanislas Xavier zum Lachen, worauf seine Umgebung fast mit Hysterie reagierte und ihn beschwor, endlich zu fliehen. Aber Stanislas Xavier weigerte sich zu gehen. Immer wieder blickte er zu St. Riquier hin, der nur leise den Kopf schüttelte: Blacas war noch immer nicht aufgetaucht. Ohne Blacas aber wollte der König nicht abfahren. Ihm, Stanislas Xavier, konnte nicht viel passieren: Selbst wenn er Bonaparte in die Hände fiel, würde er gewiß sofort an die Grenze gebracht werden. Ihn hinzurichten war zu gewagt, ihn einzusperren zu gefährlich: Ein Bourbone auf französischem Boden, während Bonaparte herrschte? Eine stete Bedrohung. Anders aber verhielt es sich mit Blacas, der mit Geschenken und Ehrungen überhäuft worden war, für Leistungen, die er nie vollbracht hatte, der vom Grafen inzwischen sogar zum Herzog avanciert war. Der königliche Günstling stellte die ideale Zielscheibe für einen Volkszorn dar, der sich durchaus auch ein wenig lenken ließ, wenn es darauf ankam, Sündenböcke zu finden. Die aber würde Bonaparte noch gut gebrauchen können, denn bei aller Begeisterung, die ihm nun entgegenscholl, würde es auch diesmal ohne Krieg nicht abgehen. Die europäischen Mächte würden ihn nie wieder auf dem Thron dulden. Und die meisten Franzosen hatten eigentlich keine Lust mehr auf Krieg.

Als Stanislas Xavier so in den Himmel starrte – der Mond war längst untergegangen –, zischte plötzlich eine silbergleißende Leuchtkugel mit strahlendem Schweif in die Höhe und spaltete sich weit oben in einen Strauß goldener Blumen, die sich gleich den Speichen eines Rades von ihrem Ursprung entfernten, an dessen Stelle nur noch ein mattes Rauchwölkchen zu sehen war. Statt jenes klassischen »Ah« oder »Oh« aber breitete sich eine beklemmende Stille unter den Anwesenden aus: Bonaparte hatte die Vorstädte erreicht. Ein kurzer Moment völliger Ruhe, während auch draußen die ganze Tragweite dieses Symbols begriffen wurde, dann begannen die Glocken von Paris auf einen Schlag zu läuten, und St. Riquier war der einzige, der sich nicht darum kümmerte. Ein Lakai war hereingetreten und hatte ihm etwas ins Ohr geflüstert, und St. Riquier nutzte die allgemeine Ablenkung, um hinauszuschlüpfen und über ein Gewirr von Hintertreppen und Wirtschaftsfluren in ein unscheinbares Vestibül zu eilen, das normalerweise der Dienerschaft vorbehalten war, das aber auch Blacas für seine privateren Besuche beim König nutzte.

Dort war Blacas gerade eingetroffen, augenscheinlich nicht ganz nüchtern. Das Hemd quoll ihm aus der Weste, nicht nur, weil er sich offenbar in Windeseile hatte anziehen müssen, sondern auch, weil er seit der Thronbesteigung seines Gönners deutlich zugenommen hatte.

Blacas saß auf einem Stühlchen und keuchte, während er sich durch die verklebten Haare fuhr: »Die Straßen sind alle dicht, überhaupt kein Durchkommen. Ich habe ja nichts geahnt, wie sollte ich auch wissen … mir sagt ja niemand 'was. Wird er uns alle umbringen?«

St. Riquier beugte sich fast väterlich über den königlichen Günstling und legte ihm die Hand auf die Schulter. »Sie kommen gerade noch rechtzeitig, wir konnten Sie nirgends finden und glaubten, Sie seien bereits dem Ungeheuer in die Arme gelaufen. Oder Schlimmeres …«

»Was könnte Schlimmeres passieren, als von Napoleon geschnappt zu werden?«

St. Riquier lächelte bitter. Niemand bei Hofe gebrauchte den Vornamen des Usurpators, denn nur einem rechtmäßigen Herrscher gebührte diese Ehre. Stanislas Xavier war Ludwig XVIII., aber Bonaparte blieb einfach nur ›Bonaparte‹ oder ›der Usurpator‹.

»Euer Gnaden«, St. Riquier stockte noch immer, bevor er Blacas so anredete, »Euer Gnaden haben bei Hofe viele Feinde. Man glaubte, Euer Gnaden wären zu Bonaparte übergelaufen.«

»Diese Idioten! Was hätte mir das denn genützt? Und was hätte ich Bonaparte wohl nützen können?«

Immerhin, ein Realist, dieser Blacas. St. Riquier zuckte mit den Schultern: »Auf jeden Fall ist jetzt keine Zeit mehr zu verlieren.«

Blacas sprang auf: »Mein Wagen wartet draußen. Wenn ich gewußt hätte, daß Bonaparte durchkommt, ich hätte mich doch nie …«

»Schon gut, schon gut. Das ist jetzt nicht so wichtig. Selbst die königliche Privatkanzlei und die Kronjuwelen sind bereits auf dem Weg. Der königliche Train hat die Hauptstadt längst verlassen.«

»Der königliche Train ist fort?«

St. Riquier nickte: In der Tat waren die wichtigsten Besitztümer, geheime Archive, sowie die Mitglieder der weiteren königlichen Familie, zahlreiche Hofdamen und das Gros der Dienerschaft schon am Morgen des Vortages aufgebrochen.

Blacas fragte: »Und in welche Richtung?«

»In nordöstliche Richtung.«

»Nordosten? Also die Kanalküste. England! Der König kehrt nach London zurück!«

St. Riquier verzichtete darauf, diese Schlußfolgerungen zu kommentieren. Blacas sprang auf und wollte bereits davonstürmen, da drehte er sich noch einmal um: »Hat er mir eine Nachricht hinterlassen?«

»Für den Fall, daß Sie nicht mehr rechtzeitig eintreffen, soll ich Ihnen den Befehl ausrichten, daß Sie ihm sofort folgen sollen!«

Blacas zögerte noch: »Gibt es noch Eilkuriere der königlichen Garde, die den Troß Seiner Majestät einholen könnten?«

»Gewiß. Wollen Sie Seiner Majestät eine Nachricht zukommen lassen?« fragte St. Riquier ungeduldig.

Blacas riß eine Seite aus einem kleinen Notizbuch und zog einen Bleistift hervor, mit dem er hastig, die

Wand als Unterlage benutzend, einige Wörter schrieb. Den Zettel reichte er St. Riquier. »Bitte schicken Sie das dem König hinterher. Ich danke Ihnen.«

Damit eilte Blacas davon. St. Riquier las das Geschriebene: »Ich sehe Eure Majestät in London. Blacas.«

Zwei bis drei Stufen auf einmal nehmend, sprang St. Riquier die Wendeltreppe hinauf und kehrte in das kleine Empfangszimmer des Königs zurück, wo inzwischen blankes Entsetzen auf den Gesichtern geschrieben stand, während durch das offene Fenster ein langsam anschwellendes Konzert aus Glocken, Musikinstrumenten und Topfdeckeln davon kündete, wie der neue, alte Kaiser seine Stadt wieder in Besitz nahm. St. Riquier trat an den Stuhl seines Königs heran und reichte ihm Blacas' Botschaft.

Stanislas Xavier war bestürzt: »Aber wir fahren doch nach Gent. Nach Gent, nicht nach London! Hat ihm denn keiner gesagt, wo wir hinfahren?«

St. Riquier verneigte sich stumm, und ein Höfling fuhr dazwischen: »Es darf nun keinen Aufschub mehr geben.«

Ludwig schloß die Augen und ließ alles Weitere über sich ergehen: Man zerrte seinen thronartigen, mit goldenen Lilien geschmückten Rollstuhl in den Flur, hob ihn, der sich fürs Treppensteigen als zu schwach erwies, auf die Schultern von vier Gardegrenadieren und trug ihn in den Hof der Tuilerien, wo die Kutschen schon seit Stunden warteten. Der Hofstaat aber, der sich hinter ihm drängte, hatte nichts als Flucht im Sinn.

Es versprach ein warmer Frühling zu werden. Aber Dorothée zitterte, obwohl sie sich einen Cashmere-Schal über die Schultern geworfen hatte, wie ihn die Engländerinnen neuerdings trugen.

Sie versuchte sich zu konzentrieren, was nicht leicht war, denn ständig kamen Dienstboten und Sekretäre mit Kisten und Koffern vorbei oder baten sie um Anweisungen. Schließlich zog sie sich ins Musikzimmer zurück und lief im Kreis dicht um den Flügel herum, mit der linken Hand über seinen blankpolierten Deckel streichend.

Gleich würde sie zu ihm hineingehen müssen. Sie hatte es immer wieder verschoben, doch die Zeit des Aufbruchs rückte näher. Konnte sie es ihm nicht einfach so sagen, ohne jedes Aufsehen? Sie erinnerte sich daran, wie sie in der Vergangenheit mit Liebhabern aufs Land gefahren war und den erotischen Freiraum, den er ihr ließ, völlig selbstverständlich genutzt hatte. Mehr als einmal hatte sie sich einem ihrer zahllosen Verehrer hingegeben, meistens charmanten Herren der Gesellschaft, hübschen jungen Kavallerieoffizieren, seit dem Sturz Napoleons gern auch jungen englischen Lords, die dank ihrer Boxbegeisterung oft muskulöse Oberkörper hatten. Einem war sie für ganze drei Wochen auf sein Schlößchen in Burgund gefolgt. Einen anderen, Guillaume de Ribérac, hatte sie sogar nach Valençay mitgenommen, Talleyrands palastartigem Landsitz im Tal der Loire, dessen mittelalterliche Türme und Außenmauern einen klassizistischen Innenhof tarnten. Dort hatten sie heimlich zwischen den beiden riesigen Ecktürmen ein Seil gespannt, an das sie eine Ladung Feuerwerkskörper gebunden hatten. Als die beiden das Seil entzündet hatten, war das ganze Schloß von dem Lärm aufgewacht und die spanischen Prinzen, die Napoleon hier in Talleyrands Landsitz gefangen hielt, hatten geglaubt, die Engländer seien gekommen, um sie zu befreien. Nur mit Mühe waren Dorothée und Ribérac den Wachsoldaten entkommen.

Nie aber hatten ihr diese Männer wirklich etwas bedeutet. Talleyrand hatte dies gewußt. Natürlich, denn er wußte ja immer alles, was sie betraf. Wie hatte er eigentlich immer so sicher sein können? Hatte er denn nie Zweifel verspürt? Wenigstens ein bißchen? Einen Hauch von Eifersucht, hin und wieder vielleicht? Für ihn waren all ihre Affären harmlos gewesen, und er hatte sie mit blasierter Selbstzufriedenheit geduldet, ja sie geradezu gefördert.

Er hatte die Frau an seiner Seite nie wirklich ernstgenommen. Oder hatte er seine Eifersucht vielleicht nur verbergen, seine Blöße verdecken wollen? Wenn Dorothée ganz ehrlich war, dann wußte sie es nicht. Letztlich kannte sie die wahre Natur und Tiefe seiner Empfindungen ihr gegenüber nicht.

Dorothée zitterte erneut, hörte auf, das Klavier zu umrunden und blickte in den Spiegel. Im Halbdunkel der hereinbrechenden Dämmerung konnte sie nur mehr ihre Silhouette erkennen.

Sicher, der intellektuelle Gleichklang spielte für ihn die Hauptrolle. Und da schien ihre Stellung unerreicht. Aber genügte ihr das eigentlich? Sie hatte geglaubt, daß etwas anderes folgen würde. Doch was? Jener absurde Gefühlsüberschwang, den sie einst am *Werther* so geliebt hatte? Und warum nicht? Mußte sie sich ihrer Träume schämen?

Was wohl ihre Mutter dachte? Sie war nach Wien gekommen, um Talleyrand wiederzusehen. Doch ihre alte Stellung hatte sie nicht zurückerobern können. Die Rolle der Mätresse hatte nun unbestreitbar sie, Dorothée, die Tochter, inne. Ihre Mutter hatte sich den Schmerz, den sie darüber möglicherweise empfand, nicht anmerken lassen. Vielleicht hatte sie diese Entwicklung schon vorausgesehen und sich so über ihre Demütigung hinweggetröstet. Sie kannte ihre Tochter, wußte um ihre Anfälligkeit für intellektuelle Gaben, wußte aber auch, daß diese Faszination eine tiefere Sehnsucht nach wahren Gefühlen weckte, die Talleyrand kaum erfüllen würde.

Im Grunde, dachte Dorothée, habe ich ja nicht einmal den intellektuellen Gleichklang für mich allein, auf den ich anfangs so stolz gewesen war. Er besaß als Folge der Privilegien seines Geschlechts einen größeren Handlungsspielraum als sie. Er konnte sich neue Freunde suchen, nach Belieben mit großen Staatsmännern verkehren, während sie vor allem von seinen Beziehungen profitierte. Wenn sie interessante Zeitgenossen kennenlernte, dann entweder durch ihn oder weil sie seine Nichte war. Wie elend es war, stets nur Nichte zu sein, immer bloß Schülerin. Das war es! Er behandelte sie als seine Schülerin. Er erfreute sich stets an ihren Gedanken, aber immer, als wären es Gedanken, die er ihr einst eingepflanzt hatte. Ideen, die irgendwie von ihm selbst ausgegangen waren. Gewiß, er war ein faszinierender Mentor. Aber doch nur ein Mentor. War also am Ende auch die intellektuelle Gleichberechtigung nur Illusion? Versuchte er nicht, sie auch geistig in Abhängigkeit zu halten?

Dorothée wandte sich vom Spiegel ab, trat wieder zum Flügel, ließ sich auf dem Klavierhocker nieder, schob ihn etwas zurück, beugte sich vor und legte die Stirn auf die Tasten, so daß sie einen dumpfen Ton erzeugte.

Sie durfte nicht ungerecht sein. Sie konnte es ihm nicht vorwerfen, daß sie eine Frau war. Er hatte die Gesellschaft, so wie sie war, nicht erfunden. Und wenn er sie erfunden hätte, dann wären Frauen darin so mächtig gewesen wie Männer. Das wußte sie. Es war nur ihre verdammte Eitelkeit, die sie dazu führte, mehr zu fordern, als er erfüllen konnte. Wie viel Gleichberechtigung wollte sie denn noch? Und dazu noch Leidenschaft? Vertrugen sich die beiden Ideen überhaupt? Hätte Leidenschaft nicht das Ende ihrer Freiheit bedeutet? Aber was war ihre Freiheit wert, wenn sie dennoch immer die Unterlegene war? Dann doch lieber Leidenschaft: Sie hätte die unterlegene Rolle vielleicht noch ertragen können, wenn sie sich zum Ausgleich seiner unbedingten, ja leidenschaftlichen Liebe hätte sicher sein können. Doch es gab keinen Grund anzunehmen, daß er mit Hingabe liebte. Daß das Bedürfnis nach Nähe zu einem anderen Menschen Talleyrand beherrschte, aufrieb und vorwärtstrieb, war undenkbar. Selbst die Nächte, die sie mit ihm verbracht hatte, immer wieder, aber meist wie durch Zufall, hatten einen eigenartigen Eindruck zurückgelassen. Wenn er liebte, so schien er bei aller Zärtlichkeit doch mehr sich selbst zu lieben. Seine Sinnlichkeit brannte auf kleiner Flamme. Es war nicht unbedingt wie eine Pflichtübung seinerseits, wohl aber wie eine Zerstreuung unter vielen, ein spielerisches Ritual, wie eine elegante Konversation.

Dorothée stand auf und trat an ein Fenster. Draußen, im Hof, wurden die Wagen beladen. Sie sah, wie ihre Zofe im Laternenschein einem Fuhrmann zwei Hutschachteln hinaufreichte. Dorothée begann zerstreut mit den kleinen Rosen und Lilien zu spielen, die auf ihr Kleid aufgenäht waren, und sie abwechselnd zwischen Daumen und Zeigefinger hin- und herzudrehen.

Hier in Wien, hatte sie gehofft, würde alles anders werden. Hier, wo sich die Besten und Größten Europas versammelt hatten, würde sie ihm endlich zeigen können, wie wertvoll sie für ihn war. Aber hatte ihr der Aufenthalt hier etwas genutzt? Er hatte ihr nur gezeigt, wie oberflächlich Paris war, mit seiner napoleonischen Kamarilla, mit seinem falschen Adel, den Grafen, Generälen und Kriegsgewinnlern im Baronsstand. Und dorthin sollte sie jetzt zurückkehren? Sie war ungerecht, sie wußte es. Paris war auch nicht schlechter als andere europäische Hauptstädte, und besser als St. Petersburg allemal.

Aber war es nicht ihre eigene Schuld, daß sie den Kongreß nicht hatte nutzen können? Schließlich war es ihrer Schwester Wilhelmine gelungen, sich zu entfalten wie nie zuvor. Zar Alexander und Metternich hatten sich ihretwegen beinahe duelliert. Wilhelmine war auf dem Kongreß fast zu einer heimlichen Großmacht aufgestiegen. Selbst Lord Castlereagh, der Frauen höchstens aus Versehen zu begegnen pflegte, hatte ihr regelmäßige Besuche abgestattet. Und die Fürstinnen Lieven und Bagration standen Wilhelmine kaum nach. Sie intrigierten wie wild und wußten über alles Bescheid.

Dorothée seufzte. Sie war gescheitert. Aber war es gerecht, Talleyrand ihr Scheitern vorzuwerfen? Doch warum sollte sie überhaupt gerecht sein? Weil er es war? Ja, er war immer gerecht. Er war großzügig. Er forderte nie, klagte nie an. Mißfallen äußerte er nie, höchstens Erstaunen, und das nur ironisch. Nein, er war »fair«, wie die Engländer es nannten. Was er sich erlaubte, das gestattete er auch ihr. Dorothée war sich sicher, daß er es klaglos hingenommen hätte, wenn sie Nacht für Nacht am Spieltisch ebenso hohe Summen verloren hätte wie er. Gerecht war er.

Dorothée erschrak: Sie hatte so lange und so heftig an einer Lilie auf ihrer Schulter gezogen, daß sie abgerissen war. Wütend versuchte sie, das Stoffblümchen zwischen ihren Fingern zu zerquetschen. Doch immer, wenn sie ihren Druck lockerte, nahm es seine alte Form wieder an.

Das unterschied ihn von Clam-Martinitz, der nie gerecht war. Sie dachte an ihre erste Begegnung mit dem Grafen zurück. Natürlich auf einem Ball. In Wien gab es ja fast nichts anderes mehr. Er war im Gedränge unvermittelt auf sie zugetreten und hatte sie mit Namen angesprochen, ohne ihr vorgestellt worden zu sein. Er hatte ihr erklärt, daß er sie bereits auf einer musikalischen Soirée im Palais des Fürsten Lobkowitz gesehen hätte. Sie hatte geantwortet, daß sie sich nicht an ihn erinnern könnte. Er hatte aus seinem Unmut darüber keinen Hehl gemacht und sich sofort grußlos abgewandt. Erst später am Abend war er wieder aufgetaucht und hatte um einen Tanz gebeten. Sie hatte mit dem Fürsten Ligne in einem Alkoven gesessen und sich einen Moment Ruhe gegönnt. Ihre Tanzkarte hatte neben ihr auf der Marmorbank gelegen, doch hatte sie diese nicht konsultieren müssen. Sie hatte gewußt, daß sie an diesem Abend keinen Tanz mehr frei hatte, und deshalb höflich abgelehnt. Clam-Martinitz hatte sich zu ihrer Überraschung unaufgefordert neben sie gesetzt und den Fürsten Ligne in ein Gespräch zu verwickeln versucht. Nach einigen Minuten war er mit einem kurzen Nicken wieder aufgebrochen. Als Dorothée sich kurz darauf erhoben und nach ihrer Tanzkarte gegriffen hatte, war sie verschwunden gewesen. Clam-Martinitz hatte sie ihr entwendet. Und Dorothée war den ganzen Abend über gezwungen gewesen, die Reihenfolge ihrer Tanzpartner aus dem Gedächtnis zu rekonstruieren.

Sie lächelte: Sie war seit Jahren nicht so wütend gewesen, denn an Talleyrands Seite schien man sich daran zu gewöhnen, über allem zu stehen und Gefühle wie Zorn einfach nicht mehr zu empfinden.

So viel Selbstherrlichkeit, so wenig Rücksichtnahme. Nein, Clam-Martinitz war nicht gerecht. Er verübelte ihr jede Sekunde mit Talleyrand und weigerte sich, diesem zu begegnen. Aber es war für ihn selbstverständlich, daß er sich bei Bedarf mit seinen Stallburschen vergnügte, was er ihr nicht einmal verheimlichte. Aber auf eine eigentümliche Weise schätzte sie das beinahe. Es schien ihr der Beweis dafür, daß es ihm nicht um ein bloßes erotisches Abenteuer ging.

Immerhin hatte er sich bei ihr entschuldigt: Am nächsten Morgen hatte er ihr die Tanzkarte zurückgeschickt – alle Namen waren ausgestrichen gewesen. Dann war er selbst gekommen und hatte ihr eine antike Münze geschenkt, auf der CAESAR stand und ein Elefant abgebildet war. Er hatte sein Bedauern über den Vorfall ausgedrückt und erläutert, daß sein Verhalten oft so ungeschlacht wie jenes Tier auf dem römischen Denar sei. Sie hatte die ganze Inszenierung für kindisch und lächerlich gehalten – und dennoch erwidert, daß Elefanten bekanntermaßen sehr sensible Wesen seien. Und so hatte die Beziehung ihren Lauf genommen.

Die Tage, an denen sie ihn nicht gesehen hatte, waren zu lästigen Pflichtübungen für sie geworden, die Stunden, die er mit anderen verbracht hatte, ob mit Frauen oder mit Männern, zu Zeiten qualvoller Unsicherheit und nie gekannter Eifersucht. Kaum eine Begegnung mit Clam-Martinitz war harmonisch verlaufen. Besonders die letzte nicht, als er zum so-und-sovielten Male ihre Trennung von Talleyrand verlangt hatte. Sie hatte ihm entgegengehalten, daß sie ihm nicht trauen könnte, denn schließlich sei er seit langem als passionierter Mitgiftjäger bekannt.

»Dieses Problem würde sich erübrigen, wenn Sie sich endlich entschließen würden, ihn zu verlassen und meine Frau zu werden«, hatte er erwidert, auf jenen nicht unbeträchtlichen Teil ihres Vermögens anspielend, der trotz der Ehe mit Edmond ihr eigener geblieben war. »Bei der Gelegenheit könnten Sie mir dann vielleicht auch erklären, unter welchen Umständen Sie ins Talleyrandsche Haus gekommen sind.«

Nein, gerecht war er nicht, schon gar nicht, wenn er forderte. Aber er hatte eine Entscheidung herbeigezwungen.

Dorothée strich ihr Kleid glatt, band sich den Schal fester um die Schultern und ging in Talleyrands Arbeitszimmer, wo sie ihn mitten in seinen Reisevorbereitungen vorfand. Der Kongreß war beendet, und nun plante Talleyrand nach Gent zu fahren, wo Ludwig XVIII. auf die endgültige Niederlage Napoleons wartete.

Talleyrand, der an seinem nur von einer Kerze erleuchteten Schreibtisch saß und selbst etwas zu Papier brachte, anstatt es, wie gewöhnlich, seinem Sekretär zu überlassen, bemerkte ihr Erscheinen erst, als sie dicht neben ihm stand.

Er hatte ihre ganze Affäre mit Clam-Martinitz hindurch so getan, als wisse er von nichts, und sich wie immer verhalten. An diesem Abend aber verströmte er eine ungewohnte Gereiztheit. Spröde antwortete er ihrem fragenden Blick: »Ich bereite mich auf unsere Abfahrt vor, wie Sie sehen.«

»Es überrascht mich, Sie selbst mit der Feder in der Hand anzutreffen.«

Talleyrand lächelte wieder: »Ich glaube, ich werde alt, in jüngster Zeit packt mich hin und wieder sogar der Arbeitseifer.«

Sie lachten. Der Augenblick der Entfremdung schien überwunden. Dorothée spürte einen Krampf in der Brust. Sie kannte ihn so gut, seine Gewohnheiten, seine kleinen Schwächen. Und er kannte Dorothée und wußte, daß sie ihn kannte. Und es störte ihn, den Übersensiblen, kein bißchen. Er war in ihrer Gegenwart zu großer Selbstironie fähig. War es nicht falsch, ihm, der so viele Verletzungen erfahren hatte und so viel Ungewißheit erlebt hatte, vorzuwerfen, daß er ein letztes Maß an Distanz wahrte? Daß er sich schützte, auch wenn andere nur zu geben bereit waren und nichts verlangten. Aber das stimmte nicht: Dorothée hatte sich ja bereits eingestanden, daß sie viel verlangte. Denn im Grunde wünschte sie sich nichts weniger als alles, auch wenn sie nicht genau wußte, was dieses »alles« war und fast ein wenig Angst davor hatte, es herauszufinden.

Sie lehnte sich von hinten gegen seinen Stuhl, legte ihm den Kopf auf die Schulter und ließ die Hände über seine Brust gleiten. Mit geschlossenen Augen atmete er tiefer und regelmäßiger. Er strich über ihre Hand. Sie sprachen nicht. Weder er noch sie neigten zu spontanen Ausbrüchen von Zärtlichkeit. Dorothée war überrascht, fast peinlich berührt. Sie konnte es nicht über sich bringen, etwas zu sagen. Zu groß war ihre Furcht, die ungewohnte Nähe aufzubrechen, wenn sie plötzlich ihre eigene Stimme vernähme. Auch Talleyrand schwieg. Doch dann schien ein leichter Schauer durch seinen Körper zu laufen, und er verkrampfte. Obwohl sie sein Gesicht nicht sehen konnte, spürte sie, daß er seine Augen wieder geöffnet hatte.

Ahnte er etwas, setzte er seine Zärtlichkeit vielleicht sogar bewußt ein? Dorothée haßte sich selbst, daß sie in diesem Moment an ihm zweifelte. Es half nichts, sie mußte ihren Plan ausführen.

Dorothée richtete sich auf, zog ihre Arme zurück und dachte bewußt an Clam-Martinitz, wie sie ihn in der letzten Nacht erlebt hatte, als sie sich entschlossen hatte, Talleyrand nicht nach Gent zu begleiten.

»Ich möchte vorläufig nicht mit Ihnen nach Gent fahren. Gent ist eine kleine Stadt, und es werden sowieso zu viele Flüchtlinge da sein. Wenn mein Teil unseres Haushaltes fehlt, wird es für Sie bequemer und preisgünstiger sein, insbesondere, da uns der Zugriff aufs Familienvermögen im Moment ja weitgehend verwehrt ist. Ich werde die Gelegenheit ergreifen, meine schlesischen Güter zu besichtigen und reise Ihnen dann später nach, entweder nach Paris, wenn Bonaparte besiegt ist, oder … wohin auch immer es uns verschlägt, falls das Undenkbare eintreten sollte.«

Dorothée wäre gern offener gewesen. Warum konnte sie nicht einfach sagen: »Ich komme nicht mit, weil ich mit Clam-Martinitz fortgehe.«

Talleyrand ergriff die Gelegenheit, dem Thema vorerst auszuweichen, und beschäftigte sich mit einer Nebensächlichkeit. Einen Sieg Napoleons konnte er sich nämlich nicht vorstellen: »Keine Angst, Napoleons Zeit ist vorbei. Der Vulkan ist erloschen, dies ist nichts als eine verspätete Eruption.«

Eine nicht ganz geglückte Metapher, fand Dorothée, denn erloschene Vulkane neigen nicht zu Ausbrüchen. Sie hätte sich gewünscht, Talleyrand wäre nicht sofort auf den politischen Teil ihrer Ankündigung eingegangen. Wie sehr hatte sie auf ein Wort zu ihrer persönlichen Situation gehofft. Sie spürte, daß sie im Grunde wollte, von ihm zum Bleiben aufgefordert zu werden.

Nach einer Weile fuhr er fort: »Es wird mir schwerfallen, meine gesellschaftlichen Pflichten in Gent zu erfüllen, wenn Sie nicht an meiner Seite sind.«

Das war alles, was ihm einfiel? Mit ungewohnter Distanz hörte sie sich antworten: »Derlei Dinge beherrschen Sie viel besser als ich. Ich bin sicher, daß Sie auch ohne mich sehr gut zurechtkommen werden.«

Es entstand eine Pause. Dorothée wartete ab. Talleyrand brach das Schweigen erneut und stellte eine Frage, deren Antwort er längst kannte: »Fahren Sie allein nach Schlesien?«

»Der Graf von Clam-Martinitz wird mich begleiten. Er hat mich eingeladen, auf seinem Schloß in Böhmen Zwischenstation zu machen.«

»Unter diesen Umständen wäre es vielleicht ratsam, wenn Clam-Martinitz vor Ihnen abreiste und einen Umweg wählte, bevor er wieder zu Ihnen stößt.«

Diese Ermahnung stellte eine absichtliche Beleidigung dar. Fast war Dorothée dankbar dafür, daß sie nun ihrem Zorn freien Lauf lassen und mit Sarkasmus antworten durfte: »Ich danke Ihnen für diesen Ratschlag. Seien Sie unbesorgt, die entsprechenden Vorkehrungen sind bereits getroffen. Clam-Martinitz ist schon in Richtung Pilsen abgefahren ...«

Details interessierten ihn offenbar nicht, denn er schnitt ihr das Wort ab: »Ich danke Ihnen für Ihre Umsicht.«

Sie verließ das Zimmer.

Dorothée wußte nicht einmal, wo sie waren, als sie durch den strömenden Regen über den Hof rannte und in die rauchige Gaststube trat. Eine große, knochige Frau, aus deren Zügen Mißtrauen gegen alles Fremde sprach, empfing sie. Eine Eigenschaft, die nicht unbedingt zu ihrem Gewerbe paßte, dachte Dorothée.

Das Gesicht der Wirtin blieb ausdruckslos, als sie ihren Gast die Treppe hinauf in ein verwinkeltes Zimmer mit schiefen Wänden führte. Dorothées Klagen über den Schmutz und die Enge und ihre Fragen beantwortete die Wirtin einsilbig bis unverständlich. Sie sprach kein Französisch und nur einige Brocken Deutsch, doch so viel ließ sich aus ihr herausbekommen: Sie kannte keinen Grafen Clam-Martinitz, und es waren auch keine Pferde zum Wechseln hierhergeschickt worden. Dorothée war in die Irre gefahren, und ihr Wiener Kutscher, der des Tschechischen genausowenig mächtig war wie sie, übertraf sie in der fremden Umgebung noch an Hilflosigkeit.

Es blieb Dorothée nichts anderes übrig, als sich auf eine Nacht in dieser Herberge vorzubereiten, und sie schickte ihre Zofe und den Diener zum Wagen, um das Nötigste herbeizuschaffen.

Nachdem die Wirtin sich zurückgezogen hatte, um ein Mahl für ihren Gast und dessen Begleitung zu bereiten, hatte Dorothée Zeit, sich in dem Raum umzusehen. Der verwinkelte Schnitt verbarg die wahren Ausmaße. Das Bett war schrankartig in die Wand eingebaut und hinter einem Vorhang versteckt. Immerhin, der Raum war heizbar. Vielleicht würde es ihr gelingen, die Wirtin zu überreden, den Kachelofen in Betrieb zu nehmen.

Dorothée wandte sich ab und ließ sich auf einem wackeligen Stuhl nieder. Sie war müde und hungrig, in einer ebenso unbekannten wie abstoßenden Umgebung und weit weg von allen Menschen, denen sie vertraute. Kein Wunder, daß ihr der eigene Entschluß plötzlich falsch vorkam, daß sie Clam-Martinitz auf einmal unverschämt fand; plötzlich hatte sie das Gefühl, daß er kein Recht habe, sich in ihr Leben einzumischen, daß seine Art des Besitzergreifens anmaßend war und daß sein kräftiger Nacken ein wenig zu vulgär wirkte.

Sie wischte sich eine Strähne von der nassen Stirn und lächelte bitter: Es war die Erschöpfung, die ihr einen Streich spielte und ihren Mut ins Wanken brachte.

Es klopfte an der Tür, ein Fremder mit einem Wachstuch um den Hut trat herein und sprach sie auf französisch an: »Guten Abend, Euer Gnaden. Ich komme im Auftrag des Grafen Clam-Martinitz. Wir vermuteten, daß Sie die falsche Abzweigung genommen hätten, und machten uns daher auf die Suche. Sie waren nicht allzu schwer zu finden. Wir haben die Pferde bereits gewechselt. Wenn Madame wünschen, können wir unverzüglich weiterfahren.«

Dorothée nickte nur und folgte ihm.

Der Saal war voller Kerzen und doch nicht hell. Ein leiser Wind strich durch die Vorhänge, wenn die Diener ein und aus gingen, um ihrem Herrn immer neues heißes Wasser zu bringen. Er saß in seiner Marmorwanne und fror. Der übergewichtige Körper war zusammengesunken und der Ellenbogen auf dem Wannenrand abgestützt, während seine Stirn auf der geballten Faust ruhte. Schon seit Minuten kniff er die Augen zusammen. Manchmal murmelte er etwas. Doch die beiden Stenographen, die bereitstanden, falls er einen Brief, ein Dekret oder eine Aktennotiz zu verfassen wünschte, schrieben nichts auf, denn sie hatten inzwischen erkannt, daß er nichts diktierte, sondern nur von dunklen Visionen und Ängsten gehetzt sein Schicksal beklagte. Das Glück habe ihn verlassen, alle Menschen ihn verraten, rief er immer wieder halblaut aus. Die Sekretäre und Diener schwiegen, ergriffen von der Angst und dem Grauen im Angesicht des einstmals Unbesiegbaren. Früher hatte er nur vier Stunden Schlaf gebraucht, doch nun sehnte er sich nach diesen vier Stunden, denn Magenkrämpfe hielten ihn wach. Oft sah man ihn ziellos durch die Tuilerien wandeln, als ob er sich von dem Schloß und seinen Erinnerungen verabschieden wollte.

Neben der Wanne befand sich auf einem Tischchen ein kleines Medaillon, das eine Miniatur seines Sohnes enthielt. Immer wieder griff er danach und blickte das Kinderporträt an, das vor einem Jahr angefertigt worden war. Er fragte sich, wie sein Kind jetzt wohl aussah. Dann seufzte er und erklärte prophetisch, daß er seinen Sohn nie wieder sehen würde. Tatsächlich weigerte sich die Mutter, Kaiserin Marie-Luise, Wien zu verlassen. Sie hatte ihre welthistorische Rolle gespielt und war jetzt nur noch an ihrem Liebhaber, dem Grafen Neipperg interessiert.

Die Diener mußten die Temperatur in der Wanne auf einem konstanten Hitzegrad halten, der ihnen selbst den Schweiß auf die Stirn trieb. Immer wenn sie die Vorhänge teilten, um neues Wasser zu holen, kam ein kleiner Lufthauch hindurch, der den badenden Napoleon nur nach noch heißerem Wasser verlangen ließ.

Da trat jemand durch die Vorhänge, um dem Kaiser etwas ins Ohr zu flüstern. Der Besucher legte eine dünne Akte auf das Tischchen neben der Wanne. Napoleon hielt sich das erste Blatt dicht vor die Augen, in dem heißen Dampf konnte er seine Brille nicht aufsetzen. Der Besucher trat ehrfürchtig einen Schritt zurück und tupfte sich mit einem Taschentuch das Gesicht ab, das in Sekundenschnelle von Schweißperlen bedeckt war. Gespannt erwartete er die Reaktion seines Herrn, nur mühsam die militärische Haltung bewahrend.

»Wo ist er jetzt, Savary?«

General Savary, Herzog von Rovigo und Chef der Gendarmerie, antwortete: »Er befindet sich draußen. Er wartet offenbar, um selbst Bericht zu erstatten. Soll ich ihn verhaften lassen?«

Der Kaiser lächelte müde, dann kicherte er und lachte schließlich immer stärker, so daß die Fettfalten bebten und der ganze Körper zitterte. Savary wußte nicht, ob er sich vielleicht von diesem Anblick abwenden sollte. Endlich, als Napoleon sich wieder gefangen hatte, antwortete er: »Die Zeiten sind vorbei, Savary. Wir hätten ihn köpfen sollen, als wir noch die Macht dazu hatten, heute brauchen wir ihn fast mehr als er uns. Schicken Sie ihn herein!«

Savary ging, und Fouché kam. Trotz der Hitze stellte er sich dicht an die Wanne und schaute ungeniert auf den korpulenten Kaiser herab. Dieser wurde sich seiner Blöße erstmals bewußt und bedeckte sich mit einem feuchten Handtuch.

»Sire, ich bin gekommen, um Bericht zu erstatten«, begann Fouché.

»Haben Sie wieder einmal Briefe von Metternich erhalten, die in unsichtbarer Tinte geschrieben sind und für die Sie nicht das Pulver geliefert bekommen haben, um sie zu entziffern, so daß Sie mir ihren Inhalt leider auch nicht mitteilen können? Oder haben Sie vielleicht erneut einen englischen Spion mit Dankschreiben nach Hause zurückgeschickt, anstatt ihn erschießen zu lassen? Sie sind ein Verräter Fouché, den ich hängen lassen müßte.«

»Ich kann mich dieser Meinung nicht anschließen, Sire. Ich nehme geheime Verbindungen nur dann auf, wenn es Eurer Majestät und dem Vaterland nutzt.«

»Wir hatten Sie in der Metternich-Geschichte beinahe überführt, Fouché! Ich warne Sie, fällt noch einmal ein Zweifel auf Sie, werde ich rücksichtslos zuschlagen. Sagen Sie mir also, ob Sie noch irgendwelche Kontakte unterhalten, die Sie bisher ›vergessen‹ haben, mir zu offenbaren? Allein Ehrlichkeit wird Sie auf die Dauer retten können.«

»Ich weiß beim besten Willen nicht, wovon Euer Majestät sprechen. Es ist selbstverständlich, daß der Polizeiminister des Kaisers allerlei inoffizielle Beziehungen im In- oder Ausland pflegt. Nur auf diese Weise habe ich einen royalistischen Aufstand in der Vendée verhindern und den Baron Vitrolles festnehmen lassen können.«

»Und nur so haben Sie es geschafft, eine republikanische Mehrheit in die Kammer wählen zu lassen, die mir ständig Knüppel zwischen die Beine wirft.«

»Euer Majestät versprachen den Franzosen bei Ihrer Rückkehr Demokratie, da schien es mir ratsam, diesem Versprechen zumindest einen Anflug von Glaubwürdigkeit zu verschaffen.«

»Könnte es sein, daß die Parlamentswahlen auch deshalb einen solchen Linksruck ergeben haben, weil Talleyrand Ihnen dazu geraten hat, sie dahingehend zu manipulieren?« fragte Napoleon und fischte ein vom Dampf schon ganz weich gewordenes Stück Papier aus der Aktenmappe, die ihm Savary dagelassen hatte.

»Talleyrand hat mir tatsächlich eine Botschaft zukommen lassen, in der er mir riet, die Wahlen so zu manipulieren, daß die alten Revolutionäre die Mehrheit erlangen würden. Aber wenn Talleyrand mir etwas Sinnvolles rät, wäre es dann nicht dumm, es nur deshalb nicht zu tun, weil die Idee von ihm stammt? Wäre es Euer Majestät am Ende lieber, wenn das Parlament voll wäre von Royalisten, die lautstark nach der Rückkehr Ludwigs XVIII. rufen?«

»Sie geben also zu, mit Talleyrand in Kontakt zu stehen und seinen Ratschlägen zu folgen?«

»Sie selbst, Sire, haben vor zwei Wochen Talleyrand um Rückkehr gebeten und ihm das Außenministerium angeboten. Warum sollte ich als Ihr treuer Diener nicht Ihrem Beispiel folgen? Im übrigen folge ich auch den Ratschlägen anderer, wenn sie gut sind. So hat mir Metternich geraten, Sie zu einer Friedenspolitik zu überreden. Und tatsächlich warne ich Sie täglich vor neuem Blutvergießen. Jeder Polizeibericht enthält eine detaillierte Beschreibung davon, wie kriegsmüde die Franzosen sind, wie wenig Lust sie dazu haben, wieder neue Generationen von Wehrpflichtigen opfern zu müssen.«

»Lenken Sie nicht ab, Sie wissen nur zu gut, daß ich selbst nichts als den Frieden will. Mein Schicksal aber ist, daß mir das niemand glauben will. Man gönnt mir keine Ruhe. Es sind die anderen, die Armeen aufstellen, die ihre Flotten mobilisieren und von Schlachten träumen. Ich habe mit alledem abgeschlossen. Sagen Sie mir jetzt aber endlich, warum Talleyrand eine linke Mehrheit in der Kammer wollte? Er schadet mir damit, doch gewiß auch seinem König in Gent. Denn wenn der hofft, im Falle meiner Niederlage zurückzukehren, dann kann er das bei einem republikanisch gesinnten Parlament getrost vergessen. Also los, reden Sie schon!«

»Was der Fürst von Benevent beabsichtigt, weiß ich beim besten Willen nicht. Er pflegt mich in seine Ratschlüsse nicht einzuweihen. Ich kann nur meine eigenen Motive offenlegen: Ich wollte der kaiserlichen Regierung eine breitere Basis verschaffen und verhindern, daß die Kammer am Ende von Königstreuen beherrscht wird.«

»Sie lügen, Fouché. Sie planen schon für die Zeit nach meinem Sturz, den Sie möglichst bald zu erleben hoffen. Sie denken, daß der König von Ihnen und Talleyrand abhängig sein wird, wenn er zurückkehrt und sich mit einem republikanischen Parlament konfrontiert sieht. Dann braucht er nämlich Sie und Talleyrand, um mit den Jakobinern fertig zu werden. Sie wollen ihn schwach und gefügig machen, denn ansonsten hätte ein Königsmörder wie Sie ja keine Chance in einer royalistischen Welt. Aber glauben Sie ja nicht, daß die Sache für Sie gut ausgehen kann! Talleyrand bringt Sie nur ins Spiel, weil Sie mit Ihrer Vergangenheit solch eine Bestie abgeben, daß er daneben selbst als verheirateter Bischof noch wie ein Engel aussieht. Man nennt ihn nicht umsonst den hinkenden Teufel, er wird Sie austricksen, denn wer mit dem Teufel ißt, muß einen langen Löffel haben: Ihr Besteck aber war schon immer zu kurz. Sie denken, Fouché, daß Sie Geschichte machen, wenn Sie Leute unter ihren Aktenbergen begraben und mit Dossiers vernichten? Das ist letzten Endes nichts als ins Monströse gewendete Spitzeltätigkeit. Fortuna aber liebt die Bürokratie nicht. Der große Wurf, Fouché, gelingt Ihnen nie. Sie haben weder die Phantasie noch die Leichtigkeit eines Talleyrand. Er wird Sie nur benutzen, um Sie im entscheidenden Moment ganz elegant wegzuwerfen. Er wird immer stärker sein als Sie, denn Sie hassen ihn, während er Sie nur verachtet. Im Grunde wissen Sie nämlich auch nicht, was Talleyrand vorhat, was er im Schilde führt. Er benutzt Sie nur.

In seinem Schatten werden Sie sich immer wie ein Zwerg vorkommen, und genau deshalb werden Sie ihm gegenüber auch immer ein Zwerg bleiben. Aber Zwerge, Fouché, nützen mir nichts, genausowenig wie

Verräter. Und deshalb sind Sie jetzt entlassen. Haben Sie verstanden? Entlassen! Scheren Sie sich fort, bevor ich Sie noch erschießen lasse!«

»Da ich mit dem ebenso bedauerlichen wie unbegründeten Mißtrauen Eurer Majestät zu leben gelernt habe, trage ich immer meine eigene Entlassungsurkunde in der Aktenmappe bei mir. Denn auch in dieser Frage möchte ich nicht mehr sein als Eurer Majestät treuester Diener. Hier ist das Schriftstück, und hier sind auch Feder und Tinte. Eure Majestät brauchen nur zu unterschreiben. Da unten bitte.«

Napoleon sprang triefend aus der Wanne auf und fegte die Urkunde und die Schreibutensilien brüllend vom Tisch. Der plötzliche Luftzug und das aufspritzende Wasser bliesen die meisten Kerzen aus. »Sie wagen es, sich über mich lustig zu machen, Fouché? Verschwinden Sie und zwar sofort. Sie sind es nicht einmal wert, daß man eine Kugel für Sie opfert.«

Der Polizeiminister befolgte das höfische Protokoll und verbeugte sich, als er rückwärts den Raum verließ, während Kaiser Napoleon erschöpft ins Wasser zurückglitt. Fouché aber kehrte wieder in sein Amt zurück und blieb Minister.

Er reagierte nicht. Gab keine Antwort. Erst nach einer Minute rührte er sich ein bißchen. Mit einer knappen Handbewegung fegte er den Kurier beiseite. Er ritt einfach weiter, umgeben von seinen Marschällen und Generälen in ihren blau-goldenen Uniformen. In vierfacher Gefechtskolonne folgten die Eliteregimenter seines Heeres, die letzten Reserven, die ihm an diesem Nachmittag noch verblieben waren.

Alle Augen waren auf ihn gerichtet, wie er sich an der Spitze seiner Garde auf die Hügelkette zubewegte, die mit roten Linien bedeckt war. Linien, die davon kündeten, daß die Stellung der Engländer immer noch nicht durchbrochen war. Etwa sechshundert Meter von jenen Hügeln entfernt, kam er zum Stehen. Und mit ihm hielt auch jenes gewaltige Ungetüm von vier Krakenarmen an, das ihm gefolgt war, während die Kapelle ihre Marschmusik auch im Stand weiterspielte. Bis auf die Musik herrschte eine eigentümliche Stille über dem Ort, an dem es seit halb zwölf am Vormittag nur gekracht und gedröhnt hatte. Ein zarter Windhauch hatte den Pulverdampf zerrissen, der lange Zeit die Fernsicht getrübt und das englische Rot in ein schmutziges Grau verwandelt hatte.

Während er regungslos im Sattel saß, den Blick fest auf die roten Linien gerichtet, schlug sein Pferd mit dem Schweif mechanisch nach den Fliegen. Doch diese Bewegung, die das Tier aus bloßer Gewohnheit ausführte, war überflüssig. Nicht eines jener schwirrenden Insekten interessierte sich für den alten Hengst Marengo. Die Leichen und Verwundeten auf dem Schlachtfeld, die bereits in die Zehntausende gingen, boten eine viel lohnendere Beute.

Napoleon gegenüber saß barhäuptig auf seinem dritten oder vierten Pferd an diesem Tage ein rothaariger Mann, dessen Gesicht von Schmutz und Erschöpfung entstellt war. Von dem goldenen Eichenlaub der Dienstuniform war unter den Schlammspritzern nicht mehr viel zu sehen. Aus seinen dreckverschmierten Augen heraus blinzelte er seinen Feldherrn an. Immer wieder drehte er sich nervös um, nach rechts, wo in der Ferne Bewegung herrschte und die Stille des Nachmittags immer häufiger gestört wurde. Doch er nahm Haltung an, und wischte sich den Schmutz aus dem Gesicht, als er angesprochen wurde:

»Ich übergebe Ihnen meine Garde, Ney. Sie gelten als der Tapferste der Tapferen. Machen Sie Ihrem Namen Ehre, und jagen Sie die Engländer davon. Der Feind ist ermattet, erschöpft, dezimiert. Es kommt nur noch auf den entscheidenden Stoß an ...«

Solche Worte hatte man in den letzten zwanzig Jahren an vielen Orten gehört, doch ihre beschwörende Wirkung verpuffte vor einer heiseren Stimme, deren Einwurf nur deshalb nicht respektlos war, weil er so verzweifelt klang: »Was ist das Dunkle dort hinten?« unterbrach Marschall Ney Napoleon und zeigte auf die schwärzlichen Ströme von menschlichen Körpern, die sich weit rechts von ihnen aus einem Dorf mit einem kleinen Wäldchen ergossen. Die anderen Offiziere schauten gebannt in die Richtung, die Neys Arm ihnen wies.

Allein der Kaiser blickte starr geradeaus und setzte unbeirrt seine Rede fort: »Wir haben Wellington dort, wo wir ihn haben wollten. Er ist am Ende. Hier ist die Blüte meiner Armee, erprobt in hundert Schlachten. Sie brauchen nur zuzuschlagen ...«

Ney gab seinem Pferd die Sporen und machte einen Satz bis dicht an Napoleon heran: »Was sind die schwarzen Kolonnen dort hinten? Was geht auf unserem rechten Flügel vor?«

Der Kaiser drehte sich auch jetzt nicht um, während alle wie in Trance dem Arm des Marschalls folgten. Die Stimme des Kaisers war eigentümlich flach und tonlos: »Welche schwarzen Kolonnen, Ney?«

Ney ließ sich durch Napoleons Kälte nicht einschüchtern: »Schauen Sie doch hin, da, da, da und da! Ich weiß, was das ist, denn ich benutze meine Augen zum Sehen. Das sind die Preußen. Verstehen Sie, die Preußen! Wissen Sie, was das heißt?«

Napoleon schloß dramatisch die Augen, öffnete sie langsam und erklärte, ohne Ney anzuschauen: »Ich sehe nur blaue Kolonnen, blaue, aber keine schwarzen. Sie sind vor lauter Pulverdampf wohl farbenblind geworden. Das ist Marschall Grouchy, der uns endlich zu Hilfe kommt.«

Ney weigerte sich, dem Kaiser Glauben zu schenken: »Und warum schicken Sie ihm dann die Junge Garde entgegen, wenn es doch angeblich unsere eigenen Leute sind? Warum hören wir von da hinten Gefechtslärm? Das ist nicht Grouchy, das ist Blücher. Er ist seinem Verfolger Grouchy entkommen und erscheint jetzt rechtzeitig auf dem Schlachtfeld, um die Engländer zu retten. Niemand weiß, wo unser Marschall ist, doch ich kann Ihnen genau sagen, wo er nicht ist, nämlich hier. Das da hinten sind jedenfalls die Preußen. Die Preußen kommen, und die Engländer stehen fest wie eine Mauer, während uns die Reserven ausgehen. Wenn wir uns nicht augenblicklich geordnet zurückziehen, werden wir von der Flanke her aufgerieben!«

Da brüllte Napoleon: »Ney, Sie haben dem König Ludwig versprochen, mich ihm in einem eisernen Käfig zurückzubringen. Mich, in einem eisernen Käfig! Dieses Versprechen haben Sie augenscheinlich nicht gehalten. Es könnte sein, daß man sich eines Tages noch daran erinnern wird. ... Was wir dort sehen, Ney, das ist Grouchy. Grouchy mit seinen Verstärkungen. Er garantiert uns den Sieg. Aber wir brauchen ihn im Grunde nicht einmal, denn wir haben ja noch die Alte Garde, unsere Elite, mit der wir die wankenden Engländer endgültig zum Teufel jagen werden! Sehen Sie das nicht auch so, Ney?«

Ney versuchte einen Moment lang dem herrischen Blick seines Kaisers standzuhalten, aber sein Trotz reichte nicht aus, er mußte ausweichen. Napoleon richtete das Wort ein weiteres Mal an seinen Marschall, diesmal freundlicher, mit beschwörender Zärtlichkeit: »Seit zwei Jahrzehnten gehen wir gemeinsam in die Schlacht, Ney, seit zwei Jahrzehnten sind Sie mein Held. Setzen Sie sich an die Spitze des Zuges! Führen Sie unsere Kameraden an, wie es sich gehört!«

Ney zögerte einen Moment, Tränen in den Augen. Dann wendete er sein Pferd und sprengte an die Spitze des Zuges, der sich auf sein Zeichen hin schwerfällig wieder in Bewegung setzte, während Napoleon die vorbeiziehenden Soldaten grüßte. Die Truppe, die die ganze Zeit außer Hörweite gewesen war, jubelte dem Kaiser zu, während sich die wenigen Generäle und Offiziere, für die das Gespräch nicht in der schrillen Marschmusik untergegangen war, mechanisch gegenseitig bestätigten, daß es dort auf dem rechten Flügel Grouchy sei, der nun endlich auf dem Schlachtfeld einträfe. Der Sieg stünde jetzt unmittelbar bevor.

Während die letzten Kolonnen an ihm vorbeimarschierten, drehte sich Napoleon zu seinem Gefolge um und erklärte: »Grouchy hat sich Zeit gelassen. Wir wollen es ihm nicht allzu übelnehmen. Wenigstens aber verpaßt er jetzt nicht unseren Triumph. Das wäre doch zu schade gewesen.«

Während er so sprach, wurde plötzlich ein dumpfes Grollen laut, dem ein langgezogenes Zischen folgte. Aus dem Wäldchen auf dem rechten Flügel quollen kleine Rauchwolken hervor. In der Nähe Napoleons spritzte Erde auf. Der Boden erbebte ein wenig. Napoleons Augenbraue fing leicht an zu zittern. Der Schimmel Marengo tänzelte nervös, scheute aber nicht. In dem Wäldchen war Artillerie in Stellung gegangen, die offenbar den Kaiser und seinen Stab aufs Korn nahm.

Napoleon trieb sein Pferd an und kehrte an seinen Befehlsstand nach Belle Alliance zurück, während immer mehr Kugeln aus den Geschützen der Preußen einschlugen und auf den Hügeln in der Ferne immer mehr feindliche Soldaten wie aus der Versenkung erschienen.

Herr von Gentz strich sich die künstlichen Locken in die Stirn, zog sich Frack und Weste gerade und berührte einzeln die Ordenssterne, Kreuze und Großkreuze, die seine Brust zierten. Einerseits, weil er fürchtete, sie könnten verrutscht sein, und andererseits, weil er sie als eine Art Talisman betrachtete. Stumme Zeugen seines erstaunlichen Erfolgs in einer Welt, in der, wie Metternich zu sagen pflegte, der Mensch erst beim Baron anfing, in der der gegenwärtige Herr *von* Gentz aber durchaus nicht als Baron angefangen hatte.

Gentz war dankbar, ein wenig im Vorzimmer warten zu müssen. Er war Tag und Nacht unterwegs gewesen, von Wien direkt hierhergeeilt – ohne jeden Komfort. Obwohl er gewohnt war, den größten Teil seines Lebens im Bett zu verbringen, litt er jedoch nicht sehr unter den jüngsten Entbehrungen, denn immerhin weilte er hier als Metternichs geheimer Sonderbotschafter: Niemand außer dem österreichischen Staatskanzler durfte wissen, daß er nach Paris gekommen war. Niemand außer dem Staatskanzler und natürlich dem frischgebackenen Direktor Fouché, dem Oberhaupt der provisorischen Regierung. Die neue bedeutende Rolle entschädigte Gentz für den zeitweiligen Verlust der Annehmlichkeiten seines Schlafzimmers. Herr von Gentz hatte nämlich nicht einfach einen Nachttisch neben seinem Himmelbett stehen, sondern ein ausgeklügeltes Möbelstück auf Rädern, von den besten

Wiener Kunstschreinern nach genauesten Angaben gefertigt. Allerlei geheime Klappen, Borde und Fächer verwandelten die bewegliche Truhe je nach Bedarf in einen Sekretär, in einen Waschtisch, in einen Spieltisch oder in ein Frühstückstablett, ja selbst in eine kleine Bibliothek. Wenn Herr von Gentz nicht gerade von außenpolitischen Wirren aufgestört wurde, brauchte er sich nie aus seinen Kissen zu erheben.

Jetzt trat er so dicht an einen Spiegel heran, daß er fast mit der Nase gegen das Glas stieß. Täglich seufzte er über die Demütigungen der Kurzsichtigkeit. Entweder er nahm das Lorgnon zur Hilfe, hinter dem sein Gesicht fast verschwand, oder er versuchte ohne zurechtzukommen, nahm so jedoch nur einen kleinen Ausschnitt der Wirklichkeit wahr. Natürlich hätte eine Drahtbrille das Problem gelöst, doch Gentz benutzte dergleichen niemals in der Öffentlichkeit, wollte er schließlich nicht aussehen wie ein Kanzleischreiber – wofür ihn die Wiener Aristokratie aber ohnehin hielt.

Nachdem er irritiert seinen fahlen Teint inspiziert hatte, trat Gentz mehrere Schritte zurück, zog die Lorgnette hervor und betrachtete sich von oben bis unten. Am besten gefiel ihm die Stielbrille selbst, fast noch besser als die Ordenssterne und die goldene Uhr. Aus dunklem Horn mit silbernem Scharnier und Elfenbein- und Perlmuttintarsien im Griff, ließ sich das Gerät wie ein Szepter hin- und herschwenken, und in ausgesucht dramatischen Augenblicken verhüllte es im Nu den Blick seines Besitzers. Gentz benutzte grün getönte Gläser, hinter denen man seine Augen nicht mehr erkennen konnte. Furchtsame Charaktere wurden auf diese Weise leicht eingeschüchtert, insbesondere, weil das Lorgnon mehr einer Maske als einer üblichen Sehhilfe glich: War es voll ausgeklappt, blickte sein

Besitzer durch die Linsen wie durch die Griffe einer Schere, durch die er seine Nase stecken konnte.

Während er so vor dem Spiegel posierte, verließ ein junger Mann elastischen Schrittes Fouchés Empfangszimmer. Ein Diener bat Gentz, näher zu treten.

Gentz ging Fouché entgegen und streckte seine Hand aus, doch der Regierungschef verharrte hinter seinem Schreibtisch, machte Notizen und erhob sich erst, als der Preuße direkt vor ihm stand. Gentz unterdrückte seinen Zorn und eröffnete von sich aus das Gespräch: »Monsieur le Duc, bitte lassen Sie mich Ihnen zur Wahl zum Direktor der provisorischen Regierung gratulieren.«

Fouché senkte bescheiden den Blick, verzichtete aber noch immer darauf, um den Schreibtisch herumzulaufen und dem Gast die Hand zu geben. Metternichs Sonderbotschafter überging auch diese Unhöflichkeit: »Sie wissen, wer ich bin und wer mich schickt. Die Zeit drängt, in wenigen Tagen werden die Alliierten wieder einmal in Paris einmarschieren. Wenn wir vollendete Tatsachen schaffen wollen, müssen wir jetzt handeln.«

»Herr von Gentz, Sie wollen in Frankreich vollendete Tatsachen schaffen? Ist das nicht ein bißchen kühn, insbesondere in Gegenwart des Oberhauptes der französischen Regierung?«

»Bitte, verstehen Sie mich nicht falsch. Österreich ist ganz auf Ihrer Seite. Doch wir beide wissen, daß Ihre Regierung eine des Übergangs ist. Der Coup, mit dem Sie sich an die Spitze der Nation gebracht haben, ist bewundernswert, aber Ihre Herrschaft steht auf tönernen Füßen. Sie müssen sich letztlich für irgendein Modell entscheiden: Monarchie oder Republik, Bourbon, Orléans oder Bonaparte. Nur wenn Sie sich einer festen Anhängerschaft versichern, kann Ihre Macht von

Dauer sein. Jetzt haben Sie noch eine Schlüsselposition inne, schon in wenigen Tagen könnte sich das ändern. Handeln Sie sofort, lautet meine Botschaft, denn Metternich wird Sie stützen!«

Diese sensationelle Eröffnung entlockte Fouché nicht mehr als ein dünnes Lächeln, und Gentz bemerkte, daß er zum Diplomaten nicht geboren war. Beschwörend fügte er hinzu: »Monsieur le Duc, es geht jetzt auch um Ihre Zukunft.«

»Es geht um die Zukunft Frankreichs, Herr von Gentz, und die liegt nicht in meinen Händen. Nur die Nation selbst kann ihr Schicksal entscheiden. Ich bin ihr Diener und werde ihren Willen ausführen.«

Der Unterhändler wollte sich nicht lächerlich machen lassen: »Ich habe soeben den Baron Vitrolles hinausgehen sehen. Unsere Agenten haben längst in Erfahrung gebracht, daß Sie in intensivem Kontakt mit Ludwig XVIII. und seinen Anhängern sowohl in Frankreich als auch in Gent stehen. Mir scheint, daß Sie durchaus bereit sind, dem Nationalwillen bei Bedarf ein bißchen auf die Sprünge zu helfen.«

»Das Haus Bourbon steht für die Legitimität. Der Wille der Nation würde niemals von der Legitimität abweichen.«

Erstaunlich: Fouché leugnete nicht einmal, daß er mit den Bourbonen verhandelte. Hatte er sich wirklich schon so sehr auf das alte Königshaus versteift, oder wollte er nur diesen Anschein erwecken, um Österreich zu größeren Zugeständnissen zu zwingen? Gentz schnaubte verächtlich und trat so dicht an den Schreibtisch heran, daß er sich auf die Mahagoniplatte stützen konnte: »Und Ihr Wille, Monsieur Fouché, oder vielmehr Bürger Fouché, ist der noch nie von der Legitimität abgewichen?«

Der Direktor der provisorischen Regierung ging auf diese Anspielung nicht ein, verschränkte die Arme und fragte: »Was für Vorschläge hat der österreichische Staatskanzler denn bezüglich der Zukunft Frankreichs, die ihm offenbar so sehr am Herzen liegt, daß er seinen treuesten Mitarbeiter inkognito hierherschickt?«

Gentz seufzte und hielt sich sein Lorgnon vors Gesicht. Fouché wußte doch ganz genau, was sich die Österreicher wünschten. Aber immerhin fragte er jetzt danach: Für einen Sekundenbruchteil hatte Gentz schon gefürchtet, Fouché würde es gar nicht zu einem echten Gepräch kommen lassen: »Wir wollen, daß Kaiser Napoleon II. unter der Regentschaft seiner Mutter Kaiserin Marie-Louise den Thron besteigt, und empfehlen, daß Sie Regierungschef werden – mit Unterstützung all derer, die die Bourbonen verhindern wollen: Jakobiner, Orléanisten und Bonapartisten. Napoleons politische Zukunft liegt im Schlamm von Waterloo endgültig begraben, doch die seines Hauses noch lange nicht.«

Fouché hob den Blick zur Decke und wiegte nachdenklich den Kopf: »Metternich wünscht sich Frankreich also als österreichische Kolonie. Ein Kind als nomineller Herrscher und seine habsburgische Mutter als scheinbare Lenkerin der Geschicke, die aber alle ihre Instruktionen direkt aus Wien bezieht. Und Sie, Gentz, werden vielleicht sogar österreichischer Botschafter in Paris, Prokonsul des Imperators Franz' II. in der Provinz Gallien? Eine wahrhaft patriotische Lösung, wie mir scheint. Sehr schmeichelhaft ist die Rolle allerdings nicht, die Sie mir in Ihrem Spiel zugedacht haben. Ich habe jedoch nicht die Absicht, für Metternich den Verräter zu geben. In Deutschland mag es so üblich sein, daß, wenn man in Preußen nichts wird, man in österreichische Dienste tritt und umgekehrt. Diese Option haben wir hier nicht: Ich bin und bleibe Franzose. Ein anderes Schicksal ist mir nicht gegeben.«

Gentz war ehrlich verwirrt. In seinen Gesprächen mit Metternich hatte die Lösung so vernünftig ausgesehen. Sie waren sich sicher gewesen, daß Fouché zustimmen würde. Als ehemaliger »Königsmörder« würde er unter einem erneuten Bourbonenregime noch geringere Chancen haben als beim ersten Mal. Außerdem konnte man erwarten, daß die Royalisten Rache nehmen würden. Fouché war gefährdet. Die bonapartistische Option war die eleganteste Lösung für ihn, warum griff er nicht zu?

Metternichs Unterhändler besaß jetzt nur noch eine Möglichkeit. »Monsieur Fouché, lassen Sie uns ehrlich sein. Fürst Metternich weiß von Ihren hübschen kleinen Musikstunden, er weiß von den Bündeln Notenpapier, die nach Portoferraio gingen, und er weiß über die Rolle Dusseks Bescheid. Wir können Ludwig XVIII. jederzeit hieb- und stichfeste Beweise vorlegen, daß Sie und Talleyrand Napoleon aus Elba zurückgeholt haben, indem Sie ihm übertriebene Berichte über die Unzufriedenheit der Franzosen mit ihrer neuen Herrschaft schickten. Sie haben sich damals mit Talleyrand auf ein gefährliches Spiel eingelassen, das fast gescheitert wäre. Aber nun steht das Glück auf Ihrer Seite. Talleyrand und sein König sitzen in Gent, während Sie hier in Paris die Fäden in der Hand halten. Diese Gelegenheit ist einmalig: Trennen Sie sich von Talleyrand und wählen Sie die Seite Österreichs.«

»Ihr Versuch, mich zu erpressen ist außerordentlich plump. Talleyrand hatte sich abgesichert: Wir können belegen, daß Metternich den ganzen Plan unterstützte.

Es konnte ja niemand ahnen, daß Bonaparte solchen Erfolg haben und erst auf den Ebenen Flanderns zum Stehen gebracht werden würde. Metternich kann kaum etwas enthüllen, ohne seine eigene Rolle in diesem Spiel preiszugeben.«

Unter solchen Bedingungen waren alle Druckmittel wirkungslos: Gentz war verzweifelt, seine Mission drohte zu scheitern. Wütend warf er sein Lorgnon auf die Tischplatte und zischte: »Warum kleben Sie an Talleyrand? Merken Sie nicht, daß Sie nichts als ein Spielball in seinen Händen sind? Verehren Sie ihn derart abgöttisch, daß Sie jede seiner Torheiten mitmachen? Niemand versteht, warum der verheiratete Bischof das alte Königtum wiederaufrichten will. Wenn er sich in sein Verderben stürzt, dann müssen Sie es ihm doch nicht gleichtun! Der Moment, in dem Sie ihn endlich übertreffen können, ist gekommen. Setzen Sie Napoleon II. auf den Thron, und Sie sind der Herrscher Frankreichs! Holen Sie Ludwig XVIII. zurück, und Sie bleiben auf ewig Talleyrands Marionette!«

Mit zwei Schritten war Fouché auf der anderen Seite des Tisches und blickte mit böse funkelnden Augen auf den Preußen herab. Dieser machte einen Schritt zurück.

»Sie haben keine Ahnung, wovon Sie reden,« fauchte Fouché. »Wer sagt Ihnen denn überhaupt, daß ich es bin, der Talleyrand folgt, und nicht er mir?«

Während er dies sagte, fuhr seine Hand an der Tischkante entlang und streifte das Lorgnon des Preußen, das zu Boden fiel. Gentz' Augen folgten entsetzt seinem kostbaren Stück, doch er wollte sich nicht demütigen, indem er vor Fouché in die Knie ging, um es aufzuheben. Statt dessen erlaubte er sich ein mattes Lächeln. »Sie werden ewig eine Kreatur Talleyrands bleiben. Ihre letzte Chance verstreicht ungenutzt. Wie Sie Ihre Begabung verschwenden, ist geradezu tragisch, aber vielleicht unausweichlich.«

Fouché antwortete mit einem kleinen Schritt nach vorn. Unter seinen Füßen knackte, dann klirrte und schließlich knirschte es. Fast erleichtert registrierte Gentz, daß er sich nun nicht mehr zu bücken brauchte. Er verzichtete auf einen Gruß und entfernte sich.

Kurz darauf bestellte Fouché seine geschicktesten Geheimagenten zu sich und ließ sich Bericht erstatten.

»Was haben Sie gefunden?«

»Wir haben gar nichts gefunden. Alle Aufzeichnungen, die mit dem Tod des Herzogs von Enghien zu tun haben, sind vernichtet. Und zwar gründlich!«

Fouché nickte: »Das hatte ich erwartet.«

Dann gab er die Order, das Palais Talleyrand in der Rue St. Florentin zu durchsuchen. Sein Chefagent warf ein: »Warum? Wir haben es doch schon vor zwei Monaten durchsucht.«

Fouché erwiderte trocken: »Ja, aber das war unter Napoleon gewesen, da wollten wir nichts finden, sondern nur demonstrativ ein bißchen Unordnung schaffen. Jetzt aber müssen Sie heimlich und bei Nacht in das leere Gebäude eindringen und alles, aber auch alles auseinandernehmen. Jedes auch nur denkbare und undenkbare Versteck muß aufgestöbert und restlos ausgeräumt werden.«

»Suchen wir etwas Bestimmtes?«

»Wir suchen Akten aus der Zeit des Kardinals Fleury!«

Der Agent war nicht wenig überrascht. »Das ist doch ganz altes Zeug. Ich dachte, es hätte noch mit dem Herzog von Enghien zu tun.«

»Wenn Sie darüber etwas finden, dann um so besser. Nur gibt es da leider wahrscheinlich nichts. Aber die fast hundert Jahre alten Papiere werden uns vielleicht noch mehr weiterhelfen.«

Am nächsten Morgen kehrten die Spione zurück. Sie hatten kein Staubkorn im Palais Talleyrand an seinem Platz gelassen, und dennoch war ihre Mission ergebnislos verlaufen.

Ludwig XVIII. und die Truppen der Verbündeten zogen auf getrennten Wegen nach Paris. In Neuilly wartete Stanislas Xavier erst einmal einen Tag ab, denn er wollte nicht gleichzeitig mit den Siegern in seine Hauptstadt einmarschieren. Es sollte nicht so aussehen, als komme er im Schlepptau der Verbündeten, was aber nur allzu offensichtlich der Fall war. In Neuilly hielt er Hof, während englische und preußische Soldatenstiefel auf dem Pariser Pflaster hallten. Hier empfing er zum ersten Mal den Herzog von Otranto, den Mörder seines Bruders. Oder vielmehr: einen von jenen mehreren Hundert, die dreiundzwanzig Jahre zuvor für die Hinrichtung Ludwigs XVI. gestimmt hatten.

Blaß und im Kreise seines Gefolges erwartete Stanislas Xavier seinen zukünftigen Polizeiminister, der ihm nun vorgestellt werden sollte. Der Aufenthalt in Gent hatte sich nicht positiv auf den königlichen Gesundheitszustand ausgewirkt. Die Euphorie des Aufbruchs, die man ein Jahr zuvor noch gespürt hatte, war durch das bonapartistische Zwischenspiel gründlich verdorben. Ludwig XVIII. hätte seine Pflichten lieber anderen übertragen, insbesondere diejenige, dem Massenschlächter von Lyon zu begegnen. So aufgeklärt Stanislas Xavier auch sein mochte, mit Fouché gemeinsame Sache machen zu müssen, überforderte auch seine

Toleranz. Der Graf von Artois hatte sich ursprünglich aus Protest zurückziehen wollen. Doch Stanislas Xavier hatte die Anwesenheit seines Bruders ausdrücklich befohlen. Es sollte später nicht heißen, daß Ludwig XVIII. die Sache des Hauses Bourbon an einen Jakobiner verkauft hätte, während sein Bruder standhaft geblieben war. Auch Talleyrand hatte auf die Mitwirkung des Grafen von Artois bestanden, Fouché sei bekanntermaßen mißtrauisch, man müsse ihm auch symbolisch entgegenkommen.

Der Direktor der provisorischen Regierung traf mit einer Kutsche ein, die aus dem Fundus der Tuilerien stammte. Die Symbole des Kaiserreichs, nicht aber das kaiserliche N schmückten die Türen. Fouché wollte deutlich machen, daß er immer noch den französischen Staat als Haupt einer von einem legitimen Parlament eingesetzten Regierung repräsentierte. Er trug Orden und Ehrenzeichen, einen goldbestickten Ministeranzug und einen diamantengeschmückten Prunkdegen an der Seite. Nur die weiße Kante aus Straußenfedern an seinem Zweispitz wirkte etwas traurig, denn als der Herzog von Otranto aus dem Wagen gestiegen war, hatte es in Strömen geregnet. Fouché war davon ausgegangen, daß man ihn direkt zu Ludwig XVIII. führen würde, doch er mußte den Umweg über ein Vorzimmer nehmen. Dort erwartete ihn Talleyrand, der ihn in den Audienzsaal geleiten würde. Diese unvorhergesehene Zusammenkunft war dem Herzog von Otranto unangenehm: Es würde so aussehen, als schwämme er nur im Kielwasser des ehemaligen Bischofs.

Talleyrand legte Fouché beinahe freundschaftlich die Hand auf die Schulter, um sich abzustützen. Diese körperliche Nähe stieß Fouché fast schon ab, so dicht war er Talleyrand noch nie gekommen. Man konnte sogar sein Parfüm riechen. Zusammen schritten sie durch einen langen Korridor, in dem sich im Abstand von zwei Metern livrierte Diener und Husaren der königlichen Garde mit gezogenen Säbeln ablösten. Fouché war überrascht: Talleyrand wirkte älter und tiefer erschöpft, als er ihn in Erinnerung hatte.

Der Fürst von Benevent plauderte in seinem üblichen unbekümmerten Tonfall: »Nun, Monsieur Fouché, so sehen wir uns wieder. Ich glaube, wir können auf eine recht gute Zusammenarbeit zurückblicken. Meinen Sie nicht?«

Fouché reagierte gereizt auf die leisen Anzeichen von Herablassung, die er im Verhalten des früheren Außenministers zu erkennen glaubte. Er wollte klarstellen, wer diesmal die Oberhand hatte. Er, Fouché, hielt die Fäden der Macht in seiner Hand, denn er war ja noch Direktor der Regierung, und Talleyrand und der König kehrten aus dem Exil zurück. »Natürlich«, sagte Fouché. »Diese Zusammenarbeit werde ich im Namen der französischen Regierung auch gern fortsetzen.«

Diese Bemerkung überhörte der Diplomat einfach und sagte, ohne sein Gegenüber anzusehen: »Die Alliierten werden schon morgen das Parlament auflösen. Ihre Rolle, werter Fouché, wird sein, dafür zu sorgen, daß das ohne Blutvergießen abläuft. Anschließend werden Sie die Regierung zum Rücktritt veranlassen und alles für die reibungslose Übernahme vorbereiten, sofern Sie es nicht schon getan haben.«

Fouché war tief verletzt. Im Grunde war dies der Höhepunkt seiner Karriere. Er hatte Napoleon erst aus der Versenkung geholt und dann zum Teufel gejagt, er hatte die Macht an sich gerissen, er hatte den Bourbonen den Weg zur zweiten Rückkehr geebnet, und er hatte sich ihnen aufgezwungen. Und dennoch gelang es ihm nicht, seinen Triumph auszukosten. Wie so oft zuvor hing sein Erfolg mit Talleyrand zusammen, gegen den er auch jetzt allenfalls ein bißchen sticheln konnte. Talleyrand gab Befehle, als sei Fouché sein Diener. Wenn hier einer zu befehlen hatte, dann war es doch eigentlich er, Fouché. Allerdings sprach der Direktor diesen Gedanken nicht aus: Er fürchtete sich davor, Talleyrand mit der Wahrheit zu konfrontieren, denn dieser könnte sie ja einfach als Illusion enttarnen. Im Angesicht Talleyrands gab es für Fouché keine sicheren Wahrheiten mehr.

Ganz ohne Kampf wollte Fouché seine Würde jedoch nicht preisgeben. Er erinnerte Talleyrand daran, daß Napoleons Rückkehr beinahe zur Katastrophe für ihn geworden wäre: »Ihre Risikobereitschaft in allen Ehren, Talleyrand, aber was wäre aus Ihnen geworden, wenn Napoleon die Schlacht bei Waterloo gewonnen hätte? Sie hatten doch kaum damit gerechnet, daß seine Landung einen solchen Erfolg haben würde?«

»Ich gebe zu, ich hatte erwartet, daß man ihn nach einem kleinen Aufruhr verhaften würde. Aber, mein lieber Fouché, wenn das Problem Bonaparte zu glatt gelöst worden wäre, dann befänden auch Sie sich jetzt nicht hier. Und das wäre doch zu bedauerlich, nicht wahr? Nur Napoleons Beinahe-Erfolg macht es möglich, daß ein Königsmörder Minister eines Nachkommens des heiligen Ludwig wird.«

»Oder daß ein verheirateter Bischof zum Großkämmerer seiner Allerchristlichsten Majestät aufsteigt.«

»Damit wird man wohl leben können und müssen. Ob das bei einem Jakobiner ebensogut funktioniert, weiß ich nicht.«

Fouché verlor allmählich die Beherrschung. »Verraten Sie mir endlich, warum Sie das Haus Bourbon wieder auf den Thron gebracht haben? Als Regierungschef für Napoleon II. hätten Sie es unter der Kaiserin Marie-Luise viel leichter gehabt. Sie wissen, wie sehr gerade Metternich auf Sie gesetzt hat.«

»Allein die Stabilität Frankreichs lag mir am Herzen. Und die schien mir eben nur durch das Haus Bourbon garantiert.«

Zornig blieb Fouché stehen und packte Talleyrand am Arm, so daß dieser fast die Balance verloren hätte: »Ich weiß, daß es da noch etwas gibt. Ich weiß, daß Sie eine Waffe gegen das Haus Bourbon in der Hand haben. Ich weiß nur noch nicht, was es ist. Glauben Sie ernsthaft, ich hätte damals nicht gemerkt, wie Sie Napoleon mit sanften Hinweisen dazu verleitet haben, Enghien zu ermorden? Glauben Sie, ich wüßte nicht, daß Sie sorgfältig alle Dokumente darüber haben vernichten lassen? Sie stehen im Zentrum einer Intrige, die weit ungeheuerlicher ist, als alles, woran ich in den bewegten Zeiten vor über zwanzig Jahren beteiligt war. Sie hätten für die bourbonische Karte niemals optiert, wenn Sie nicht einen anderen Trumpf im Ärmel hätten. Aber merken Sie sich, Talleyrand, welches Blatt Sie auch immer spielen, ich schaue Ihnen über die Schulter.«

»Für einen Mann, der nicht spielt, beherrschen Sie die Karten-Metaphorik ganz ausgezeichnet. Vielleicht sollte ich Sie einmal zu meinen Whist-Abenden einladen. Mir scheint, da schlummert ein verborgenes Talent, Fouché.«

»Ich lasse mich nicht abspeisen, Talleyrand, diesmal nicht. Sie wissen, daß Sie und Ihr dicker König ohne mich einpacken könnten, oder vielmehr: gar nicht erst auszupacken bräuchten. Ob Sie es glauben oder nicht: Die Macht habe ich. Wenn ich das Zeichen gebe, bricht morgen in Paris ein Volksaufstand aus und proklamiert die Republik. Sagen Sie mir also, warum Sie dem Hause Bourbon zur Macht verholfen haben, welches Geheimnis hat Ihnen erlaubt, dieses unerhörte Risiko einzugehen?«

Talleyrand lächelte liebenswürdig und fragte zurück: »Aber, werter Fouché, das kann ich Sie doch genauso fragen. Was hat Sie denn bewegt, sich für Ludwig XVIII. zu entscheiden? Für einen Königsmörder ist die Verbindung mit dem Erben des heiligen Ludwig ja wohl noch ein gutes Stück pikanter.«

Zu sehr erregt, um noch Vorsicht walten zu lassen oder gar seine Würde zu wahren, zischte Fouché: »Sie natürlich, was denn sonst. Ihre Entscheidung gab für mich den Ausschlag.«

»Sehen Sie, Fouché, wenn sich ein Mann von *Ihrem* Urteilsvermögen blindlings auf *meine* Intuition verläßt, dann kann ich selbst es ja wohl auch tun.«

Bevor der Direktor der provisorischen Regierung etwas antworten konnte, rissen die livrierten, gepuderten und goldbetreßten Lakaien die Flügeltüren auf, und die beiden Revolutionäre traten vor den legitimen Monarchen Frankreichs, den Nachfahren Karls des Großen, Ludwigs des Heiligen und des Sonnenkönigs, der erschöpft in seinem gepolsterten Thronsessel auf Rädern saß.

Im Audienzsaal waren alle Anwesenden in Schwarz und gedeckte Farben gekleidet: die Uniform des Exils mit ihrer tragischen Würde. In seinem goldbesetzen Aufzug wirkte Fouché gänzlich fehl am Platz, wie er zu seiner Scham feststellte. Überraschend festen Schrittes ging Talleyrand auf Stanislas Xavier zu, den Arm immer auf der Schulter Fouchés. Als sie den König fast erreicht hatten, murmelte, so daß es alle hören konnten, die

Stimme Chateaubriands, des Dichters und Amateurdiplomaten: »Das Laster, gestützt auf das Verbrechen.«

Mit regloser Miene gestattete sich Talleyrand eine kurze Verbeugung, während Fouché sich tief und langsam verneigte. Als er sich wieder aufrichtete, spürte er den Blick Stanislas Xaviers auf sich, weder hart noch böse, eher neugierig. Wie so oft konnte der König im Angesicht eines Menschen aus Fleisch und Blut keinen Haß mehr empfinden.

Nach einigen kurzen Worten war die Audienz beendet. Stanislas Xavier hatte Fouché nicht mit der erwarteten Eiseskälte und auch nicht mit Verachtung gestraft. Im Gegenteil, der König war höflich, fast verbindlich, auf jeden Fall aber völlig korrekt gewesen. Zum Abschied hatte er sich sogar einen kleinen Scherz gestattet. Beim Hinausgehen mußte sich Fouché auf den Arm Talleyrands stützen, der der ganzen Szene nur gelangweilt zugeschaut hatte.

Am nächsten Tag lösten alliierte Soldaten das Parlament in den Tuilerien auf, und die Regierung trat auf Fouchés Anraten »aus Protest« gegen diesen undemokratischen Affront geschlossen zurück, während unter dem Beifall bezahlter Claqueure der neue, alte König in das Schloß einzog und seine Regierung benannte. Talleyrand wurde Ministerpräsident und Außenminister, Fouché leitete das Polizeiressort.

An einem Abend zwei Wochen später traf in der Rue St. Florentin der Reisewagen Dorothées ein. Man wollte sie melden, doch sie wünschte, Talleyrand unangekündigt gegenüberzutreten. Auch ihre Kinder sollten von ihrer Heimkehr überrascht werden. Sie wollte in die Bibliothek eilen, wo Talleyrand sich gewöhnlich in der Zeit direkt vor dem Abendessen aufhielt, doch man sagte ihr, daß der Fürst sich im Garten befinde.

Wie bei einem städtischen Palais üblich, war der Garten eher klein und von einer hohen Mauer eingeschlossen. Diese war mit Efeu bewachsen, welchen Talleyrand im Moment besonders intensiv zu studieren schien. Der größere Teil des Gartens bestand aus einer quadratischen Rasenfläche, die von einer kleinen Buchsbaumhecke begrenzt wurde. In ihrer Mitte stand ein einzelner kegelförmig beschnittener Baum.

Anstatt auf dem Kiesweg zu gehen, betrat Dorothée das Gras und schritt lautlos auf Talleyrand zu. Als sie ihn fast erreicht hatte, berührte sie sanft seine Schulter. Er zuckte zusammen und drehte sich um. Er war offenkundig überrascht, sie zu sehen, und sagte vorerst nichts. Sein ehrliches Erstaunen beruhigte Dorothée. Sie hatte befürchtet, er hätte vielleicht sein Agentennetz auf sie angesetzt und jeden ihrer Schritte verfolgt.

Wie matt und skeptisch er wirkte, dachte Dorothée.

Sie war verlegen und wußte nicht, was sie sagen sollte. Nach einigen weiteren Sekunden begann sie: »Man sieht Sie zu dieser Stunde nicht oft im Garten.«

»Ich genieße die schattige Kühle. Paris ist noch immer sehr heiß.«

Nun fiel Dorothée gar nichts mehr ein. Es war ihr, als wäre ihre Stimme verschwunden. Sie versuchte, sich zu räuspern, doch selbst das gelang ihr nicht. Ratlos wandte sie ihren Blick von Talleyrand ab und starrte auf die kleine Buchsbaumhecke.

Seine Augen folgten ihrem Blick: »Meinen Sie nicht, Dorothée, wir sollten den Garten in einen englischen verwandeln?«

Dorothée staunte. »Ich weiß nicht, ob das geht. Dafür ist er wahrscheinlich zu klein. Außerdem würde es uns viel Zeit und Anstrengung kosten.«

»Wir könnten es immerhin probieren. Es ist nicht zu spät, hier einige Änderungen vorzunehmen. Größer können wir ihn nicht machen, das stimmt schon: Paris bleibt, wie es ist. Aber wir können unser Bestes tun, um ihm trotz aller Einschränkungen eine neue Gestalt zu geben.«

Statt zu antworten, hakte sich Dorothée bei ihm unter und führte ihn in die Bibliothek zurück, denn bald würden sie sich den Gästen stellen müssen, und sie wollte vorher noch ihre Kinder zu Bett bringen, was sie seit Monaten nicht mehr getan hatte.

Noch am gleichen Abend aber eilte in der Pariser Gesellschaft die Nachricht von Haus zu Haus, daß sich Dorothée und Talleyrand wieder vereint hätten und enger zusammen seien denn je zuvor. Nach anfänglicher Verblüffung lehnten sich die Repräsentanten der öffentlichen Meinung enttäuscht zurück: Ein Skandal wäre so viel unterhaltsamer gewesen.

KAPITEL XII

Paris 1815

Die Wagen fuhren in der Morgendämmerung auf holprigen Reitwegen in den Wald von Neuilly und hielten um eine kleine Lichtung herum. Man nahm absichtlich nicht die breiten Chausseen, die in den parkähnlichen Forst führten, um nicht den Gendarmerie-Patrouillen zu begegnen, die schon in aller Frühe herumstreiften.

Der frische Tau bedeckte die Wiese, und ein leichter Dunst stieg vom Boden auf. Noch war es kühl, doch bald schon würde die Tageshitze ausbrechen und die Lichtung in einen Glutofen verwandeln. Zur Überraschung der Neuankömmlinge parkten in der Nähe bereits diverse Kutschen, waren im Umkreis Pferde angebunden, bewegten sich Spaziergänger hin und her. Fast hätte man meinen können, es handelte sich um sonntägliche Ausflügler, wenn es nicht auffällig gewesen wäre, daß keine Damen anwesend waren.

Die Herren um Edmond de Périgord waren irritiert, als sie ausstiegen. Mit einer Zuschauermenge hatten sie nicht gerechnet, denn sie verstieß gegen die traditionelle Ästhetik der einsamen Lichtung im Morgengrauen und erhöhte die Zahl der Zeugen. Aber schließlich bildete das Ereignis, das man nun zu zelebrieren sich anschickte, seit Tagen den einzigen Gesprächsstoff der Pariser Gesellschaft: Edmond de

Périgord, der Neffe Talleyrands, hatte den Liebhaber seiner Frau, den Grafen Clam-Martinitz, zum Duell gefordert, und zwar in Verbindung mit einer öffentlichen Szene, die so kalkuliert beleidigend gewesen war, daß Clam-Martinitz kein Ausweg geblieben war, als die Forderung anzunehmen.

Edmond hatte die denkbar publikumswirksamste Bühne gewählt, das Palais Talleyrand in der Rue St. Florentin. Dort hatte es gerade einen glänzenden Empfang gegeben. Talleyrand, der Ministerpräsident, Außenminister und königliche Kämmerer, hatte seine ganze Pracht aufgeboten. Alle Salons waren geöffnet, und das größte Orchester von Paris lieferte die musikalische Untermalung. Unter den Gästen befanden sich sämtliche Minister, das ganze diplomatische Korps, alle aktiven Marschälle, höchstrangige ausländische Gäste wie der Herzog von Wellington und diverse Mitglieder des königlichen Hauses: Die Herzogin von Angoulême, die Tochter Ludwigs XVI., der Graf von Artois, Bruder König Ludwigs XVIII., und sein Sohn, der Herzog von Berry. Die Statisten in dem Drama, das Edmond de Périgord aufzuführen gedachte, hätten nicht besser ausgesucht sein können.

Nachdem die Veranstaltung schon zwei Stunden im Gange gewesen war, erschien Edmond de Périgord allem Anschein nach nüchtern und marschierte mit steinerner Miene durch die Räume, als suche er etwas. Er war in einfaches Dunkelgrau gekleidet. In der rechten Hand trug er ein Paar hellgrauer englischer Handschuhe aus geschmeidigstem Wildleder. Er war im Hause seines Onkels so selten anzutreffen und trat so unheilverkündend auf, daß sich unwillkürlich eine Gasse vor ihm öffnete. Die Grüße der Anwesenden kaum beachtend, fand er schließlich im größten Saal sein Opfer vor, den Grafen Clam-Martinitz, der drei Wochen zuvor überraschend in Paris eingetroffen war und nun überall in der besten Gesellschaft verkehrte. Diese hatte ihn mit offenen Armen empfangen, denn sie witterte in seiner Ankunft den Skandal, der die ansonsten fade Sommerzeit nach dem zweiten Sturz Napoleons überbrücken konnte. Doch das erwartete Spektakel war zunächst ausgeblieben. Talleyrand selbst hatte Clam-Martinitz sofort eingeladen und in die besten Häuser der Stadt eingeführt. Wie durch eine geheime Verabredung erschienen Clam-Martinitz und Talleyrand in der Öffentlichkeit häufiger zusammen als Clam-Martinitz und Dorothée. Vor aller Augen erhielt der Graf die privilegierte Stellung eines intimen Freundes des Hauses, der in völliger Harmonie am Familienleben teilnahm. Sogar in Talleyrands exklusiver Spielerrunde wurde er gesichtet. Seine Integration in den Familienkreis gelang so vollkommen, daß nicht einmal die mißtrauischsten Moralisten Grund zur Kritik finden konnten. Aber gerade die Perfektion, mit der der Minister diese Fassade errichtet hatte, steigerte die Spannung der guten Gesellschaft, die eine Katastrophe so heftig herbeisehnte, daß sie sogar Wetten abschloß. Selbstverständlich war der böhmische Graf auch an diesem Abend geladen und nahm einen bevorzugten Platz unter den Gästen ein. Und wieder ruhten Hunderte von Augen auf ihm, Dorothée und Talleyrand, begierig, ein Zeichen des Verrats zu erhaschen.

Mit großen, aber nicht hastigen Schritten strebte Edmond auf Clam-Martinitz zu, der sich gerade mit der Fürstin von Vaudémont und der Gräfin Tyszkiewicz, zwei der engsten Freundinnen des Hausherrn, unterhielt. Mit gestrafften Schultern postierte sich Edmond de Périgord vor dem Trio, tippte Clam-Martinitz auf die Schulter und schlug militärisch grüßend die Hacken zusammen. Der böhmische Adlige machte überrascht eine kleine Verbeugung, ohne recht zu wissen, was dieser Auftritt bedeutete. Für einen Moment hatte er sich nicht einmal erinnern können, mit wem er es eigentlich zu tun hatte. Clam-Martinitz hatte Edmond erst einmal und eher zufällig getroffen, denn Edmond verkehrte praktisch nicht im Hause seines Onkels und besuchte seine Kinder nur sporadisch.

Edmonds lockerer und ein bißchen vulgärer Lebenswandel verhinderte häufigere Einladungen in die Rue St. Florentin. Talleyrand hatte seinen offiziellen Haupterben längst aufgegeben. Obwohl er ihm alle Türen geöffnet hatte, war Edmond in den Augen des Onkels immer bloß mittelmäßig geblieben. Fast hatte es so ausgesehen, als ob Edmond die ihm gebotenen Chancen bewußt ausgeschlagen, als ob er sich absichtlich unter Wert verkauft hätte. Nur der Hang zu Prachtentfaltung und Prahlerei hatte ihn ein wenig aus der Masse nutzloser junger Aristokratensöhne hervorgehoben. Als Adjutant des Marschalls Berthier war Edmond einmal in einer so übertrieben geschmückten Uniform erschienen, daß der Marschall ihn mit dem Befehl fortgeschickt hatte, sich umzuziehen. In die Schlacht war Edmond nur selten gezogen: seine Versetzungsgesuche – oft direkt an den Kaiser gerichtet – waren entweder abschlägig beschieden oder nach kürzester Zeit rückgängig gemacht worden. Ein oder zwei Mal hatte sich Edmond allerdings unter falschem Namen bei anderen Generälen gemeldet, und so wirklich am Kampf teilnehmen können. Er hatte sich dabei so tollkühn gebärdet, war so ungestüm direkt in einen Wald von Bajonetten hineingesprengt (einmal hatte er sogar eine feindliche Fahne erbeutet), daß man ihm auf offenem

Schlachtfeld das Kreuz der Ehrenlegion verliehen hatte. Marschall Ney, Frankreichs größter Experte in Sachen Tapferkeit, hatte sogar sein eigenes von der Brust genommen und es Edmond angeheftet. Der Neffe Talleyrands trug das Ordensband auch heute, obwohl er sich eigentlich angewöhnt hatte, es in Gegenwart seines Onkels nicht anzulegen, denn dieser pflegte es immer mit einem leicht mitleidigen Blick zu betrachten.

Als sich Clam-Martinitz von seiner Verbeugung aufrichtete, schlug Edmond ihm mit dem Handschuh zweimal übers Gesicht und sagte so laut wie gerade möglich, ohne dabei zum Schreien überzugehen: »Sie entehren dieses Haus, Clam-Martinitz, und mißbrauchen die Gastfreundschaft meines Onkels, um das Ansehen meiner Frau zu beschmutzen. Meine Sekundanten werden sich mit den Ihren in Verbindung setzen.«

Damit drehte sich Edmond um und ging mit streng geradeaus gerichteten Augen davon. Als er zufällig dem Blick seines Onkels begegnete, der in diesem Moment den Raum betreten hatte, huschte jedoch für einen Sekundenbruchteil die Andeutung eines maliziösen Lächelns über Edmonds Lippen.

Auch Dorothée bemerkte diese Geste. Wie viel Bitterkeit steckte darin. Sie hatte sich über die Gefühle ihres angeblich tumben Ehemannes nie Gedanken gemacht und war davon ausgegangen, daß er das Arrangement vollends akzeptierte. Sich mit Edmond auseinanderzusetzen, hatte sie sich erst aus Trotz geweigert, dann aus Desinteresse erspart. Zum ersten Mal empfand sie für einen kurzen Augenblick so etwas wie Mitgefühl mit ihrem Gatten, eine Regung, die allerdings nicht lange vorhielt, denn allzu schnell wurden ihr die Konsequenzen seines Auftritts klar. Bisher hatte sie ihren Ehemann nur ein bißchen verachtet, nicht einmal sehr, denn er war ihr im Grunde viel zu gleichgültig gewesen. Nun aber haßte sie ihn. Durch die Inszenierung eines Skandals wollte er sie und Talleyrand unmöglich machen und die Schwierigkeiten mit Clam-Martinitz endgültig eskalieren lassen. Dies war die Gelegenheit, auf die Edmond immer gewartet hatte, um es seinem arroganten Onkel und seiner herablassenden Ehefrau richtig heimzuzahlen.

Während in der allseits eingetretenen Stille noch die sich entfernenden Schritte Edmonds auf dem Parkett knarrten, spürte Dorothée eine eigentümliche Kälte. Sie begann sich die Folgen dieses Ereignisses auszumalen. Eine Fortsetzung ihrer Beziehung mit Clam-Martinitz war nun undenkbar. Sie wäre allein um den Preis der gesellschaftlichen Ächtung möglich gewesen. Einen Preis, den Dorothée, wie sie sich sofort eingestand, nicht zu zahlen bereit war. Auf das Leben in Paris, die Kinder und nicht zuletzt Talleyrand selbst zu verzichten, schien ihr unerträglich. Edmonds Duellforderung hatte noch einen weiteren Effekt: Sie demonstrierte vor der ganzen Öffentlichkeit, daß Talleyrand der Betrogene war. Schließlich lebte Edmond seit mehreren Jahren von seiner Ehefrau getrennt, und niemand erwartete ernsthaft Treue von den Ehepartnern. Aber die Ungewißheit, in die Paris durch den geschickten Umgang Talleyrands mit der Ankunft Clam-Martinitz' gestürzt worden war, hatte nun ein Ende. Talleyrand war der Lächerlichkeit preisgegeben, denn offenbar ging es hier um mehr als nur um ein bißchen sexuelle Freizügigkeit. Dorothée war durch Edmonds Tat zur Verräterin geworden. Sie hatte geschafft, was noch niemandem gelungen war: Talleyrands Seele vor aller Welt bloßzulegen. Vor Übelkeit fast erstarrt, wagte sie nicht, ihn anzusehen.

Das Duell sollte mit dem Säbel ausgefochten werden. Sowohl Edmond als auch Clam-Martinitz entledigten sich ihrer Jacken und Westen. Beide sprachen dem starken Wein zu, den ein Diener der Sekundanten auf einem silbernen Tablett servierte, den Flaschenhals mit einer blütenweißen Serviette umwickelt. Vielleicht vor Kälte, vielleicht weil es ihm aus Mangel an Erfahrung schwerfiel, in der spannungsgeladenen Atmosphäre die routinierte Teilnahmslosigkeit des Dienstboten zu wahren, zitterten die Hände des noch jungen Domestiken, während er die Gläser füllte – je mehr er es zu unterdrücken suchte, desto heftiger. So löste sich ein Tropfen aus der Flasche und benetzte das weiße Tuch, das sie umhüllte. Schnell wurde ein leuchtend roter Fleck sichtbar.

Clam-Martinitz fragte ihn sarkastisch: »Sie sind wohl so eine Art Seher, der uns mit bösen Omina unterhalten will?« Beide Kontrahenten waren angespannt, doch Edmond schien dabei durchaus zufrieden. Selbst bei einer Niederlage konnte er nur als Sieger aus dem Kampf hervorgehen, denn sein Ziel, Talleyrand und Dorothée zu schaden, war bereits vollständig erreicht. Das Bewußtsein dieses Erfolges verschaffte ihm eine Erleichterung, die dem erbitterten Clam-Martinitz naturgemäß abging. Durch Edmonds Intervention sah er sich endgültig der Frau beraubt, die er liebte.

Beide standen jedoch unter dem Eindruck der eigentümlichen Situation, die das Duell darstellt. Anders als der Schlacht, die sowohl Clam-Martinitz als auch Edmond kennengelernt hatten, fehlt dem Duell das kollektive Moment, das Mitgerissen-Werden in einem Strom der allgemeinen Gewalt und Begeisterung. Statt dessen unterziehen sich die Kombattanten ihrem ritualisierten Zweikampf in dem Bewußtsein, daß der Gegner es speziell auf ihren Tod, zumindest aber auf ihre physische Demütigung abgesehen hat, daß es keinen anderen treffen kann, kein rettendes Chaos existiert. Da sind keine Kameraden, die einem in letzter Sekunde noch einmal beispringen können. Gewiß, es gibt die Sekundanten, das Reglement, doch ebenso gibt es die Zuschauer und die öffentliche Meinung, die, obgleich unsichtbar, ständig anwesend ist. Die besondere Einsamkeit des Kampfes fehlte. Und so stellt sich auch jenes Band zwischen den Kontrahenten nicht ein, das viele Duelle prägt und am Ende eine Versöhnung möglich macht. Die Ansammlung der Zuschauer zerstört das Gefühl der Gemeinsamkeit, das nur diejenigen kennen, die im entscheidenden Moment als einzige in Todesgefahr schweben und sich plötzlich näher sind als allen anderen. So bleibt den Feinden nur der Haß.

Ein letztes Mal erkundigten sich die Sekundanten bei den Duellanten, ob sich der Konflikt nicht vielleicht auf dem Wege der Entschuldigung lösen lasse, und wurden abschlägig beschieden. Dem Kampf stand nichts mehr im Wege. Die Begleiter traten beiseite, und die Gegner standen allein in einem Rund auf der Lichtung.

Eine Weile belauerten und umkreisten sie sich, bis schließlich Edmond als erster einen Ausfall wagte, den Clam-Martinitz jedoch mit Leichtigkeit parierte und in einen Gegenangriff verwandelte. Edmond erwies sich als ungestümer und angriffslustiger, konnte aber die Deckung seines Widersachers nicht aufbrechen. Edmond schien mit aller Kraft einen Sieg herbeizwingen zu wollen und keuchte bald weithin hörbar. Clam-Martinitz wiederum war vorsichtig und strebte ganz offenbar danach, den Gegner gleichzeitig zu reizen und zu ermüden, ein Kalkül, das immer besser aufging. Nach einiger Zeit wurden Edmonds Bewegungen langsamer und verloren an Präzision. Dennoch blieb er in seiner offensichtlichen Verbissenheit ein furchteinflößender Gegner. Mitten in einer heftigen Parade wurde eine Lücke in seiner Verteidigung sichtbar. Clam-Martinitz stieß sofort hinein. Nur durch eine fast zufällige Drehung entging Edmond dem Hieb, der ihm die Seite bis zum Bauch aufgerissen hätte, doch fand er anschließend das Gleichgewicht nicht wieder. Clam-Martinitz aber hatte immer noch die Initiative. Während Edmond versuchte Tritt zu fassen, deutete Clam-Martinitz einen Stoß gegen die rechte Brust an, den Edmond kaum hätte parieren können. Der Graf brach die Aktion jedoch blitzartig ab und hieb statt dessen nach der linken Gesichtshälfte seines Gegners. Beinahe wäre Edmond die untere Kinnlade gespalten worden. Aber er hatte ein letztes Mal Glück: Er stolperte, und so traf ihn die Klinge nur an der Wange, wo sie einen langen Spalt öffnete. Die Wucht des Schlages brachte ihn vollends zu Fall, und Edmond fand sich auf dem Boden wieder, die Säbelspitze des schwer atmenden Clam-Martinitz auf seiner Brust. Der Kampf war beendet.

Schon zwei Stunden später wußte ganz Paris über den Ausgang des Duells Bescheid. Noch bevor es Abend geworden war, hatten Clam-Martinitz und Edmond die Stadt in entgegengesetzte Richtungen verlassen – Edmond aufs Land, wo ihn sein Onkel gleichsam unter Arrest stellte, Clam-Martinitz ins Ausland, um Dorothées gesellschaftliche Position nicht noch mehr zu belasten. Nur Talleyrands ganzes Ansehen konnte Dorothée davor bewahren, in der guten Gesellschaft zur Aussätzigen zu werden.

Doch auch so wurden ihr die nächsten Wochen zur Qual: Wo immer sie auch hinging, mußte sie bei ihrem Eintreten eine kurze Pause in der Unterhaltung wahrnehmen, eine kleine Zäsur, als sollte sie eigens angekündigt werden.

Die beiden älteren Herren hatten es sich zur Regel gemacht, mindestens einmal in der Woche bei Kerzenschein heimlich die Zeitläufte zu diskutieren. Natürlich erstattete Talleyrand dem König auch offiziell Bericht, doch die atmosphärische Vertrautheit dieser nächtlichen Sitzungen behagte den beiden Männern mehr. In den Hochsommermonaten nach dem Sturz Napoleons hatten sie sich fast jeden Abend getroffen. Aber ein wirkliches Gefühl des Vertrauens hatte sich niemals eingestellt. Das Geheimnis um die Abkunft der Bourbonen stand zwischen ihnen.

Stanislas Xavier wartete voller Spannung auf den Moment, da der Minister Farbe bekennen und seine Erpresserdokumente hervorholen würde, wollte aber von sich aus diese Frage nicht ansprechen. Daß dieser Augenblick bevorstand, daran zweifelte der König keine Sekunde, zumal sich die politische Position Talleyrands verschlechtert hatte. Der Skandal um Dorothée und Clam-Martinitz hatte seine gesellschaftliche Stellung erschüttert. Zar Alexander hatte sich von ihm abgewendet, weil er die Bourbonen favorisierte – Alexander bevorzugte für die Russen die republikanische Staatsform –, so daß Talleyrand inoffiziell zum Haupthindernis für gute Beziehungen zwischen Frankreich und Rußland erklärt worden war.

Zur allgemeinen Überraschung hatten die Wahlen eine überwältigende royalistische Mehrheit in die Kammer gebracht. Die Monarchie verfügte plötzlich über eine so feste politische Basis, daß Talleyrand in seiner ursprünglichen Rolle als Mittler zwischen dem König und einem liberal-bonapartistisch-republikanischen Parlament überflüssig geworden war. Seine revolutionäre Vergangenheit machte ihn jetzt sogar verdächtig. Schließlich gab es in seiner Regierung zu viele Mißliebige, vorneweg Fouché, der allgemein als »Königsmörder« bezeichnet wurde. Zwar schlug der Polizeiminister in den Provinzen einen bonapartistischen Aufstand nach dem anderen nieder, ging dabei aber mit unnötiger Härte vor, so daß er nur noch größeren Widerstand hervorrief. Kritiker meinten schon, er schüre die Gewalt, um sich unentbehrlich zu machen. Gleichzeitig fand Fouché noch Zeit, gegen Talleyrand und die Regierung zu intrigieren. Er hatte zwei Geheimberichte, die nur für den König bestimmt gewesen waren, an die Öffentlichkeit gelangen lassen, wobei er behauptete, die vertraulichen Staatspapiere seien ihm von einer unbekannten Person gestohlen worden. Eine Ausrede, die an Durchsichtigkeit nicht mehr zu überbieten war. In der Sache Fouché, waren sich Stanislas Xavier und Talleyrand einig, mußte etwas unternommen werden.

Der König senkte unwillkürlich seine Stimme: »Ich glaube, Monsieur, ich brauche nichts mehr über den Fall Fouché zu sagen. Er hat sich unmöglich gemacht und das notwendige politische Augenmaß fehlen lassen. Allein dies rechtfertigt seine Demission. Da ist allerdings noch etwas anderes. Lesen Sie dieses Schreiben, das er mir vor einer Woche persönlich überreicht hat. Wie Sie sehen, ist es mit eigener Hand verfaßt.«

Talleyrand las das Dokument mit der steifen und dichtgedrängten Schrift Fouchés, das ihm der König überreicht hatte: »... Eure Majestät sollten über die unbekannteren Aspekte der Persönlichkeit des Fürsten von Benevent informiert sein. Es besteht Grund zu dem Verdacht, daß Talleyrand die Hauptverantwortung an dem Justizmord am Herzog von Enghien trifft, der vor über einem Jahrzehnt die Gemüter der Welt zurecht erhitzt hat. Im Zusammenhang damit steht die Tatsache, daß Talleyrand geheime Akten aus der Zeit des Regenten Philippe d'Orléans und des Kardinals Fleury beiseite geschafft hat. Obwohl ich zugeben muß, daß zum gegenwärtigen Zeitpunkt eine genauere Analyse des Zusammenhangs weitgehend unmöglich ist, so scheinen sich die Verdachtsmomente dennoch zu verdichten. Ich vermute daher, daß er im Begriff ist, die Thronkandidatur des Hauses Orléans zu betreiben, mit dem er seit seiner Jugend durch eine enge persönliche Freundschaft verbunden ist. Ich empfehle höchste Wachsamkeit und werde nichts unversucht lassen, um das Komplott aufzudecken, das die Ehre der Monarchie in den Schmutz zu ziehen und die Sicherheit der Nation zu gefährden droht.«

Dies war Fouchés letzter, nicht völlig beabsichtigter politischer Erfolg: Er hatte das Problem auf die Tagesordnung gebracht, das Problem, das der König bislang vor sich hergeschoben hatte, das Problem, dessen Behandlung Talleyrand aus welchen Gründen auch immer verschleppt hatte – wahrscheinlich weil er, wie Stanislas Xavier vermutete, auf eine Krise wartete, in der er den größten Effekt erzielen konnte. Ludwig XVIII. sah Talleyrand fragend an, der jedoch rührte sich überhaupt nicht. Der König richtete sich in seinem Sessel auf und insistierte: »Wir wissen doch beide viel besser als der ausnahmsweise einmal ahnungslose Herzog von Otranto, worum es hier geht. Noch läßt sich das Ganze ohne viel Ärger aus der Welt schaffen. Ich schlage vor, daß Sie mir die Papiere, mit denen Sie uns schon vor fünfzehn Jahren einmal gedroht haben, überreichen und ich mich dann mit den Andeutungen

Fouchés nicht weiter beschäftige. Sie wissen, daß ich Sie nicht leichtfertig entlassen werde. Der Fall Enghien ist für mich abgeschlossen, er interessiert mich nicht. Bonapartes Titanenrücken wird auch diese Schuld noch tragen können. Ich habe mich damit abgefunden, daß es in diesen Zeiten keine unschuldigen Politiker geben kann. Sie kennen mich und wissen, daß ich eigentlich nur Ruhe wünsche und gar keine Lust habe, gegen Sie vorzugehen. Solange ich aber befürchten muß, daß Sie mich erpressen wollen, sehe ich mich Ihnen gegenüber auch nicht zu besonderer Treue genötigt. Die politischen Freunde meines Bruders fordern nämlich bereits Ihre Entlassung, wenn nicht Ihren Kopf.«

Die letzten Worte, wurde Stanislas Xavier rasch klar, hätte er nicht aussprechen sollen, denn sie klangen nach einer Drohung. Talleyrands Unempfindlichkeit gegenüber Einschüchterungsversuchen war berüchtigt.

Der Außenminister antwortete wie beiläufig, als ginge es um einen normalen Aktenvorgang, der zu nichtig war, als daß man das Staatsoberhaupt damit belasten dürfte: »Es handelt sich bei diesen Papieren um Dokumente von solcher Wichtigkeit, daß es besser ist, wenn sie weiterhin an einem sicheren Ort verbleiben. Eure Majestät können darauf vertrauen, daß ich sie niemals in die falschen Hände gelangen lassen werde.«

Stanislas Xavier brauste auf: »Die Hände des französischen Monarchen können ja wohl nicht gänzlich die falschen sein. Geben Sie mir das Material, und die Sache ist erledigt. Ich habe ein Anrecht darauf.«

»Wie aber, wenn irgend jemand anderes in den Besitz der Dokumente käme?« Talleyrand sah dem König zum ersten Mal direkt in die Augen: »Nicht auszudenken. Sie sollten nicht vergessen, Sire, daß Sie noch immer von Feinden umgeben sind. Beispielsweise Fouché. Gewiß, wir werden dieses Problem lösen, doch hat er seine Spione und Agenten überall, an den höchsten Stellen. Durch Bluff, Erpressung und Bestechung beherrscht er die Hälfte aller wichtigen Leute in Paris. Jeder, der ein Geheimnis hat, den Schulden, ein dunkler Fleck in seiner Vergangenheit, eine kleine Unregelmäßigkeit auf sexuellem Gebiet belasten« – hier blickte Talleyrand kurz aus dem Fenster hinaus auf die erleuchteten Tuilerien –, »ist potentiell in seiner Hand. Entweder durch direkte Drohungen oder dadurch, daß Fouché Konkubinen, Liebhaber oder Günstlinge unter Druck setzt. Und ähnliche Gefahren lauern einfach überall. Das Haus Bourbon hat, wie ich befürchte, nur wenige Freunde.«

Stanislas Xavier atmete schwer. Daß Talleyrand, der selbst im Zentrum eines Skandals stand, es wagte, ihm die Liebesbeziehung mit Blacas vorzuwerfen, war ungeheuerlich. Die Hinweise auf Günstlinge und Erpreßbarkeit, die vielsagenden Pausen mit den scheinbar unbeteiligten Blicken in den Park konnten nicht anders gedeutet werden. Wie fast immer, verletzte den König die Anspielung auf sein Privatleben beinahe übermäßig.

Stanislas Xavier forschte in den grauen Augen seines Gegenübers vergeblich nach dem Quell für diese Grausamkeit. Einen Moment lang erlaubte er sich, den verborgenen Triebkräften seiner Mitmenschen nachzuspüren. Es war ja diese Neigung, anderen in die Seele zu schauen, die es dem König letztlich unmöglich machte, dauerhaft zu hassen. Er wollte immer verstehen, und wenn er verstand, dann vergab er. Jetzt aber stand ihm noch einmal das ganze Ausmaß der Beleidigung vor Augen. Nur sein eigener Bruder, der Graf von Artois, hatte es bisher gewagt, dieses Thema so offen zur Sprache zu bringen, so verletzend zu instrumentalisieren. Talleyrands Bemerkung war im Grunde viel bösartiger als alles, was Artois jemals gesagt hatte. Für Artois war die gleichgeschlechtliche Neigung Stanislas' als solche das Problem. Seine Angriffe waren deshalb eher allgemeiner Natur und prallten inzwischen weitgehend an ihm ab. Die Gefühle anderer Menschen kamen in Artois' Weltbild ohnehin nicht vor, und so bezogen sich seine Anspielungen auf das bloß Sexuelle, bewahrten im Grunde stets einen pubertären Blick. Talleyrand aber hatte eindeutig Blacas' Untreue und Unzuverlässigkeit berührt. Unter nichts litt Stanislas Xavier mehr als unter der Treulosigkeit und den Launen seines Günstlings, unter dem Bewußtsein, daß Blacas seine Gefühle nicht erwiderte und ihn im Grunde nur Geld und persönlicher Vorteil an der Seite des dicken, rollstuhlfahrenden alten Mannes hielten. Der König blickte auf über ein Jahrzehnt der Demütigungen zurück, die auch dadurch nicht leichter zu ertragen waren, daß er von Anfang an im vollen Bewußtsein dieser Mechanismen gelebt hatte. Zutiefst verletzt, weigerte sich Ludwig XVIII., seiner natürlichen Nachgiebigkeit zu folgen. Sein Zorn verrauchte nicht. Er entließ Talleyrand wortlos.

Die ganze Nacht blieb Stanislas Xavier wach, weil ihm die Unterredung mit Talleyrand nicht aus dem Sinn wollte. Immer und immer wieder fühlte er den Stachel der Beleidigung. Doch fast gegen seinen Willen war der König wieder zur Erforschung der Gefühlswelt Talleyrands übergegangen, hatte seine Neugier auf die menschliche Natur den Groll verdrängt. Warum hatte Talleyrand diesen Pfeil abgeschossen? Er neigte doch sonst nicht zu sinnloser Grausamkeit, die er für Verschwendung hielt.

Der König grübelte, tastete sich langsam in die Gehirnwindungen seines Premierministers hinein und erinnerte sich noch einmal an jede Geste des anderen. Natürlich! Der Ärger hatte ihn daran gehindert, sich das Offensichtliche klarzumachen. Dorothée! In Stanislas Xaviers Beziehung zu Blacas hatte der enttäuschte Liebhaber Talleyrand augenscheinlich eine Spiegelung seines eigenen Scheiterns mit Dorothée erkannt. Wenn der König an irgend etwas glaubte, dann war es die Überzeugung, daß die Menschen in anderen nichts so sehr haßten wie das, was sie an sich selbst am meisten ablehnten und fürchteten. Dabei konnte Talleyrand mit Dorothée trotz allem noch unendlich viel glücklicher sein, als er mit Blacas, dachte Stanislas Xavier.

Ganz unvermittelt fühlte er sich dem Minister überlegen. Gewiß: Er hatte sich trotz seiner Intelligenz niemals zu so einer grandiosen Erscheinung wie Talleyrand entfaltet. Er hatte immer ein bißchen lächerlich, mitleiderregend und melancholisch gewirkt. Je älter er wurde, desto mehr hatte er sich in den Rollstuhl zurückziehen müssen. Nicht so Talleyrand: Dieser hatte sich mit aller Kraft zu einem brillanten Genie geformt, der seinen Klumpfuß in ein Werkzeug schwerelosen Schwebens verwandelt hatte; der es verstand, sich mit einer blasierten Lässigkeit an die Kaminsimse zu lehnen, die vergessen ließ, daß er vor Schmerzen nicht lange Zeit auf beiden Füßen gleichzeitig stehen konnte. Talleyrand hatte sich nie mit seinem Schicksal abfinden können, das war sein Triumph und seine Tragödie.

Stanislas Xavier rieb sich die Schläfen und genoß die entspannende Wirkung seiner Überlegungen. Er kannte die Abgründe seiner eigenen Seele und hatte es nicht nötig, sie vor sich selber zu verbergen. Er stellte sich ihnen. Talleyrand hingegen hatte mit überwältigendem Erfolg die Angst aus seinem Leben verbannt. Aber eben nur beinahe. Denn Kühnheit und Kaltblütigkeit Talleyrands entsprangen, so glaubte Stanislas Xavier, keinem anderen Quell als einer geradezu panischen Angst vor der Angst. Sie war ein Abgrund, den der König in seiner ganzen Tiefe ausgelotet hatte, während Talleyrand mit scheinbar todesmutigen Sätzen darüber hinwegzuspringen pflegte. Aber die Abgründe blieben. Und so war Talleyrand trotz seines Hinkens gezwungen, über einen Abgrund nach dem anderen zu setzen. Stanislas Xavier aber fuhr in seinem Rollstuhl dicht an ihre Ränder heran und blickte in die Tiefe, im sicheren Bewußtsein, seinen Rollstuhl nicht verlassen zu müssen.

Fast zufrieden konnte sich Ludwig XVIII. in die Kissen sinken lassen, nachdem er seine Erkenntnis mit dem Gebrauch des Nachtstuhls gefeiert hatte, immer ein sicheres Zeichen der Entspannung. Talleyrand hatte Angst vor seinen eigenen Schwächen, und seine größte Schwäche hieß Dorothée. Während er sich das Kissen im Nacken zurechtrückte, ließ sich Stanislas Xavier diesen Namen immer wieder auf der Zunge zergehen. »Dorothée, Dorothée.« Und während ihm im Geiste das Bild jener eigentümlich zart-androgynen Frau mit der relativ flachen Brust, dem kurzen Haar und den großen Augen aufstieg, glitt er ganz langsam in Morpheus' Reich hinüber, ein Lächeln auf den Lippen, denn Frauen mit schmalen Hüften, kurzem Haar und flachem Busen fand Stanislas Xavier attraktiv. Ein letztes Mal seufzte er: »Dorothée« und begann dann laut und regelmäßig zu schnarchen.

Sie trat in die halbdunkle Bibliothek. Wegen der noch immer übergroßen Hitze waren die innen angebrachten

Fensterläden fast gänzlich verschlossen. So konnte die unbarmherzig brennende Sonne nicht die ledernen Buchrücken berühren und das kostbare Papier austrocknen. Ein einziger, gleißender Lichtkegel fiel auf den Riesenglobus, der in der Mitte des Raumes stand und über dem die Staubpartikel so wild in der Helligkeit tanzten, als wollten sie die Atmosphäre des künstlichen Erdenrunds darstellen. Schon als Kind hatte Dorothée es geliebt, mit Globen zu spielen. Mal hatte sie sich als Entdeckerin gesehen, die unberührte Kontinente erforschte wie Captain Cook oder Bougainville, oder als mächtige Herrscherin, wie die Zarin Katharina, die ihr Großreich immer aufs neue erweitert hatte. Der Gedanke an Katharina gefiel Dorothée: Wie sie hatte die Zarin gelernt, sich in einem fremden Land zurechtzufinden, hatte einen mehr als ungeliebten Ehemann besessen. Aber die Zarin hatte den Gemahl eben auch beseitigen lassen. Dorothée aber konnte Edmond nicht ermorden. Auch hätte es ihr nichts genützt. Verwundert stellte sie fest, daß das Bedürfnis, Rache an ihrem Ehemann zu nehmen, nachließ, fast gegen ihren Willen, denn je weniger sie Edmond für die Katastrophe verantwortlich machen konnte, desto komplexer und bedrohlicher wurden ihre Gefühle.

Dorothée bemühte sich, in das Dunkel des tiefen Raumes hineinzuspähen. Sie suchte Talleyrand. Doch es war beinahe unmöglich, etwas zu erkennen. Fast fürchtete sie sich, die Schranke des allzu hellen Lichtstrahls zu durchschreiten und in das andere Ende der Bibliothek vorzustoßen. Ihre Augen konnten sich nicht an die Kontraste gewöhnen, aber ihr Gehör schien dagegen überempfindlich geworden zu sein. Ein ständiges, sanftes Knacken und Stöhnen erfüllte den Raum, ihr war fast, als atmete da jemand. Wohl das trockene Holz der

Täfelung, dem in der anhaltenden Hitze alle Feuchtigkeit entzogen wurde. Dorotheé wollte die Hoffnung nicht ganz aufgeben und rief leise, fast flehentlich in jene dunkle Hälfte der Bibliothek hinein: »Charles Maurice?«

Niemand antwortete. Es war nicht Talleyrands übliche Zeit für einen Aufenthalt in der Bibliothek – Dorothée war sich nicht einmal sicher, ob er überhaupt im Hause weilte. Dennoch war es diese unbestimmte Ahnung, ihn hier anzutreffen, die sie hierhergetrieben hatte. Seit dem Duell ging man sich aus dem Weg, unauffällig zwar, aber doch für beide merklich. Dorothée wurde dieser Zustand unerträglich. Sie wollte mit Talleyrand sprechen. Sah es nicht so aus, als hätte sie seine Großzügigkeit ausgenutzt, ihn praktisch gezwungen, ihre Affäre mit Clam-Martinitz zu decken? Dabei hatte sie sich doch in Wahrheit gerade erst von dem österreichischen Grafen getrennt, sich sogar mit Talleyrand versöhnt. Mehr noch: Das erste Intermezzo mit Clam-Martinitz hatte sie und Talleyrand dichter zusammengeführt denn je, so war es ihr zumindest anfänglich erschienen. Aber dann hatten Zweifel sie befallen. Jener Moment der Rückkehr, in dem sich Talleyrand ihr scheinbar so rückhaltlos geöffnet hatte, Ängste, Schwächen, Bedürfnisse und Hoffnungen eingestanden hatte, war wieder verflogen. Er hatte letztlich keine dauerhafte Veränderung in Talleyrands Verhältnis zu ihr herbeigeführt. Talleyrand kam ihr vor wie eine Auster mit dem Perlmutt auf der Außenseite. Kurz hatte sie ins Innere sehen dürfen, aber nun war der Spalt wieder geschlossen, und sie mußte wie eh und je mit der ebenso schönen wie glatten Schale vorlieb nehmen.

Dies war ihr vor allem an jenem Abend klargeworden, als Clam-Martinitz in Paris eintraf. Es war ein stiller, privater Abend gewesen, ohne Gäste, ohne Verpflichtungen, selbst ohne die kleine Schar Gefolgsleute, wie die Gräfin Tyszkiewicz oder die Fürstin Vaudémont, die schon fast zum Haushalt zählten. Sie waren allein gewesen, allein in der Bibliothek, in der Talleyrand gewöhnlich keine Besucher empfing. Jene Bibliothek, deren Heiligkeit Dorothée zu achten sich geweigert hatte, jener Raum, den sie sich heute mit ihm teilen durfte – vielleicht das sicherste Zeichen seiner Zuneigung, das sie jemals empfangen hatte.

Dorothée hatte die Aussicht auf die Gelegenheit genossen, mit ihm allein zu sein, trotz des nagenden, halb eingestandenen, halb verdrängten Bewußtseins, daß er ihr gegenüber wieder verschlossener geworden war. Sie hatte gehofft, einen Teil jener kurz gefühlten Intimität wiederaufflackern zu lassen. Vergebens! Nur mit ihm zu zweit war die Distanz fast noch auffälliger als in der Gegenwart anderer gewesen.

Talleyrand war fast ausgelassener Stimmung gewesen, hatte Witze wie vor großem Publikum gemacht. Dorothée hatte jedoch nicht unterhalten werden wollen. Langsam hatte ihre Stimmung umgeschlagen. In seinem Sessel sitzend, seine Mimik und Gestik effektvoll einsetzend, war ihr Talleyrand wie ein mechanischer Apparat vorgekommen, wie eine ausgeklügelte Rokoko-Spieluhr, auf der ein Schäferpaar aus Porzellan ein Menuett aufführte. Bald hatte sie es auf dem Sofa ihm gegenüber nicht mehr ausgehalten; sie war aufgesprungen, in die Mitte des Raumes geeilt, um mit dem Globus zu spielen, nicht aus zärtlicher Zerstreutheit, sondern um ihre wachsende Erregung zu verbergen.

Für einen Augenblick wurde Dorothée aus ihren Gedanken gerissen. Ein unerwartetes, leises Klappen zog ihre Aufmerksamkeit wieder auf die dunkle Hälfte des Raumes, wo Talleyrand immer in seinem Sessel zu sitzen pflegte. Aber Sie konnte, geblendet von dem Lichtkegel, in dem sie und die Weltkugel standen, noch immer nichts sehen.

An jenem unglückseligen Abend hatte sie mit dem Globus hektisch und unkonzentriert gespielt, ihn so wild gedreht, daß sein Gewinde zu quietschen begonnen hatte, während Talleyrands Geplauder ihr immer schriller in den Ohren geklungen war. Sie hatte das Bild genau vor Augen: Während sie die Kontinente hin- und hergeschleudert hatte, war ein Diener durch eine Tapetentür eingetreten, eine unsichtbare Stelle in der Täfelung, durch die die Domestiken unauffällig auftauchen oder verschwinden konnten. Zum Hausherrn hinabgebeugt hatte er etwas geflüstert, doch bevor jener hatte antworten können, war die Tür hinter Dorothée aufgerissen worden, und Clam-Martinitz war in den Raum gestürmt, mit großen Schritten in seine Mitte marschiert und hatte sich zwischen Dorothée, die an ihrem Globus festgewachsen zu sein schien, und Talleyrand postiert, der, ohne Überraschung zu zeigen, in seinem Sessel verharrt war. Fast eine Minute hatten sich die drei nur angesehen, während der Diener das Weite gesucht hatte. Dorothée hatte sich auf die Riesenkugel stützen müssen. Sie hatte Clam-Martinitz nicht sehen wollen, ihre Beziehung war gescheitert, an gegenseitiger Kompromißlosigkeit ebenso wie an ihrer Leidenschaft. Der Graf bedeutete Schmerz, bedeutete totale Unterwerfung, ausweglose Besessenheit. Wie hatte er es wagen können, einfach hier aufzukreuzen und sich zwischen sie und Talleyrand zu stellen? Dorothée hatte sich vom Globus lösen wollen, um an Clam-Martinitz vorbei zu Talleyrand zu gehen, und so zu zeigen, wohin sie gehörte. Sie hatte es nicht gewagt, aus Angst, daß ihr die Beine den Dienst versagen würden. Warum aber hatte Talleyrand geschwiegen, warum war er dort sitzengeblieben, warum war er nicht zu ihr geeilt? Hatte er nicht gesehen, wie sie litt, hatte er nicht gesehen, daß sie seinen Schutz, seine Hilfe begehrte? So, wie er ihre Hilfe gebraucht hatte, nach seiner Rückkehr aus Gent?

Endlich hatte sich Talleyrand erhoben. Dorothée hatte einen Seufzer der Erleichterung unterdrückt. Also gab es doch noch eine Ebene des wortlosen Verständnisses zwischen ihnen. Als er jedoch näher gekommen war, hatte ein liebenswürdiges Lächeln seine Lippen umspielt, während er beide Hände ausgestreckt hielt, um den geradezu kampfbereiten Clam-Martinitz willkommen zu heißen: »Mein lieber Freund, was für eine große Freude und Überraschung, daß Sie uns so bald schon beehren. Seien Sie unser Gast. Wie gern denke ich an unsere Tage in Wien zurück.«

Clam-Martinitz hatte sich verbeugt, den ausgestreckten Arm Talleyrands genommen und den Älteren gestützt, während sie so untergehakt auf Dorothée zugeschritten waren, die mit ausgebreiteten Armen auf ihrer Weltkugel gelegen hatte.

Sie kehrte aus der Erinnerung an die Lähmung jenes Abends wieder zurück und wischte ihre Tränen von der Oberfläche des Globus ab. Sie spürte die gewaltige Hitze an dem einzigen Ort in der Bibliothek, den die Sonne ungehindert erreichen konnte. Mit einem großen Schritt durchquerte sie den gleißenden Strahl, stand für einen Moment in vollkommener, kühler Schwärze und wartete, bis sich ihre Augen an die Dunkelheit der anderen Raumhälfte gewöhnten. Zuerst erkannte sie die Ritzen der anderen Fensterläden, dann wurden schemenhaft die Kartentische und Pulte, die Stühle, Sessel und Sofas sichtbar, am Ende sogar die

Regale mit den Büchern. Talleyrands Lieblingssessel war leicht verschoben. Auf dem Tischchen daneben lagen aufgeschlagen mehrere Bücher und große, teils entfaltete Papiere. Mit einem leichten Gefühl des Verrats betrachtete Dorothée die Buchrücken. Eine Geschichte des Hauses Talleyrand-Périgord, zusammengestellt aus alten Chroniken, ein Stammbaum des Hauses Bourbon, die Memoiren Kardinal Richelieus, Biographien Mazarins und Fleurys. Talleyrand mußte bis vor kurzem hier gewesen sein: Er hatte sie gesehen, sich aber in der Dunkelheit verborgen und war wohl durch die Tapetentür verschwunden. Talleyrand ließ seine Bücher und Papiere nach Gebrauch nie herumliegen. Sie waren ihm zu kostbar, er pflegte sie sorgsam zu schließen und geordnet auf einem Tischchen liegen zu lassen, damit die Diener sie sofort wieder wegräumen konnten. Auch benutzte er normalerweise nicht die Tapetentür.

Er war vor ihr geflohen.

In der Rue St. Florentin waren längst die Lichter angegangen, als das Kabinett seine Sitzung endlich beendete. Als Ministerpräsident konnte Talleyrand die Ministerrunde tagen lassen, wo er wollte. Am liebsten bei ihm zu Hause. Es war ein überaus heißer und schwüler Abend, obwohl der September schon vor der Tür stand. Mehrere Herren hatten sich Fächer mitgebracht, und Talleyrands Diener eilten schweißüberströmt hin und her, um die Karaffen mit eisgekühlter Limonade aufzufüllen. Ein Sekretär meldete, daß ein kühlerer Wind aufgekommen sei. Alle waren froh, daß man endlich gegen Ende der Ministerrunde die Fenster aufreißen und sich ein wenig Luft verschaffen konnte.

Baron de Vitrolles wunderte sich über die Ruhe, die über der versammelten Runde lag. Fouché spielte ein gefährliches Spiel, die Kammermehrheit forderte seinen und heimlich auch Talleyrands Rücktritt, und Zar Alexander schlug in aller Offenheit den Herzog von Richelieu, der die Revolution im russischen Exil verbracht hatte, als Nachfolger vor. Noch dazu die unerträgliche Schwüle, die auch die friedlichsten Charaktere zur Verzweiflung treiben konnte. Aber hier herrschte eine Harmonie wie schon seit langem nicht mehr.

Talleyrands lässige Heiterkeit hatte auf alle anderen übergegriffen. Der Gastgeber sprühte vor Geistesblitzen. Mit seinen pointierten Bemerkungen und witzigen Formulierungen hatte er das ganze Kabinett dazu gebracht, sich zu entspannen und den Ernst der Lage zu vergessen. Wie so oft war man seinem Charme erlegen. Als die Sitzung offiziell zu Ende war, verfiel der Premierminister gänzlich ins Andekdotenerzählen. War er in dieser Stimmung, konnten ihm selbst seine ärgsten Feinde nicht widerstehen. Talleyrand erhob sich vom Beratungstisch und setzte sich auf die Kante seines Schreibtisches. Die Beine ließ er baumeln. Dies war besonders ungewöhnlich, weil er damit seinen Klumpfuß fast schon zur Schau stellte. Offenbar war er heute so locker, daß er seinen Makel nicht mehr als solchen empfand. Wie auf ein geheimes Zeichen hin hatten sich die Minister im Halbkreis um ihn herum aufgestellt und lauschten seinen Ausführungen.

Sogar Fouché, der diese Art der Selbstdarstellung Talleyrands haßte und immer so tat, als interessierte ihn das alles nicht, konnte sich schließlich seiner Neugier nicht erwehren. Nachdem er minutenlang demonstrativ laut raschelnd seine Papiere auf dem Kabinettstisch geordnet hatte, schloß er sich dem kleinen Auditorium an, hielt sich vorsichtshalber aber ein wenig im Hintergrund – und das, obwohl Talleyrand nur vom Wetter zu sprechen schien.

»Diese Schwüle, meine Herren, imponiert mir gar nicht. Seit ich den Sommer in Neuengland kennengelernt habe, schreckt mich das angeblich so gnadenlose Klima von Paris nicht mehr. Damals«, erzählte Talleyrand lächelnd, »hatte der Konvent mich auf die Emigrantenliste gesetzt. Sogar die englische Regierung hielt mich für eine Gefahr und ließ mich ausweisen. Es gab nur einen Ort, an den ich noch gehen konnte: Amerika. Ich empfand dumpfe Furcht, hielt den Kontinent für eine Art Wildnis. Aber ich hatte mich getäuscht: ein faszinierendes Land. Dort ist alles von einer solchen majestätischen Größe, daß es selbst einem Atheisten den Glauben an Gott wiedergeben könnte.«

Die Minister wagten nicht, sich anzusehen; es glich einer frivolen Provokation, wenn der ehemalige Bischof von religiösen Dingen sprach.

»Es ist ein Land der Superlative und Extreme. Dort gilt es als moralisch, ja sogar ehrenhaft, reich zu sein. Aber der Finanzminister ist der einzige, der arm ist.«

Alle lachten; es kam nicht oft vor, daß Talleyrand auf seine Neigung anspielte, Bestechungsgelder anzunehmen.

»Es gibt Wälder, die sich unendlich weit ausdehnen, so daß man tage-, ja wochenlang reisen kann, ohne daß sich dem Auge etwas anderes bietet als ein grüner Teppich, der bis zum Horizont reicht. Wie heißen nur diese Bäume ... Vitrolles, helfen Sie mir bitte, mein Gedächtnis läßt mich im Stich.«

»Ich nehme an, Sie meinen den Stechapfel.«

»In der Tat, das ist der Name, den ich suchte. Klingt das nicht wie aus der Bibel? Tatsächlich halten sich die

Amerikaner ja für das wiederauferstandene Volk Israel, und die unberührte Natur ihrer Heimat scheint tatsächlich auch die Tugend zu befördern. So ist es wohl auch kein Zufall, daß ich dort mitten in den sommerlich-schwülen Wäldern Vermonts Mme. de la Tour du Pin begegnete. Sie war ganz der Sorge um ihre Familie hingegeben – wenngleich in einem ungemein knappen Gewand«, fügte Talleyrand hinzu und machte für einen Sekundenbruchteil die Andeutung einer vielsagenden Geste über ihre Brust, zu kurz, um vulgär zu sein, doch lang genug, um die Phantasie zu beflügeln. Sein Publikum reagierte entzückt, denn die Tugend der noch immer sehr schönen Dame war schon sprichwörtlich.

»Aber auch die Flüsse sind riesig und ehrfurchtgebietend. Vor allem der Potomac. An seinen Ufern läßt sich der Traum von der Neuen Welt träumen. Kein Wunder, daß die Amerikaner ihre Hauptstadt dort aufgebaut haben. Das alles werde ich in meinem Leben wohl nie mehr wiedersehen. Schade eigentlich. Nichts wünschte ich mir sehnlicher, als mich von den Strapazen des Ministeralltags erholen zu können. Stellen Sie sich nur vor, eine Zeitlang einfach allen Ärger vergessen zu können: die Kammer, das Haushaltsdefizit, die ausländischen Besatzungstruppen, einfach alles.

Wenn ich es mir recht überlege, gibt es keinen Posten, der verlockender erscheint als der eines Gesandten in den Vereinigten Staaten. Man kann in völliger Ruhe die Schönheit jenes herrlichen Landes genießen und dennoch im Dienste unseres Königs wirken. Ja, wirklich, eine Gesandtschaft nach Amerika wäre eine ideale Verbindung des Angenehmen mit dem Nützlichen. Jeden, der dieses Amt übernimmt, beneide ich schon jetzt glühend. Zumal diese Position ja auch gerade frei geworden ist, was sie nicht lange bleiben darf. Sie werden es mir vielleicht nicht glauben, aber es kommt einmal die Zeit, da Amerika für unseren alten Kontinent noch eine größere Rolle spielen wird als der Zar.«

Einige Minister lächelten verlegen: Es war eines von Talleyrands Lieblingsthemen, daß die Zukunft der Welt in Rußland und den Vereinigten Staaten lag. Vielleicht wurde der große Diplomat allmählich alt.

»Ja, der schöne und auch wichtige Posten in Amerika ist frei, aber es fehlt uns noch immer ein geeigneter Kandidat. Der Umgang mit den Amerikanern ist nicht leicht, sie haben ihre Eigenheiten. Sie sind Puritaner und Moralisten, also sollte unser Vertreter ein untadeliges Familienleben führen und sich nicht durch amouröse Eskapaden auszeichnen. Außerdem verachten sie unsere alten Institutionen wie Monarchie und Adel – zumindest tun sie so. Demnach wäre jemand geeignet, der ein gewisses republikanisches Profil vorweisen könnte. Ein Herzog mit tausendjährigem Stammbaum könnte sie irritieren. Und schließlich sind sie Geschäftsleute, sie lieben Effizienz und Organisation und sind dabei trotz ihrer Bibelmoral überraschend skrupellos. Ja, sie bewundern Durchsetzungsvermögen, ein Hauch Brutalität verschafft einem in Amerika durchaus Ansehen. Wir müßten jemanden schicken, dem der Ruf vorauseilt, auch schwierige Aufgaben schnell und geschickt zu meistern, jemand, von dem man weiß, daß er, ohne lange zu fackeln, zupacken und bei Bedarf hart durchgreifen kann.«

Hier stockte Talleyrand ein wenig. Völlig unschuldig hob er Augenbrauen und Schultern in einer Geste naiver Resignation: »Woher sollen wir solch ein Wunderwesen nur nehmen? So etwas gibt es in ganz Frankreich nicht.«

Er machte eine erneute Pause und sah strahlend in die Runde, die ihm – mit einer erblassenden Ausnahme – in völliger Arglosigkeit entgegenlächelte. Wie zufällig fiel Talleyrands Blick auf eben diesen einen erbleichenden Zuhörer, und seine Augen leuchteten auf: »Aber natürlich, das ist die Lösung: Mein lieber Fouché, wäre das nichts für Sie?«

Er hatte es geahnt, und dennoch war er wie gelähmt. Er hatte in den letzten Wochen mit rastloser Aktivität alles Menschenmögliche unternommen, um die Pläne seiner Feinde zu durchkreuzen und sich unentbehrlich zu machen. Kämpfe, Verhandlungen, Intrigen und Gegenintrigen, selbst Verhaftung und Anklage hatte er in sein Kalkül einbezogen. Aber dieser kaltblütig und in aller Offenheit geführte Schlag traf ihn unvorbereitet. Nie hätte er geglaubt, daß Talleyrand ihn auf so einfache Weise vor aller Augen demütigen würde. Dies war das Ende: eine simple Entlassung, der er machtlos gegenüberstand. Er hatte ein letztes Mal gespielt und verloren. Ein letztes Mal hatte er für Talleyrand die Handlangerdienste verrichtet, hatte er versucht aus dem Schatten des Übermächtigen herauszutreten – und war gescheitert. Für ihn gab es hier nichts mehr zu tun. Stumm nickte Fouché in die Runde und verließ den Raum. Erst in diesem Moment ging den meisten Ministern auf, was sich da vor ihren Augen abgespielt hatte.

Während sich die Schritte des ehemaligen Polizeiministers entfernten, ließ der Gastgeber lässig die Beine über den Tisch baumeln. Als die Tür sich hinter Fouché geschlossen hatte, bemerkte Talleyrand trocken: »Damit verabschiedet sich der Herzog von Otranto aus der Geschichte. Wir werden ihn nie wiedersehen.«

Fouché ging die Treppe hinunter, das lederne Portefeuille mit den aufgeprägten goldenen Lilien unter dem

Arm. Im Vestibül nahm er von einem Diener Stock und Hut entgegen. Dem ersten Schock folgte schon nach wenigen Sekunden ein ganz eigenartiges Gefühl der Gleichgültigkeit. Zu seiner eigenen Überraschung empfand Fouché auf einmal gar nichts mehr. Die große Enttäuschung blieb aus. Er trat vor die Tür, wo ihn ein beinahe schon kühler Lufthauch empfing und die ersten Sterne im dunklen Violett des Himmels zu flimmern begannen. Der Anblick war dem ehemaligen Lehrer für Mathematik, Physik und Astronomie vertraut.

Fouché bestieg seine vor dem Palais Talleyrand vorgefahrene Kutsche und lehnte sich ermattet in die Polster zurück, deren frisches Leder ihm entgegenduftete. Auf sein Zeichen gab es einen Ruck, und der Wagen fuhr in einem leichten Trab zu den Tuilerien hinunter.

Überall Leute, die nach der Schwüle die Nachtkühle genossen. Die Menschen schienen von einer schweren Last befreit, Gelächter, Stimmengewirr und Musik wehten durch die Straßen. Fouché sog die ungewohnte Heiterkeit ein und genoß den Fahrtwind, der sein Gesicht streichelte. Noch immer wollte sich keine Trauer, keine Wut einstellen. Es kam ihm merkwürdig vor, daß er so gar nichts spürte. Empfand er vielleicht sogar Erleichterung? Lächerlich! Er hatte die Macht doch immer geliebt, er war doch kein alter Mann, der sich die Bürde dankbar von den Schultern nehmen ließ.

Fouché grinste innerlich. Immerhin hatte Talleyrand die Form gewahrt und ihm einen diplomatischen Posten angeboten. Man schickte gern ehemalige Minister als Botschafter in fremde Länder, denn das machte Eindruck. Natürlich erwartete niemand ernsthaft, daß sich der alte Jakobiner in die Neue Welt begeben würde. Er war zu stolz, um sich mit solchen Petitessen abzugeben. Er schüttelte den Kopf.

Die Idee war geradezu komisch. Die Frische des Abends belebte ihn, und er ließ seinen Gedanken freien Lauf. Amüsiert malte er sich aus, wie es wohl wäre, wenn er das Angebot annehmen würde. Am Ende vielleicht sogar ganz nett. Talleyrand hatte es in Amerika gefallen. Warum sollte er, Fouché, die Kollegen und Rivalen nicht auch ein bißchen verblüffen? Vielleicht könnte er ja nur so zum Spaß den Knochen annehmen, den man ihm zum Abschied hinwarf. Nur um alle in Verlegenheit zu stürzen. Doch halt, da gab es ja noch eine bessere Gelegenheit: Auch der Gesandtenposten in Dresden war vor kurzem frei geworden, oder nicht? Sachsen war ein traditioneller Verbündeter Frankreichs und strategisch wichtig, genau zwischen den Österreichern und Preußen gelegen. Der Schlüssel zur Macht in Deutschland lag in diesem kleinen Ländchen. Außerdem durfte man Sachsens alte Beziehungen und die Nähe zu Polen nicht vergessen, womit man im Grunde schon in Rußland war, denn seit dem Wiener Kongreß war der Zar König von Polen. Dazu war Dresden eine elegante Stadt, in der man wichtige Leute aus allen Ländern treffen konnte. Denn wer von Wien nach Berlin fuhr, machte dort gern Zwischenstation. Wenn er nach Dresden ginge, dann wäre er auch nicht allzu weit von Frankreich entfernt. Sollte es erforderlich sein, könnte er von Sachsen aus auch immer relativ schnell nach Paris zurückkehren. Man wußte ja nie, was in Paris als nächstes passierte. Dresden war ein idealer Posten. Jawohl, er würde doch eine Gesandtschaft annehmen, zwar nicht Amerika, wohl aber Sachsen. Daraus ließ sich bestimmt etwas machen. Fouché verordnete sich Geduld, seine Zeit würde schon noch kommen.

Der Wagen hielt vor Fouchés Haus. Man öffnete ihm. Drinnen war es noch immer schwül, fast unerträglich. Viel drückender als im Palais Talleyrand. Fouché lockerte sich die Krawatte, als er nach oben in seine Privatgemächer ging. Er knöpfte sich die Weste auf und wischte sich mit dem Taschentuch den Schweiß von der Stirn. Hatten denn die Dienstboten nicht gemerkt, daß es draußen angenehm frisch geworden war? Warum hatten sie denn nicht die Fenster geöffnet und Durchzug ermöglicht? Gereizt wandte er sich an seinen Kammerdiener: »Habt ihr nicht gemerkt, wie schön es draußen geworden ist? Macht denn keiner die Fenster auf?«

»Die Fenster sind alle weit geöffnet, Euer Gnaden.«

Die Einladung zu einem Tête-à-tête war einigermaßen überraschend gekommen – ein echter Glücksfall. Seit der Abreise von Clam-Martinitz war Dorothée in der Pariser Gesellschaft immer mehr geschnitten worden. Talleyrand hatte mit aller Kraft gegengesteuert und sein Bestes getan, um die Feindseligkeit der großen Welt abzufangen. Aber auch sein Einsatz konnte nicht mehr bewirken, als daß gerade noch die Form gewahrt wurde. Dorothée lebte am Rande des gesellschaftlichen Abgrundes: Fiele Talleyrand aus, dann wäre sie in der französischen Hauptstadt endgültig eine *persona non grata*. Um so dankbarer nahm sie daher Stanislas Xaviers unerwartete Aufforderung an, ihn zum Nachmittagstee zu besuchen.

Durch das Bekanntwerden dieser Einladung verbesserte sich Dorothées Lage in Paris. Auf einmal war sie wieder gefragt, ja populär. Eine Privataudienz beim König, gar eine Einladung zum Tee, kam einer offiziellen Rehabilitierung gleich. Wenn der König ihr die seltene Ehre einer persönlichen Begegnung zuteil werden ließ, wusch er sie damit von jedem unangenehmen Beigeschmack der Affäre mit Clam-Martinitz rein. Dorothée hatte geglaubt, daß Talleyrand hinter dieser Aktion steckte. Zu ihrer Verwunderung schien aber auch er nichts davon gewußt zu haben. Wenn sie es recht bedachte, hatte es fast so ausgesehen, als würde ihn die Aussicht auf dieses Treffen sogar beunruhigen. Der gesellschaftliche Nutzen für Dorothée würde jedenfalls ungeheuer sein.

Gut gelaunt machte sie sich auf den Weg in die Tuilerien. Das einzige, was ihre Begeisterung dämpfte, war das ohnmächtige Bewußtsein, daß auch dieses Treffen den Schmerz über die Trennung von Clam-Martinitz nicht auslöschen oder den Schatten von ihrem Verhältnis zu Talleyrand nehmen würde.

Wie immer verstanden sich Dorothée und Stanislas Xavier prächtig. Trotz der äußerlichen Unterschiede erinnerte der König sie in vielem an Talleyrand. Er war nicht ganz so schlagfertig, witzig und charmant. Er war keine imposante Erscheinung, sein Auftreten weniger brillant. Auch umgab ihn selbst als König Ludwig VXIII. eine gewisse Schüchternheit, eine linkische Nervosität, als fühlte er sich in der großen Welt nicht wohl. Mit Talleyrand hatte er jedoch die ausgeprägte Sensibilität und Intelligenz gemein sowie jenen besonderen Hauch von Tragik, den man bei Talleyrand allerdings nur mit sehr viel Einfühlungsvermögen erahnen konnte. Schon bald fühlte sich Dorothée mit dem König vertrauter, als sie es je mit Talleyrand gewesen war.

Dorothée empfand die Begegnung mit dem Monarchen als so angenehm, daß es ihr kaum auffiel, als sich die anderen Personen zurückzogen, die normalerweise selbst bei einer privaten Begegnung des Königs mit einem Untertan anwesend waren, so daß sie mit dem König schließlich völlig allein war.

Stanislas Xavier lehnte sich abrupt vor und nestelte an der Serviette herum, die auf seinen Knien lag: »Ich muß mit Ihnen über eine sehr delikate Angelegenheit sprechen, Herzogin.«

Dorothée seufzte. Wahrscheinlich war er nur deshalb so nett gewesen, um ihr die nun folgende bittere Pille zu versüßen. Natürlich würde er jetzt den Skandal um Clam-Martinitz anschneiden. Vielleicht würde er sie bitten, sich offiziell von ihrem Gatten zu trennen oder Talleyrands Haus zu verlassen. Schließlich berührte der Skandal den Premierminister Frankreichs und damit das Ansehen des Königreiches.

Dorothée wollte sich aber nicht widerstandslos dem königlichen Urteil fügen. So ging sie zum Gegenangriff über, noch bevor Stanislas Xavier etwas gegen sie vorbringen konnte: »Wenn Sie meine Beziehung zu dem Grafen Clam-Martinitz meinen, Sire, dann kann ich Ihnen versichern ...«

Der König winkte ungeduldig ab: »Aber nein, seien Sie unbesorgt, das geht mich gar nichts an. Ich bitte Sie! Im Gegenteil, wenn es in der Angelegenheit irgendeinen Weg gibt, der Ihnen helfen kann, zögern Sie nicht, es mir mitzuteilen. Ich verstehe Ihre Lage sehr gut und bewundere Ihre Tapferkeit. Aber das ist es nicht, was mich momentan bewegt. Mir bereitet etwas ganz anderes Sorgen, eine Frage der großen Politik, eine Frage auch der dynastischen Geschichte, mit der Ihr Onkel zu tun hat. Ich nehme an, Sie wissen worum es geht?«

Dorothée schüttelte den Kopf: »Es tut mir leid, ich weiß nicht, wovon Sie sprechen, Sire.«

Stanislas Xavier war ehrlich verblüfft. Er hatte geglaubt, daß Dorothée Talleyrands Vertraute in allen Fragen war, gerade auch in politischen. Unruhe überkam ihn, er hatte fest damit gerechnet, daß Dorothée eingeweiht war, wie konnte er sie in die Verhandlungen einbeziehen, wenn Talleyrand sie gar nicht als Teilnehmerin in diesem Spiel betrachtete? Welchen politischen Wert hatte sie dann überhaupt noch?

Egal, sie war alles, was er hatte, also mußte er sich ihrer bedienen: »Erinnern Sie sich an die Erschießung des Herzogs von Enghien, Sie müssen damals noch ein Kind gewesen sein, etwa zehn oder elf, wenn ich mich nicht verrechne?«

»Aber natürlich, es war ein hinterlistiger Justizmord, den Bonaparte und Fouché auf dem Gewissen haben. Er versetzte ganz Europa in Aufregung.«

Dorothée sagte dies mit so großer Verve, daß Stanislas Xavier nicht an ihrer Aufrichtigkeit zweifeln konnte. Sie wußte also gar nichts. Aber vielleicht war das ja sogar für ihn von Vorteil. Nur für Dorothée würde es unangenehm werden, doch darauf konnte er jetzt keine Rücksicht nehmen.

»Es war damals ihr Onkel, der Bonaparte auf den Herzog aufmerksam machte«, sagte Stanislas Xavier und wandte sich ab, um sich noch etwas Zucker in die Teetasse zu schaufeln, viel zu viel und viel zu umständlich. Dorothée verstand eine ganze Weile nicht, was ihr der König damit andeuten wollte. Erst als sie seiner Verlegenheit gewahr wurde, begriff sie. Empört wollte sie auffahren. Talleyrand war skrupellos und unmoralisch, wenn es um Prinzipien ging. Aber das Leben von Menschen brachte er nach Möglichkeit nicht in Gefahr. Eine Anstiftung zum Mord war gänzlich ausgeschlossen. Dann aber kamen ihr Zweifel. Ludwig VXIII. war zu intelligent, um grundlos ungeheuerliche Verdächtigungen auszusprechen. Zudem war es ihm sichtlich unangenehm. Talleyrand hatte diese Episode selbst nie erwähnt, obwohl er doch ansonsten alles mit ihr besprach. Dorothée war plötzlich sehr froh, daß sie saß, denn alle Kraft begann aus ihren Beinen zu weichen.

»Ich verstehe«, erwiderte sie so gefaßt wie möglich und nicht ganz wahrheitsgemäß. Was immer hier gespielt wurde, sie mußte Talleyrand gegenüber loyal bleiben, schließlich konnte es sein, daß man auch den König getäuscht hatte: »Ihnen ist klar, Sire, daß das eine ungeheure Anschuldigung ist. Ich nehme an, Sie sind sich dessen, was Sie mir hier sagen, ganz sicher, Sire?«

Stanislas Xavier wich ihrem forschenden Blick nicht länger aus. Die erzwungene Härte in ihrer Stimme erleichterte es ihm fortzufahren: »Peinlicherweise, ja. Ich bedaure von ganzem Herzen, daß ich Sie damit behelligen muß. Ich wünschte, ich könnte es Ihnen ersparen. Doch im Moment weiß ich mir selbst keinen Rat und bin deshalb auf Ihre Unterstützung angewiesen.«

»Unterstützung – wofür? Was immer Talleyrand getan hat, meine Treue gilt vorbehaltlos ihm«, hörte sich Dorothée sagen, ohne noch ganz an ihre eigenen Worte zu glauben.

»Gerade deswegen habe ich Sie ja zu mir gebeten. Ich brauche Ihre Unterstützung, um Talleyrand von einer Wahnsinnstat abzuhalten, die nicht nur ihn und Sie, sondern auch noch mich und ganz Frankreich ins Verderben stürzen könnte.«

»Ich kann Ihnen immer noch nicht ganz folgen.«

»Talleyrand besitzt Dokumente, die beweisen, daß alle noch lebenden Nachkommen Ludwigs XIII. und

Anna von Österreichs unehelich sind: Die französische Hauptlinie des Hauses Bourbon, die spanischen, neapolitanischen und parmesischen Bourbonen, die Fürsten von Conti und sogar das Haus Orléans. Kein Angehöriger dieser Familien hat den Papieren ihres Onkels zufolge Anrecht auf irgendeinen Thron in Europa oder sonstwo. Kurz gesagt, wir sind alle Bastarde!«

Die schroffe Direktheit des Königs war schockierend. Offenbar empfand er eine gewisse Genugtuung an einem Begriff, der jedem Aristokraten in Europa die Zornesröte in die Wangen treiben mußte. Dorothée sah ihn verwirrt an: »Was hat das mit Enghien zu tun?«

»Enghien war der letzte Erbe des Hauses Condé, das den Thron Frankreichs geerbt hätte, wenn sich das Haus Bourbon in all seinen Verästelungen als illegitim herausgestellt hätte. Wenn Sie so wollen, war der Herzog von Enghien der wirkliche König Frankreichs. Mit ihm hat Talleyrand das Prinzip der legitimen Erbfolge im Reiche des Heiligen Ludwig ein für allemal beseitigt.«

Dorothée starrte in die weit geöffneten Augen Stanislas Xaviers. Er spaßte nicht, sondern war von dem, was er berichtete, völlig überzeugt. Langsam begriff sie das ganze Ausmaß dieses Skandals: »Aber warum hat er Enghien dann beseitigen lassen, hätte er nicht ihn als Thronkandidaten ins Spiel bringen können? Wenn ich Eure Majestät recht verstehe, dürfte dann doch niemand König von Frankreich sein. Und dennoch hat er alles getan, um Sie auf den Thron zu bringen. Ich war die ganze Zeit daran beteiligt.«

Stanislas Xavier schüttelte heftig den Kopf: »Ja, eben. Es geht ihm um mehr. Er möchte allein Herr des Verfahrens sein. Gibt es nämlich überhaupt keinen legitimen Anwärter auf den Thron mehr, dann tragen am

Ende nur noch Hochstapler die Krone. Und Talleyrand ist der einzige, der ihr Geheimnis kennt. Dann hat er alle in der Hand, dann kann er jeden erpressen, der auf dem Thron Frankreichs sitzt. Talleyrand kann uns alle zu Marionetten degradieren. Darum mußte Enghien sterben.«

Dorothée traten Tränen in die Augen, sie wünschte sich auf einmal weit fort. »Was hat das alles mit mir zu tun?« fragte sie.

»Sie sind die einzige, der er noch halbwegs vertraut. Sie haben mehr Einfluß auf ihn als irgend jemand auf der Welt. Sie müssen ihn davon abhalten, diese Dokumente zu veröffentlichen. Er beschwört damit den Bürgerkrieg herauf. Die Bonapartisten und Republikaner warten nur auf ein Zeichen, um die Verhältnisse wieder umzukehren. Es wird im Lande so viel Blutvergießen geben wie seit dem Terror nicht mehr. Frankreich ist voller Haß, und Talleyrand riskiert, daß dieser Haß in Gewalt umschlägt.«

»Wie Sie sehen«, entgegnete Dorothée voller Bitterkeit, »vertraut er auch mir nicht, sonst hätten Sie mich nicht über all dies aufklären müssen, Sire! Hätte ich davon etwa gewußt ...«

»Glauben Sie mir, ich verstehe Ihren Schmerz nur zu gut. Trotz allem müssen Sie jetzt ein letztes Mal stark sein und mir helfen.«

»Was genau verlangen Sie, Sire?«

»Sie müssen Talleyrand erstens zum Verzicht auf den Gebrauch dieser Dokumente bewegen, und zweitens dazu, daß er freiwillig zurücktritt, damit niemand auf den Gedanken kommt, daß hier geheime Machenschaften im Spiel gewesen sein könnten. Monsieur Fouché beispielsweise verdächtigt Talleyrand schon sehr treffsicher. Wer weiß, was der noch alles herausgefunden hätte, wenn wir ihn nicht so schnell aus dem Zentrum der Macht entfernt hätten. Aber damit ist die Gefahr nicht gebannt. Von Talleyrand geht noch immer die größte Bedrohung aus. Wenn wir jetzt nicht handeln, färbt sich das Pflaster von Paris in wenigen Wochen wieder einmal rot.«

Unsicher erhob sich Dorothée, ging zur Tür und drehte sich dort zu ihrem König um: »Ich werde tun, was in meiner Macht steht. Allerdings ist das nicht allzu viel.«

Grußlos verließ sie den Raum.

Als Dorothée in die Rue St. Florentin zurückkehrte, fand sie Talleyrand in der Bibliothek. Daß er hier ganz allein saß, war ungewöhnlich, es war noch vor sechs Uhr. Für gewöhnlich erschien er erst anderthalb Stunden später, kurz vor dem Diner. Er erwartete sie ganz offenbar, mißtraute der Verabredung mit dem König, ahnte, worauf Stanislas Xavier sie angesprochen hatte.

Sie nahm ihm gegenüber in einem tiefen Sessel Platz. Beide schwiegen. Worte waren auch überflüssig, denn Talleyrand wußte sofort, was passiert war. Dorothées Blässe, mehr aber noch die ungeheure Traurigkeit, die von ihr ausging, ließen keinen Zweifel. Ihr Schweigen bot ihm keinerlei Möglichkeit, das Gespräch zu beginnen. Sie tat es nicht absichtlich, sie wußte einfach nichts zu sagen. Auch Talleyrand brachte lange Zeit keinen Ton heraus, und Dorothée war ihm sogar dankbar dafür.

Schließlich war es doch Talleyrand, der mit kalter Geschäftsmäßigkeit, fast wie in einem Verhör, das Thema anschnitt. Er versuchte keine Ausflüchte: »Haben Sie dem König versprochen, mich zur Herausgabe bestimmter Dokumente zu überreden?«

Dorothée antwortete nicht. Dies war nicht die Art, in der sie mit ihm darüber sprechen wollte. Er aber zog den richtigen Schluß aus ihrer Verweigerung und ließ sich nicht beirren. Noch immer wirkte er völlig emotionslos: »Werden Sie das Versprechen erfüllen und mich darum bitten?«

Dorothée nickte. Talleyrand lachte bitter: »Sie verstehen nicht, was Sie damit von mir verlangen.«

»Ich verlange von Ihnen nicht mehr, als daß Sie einen Teil von jenem Unrecht, das Sie begangen haben, wiedergutmachen.«

Dorothée verabscheute den moralisierenden Tonfall ihrer Worte. Aber indem sie allgemeine ethische Begriffe geltend machte, ersparte sie sich es, von jener ungeheuren Enttäuschung sprechen zu müssen, die ihr die Entdeckung von Talleyrands Geheimnis bereitete. Sie wußte, daß sie so nur seinen Zorn herausforderte und es ihm leichter machte, sich ihrem Druck zu entziehen. Und so war sie über seinen schneidenden Tonfall nicht weiter überrascht.

»Ich bin erstaunt«, sagte er, »Sie von Unrecht sprechen zu hören.«

»Sie meinen Clam-Martinitz?«

»Wen sonst?«

»Ich bin zu Ihnen zurückgekehrt.«

»Und haben ihn dann hierherkommen lassen?«

»Er folgte mir, und Sie ließen ihn herein!«

Was Dorothée auch sagen wollte, sie fand keine Worte dafür. Sie konnte mit Talleyrand nicht über den österreichischen Grafen sprechen. Beschwörend hob sie die Hände und vergrub dann das Gesicht in den Polstern.

Doch Talleyrand ließ nicht locker: »Sie lieben ihn, nicht wahr?«

Trotz der Härte, mit der er diese Worte hervorstieß, zitterte seine Stimme einen Moment lang, als ob der Verbitterung so etwas wie ein warmes Gefühl beigemischt wäre. Mitgefühl für sie? Dafür, daß sie Clam-Martinitz verloren hatte? Oder Selbstmitleid?

Dorothée sah ihm wieder ins Gesicht. So hatte sie ihn noch nie erlebt: Verbittert, schien er zwischen Enttäuschung und letzter Hoffnung hin und her zu schwanken. Er hatte sich in seinem Sessel vorgebeugt und saß auf der Kante, die Augen weit aufgerissen. Von Liebe hatte sie ihn, so lange sie ihn kannte, nie reden hören. Jetzt sprach er davon, aber in einem Ton der Verletztheit. Und er gebrauchte den Begriff nur für ihre Beziehung zu Clam-Martinitz.

Unvermittelt wurde Dorothée klar, daß auch sie Talleyrand gegenüber das Wort ›Liebe‹ kein einziges Mal ausgesprochen hatte.

Sie setzte sich auf und blickte ihn geradewegs an: »Ich liebe Clam-Martinitz, aber ich liebe auch Sie. Ich würde lügen, wenn ich sagte, der Graf sei mir gleichgültig. Ich wollte, ich könnte es, aber es geht nicht. Und doch habe ich mich für Sie entschieden, obwohl Sie mir nie wirklich vertraut haben. Sie haben mir nie Ihr Herz geöffnet, mir nie wirklich Einblick in Ihr Inneres gewährt. Manchmal denke ich, ich bin für Sie bloß ein weiterer Teil der Öffentlichkeit, ein Gesicht mehr in Ihrem Publikum, das Sie so sehr zu bezaubern wissen. Clam-Martinitz' Vertrauen zu mir hingegen ist uneingeschränkt. Und jetzt dies. Sie sprechen von ›Liebe‹, wo sie planen, alles zu zerstören. Sie haben mir immer zu verstehen gegeben, daß ich wenigstens in politischen Belangen Ihre Vertraute sei. Nun muß ich erfahren, daß selbst das nicht stimmt, daß ich von Ihren wahren Plänen nichts, aber auch gar nichts weiß. Am Ende haben

Sie noch ganz andere Dinge getan, noch ganz anderes geplant, ohne daß ich je davon erfahren hätte. Im Grunde haben Sie mir alles vorenthalten: Ihre Gefühle, Ihren Verstand, Ihre Hoffnungen, einfach alles. Wie ich jetzt feststelle, gehört mir nichts von Ihnen wirklich. Was immer Sie mir je gesagt haben, muß ich nun unter dem Blickwinkel sehen, daß Sie mir ja nie vertraut haben.«

Dorothée erhob sich, ging um den Sessel herum und stützte sich mit beiden Armen auf der Rücklehne auf.

»Selbst das Verbrechen an Enghien«, fuhr sie fort, »ist leichter zu ertragen als das. Ich hatte ja früher wenigstens die Hoffnung, daß Sie die unsichtbaren Barrieren eines Tages niederreißen würden. Ich dachte, wenn ich nur lange genug warte, könnte ich mich eines Tages Ihres Vertrauens würdig erweisen. Oder, daß Sie mir eigentlich schon vertrauten, nur aufgrund Ihrer Verletzungen nicht in der Lage seien, es zum Ausdruck zu bringen. All das ist jetzt hinfällig. Sie haben mich getäuscht, wie Sie alle anderen auch getäuscht haben, die Sie liebten.«

Dorothée atmete schwer und war froh, einen größeren Abstand zwischen sich und Talleyrand geschaffen zu haben. Sie hatte alles gesagt, was sie in Worte fassen konnte. Das Gesicht ihres Gegenübers war zur Maske geronnen. Talleyrand erhob sich und begann sich abzuwenden.

»Wohin gehen Sie?«

»Ich gehe in die Tuilerien, zum König.«

Dorothée verschränkte die Arme vor ihrer Brust: »Wenn Sie jetzt Ihre Pläne zur Ausführung bringen, werde ich Sie verlassen. Wenn Sie den König wirklich erpressen, muß ich mich von Ihnen trennen. Wenn Ihnen auch nur ein wenig an mir liegt, verzichten Sie darauf, alle und alles täuschen und beherrschen zu wollen. Wenn Ihnen an unserer Liebe etwas liegt, dann bringen Sie dieses eine Opfer.«

Talleyrand hielt einen Moment inne, doch sein Gesicht blieb ausdruckslos.

»Sonst sind Sie letztlich nicht besser als Fouché«, setzte Dorothée hinzu. »Sie haben jetzt die Wahl, als großer Staatsmann oder als kleinlicher, hinterlistiger Erpresser in die Geschichte einzugehen. Verstehen Sie denn gar nicht, daß Sie alles zerstören werden? Schon jetzt droht mein Bild von Ihnen unheilbare Risse anzunehmen. Wenn Sie diese Affäre wie vorgesehen zu Ende bringen, dann kann ich nichts Edles mehr in Ihnen sehen. Wissen Sie denn nicht, was Sie mir bedeutet haben? Sie waren der einzige Aristokrat unter lauter dahergelaufenen Hochstaplern. Sie waren der Held unter lauter windigen Spekulanten. Sie waren der Stratege unter lauter Taktikern, der Mann, der abwarten, der verzichten konnte, der nicht wahllos allem nachrannte, was sich ihm darbot, sondern der es sich leistete, die Dinge auf sich zukommen zu lassen, der erst eingriff, wenn die Zeit reif war, der bei allem scheinbaren Wechsel immer ein Ziel verfolgte und nicht wie die anderen von den Fluten des Zeitgeschehens mal hierhin, mal dorthin gespült wurde. Das Bewußtsein Ihrer Größe hat mich so vieles ertragen und verzeihen lassen. Nun wollen Sie mit einem Schlag alles verderben! Ich flehe Sie an, nutzen Sie den Besitz dieser Dokumente nicht aus. Treten Sie zurück! Um meinetwillen, weil ich Sie liebe.«

Sie war aufgesprungen und hatte Talleyrand am Arm gepackt. Zitternd und schluchzend hielt sie sich an ihm fest.

Talleyrand sagte kein Wort. Steif und schmerzerfüllt stand er mitten im Raum, ohne sich irgendwo abstützen zu können. Schließlich entfernte er sanft, aber bestimmt ihre Arme von seinem Körper und ließ sie stehen. Ohne sich auch nur noch einmal umzublicken, schritt er zur Tür. Dorothée fiel in den Sessel zurück und verharrte dort regungslos, ohne jedes Gefühl für die Zeit.

Stunden mußten vergangen sein. Erst kurz vor dem Diner wurde sie aus ihrer verzweifelten Starre geweckt. Die Zofe teilte ihr mit, daß es höchste Zeit sei, sich für das Abendessen fertig zu machen. Dorothée hatte nicht einmal mehr die Kraft, sich zu sträuben, und ließ es geschehen, daß ihre Zofe sie in Windeseile wusch, umkleidete, puderte, frisierte und mit Schmuck behängte. Erst nach dieser Prozedur kam Dorothée zur Besinnung und legte den Schmuck ab, den die Zofe ausgesucht hatte. Statt dessen nahm sie den eisernen, den ihr einst der preußische König geschenkt hatte.

So ging sie nach unten, wo die Gäste sich bereits im Salon versammelt hatten. Obwohl es sich nicht um ein angekündigtes Fest handelte, schien das Haus von Menschen überzuquellen. Alle bemerkten Dorothées Blässe und ihre eigentümlich abwesende Art. Nur Talleyrand, der allem Anschein nach bester Laune war, schien es völlig zu übersehen. Im gewohnten Plauderton glänzte er mit Bonmots und vergaß auch nicht, Dorothée, wie immer, einzubeziehen. Sie aber blieb einsilbig. Er gab das Zeichen, zu Tisch zu gehen, und hielt ihr seinen Arm hin. Wie üblich ergriff sie ihn und schritt an seiner Seite in den Speisesaal, um sich an den Platz der Hausherrin zu setzen. Cathérine lebte ja bereits seit Jahren in Neuilly und war an dieser Tafel nie zu sehen.

Talleyrand wirkte nie hungrig. Tagsüber nahm er nur sehr wenig zu sich, und abends merkte man ihm nicht an, ob er die Speisen genoß. Heute abend aber ließ er sich von manchen Gerichten ein zweites Mal reichen, pries seine eigene Küche und schnitt immer wieder kulinarische Themen an. Das Essen bereitete ihm sichtlich Freude. Schon seit geraumer Zeit hatte Talleyrand nicht so aufgeräumt gewirkt wie an diesem Abend. Er versprühte Witz und Heiterkeit, war geradezu ausgelassen.

Die Gäste jedenfalls amüsierten sich köstlich, und selbst die sensibleren vergaßen ob des Feuerwerks, das ihnen geboten wurde, auf Dorothée zu achten, die teilnahmslos daneben saß.

Sie nahm dieses Abendessen gleichsam durch einen Schleier wahr. Wie ein Automat führte sie die Gabel zum Mund, wie eine Maschine drehte sie ihren Kopf, wenn sie angesprochen wurde, wie ein Apparat wandte sie ihre Aufmerksamkeit wieder dem rein mechanischen Vorgang des Essens zu, sobald sie geantwortet hatte. Dorothée wunderte sich selbst, daß sie nicht aufsprang und einfach davonlief. Aber es war ihr alles gleichgültig. Mit der Hoffnung war auch die Fähigkeit zur Empörung geschwunden. Sie fragte sich nicht einmal mehr, was denn in den Tuilerien passiert sein könnte. Zu ihrer eigenen Verblüffung hatte sie gänzlich das Interesse daran verloren. Aber war Talleyrands triumphierendes Auftreten nicht ohnehin eindeutig? Wozu da noch spekulieren?

Als man beim sechsten Gang angekommen war, bemerkte Baron Vitrolles, daß es doch bei den Kabinettssitzungen auch so zwanglos zugehen möchte. Schon leicht angeheitert, gab er daraufhin die Geschichte von Fouchés Entlassung zum besten und schloß: »So etwas habe ich noch nie erlebt. Selbst Fouché war wie vom Donner gerührt, völlig sprachlos und sanft wie ein Lamm.« Der Erzroyalist Vitrolles, der den Jakobiner

Fouché naturgemäß innig haßte, wurde, von seiner Schadenfreude mitgerissen, geradezu vulgär. »Hätte man ihn aufs Schafott geschickt, hätte er sich am Ende noch bedankt.«

In der allgemeinen Ausgelassenheit wurde diese Geschmacklosigkeit mit schallendem Gelächter quittiert. Vitrolles hatte sich halb aufgerichtet und rief emphatisch in die Runde: »Solche Kabinettssitzungen sollten wir immer halten!«

Daraufhin erwiderte Talleyrand, lächelnd, fast wegwerfend, ohne die Stimme besonders zu heben: »In dieser Frage müssen Sie sich, wenn mich nicht alles täuscht, künftig an den Herzog von Richelieu wenden.«

Die hingeworfene Bemerkung wurde zuerst nicht registriert. Noch immer lachten die meisten Anwesenden über den Witz des Barons.

Erst langsam dämmerte es einigen Besuchern, was ihr Gastgeber soeben geäußert hatte. Sie starrten ihn unverwandt an und brachten so auch diejenigen zum verwirrten Schweigen, die Talleyrands Worte gar nicht vernommen hatten. Es herrschte gespenstische Stille im Saal. Die eben noch lachenden Gäste blickten Talleyrand entgeistert an, viele hatten mit der Gabel auf halbem Weg zwischen Mund und Teller innegehalten.

Talleyrand schmunzelte, zog nur eine Augenbraue hoch und sagte gar nichts. Schließlich wurde die allgemeine Ruhe durch ein Stück Fleisch gestört, das spritzend von einer Gabel in die Soße zurückfiel.

Auch Dorothée war aufgeschreckt, hatte aber nicht gehört, was Talleyrand gesagt hatte, so sehr war sie in ihre Gedanken versunken gewesen.

Vitrolles faßte sich als erster und fragte ungläubig: »Sie demissionieren?«

Lächelnd antwortete Talleyrand: »Aber ja. Ich habe Seine Majestät vor wenigen Stunden um seine Erlaubnis gebeten, die Amtsgeschäfte in geeignetere Hände legen zu dürfen, was mir der König in seiner Gnade auch gewährt hat. Der Zeitpunkt schien mir günstig. Meine Epoche war die des Übergangs. Ich bin ein Mann der Vergangenheit. Es war meine historische Mission, Frankreich sicher durch die Stürme des letzten Vierteljahrhunderts zu geleiten. Nun sind diese Unwetter überstanden, das Staatsschiff ist im einigermaßen sicheren Hafen der konstitutionellen Monarchie angekommen, so daß meine Ära nun abgelaufen ist und mir nur noch bleibt, mich in Ehren zu verabschieden und das Ruder Jüngeren zu übergeben.«

Wieder war es Vitrolles, der als erster sein Erstaunen überwand. Stehend erhob er sein Glas: »Ich glaube, dies ist die Gelegenheit, einen Toast auszubringen auf den größten Staatsmann, den Frankreich je hatte, auf den Mann, der die Monarchie wiederhergestellt und Frankreich den inneren Frieden gebracht hat. Ich trinke auf Charles-Maurice de Talleyrand-Périgord, den Fürsten von Benevent, Herzog von Valençay, Herzog von Talleyrand, Granden Spaniens Erster Klasse, Großkämmerer von Frankreich und bis eben noch Premierminister.«

Auch die anderen Gäste standen auf und schlossen sich dem Trinkspruch an. Es war ein sehr bewegendes Bild für alle, besonders als Dorothée die Hand des Gastgebers ergriff und mit Tränen in den Augen an ihre Lippen führte.

Dorothée öffnete abwechselnd das rechte und das linke Auge. Wenn das rechte Auge geöffnet war, dann konnte sie die Haare auf Talleyrands Brust durch das Sonnenlicht im Hintergrund nicht sehen, wenn aber das linke offen war, so kräuselten sich die Locken in einer majestätisch-dunklen Spirale nach oben. Im Unterschied zum Kopfhaar waren sie nicht ergraut. Langsam hob und senkte sich die Bauchdecke des Schlafenden. Dorothée hielt ihre flache Hand ein wenig über seinen Bauch und wartete, bis er seinen höchsten Punkt erreichte und die Haare ihre Handfläche kitzelten, um wie der Schaum einer Welle sogleich wieder zu versinken. Dorothée stützte sich auf und ließ ihre Haare auf Talleyrands Brust fallen. Ganz sacht wiegte sie ihren Kopf vor und zurück, so daß die Strähnen wie ein Vorhang über Talleyrands Haut strichen. Vorsichtig schob sie sich näher heran und glitt nun mit dem Finger an seinem Hals hinauf. Wie jahrhundertealtes Pergament wirkte der Hals, viel älter als der restliche Körper. Sie strich über die Myriaden kleinster Falten mit ihren silbrigen Bartstoppeln, die wie Fischschwärme in der Sonne glänzten, vom Kinn aber abstanden wie die Härchen auf einer Stachelbeere. Sein Mund war leicht geöffnet. Dorothées Hand strich darüber und tastete sich zu Talleyrands Augen hoch. Die berühmten langen Wimpern flackerten in unregelmäßigen Abständen, als ob er träumte. Sie glänzten fast violett und lagen dicht nebeneinander wie die Beine eines längst ausgestorben geglaubten Tausendfüßlers, wie ihn Humboldt in den Wäldern Amazoniens entdeckt hatte. Das kostbare Urtier reagierte auf kleinste Reize, etwa wenn Dorothée in die Wimpern hineinblies. Ob ihn die Sonnenstrahlen wohl störten? Sie nahm ihr großes Kopfkissen und baute es auf der anderen Seite neben Talleyrands Gesicht auf, das nun abgeschirmt war. Tatsächlich schien es ihr, als bewegten sich die Lider nun weniger, als schliefe er ruhiger. Da er aber jetzt nicht mehr im

Licht lag, konnte sie ihn nicht mehr so genau beobachten. Sie glitt wieder zurück zu seinem Bauch, der wie ein großer heller Kontinent vor ihr lag. Sie ließ ihre Finger auf ihm entlangspazieren, ein Menuett tanzen und Pirouetten drehen. Sanft drückte sie seine Haut ein und beobachtete, wie sich die Vertiefungen, die sie hinterließ, wieder glätteten. Dann wurde ihre Hand zu einem galoppierenden Pferd, das wie bei einer Kavallerieattacke in die Reihen der Gegner sprengte, hier die dichten und ungemein festen Locken seiner Schamgegend, in denen sich ihr Reiterangriff verfing. Sie wand sich weiter an Talleyand entlang, ihren Körper dicht an den seinen pressend, während sich ihre Finger wie kleine Schlangen um Talleyrands Knie flochten. Sie blickte am Schienbein entlang wie am Lauf eines Gewehrs und zielte durch seine Zehen. Talleyrand hatte einen großen, wohlgeformten Fuß, den kraftvolle blaue Adern wie Ranken einen Felsen umschlangen. Dorothée spielte auf Talleyrands Zehen wie auf den Tasten eines Klaviers. Fast hätte ihn ihre Rhapsodie aus dem Schlaf gerissen, da fiel ihr Blick auf den anderen Fuß. Sie hatte ihn noch nie so bewußt und aus solcher Nähe betrachtet. Unförmig wie eine Klippe ragte er vor ihr auf und schien ihr dann doch eigentlich mehr wie ein Wolkenberg, fast königlich in seiner scheinbaren Formlosigkeit. Dorothée betastete den Fuß, den sie noch nie zuvor anzufassen gewagt hatte. Die Haut war samten, wie bei einem Baby. Dorothée kroch ganz dicht heran. An manchen Stellen schimmerte er dunkler. Druckstellen, wohl von den Spezialschuhen. Dorothée hatte nie darüber nachgedacht, ob die Schuhe selbst auch Schmerzen bereiteten. Es sah fast so aus. Dorothée kam ihm mit ihrem Gesicht noch näher. Sie wagte kaum zu atmen. Dann neigte sie den Kopf ein wenig vor. Für einen Sekundenbruchteil berührten ihre Lippen Talleyrands Fuß.

Der König gab ein großes Fest in den Tuilerien zu Ehren der neuen Regierung, die die ersten fünfzig Tage ihrer Amtszeit mit Erfolg hinter sich gebracht hatte. Die Oppostion hatte sich bislang überraschend kooperativ verhalten und, was noch mehr wog, es war dem Herzog von Richelieu gelungen, die Royalisten halbwegs im Zaum zu halten.

Natürlich waren auch der königliche Großkämmerer und seine blühende Nichte anwesend. Seit Talleyrands Rücktritt strahlte das Paar so viel Harmonie aus, daß man sie beinahe für Jungvermählte hätte halten können. Wie so oft war das Pariser Publikum verwirrt von dem Schauspiel, das Talleyrand bot. Offenbar hatten die Bewohner des Palais Talleyrand in der Rue St. Florentin Skandal und Machtverlust mit Bravour gemeistert. Der frühere Außenminister und Dorothée wirkten so triumphierend, daß niemand von einem Sturz sprechen wollte, wie man es bei Fouchés kurz zuvor erfolgter Demission getan hatte. Fouchés Abreise nach Dresden hatte einen Abschied für immer bedeutet, auch wenn sich der Reisende selbst nicht darüber im klaren war. Talleyrands Amtsverzicht hingegen schien ein Aufbruch zu neuen Ufern. Mehr denn je war die Rue St. Florentin heimliches Zentrum von Paris, achteten selbst seine politischen Gegner auf Talleyrands Ratschläge und Warnungen, hingen die ausländischen Botschafter und Gesandten an seinen Lippen, um seine Orakelsprüche geflissentlich Wort für Wort nach Hause zu übermitteln. Sogar der Herzog von Richelieu, der neue Premierminister, fand sich fast wöchentlich ein, um von Talleyrand Rat zu holen.

Der König, der in den letzten Wochen ebenfalls zufriedener und selbstbewußter gewirkt hatte, zog sich nach den ersten drei Stunden zurück, während die Gäste noch munter tanzten. Kaum jemand bemerkte im allgemeinen Trubel das Verschwinden Dorothées, der ein Diener einen kleinen Zettel zugesteckt hatte, worauf sie den Ballsaal durch eine Seitentür verließ. Selbst Talleyrand, der in intensive Gespräche verstrickt war, bemerkte ihre Abwesenheit lange Zeit nicht.

Stanislas Xavier hatte sich bereits vom Ballast der Orden und Schärpen befreit, den er bei solchen Anlässen mit sich herumzuschleppen gezwungen war, und trug einen bequemen damastenen Hausmantel.

»Wie tapfer und beherrscht diese Frau doch ist«, dachte er, als er Dorothée ins Zimmer treten sah. Glücklich lächelnd nahm sie ihm gegenüber Platz und ließ sich die Hand küssen, die der Monarch nicht sogleich freigab, sondern zerstreut streichelte, was Dorothée keinesfalls unangenehm war. Stanislas Xavier war ihr Freund und Verbündeter, in gewisser Hinsicht der einzige wirkliche Vertraute, den sie in Paris hatte, denn nur er schien einen Begriff von ihrer Beziehung zu Talleyrand zu haben.

»Ich möchte Ihnen für Ihre Hilfe danken, ich weiß, daß Sie sich große Mühe gegeben haben«, sagte er, während er noch immer über ihren Handrücken strich.

Dorothée war stolz und versuchte nicht, ihre Genugtuung zu verbergen. Im Gegenteil, sie strotzte geradezu vor Selbstbewußtsein: »Ich danke Ihnen, Sire.«

Stanislas Xavier war ein wenig irritiert, ihm brauchte sie schließlich nichts vorzumachen: »Ich möchte auch meine Bewunderung darüber zum Ausdruck bringen, wie sehr Sie Haltung bewahren. Ihre Würde ist die einer Königin. Talleyrand verdient Sie nicht.«

Dorothée zuckte leicht zusammen, ohne recht zu wissen, was Stanislas Xavier eigentlich wollte. Gewiß, sie hatte immer Haltung bewahrt, aber warum sollte ihre Haltung im Moment rühmenswerter sein als vor einigen Wochen, da der Skandal um Clam-Martinitz und die politisch-persönliche Krise um Talleyrand sie bedrohten? Jetzt, da sich die Dinge positiv entwickelten, fiel ihr die Haltung verständlicherweise nicht so schwer. Im Gegenteil, manchmal dachte Dorothée, daß es ihr an Haltung mangelte, solche Schwierigkeiten bereitete es ihr, das neugefundene Glück an der Seite Talleyrands zu verheimlichen, die Grenzen des Takts zu wahren.

»Ich gebe mir größte Mühe«, lächelte Dorothée, »aber die Umstände machen es mir auch leicht, oder nicht?«

Jetzt war Stanislas Xavier an der Reihe zusammenzuzucken. So also verhielt es sich! Konnte das wirklich der Fall sein? Hätte er doch bloß geschwiegen! Hätte er sie doch in ihrer Ahnungslosigkeit belassen. Er war ein Tor! Da er Dorothée vor lauter Scham nicht mehr anschauen konnte, schlug er die Augen nieder. Er entfernte einen imaginären Fussel von seinem Hausmantel.

Er hatte nicht schnell genug reagiert, Dorothée war schon mißtrauisch geworden. Als sie bemerkte, daß der Monarch partout sein Haupt nicht mehr erheben wollte, um ihr in die Augen zu sehen, erfaßte sie eine grauenhafte Unruhe: »Sind Eure Majestät vielleicht nicht der Meinung, daß die Umstände es mir leicht machen?«

Stanislas Xavier wagte nicht, ihr Gewißheit zu verschaffen, und versuchte krampfhaft, den irreparablen Schaden wiedergutzumachen. Mit hohler Stimme sagte er: »Aber natürlich, Herzogin, Sie haben völlig recht.

Es ist, wenn Sie so wollen, die Eifersucht eines alten Mannes, die mich so unhöflich sein läßt, Talleyrand zu schmähen. Wie gern hätte ich eine Frau wie Sie an meiner Seite. Sie und er haben allen Grund zu Glück und Zufriedenheit, die dunklen Wolken sind vorübergezogen. Und dies vor allem dank Ihres Einsatzes! Sie können sich gar nicht vorstellen, wie froh und dankbar ich bin.«

Dorothée aber ließ sich von diesen unbeholfenen Versuchen nicht beeindrucken. In einer die Grenzen des Protokolls überschreitenden Schärfe fragte sie ihn direkt: »Eure Majestät haben da eben etwas angedeutet, was ich nicht verstanden habe. Ich wäre für eine Klärung dankbar. Da mir Eure Majestät bisher offenbar vertrauen konnte, meine ich, auch jetzt ein Anrecht auf Aufrichtigkeit zu haben.«

Während sie dies noch sagte, schienen sich stählerne Bänder um ihre Brust zu legen, und sie fröstelte. Stanislas Xavier blickte ins Kaminfeuer und schwieg. Erst jetzt ahnte Dorothée das Ausmaß der Enthüllung, die sie erwartete, packte eine Armlehne seines Rollstuhls und ergriff nun ihrerseits seine Hand so fest und flehentlich, daß es ihm weh tat: »Worauf spielen Sie an, Sire? Ich muß es wissen. Ich habe ein Recht darauf. Es ist mein Leben, um das es hier geht.«

Seit der Flucht vor Napoleon hatte sich Stanislas Xavier nicht mehr so alt, so hilflos und überflüssig gefühlt. Die Augen starr auf das Kaminfeuer gerichtet, begann er tonlos seinen Vortrag, als legte er einen Rechnungsbericht vor.

»Ich will Ihnen die Details ersparen und mich nur an das Wesentliche halten: An demselben Abend, an dem wir unsere Unterredung hatten, und ich Sie um Hilfe bat, kam Talleyrand zu einer Sonderaudienz zu mir, wie

Sie wohl wissen. Es war ja auch der Abend, an dem er später seinen Rücktritt bekanntgab. Talleyrand war sehr erregt und verstieß ständig gegen die Hofetikette. Er beklagte sich bitter darüber, daß ich Sie instrumentalisierte, und erklärte rundheraus, daß er sich weigere, auf meine Forderungen einzugehen. Wenn ich versuchen würde, ihn zum Rücktritt zu zwingen, würde er hemmungslos zum Angriff übergehen und seine Dokumente veröffentlichen. Das wäre dann ein für allemal das Ende des Hauses Bourbon. Er befand sich in einem Zustand äußerster Gefühlsaufwallung, wie man ihn wohl noch nie gesehen hat. Ich muß gestehen, ich hatte Angst vor ihm, mehr aber noch Angst um ihn. Er schien kaum noch die Kontrolle über sich zu besitzen.

Mir war die Situation mehr als unheimlich. In diesem Zustand, glaubte ich, würde man ohnehin nicht mit ihm reden können. In meiner eigenen Verzweiflung tat ich das Dümmste, was man bei Talleyrand machen kann, ich drohte ihm. Er aber lachte nur und fühlte sich um so mehr herausgefordert. Die Dokumente seien an einem sicheren Ort und unzugänglich. Wenn ihm auch nur ein Haar gekrümmt würde, hätte das ihre augenblickliche Veröffentlichung zur Folge, und zwar innerhalb wie außerhalb Frankreichs. Selbst Monsieur Fouché sei mit dem Versuch, an sie heranzukommen, gescheitert. Da würde es mir und meinen Leuten ja wohl erst recht so gehen.

Ich hatte mich noch nie zuvor in solch einer bedrohlichen Lage befunden. Ich hatte keine Handhabe gegen ihn, Drohungen waren sinnlos. Ich konnte mich nur noch auf meine Rhetorik und meine Überzeugungskraft verlassen. Schwache Mittel, wenn Sie bedenken, welcher Zorn da vor mir loderte. Und so setzte ich zur längsten, gewagtesten und vielleicht wichtigsten Rede meines Lebens an, vor deren Kühnheit mir selbst noch schwindelt: ›Es gibt keinen Menschen, den ich so verachte wie Sie, Talleyrand, obwohl ich vielleicht auch niemanden so sehr bewundere. Sie sind ein Mann mit phantastischen Vorzügen, ein Genie, unerreicht, weil unerreichbar. Gleichzeitig aber sind Sie nur von Haß getrieben. Sie wollen von allen geliebt werden und verachten doch alle. Sie trauen niemandem und nicht einmal sich selbst. Deshalb müssen Sie immer besser, vollkommener und perfekter als alle anderen sein. Ich erkenne an, daß ich Ihnen weit unterlegen bin. Da besteht kein Zweifel, damit muß ich leben. Ich habe weder Ihre Brillanz noch Ihre Verstandesschärfe, weder Ihre Eleganz noch Ihren Stil. Es fehlt mir auch Ihre Ausstrahlung, Ihr Magnetismus, Ihr Charisma. Aber ich bin auch nicht so verblendet wie Sie, so egozentrisch, so blind für alles, was nicht mich selbst betrifft.

Daß Sie kaltblütig, zynisch und skrupellos sein können, war mir bekannt, aber ich dachte immer, diese Eigenschaften seien an ein grundsätzliches Verantwortungsgefühl gekoppelt. Ich habe mich offenbar getäuscht. Der Gedanke, Frankreich in den Abgrund zu stürzen, bedeutet Ihnen offenbar nichts, wenn es darum geht, Ihr Rachebedürfnis zu befriedigen. Aber Rache wofür? Rache an wem? Rache dafür, daß man Sie gegen Ihren Willen in eine Soutane gesteckt, daß man Sie enterbt und beiseite geschoben hat?

Als ich Ihnen vor dreißig Jahren in der Entourage des Herzogs von Orléans zum ersten Mal begegnete, war mir schon klar, daß es nur Haß war, der Sie antrieb. Sie machen die ganze Welt für Ihr Schicksal verantwortlich, vor allem aber die Welt Ihrer Eltern. Sie haben zuerst Ihre ganze Kraft eingesetzt, um diese Welt, um Thron und Altar zu stürzen. Aber das reichte Ihnen noch nicht.

Sie wollten mehr, den totalen Sieg. Dann fanden Sie Ihre Dokumente, und plötzlich sahen Sie die Chance, die Kräfte, die Sie für Ihr Unglück verantwortlich machen, vollends zu demütigen. Sie beschlossen, König und Kirche wieder aufzurichten, um ihnen dann erst recht das Kreuz zu brechen. Nicht bloß kaputt machen, zerstören, nein, sich untertan machen, unterwerfen, in totale Abhängigkeit bringen, war Ihre neue Devise. Und warum? Weil Sie von einer Kommode gefallen sind und Ihre Eltern in ihrer lieblosen Eitelkeit den Anblick des Fußes nicht ertragen wollten? Weil Ihre Kindheit unglücklich war und Sie einen Beruf ergreifen mußten, den Sie nicht gewählt hatten? Deswegen wollen Sie alles zerstören, was in der Ära Ihrer Eltern Wert und Substanz hatte, wollen Sie alles entweihen, was ihnen heilig war? Sie wollen nicht nur die Krone des Heiligen Ludwig in Ihrer hohlen Hand halten, Sie träumen auch davon, sie am Ende gänzlich zu Boden zu schleudern. Deshalb werden Sie letztlich die Papiere auch veröffentlichen, ganz gleich, ob ich Ihnen jetzt gehorsam bin oder nicht. Denn Sie werden der Versuchung niemals widerstehen können. So wie man Ihnen Ihr Erbe geraubt hat, wollen Sie jetzt auch ein für allemal den Gedanken des legitimen Erbes zerstören. Man hat Ihnen Ihr Erbe geraubt, nun gehen Sie daran, das Erbprinzip als solches zu vernichten.

Aber vielleicht geht es ja noch tiefer, Euer bischöfliche Exzellenz. Wer sagt denn, daß Sie als Kind wirklich von der Kommode gefallen sind? Vielleicht ist es ja doch ein Klumpfuß, ein erbliches Leiden. Gab es da vielleicht ein paar hinkende Grafen von Périgord unter all jenen Archambauds und Bosons de Talleyrand, die Westfrankreich im Mittelalter und während der Religionskriege unsicher machten? Welch grausame Ironie wäre das: Man nimmt Ihnen Ihr Erbe als Strafe für ein Gebrechen, das selbst Bestandteil dieses Erbes ist, sozusagen der vollkommenste Ausdruck Ihres edlen Blutes. Welch eine Bitterkeit muß das hervorrufen, wenn man nur den Fluch des Erbes, nicht aber seinen Segen abbekommt. Nur zu verständlich, daß Sie es der Erblichkeit selbst in all ihrer Herrlichkeit heimzahlen wollen.

Das aber ist Ihre Schwäche. Denn hier haben Sie sich geirrt, weil sie in Ihrer Blindheit eben nur auf das Erbe starren und dabei übersehen, daß sich die Welt geändert hat. Sie glauben noch an den Wert Ihrer Papiere. Damit sind Sie selbst ein Gefangener des Traums von der Legitimität des Blutes. Noch während Sie das Erbprinzip zerstören wollen, hält es Sie unbarmherzig in seinem Bann. Mag sein, daß ich im strengen Sinne nicht der rechtmäßige Erbe Frankreichs bin. Aber wen kümmert das schon? Wen interessiert das noch? Ich bin doch nichts als ein Symbol, ein Symbol der Stabilität, ein Symbol der Kontinuität. Ich bin eine Art lebendes Gerüst, auf das man eine Krone setzt und dem man einen Hermelinmantel umhängt. Nur der Zufall der Geburt hat mich an diese Stelle gesetzt. Ich jedenfalls kann nicht glauben, daß mein Blut heiliger ist als das von irgend jemand anderem. Wenn es wirklich so viel wert wäre, würde es mich nicht in den Rollstuhl zwingen. Ob ich nun tatsächlich Nachkomme Ludwigs XIII. bin oder nicht, spielt dabei überhaupt keine Rolle. Selbst als vollkommen legitimer Herrscher würde ich an die Werte Dynastie und Monarchie nicht glauben können. Spätestens seit der öffentlichen Hinrichtung meines Bruders ist der Mythos vom königlichen Blut für immer passé. Niemand glaubt mehr daran. Jeder weiß heute, daß man Könige ganz leicht vor Gericht stellen und ihnen bei Bedarf den Kopf abschlagen kann.

Ja, mein Beruf ist gefährlicher geworden. Früher mußte man nur das Attentat fürchten, inzwischen ist auch der wohlgeordnete Prozeß hinzugekommen. Und deshalb sollten gerade Sie sich nicht über meine Situation täuschen: Man unterstützt mich, nicht etwa weil ich der rechtmäßige König bin, sondern weil ich das Vertrauen des Auslands besitze, weil ich zu schwach bin, eine Diktatur zu errichten, und weil man weiß, daß ich für den Frieden stehe. Das ist nicht wenig. Aber ob in meinen Adern das Blut Karls des Großen und Ludwigs des Heiligen fließt oder nicht, ist dabei völlig gleichgültig. Die Kurse der Pariser Börse richten sich nach anderen Gesetzmäßigkeiten. Die Bankiers, Fabrikanten und Kaufleute aus Lyon und Bordeaux würden mich sogar unterstützen, wenn ich nur eine Puppe aus Stroh wäre, solange sie mit steigenden Gewinnen rechnen können. Die Versprengten aber, die noch immer an die Heiligkeit meines Blutes glauben, sind davon so sehr besessen, daß kein Dokument der Welt, und sei es noch so echt, sie von diesem Glauben abbringen könnte. Denn es ist der Glaube, der die Legitimität verleiht. Der Glaube aber hat die Welt verlassen. Er hat sich von der Erde zurückgezogen und dort, wo er noch ein kleines Refugium besitzt, werden Ihre Fetzen Papier erst recht keinen Eindruck machen. Im Gegenteil, die paar übriggebliebenen Gläubigen werden nur noch fanatischer werden, je mehr ihre Illusion von Fakten bedroht wird. Der Traum wird ihnen um so wertvoller erscheinen, desto gefährdeter er ist. Man wird Ihre Schriftstücke kurzerhand zu Fälschungen erklären. So oder so, Ihr Handeln ist völlig sinnlos.

Sie werden wie ein armer Irrer auf dem Marktplatz stehen und den Weltuntergang verkünden, die Passanten werden kopfschüttelnd vorbeilaufen, bestenfalls peinlich berührt von Ihrer Lächerlichkeit. Niemand wird Sie ernst nehmen und das Häuflein, das es vielleicht doch noch tut, wird versuchen, Sie umzubringen. Es wird das unrühmliche Ende eines Mannes sein, der auszog, die Kräfte der Illusion in der Geschichte zu zerstören und doch ihr größtes Opfer wurde. Eines Mannes, der einen Mythos vor allem deswegen zerstören will, weil er gänzlich von ihm gefangen ist. Sie werden untergehen wie einer, der Gott anfleht, ihm endlich zu glauben, daß er doch Atheist sei.

Nun machen Sie schon! Gehen Sie, veröffentlichen Sie nur Ihre Dokumente! Spielen Sie Ihre Rolle als großer Manipulator doch zu Ende! Es wird Blutvergießen geben, vielleicht sogar eine erneute Revolution. Chaos, Pulverdampf und Barrikadenkämpfe. Das übliche Maß an jenem menschlichen Unglück, das wir dann in unserer Oberflächlichkeit für »Geschichte« halten. Aber letztlich wird es an der weiteren Entwicklung Frankreichs nicht viel ändern. Sie werden sehen, wo die wahren Triebkräfte der Historie liegen. Nicht die heimlichen Verschwörer oder die legitimen Herrscher, nicht einmal die großen Feldherren können den Lauf der Welt wirklich beinflussen. Schlachten sind wie der Schaum auf den Wellen, und die Kriege sind nur die Bewegungen, die der Wind auf dem Wasser verursacht, die wirklichen Strömungen aber fließen in der Tiefe. Napoleon stürzte, weil seine Kriege die Staatsfinanzen bedrohten und den Handel behinderten, weil die Rendite ausblieb, und nicht, weil ihm bei Leipzig die Munition ausging.

Es zählen letztlich die Börsenkurse in London und Amsterdam, die Baumwollpreise in Liverpool und die Kohlenvorräte in Newcastle, die Tabakernte in Virginia und die Weizenerträge auf der Krim. Das ist die Maschinerie, die das Schicksal der Menschen in Europa und der Welt bestimmt. Und dieser Maschinerie gefällt es manchmal, sich das Schild der Legitimität umzuhängen und sich auf ihre Kessel eine Vogelscheuche mit einer schmutzig glänzenden Krone zu setzen. Solch eine Vogelscheuche wie mich, beispielsweise. Doch nur die Blinden und Kurzsichtigen werden darüber den Rauch vergessen, der hinter der Strohpuppe aufsteigt und von der wirklichen Macht in den Kesseln kündet. Die Geschichte hat sich längst wegbewegt von den Königen und Päpsten, hin zu den Fabrikanten und Bankiers. Es wird nicht mehr lange dauern, da sind die Dampfmaschinen so groß, daß sie keinen Platz mehr haben für die Vogelscheuchen, mit denen sie sich jetzt noch schmücken. Dann werden die letzten gesalbten Häupter ohnehin verschwinden. Sie werden nicht etwa der Guillotine zum Opfer fallen wie noch mein Bruder, sondern sang- und klanglos im Erdboden versinken. Man wird es nicht einmal bemerken.

Indem Sie versuchen, mich vom Thron zu stoßen, Talleyrand, schlagen Sie auf etwas ein, was sowieso nicht mehr existiert. Sie greifen einen Papierdrachen an, weil Sie denken, er sei echt. Und die traurigen Fetzen, die Sie dabei zurücklassen werden, halten Sie dann für Fleisch und Blut.‹

Als ich ziemlich atemlos zum Ende meiner Rede gekommen war, hatte Talleyrand gänzlich die Fassung verloren. Er verließ einfach das Zimmer und ging fort, ohne einen Ton zu sagen. Am selben Abend erhielt ich die Nachricht von Vitrolles, daß Talleyrand bei einem Diner in der Rue St. Florentin seinen Rücktritt angekündigt hatte. Irgend etwas von dem, was ich gesagt hatte, muß Talleyrand umgestimmt haben. Ich kann nicht einmal sagen, was.«

Dorothée richtete sich matt und steif auf und küßte dem Monarchen die Hand, der ihr übers Haar strich, als sie sich zu ihm herabbeugte. Es gab nichts mehr zu sagen. Nach einem Moment des Atemholens entfernte sie sich.

Wenig später teilte ein Diener Talleyrand mit, daß seine Nichte den Ball bereits verlassen habe. Als Talleyrand, der kurz danach aufbrach, in der Rue St. Florentin eintraf, erwartete ihn die Nachricht, daß Dorothée, nur von ihrer Zofe begleitet und mit dem Nötigsten versehen, die Hauptstadt bereits in Richtung Osten verlassen habe. In einer Mietkutsche.

EPILOG

Paris im Juli 1830

Die Gäste hatten aufgehört, bei jedem Schuß, bei jedem Einschlag, bei jeder Detonation zusammenzuzucken oder das Gespräch zu unterbrechen. Drei Tage voller Barrikadenkämpfe in den Straßen von Paris hatten ausgereicht, das Publikum abzustumpfen. Man gewöhnte sich so schnell an den Bürgerkrieg, an die Scharfschützen hinter Gartenmauern oder auf Vordächern, an die Verwundeten in Hausfluren und zwischen Blumenbeeten, an die Toten auf der Straße. All das hatte den Reiz des Neuen längst verloren. Nicht die Schlacht interessierte die gute Gesellschaft, sondern nur noch ihr Ausgang. Ihn abzuwarten, hatte man sich in den Räumen des Palais Talleyrand versammelt.

Der alte Fürst war so etwas wie ein Fetisch geworden: Er hatte so viele Katastrophen überlebt, daß man sich bei ihm auch vor dieser letzten sicher wähnte. Doch selbst der Fürst hatte Sicherheitsmaßnahmen treffen lassen. So war das Schild, das an der Rue St. Florentin angebracht war und den Besitzer des Palais benannte, abmontiert worden, falls der Pöbel aus den Vorstädten ins Zentrum eindringen und die Auseinandersetzungen für Plünderungen nutzen sollte. Außerdem konnte man ja nie wissen, ob die Regierung in dieser Julihitze nicht völlig verrückt spielen und noch ein paar alte Rechnungen begleichen würde. Schließlich kursierte das Gerücht, Fürst Talleyrand finanziere die Zeitung der Opposition, ohne deren Propaganda diese Revolution niemals ausgebrochen wäre.

Der Kanonendonner schien sich mit der Zeit zu verstärken. Das Krachen wurde regelmäßiger, als gehorchte es einem einheitlichen Kommando. Ein schlechtes Zeichen, denn über Artillerie verfügte nur die Regierung. Die Gäste blickten gespannt auf Talleyrand, der wie immer reglos in seinem Sessel verharrte. Man hielt ihn für eine Art Orakel, erwartete, daß er eine Erklärung liefern würde. Doch die Pythia schwieg beharrlich.

Plötzlich verstummte das Feuer, Stille legte sich über die Stadt. Es schien, als ob die Geräuschlosigkeit die Ohren mehr schmerzte als der Schlachtenlärm. Nach zwanzig Minuten völliger Ruhe erhob sich der sechsundsiebzigjährige Talleyrand steif und ein wenig zitternd und trat ans Fenster. Sein Blick fiel auf die Blumenkästen des gegenüberliegenden Hauses. Die Geranien im Blick, erklärte er: »Wir siegen!«

»Wer?« riefen wie im Chor die Gäste aus.

»Das weiß ich noch nicht«, antwortete der Fürst.

Dorothée haßte diese Art des Humors. Was allgemein als Esprit galt, schien ihr bloß ein mechanischer Zynismus zu sein, eine banale Komödie, in der sich der Fürst nur noch selbst spielte. Seit der Rückkehr von ihrem zweiten Aufenthalt bei Clam-Martinitz glaubte sie in Talleyrand immer wieder so etwas wie seine eigene Parodie zu erkennen. Natürlichkeit war noch nie seine Stärke gewesen. Was er dem erstaunten Publikum geboten hatte, war immer ein Schauspiel gewesen. Aber sein Spiel war so perfekt gewesen, daß auch die anderen sich plötzlich auf der Bühne wähnten, einer Bühne, auf der er die Hauptrolle spielte. Früher war er in seiner Rolle aufgegangen, jetzt aber konnte man ihm beinahe dabei zuhören, wie er sich selbst soufflierte und Regieanweisungen gab. Manchmal glaubte Dorothée, daß Talleyrand es gar nicht merkte, seltener schien es ihr, daß er mit Absicht auf ironische Distanz zu seiner Figur gegangen war.

Unter dem Eindruck der Straßenkämpfe war ihr das aber herzlich gleichgültig. Dorothée hatte mehr als genug von der Vorstellung und wollte den Raum verlassen, den sie seit vierzehn Jahren mit ihrem angeheirateten Onkel und seinen Gästen eher widerwillig teilte. Von den meisten Freunden Talleyrands wurde sie nur geduldet. Niemand verstand so recht, warum sie ein zweites Mal zurückgekehrt war, weshalb Talleyrand sie wieder aufgenommen hatte. Inzwischen fragte allerdings auch keiner mehr danach. Man hatte sich damit abgefunden.

Als Dorothée gerade die Tür öffnen wollte, stand eine Frau im Türrahmen, in einen einfachen Mantel gehüllt, der ihr Gesicht verbarg. Mit einer dramatischen Geste ließ sie ihn fallen. Völlig überflüssigerweise übrigens, denn im selben Moment hatte es eine Explosion gegeben, und die Anwesenden hatten sich alle den Fenstern zugewandt. Keinem war der Auftritt aufgefallen. Dorothée konnte ihr Mißfallen kaum noch verbergen: Wieder so jemand, der meinte, die historische Stunde rechtfertige theatralisches Gehabe.

Der späte Gast war Marie-Adélaide, die Schwester des Herzogs von Orléans, die politisch ehrgeizigste Frau von Paris: Sie wollte ihren Bruder unbedingt auf dem Thron sehen und schaffte es seit Jahren, Talleyrand für ihre Pläne einzuspannen. Ohne ihn wäre man nie so weit gekommen. Doch ihre Miene strahlte nicht

Triumph, sondern Besorgnis aus. Sollte so kurz vor dem ersehnten Erfolg alles an der militärischen Lage scheitern? Nur ein paar Kartätschen trennten sie von ihrem Traum.

»Wir brauchen Ihre Hilfe, Talleyrand. Der Graf von Artois hat frische Truppen aus Versailles herbeordert. Sie haben mehr Kanonen als wir, und man hat uns schon fast in die Vorstädte abgedrängt. Wir werden die Vorstädte halten können, denn in den engen Gassen ist Artillerie nicht einsetzbar. Das Zentrum aber werden wir verlieren. Es ist ein Patt. So etwas nützt auf Dauer nur der Regierung. Was sollen wir tun?«

Talleyrand klang sehr viel distanzierter als Marie-Adélaide: »Hat sich Ihr Bruder schon öffentlich für die Revolution erklärt?«

»Er zögert noch: Er wartet auf Ihre Unterstützung.«

Talleyrand gestattete sich eine verächtliche Grimasse. Orléans war offenbar zu ängstlich, sich seiner eigenen Revolution anzuschließen: »Die hat er. Das braucht nicht eigens erwähnt zu werden. Er muß sofort losreiten, zwischen die Kämpfenden treten und dem Blutvergießen als scheinbar neutraler Vermittler ein Ende setzen. Sie wissen schon, was ich meine, wir brauchen ein bißchen Rhetorik der Art, daß Brüder nicht auf Brüder schießen, daß der Wille des Volkes heilig ist, daß es ihm nur um den Schutz der Verfassung gehe et cetera.«

Marie-Adélaide war offenbar nicht viel mutiger als ihr Bruder: »Was aber, wenn die frischen Truppen des Grafen von Artois eintreffen?«

»Dann gibt es neue Massaker, das Risiko müssen wir eingehen. Karl X. weicht eben nur der Gewalt. Sein Leben lang hat er darauf gewartet, König zu werden. Jetzt will er nach nur sieben Jahren nicht auf die Krone verzichten.«

Talleyrand hatte bewußt nicht vom Grafen von Artois gesprochen, sondern seinen gegenwärtigen Titel gebraucht, schließlich war er immer noch König von Frankreich. Marie-Adélaide bewies in ihrer Gier nach der Krone einfach allzu schlechten Stil.

Enttäuschte Ratlosigkeit breitete sich im Raum aus. Man hatte mehr von Talleyrand erwartet, ein Zauberwort, einen Geniestreich. Auch Marie-Adélaide verbarg ihre Enttäuschung nicht. Der Talisman schien kein Glück mehr zu bringen. Den selbsternannten Akteuren des weltgeschichtlichen Dramas dämmerte auf einmal, daß Revolutionen harte Arbeit und obendrein nicht ganz ungefährlich waren.

»Es gibt eine Möglichkeit zu verhindern, daß die Reserven des Königs zum Einsatz kommen«, warf Dorothée in die allgemeine Niedergeschlagenheit ein und konnte vor sich nicht verbergen, daß auch sie dramatischer auftrat, als es ihr lieb war. Ungläubige Blicke wandten sich ihr zu. Sie stand noch immer an der Tür. Von Talleyrands Gefährtin hätte nun wirklich keiner eine Lösung mehr erwartet. In den letzten vierzehn Jahren hatte sie ein allzu demonstratives Desinteresse an der Politik bekundet.

Selbst Talleyrand hob seine berühmte Braue: »Welche?«

»Sie wissen es eigentlich besser als ich. Es gibt ein Mittel, mit dem man Karl X. zum Thronverzicht bewegen kann. Es ist noch immer in Ihrer Hand, nehme ich an.«

Alle Anwesenden begriffen, daß da etwas Bedeutendes verhandelt wurde, daß Talleyrand und Dorothée ein verborgenes Wissen teilten, das nicht nur politischer Natur war, sondern wesentlich tiefer ging. Immer wieder hatte man gemunkelt, daß sie irgendein dunkles

Geheimnis verband. Etwa, daß sie gemeinsam Catherine umgebracht hätten, oder daß eines der Kinder Dorothées in Wirklichkeit von Napoleon gezeugt worden sei – letzteres Gerücht liebten Talleyrand und Dorothée ganz besonders.

Der frühere Minister lächelte bitter: »Sie haben selbst gesehen, daß diese Waffe stumpf geworden ist. Sie hat schon vor fünfzehn Jahren versagt. Es überrascht mich, daß ausgerechnet Sie jetzt wollen, daß ich sie wieder hervorhole. Ich habe nicht vor, mich lächerlich zu machen.«

»Ist das nicht ein ziemlich geringes Risiko im Vergleich zu den vielen Menschenleben, die Sie retten könnten? Stellen Sie sich nur die Schreckensszenen vor, wenn die Kanonen des Königs die Revolutionäre von den Boulevards herunterkartätschen, wenn die königliche Infanterie versucht, den fliehenden Aufständischen in das Dickicht der Vorstädte zu folgen. Bedenken Sie nur, welches Unheil droht, wenn sich ein Strom von Bajonetten in das Gewirr der Gassen ergießt und es von den Dächern Pflastersteine und Ziegel regnet. Wohin sollte die Zivilbevölkerung flüchten? Haben Sie nicht schon die zerrissenen Kinderleiber vor Augen, wenn irgend so ein schwachsinniger General auf den Gedanken kommt, den Barrikaden in den dichtbesiedelten Vierteln von Paris mit Mörsergranaten und Schrapnells beizukommen?«

Talleyrand warf den Kopf in den Nacken und blickte zur Decke:

»Verstehen Sie denn nicht, daß ich damals einer Illusion gefolgt bin? Diese Dinge haben heute keine Bedeutung mehr. Es ist das Blut der Massen auf den Straßen, das zählt, und nicht mehr das in den Adern der Könige.«

Vor Ungeduld ballte Dorothée die Fäuste: »Das wissen Sie, und das weiß ich, aber weiß das auch Karl X.? Er ist ein Mann, der sich an Illusionen klammert, der von und in ihnen geradezu lebt. Sonst wäre diese Revolution doch niemals ausgebrochen! Für ihn haben die Heiligkeit der Krone, das Heil des Herrscherbluts noch Realität. Gehen Sie nach Versailles, legen Sie ihm die Dokumente vor, und Sie werden sehen!«

Talleyrand wandte sich dem Fenster zu und schwieg. Die Gäste wagten kaum zu sprechen. Sogar Marie-Adélaide, der sonst jede Zurückhaltung fremd war, blieb still. So vergingen lange Minuten, während das Geschützfeuer aus der Ferne erneut anschwoll.

Dorothée faßte sich ein Herz: »Tun Sie es, um meinet-, um unsretwillen!«

Sie schämte sich ihrer Melodramatik nicht mehr. Wenn Marie-Adélaide als Schmierenkomödiantin auftreten, mit den Augen rollen und sich die Haare raufen konnte, dann durfte sie es ja wohl auch.

»Für Sie haben Illusionen wohl noch immer Realität?« erwiderte Talleyrand.

»Warum denn nicht? Wenn die Realität so viele Opfer kostet, dann kann man es ruhig auch einmal mit der Illusion versuchen.«

Ohne Dorothée noch einmal anzuschauen, rief Talleyrand nach einem Diener und befahl, anspannen zu lassen; er wolle nach Versailles fahren. Der Diener zögerte, und Talleyrand fügte hinzu, daß die Kutscher eine Sonderprämie in Höhe ihres Jahresgehalts erhalten würden.

Als er fort war, erklärte Dorothée den Versammelten das, was wir heute in den Geschichtsbüchern lesen können: König Karl X. würde keine neuen Truppen nach Paris schicken, sondern in den nächsten Tagen abdanken.

Nachwort

Wie in historischen Romanen üblich, mischen sich auch in diesem Buch Wahrheit und Fiktion unentwirrbar miteinander. Einige der Szenen haben sich wirklich so oder zumindest sehr ähnlich abgespielt, wie sie hier beschrieben wurden – selbst Talleyrands Sterben.

Wir wissen über die napoleonische Epoche sehr genau Bescheid, nicht nur weil die Zeitgenossen Quellen im Übermaß produzierten – auch persönliche wie Briefe, Tagebücher oder Memoiren –, sondern auch, weil eine kaum übersehbare Zahl tüchtiger Historiker sich mit dieser Ära beschäftigt hat. So folgen beispielsweise die Szenen im Anschluß an das Attentat in der Rue St. Nicaise oder die, in der Fouché zum ersten Mal Talleyrands Haus besucht, den Berichten über ein historisches Ereignis. Dasselbe trifft auch für diejenige zu, in der Napoleon Talleyrand unflätig beschimpft und zuletzt auch für die, wo Talleyrand Fouché seine endgültige Entlassung aus dem Amt des Polizeiministers mitteilt.

An anderen Stellen habe ich mir zum Teil sehr große Freiheiten mit den überlieferten Fakten erlaubt, etwa indem ich Fouché in den Jahren des Direktoriums zu Talleyrands Handlanger mache. In Wirklichkeit war Fouché zu jener Zeit aber als erfolgreicher Heereslieferant tätig und verdiente dabei ein Vermögen.

Ich habe aus den unterschiedlichsten Informationsquellen geschöpft. Vier Bücher aber verdienen besondere Erwähnung: die Richelieu-Biographie von Philippe Erlanger, die Talleyrand-Biographien von Jean Orieux und J. F. Bernard sowie die Fouché-Biographie von Louis Madelin. Obwohl diese Bücher in vielen Fällen dieselben Begebenheiten, Zusammenhänge und Personen schildern – insbesondere die letzten vier –, ist es doch beeindruckend, wie unterschiedlich vieles dargestellt wird. Es war somit die Historiographie selbst, die mit ihrem vielfältigen Angebot an Darstellungsmöglichkeiten einen Übergang zur Fiktion herstellte.

Historisch interessierte Leserinnen und Leser werden beim Vergleich mit diesen oder anderen wissenschaftlichen oder populäreren Werken schnell merken, wo ich mir welche Abweichungen vom Geschichtsverlauf erlaubt habe.

Andrew Johnston

STAMMTAFEL DES HAUSES BOURBON

Charles, Herzog von Bourbon, †1537
- Antoine, Herzog von Bourbon, †1562
  - Heinrich IV., König von Frankreich, †1610
    - **Ludwig XIII., †1643**
    ∞ Anna von Österreich
      - **Ludwig XIV., †1715**
        - Louis, le Grand Dauphin, †1711
          - Louis, Herzog von Burgund, †1712
            - Ludwig XV., †1774
              - Louis, †1765
                - Ludwig XVI., †1793
                - **Stanislas Xavier, (Ludwig XVIII.), †1824**
                - **Charles, Graf von Artois, (Karl X., König 1824–30)**
      - Philippe, Hzg. von Orléans, †1701 **∞ Lieselotte von der Pfalz**
        - **Philippe, Herzog von Orléans, †1723**
          - Louis, Herzog von Orléans, †1752
            - Louis-Philippe, Herzog von Orléans, †1785
              - **Louis-Philippe, Herzog von Orléans †1793**
                - **Louis-Philippe, Herzog von Orléans, (König 1830–48)**
- Louis, Fürst von Condé und Herzog von Enghien, †1569
  - Linie der Fürsten von Condé, deren älteste Söhne den Titel der Herzöge von Enghien trugen